REGULAÇÕES EXPROPRIATÓRIAS
REQUISITOS PROCEDIMENTAIS E PARÂMETROS
MATERIAIS DE IDENTIFICAÇÃO

LUIZA VEREZA

Gustavo Binenbojm
Prefácio

REGULAÇÕES EXPROPRIATÓRIAS
REQUISITOS PROCEDIMENTAIS E PARÂMETROS MATERIAIS DE IDENTIFICAÇÃO

Belo Horizonte

FÓRUM
CONHECIMENTO JURÍDICO

2021

© 2021 Editora Fórum Ltda.

É proibida a reprodução total ou parcial desta obra, por qualquer meio eletrônico, inclusive por processos xerográficos, sem autorização expressa do Editor.

Conselho Editorial

Adilson Abreu Dallari
Alécia Paolucci Nogueira Bicalho
Alexandre Coutinho Pagliarini
André Ramos Tavares
Carlos Ayres Britto
Carlos Mário da Silva Velloso
Cármen Lúcia Antunes Rocha
Cesar Augusto Guimarães Pereira
Clovis Beznos
Cristiana Fortini
Dinorá Adelaide Musetti Grotti
Diogo de Figueiredo Moreira Neto (*in memoriam*)
Egon Bockmann Moreira
Emerson Gabardo
Fabrício Motta
Fernando Rossi
Flávio Henrique Unes Pereira

Floriano de Azevedo Marques Neto
Gustavo Justino de Oliveira
Inês Virgínia Prado Soares
Jorge Ulisses Jacoby Fernandes
Juarez Freitas
Luciano Ferraz
Lúcio Delfino
Marcia Carla Pereira Ribeiro
Márcio Cammarosano
Marcos Ehrhardt Jr.
Maria Sylvia Zanella Di Pietro
Ney José de Freitas
Oswaldo Othon de Pontes Saraiva Filho
Paulo Modesto
Romeu Felipe Bacellar Filho
Sérgio Guerra
Walber de Moura Agra

CONHECIMENTO JURÍDICO

Luís Cláudio Rodrigues Ferreira
Presidente e Editor

Coordenação editorial: Leonardo Eustáquio Siqueira Araújo
Aline Sobreira de Oliveira

Av. Afonso Pena, 2770 – 15º andar – Savassi – CEP 30130-012
Belo Horizonte – Minas Gerais – Tel.: (31) 2121.4900 / 2121.4949
www.editoraforum.com.br – editoraforum@editoraforum.com.br

Técnica. Empenho. Zelo. Esses foram alguns dos cuidados aplicados na edição desta obra. No entanto, podem ocorrer erros de impressão, digitação ou mesmo restar alguma dúvida conceitual. Caso se constate algo assim, solicitamos a gentileza de nos comunicar através do *e-mail* editorial@editoraforum.com.br para que possamos esclarecer, no que couber. A sua contribuição é muito importante para mantermos a excelência editorial. A Editora Fórum agradece a sua contribuição.

Dados Internacionais de Catalogação na Publicação (CIP) de acordo com a AACR2

V492r	Vereza, Luiza
	Regulações expropriatórias: requisitos procedimentais e parâmetros materiais de identificação / Luiza Vereza.– Belo Horizonte : Fórum, 2021.
	273p.; 14,5x21,5cm
	ISBN: 978-65-5518-294-1
	1. Direito Administrativo. 2. Direito público. 3. Desapropriação. I. Título.
	CDD 341.3
	CDU 342

Elaborado por Daniela Lopes Duarte - CRB-6/3500

Informação bibliográfica deste livro, conforme a NBR 6023:2018 da Associação Brasileira de Normas Técnicas (ABNT):

VEREZA, Luiza. *Regulações expropriatórias:* requisitos procedimentais e parâmetros materiais de identificação. Belo Horizonte: Fórum, 2021. ISBN 978-65-5518-294-1.

Para Jorge e Solange, meus maiores exemplos, e
Alice e Gabriel, amores de doer o peito.

AGRADECIMENTOS

O mestrado significa a realização de um sonho, nutrido, em grande parte, pelo encantamento que sempre tive ao ver o amor dos meus pais pela carreira acadêmica. Desde pequena, sempre foi assim: eu acordava e os via lendo, escrevendo, criando e ensinando. Essa inspiração diária foi fundamental para que eu chegasse até aqui. É simples, mas é a pura verdade: "Eu queria ser igual a vocês quando crescer". E ainda quero.

O mais bonito dessa história é que eles jamais me impuseram este ou qualquer outro caminho. Ao contrário, meus pais sempre respeitaram meu espaço de liberdade em relação às minhas escolhas existenciais. Não sem, é claro, muitas conversas, conselhos e uma boa dose de compreensão. Agradeço, assim, em primeiro lugar, à minha mãe, Solange, e ao meu pai, Jorge, pelo exemplo e, sobretudo, pelo apoio incondicional.

A liberdade de escolha, embora fundamental, pode nos colocar diante de alguns desafios. Quando cheguei à UERJ, eu ainda era uma menina, cheia de dúvidas e perplexidades diante de um mundo tão diferente. Até o quinto período, eu ainda não tinha certeza se tinha feito a opção certa. As instigantes aulas de direito administrativo do professor Gustavo Binenbojm foram determinantes para me tranquilizar: a Faculdade de Direito era mesmo o caminho a ser seguido.

O professor Gustavo me ensinou a ter apreço pela renovação. Com essa visão, eu pude entender que estudar direito pode ser algo muito divertido. Se eu tive um enorme prazer em escrever este trabalho, eu devo isso a ele, meu orientador e amigo. Aliás, foi sua a sugestão de que eu desenvolvesse o tema das regulações expropriatórias – um tema pelo qual me apaixonei perdidamente. Muito obrigada por isso e, também, pela inspiração, pelo carinho e por sempre ter acreditado em mim.

Ao Marcelo, obrigada pelo companheirismo e compreensão quando da elaboração deste trabalho. Principalmente, obrigada por compartilhar comigo os maiores amores do mundo.

Alice, amor da mamãe, obrigada por me fazer rir de boba a todo momento. Enquanto esta dissertação era escrita, você nasceu. Saiba que cada palavra e cada frase deste trabalho foram inspiradas e iluminadas pelos seus sorrisos. Gabriel, você é um sonho em forma de menino: lindo de morrer, carinhoso, esperto e peralta toda vida. Meu amor por vocês é infinito.

Lili, meu anjo, obrigada por me ajudar na nobre missão de cuidar dos meus filhos. Seu apoio foi fundamental para que eu pudesse me dedicar a este livro.

Agradeço, ainda, aos meus avós, Luiz (*in memoriam*) e Regina: vocês me ensinaram a viver com alegria e entusiasmo.

Muito obrigada também à minha segunda – porém não menos importante – família: Raouha, Salim, Samara e Sabina. Amo vocês.

Devo também um agradecimento especial, ainda, aos professores e aos colegas de turma com quem tive o prazer de conviver e aprender durante o programa do mestrado. Em especial, aos professores Alexandre Santos de Aragão, Patrícia Baptista e Rodrigo Brandão, e aos colegas Alonso Freire, Anna Carolina Migueis, Bruno Morisson, Claudia Turner, Cristina Telles, Estêvão Gomes, Felipe Terra, José Carlos Bastos, Siddharta Legale e Wallace Côrbo.

Agradeço também o apoio dos meus amigos amados e colegas de profissão: Carina Lellis Nicoll, Juliana Andrade, Luís Felipe Sampaio, Denize Galvão, Mariana Finenberg, Marina Viana, Nathália Canuto, Rodrigo Gismondi, Raphael Ohana e Tainá Pitanga. Vocês são todos incríveis.

Ao amigo-irmão, José Marcos Vieira Rodrigues Filho, um agradecimento especial. Só você sabe que este trabalho não passaria de um sonho sem o seu incentivo e apoio. Você é um exemplo de profissional e ser humano para mim, e a nossa parceria é eterna.

Aos brilhantes Renan Monteiro e Caroline Mathias, obrigada pelo auxílio nas pesquisas e pelas revisões finais. Vocês têm um futuro de muito sucesso pela frente. Contem sempre comigo.

*Hoje desaprendo o que tinha aprendido até ontem
e que amanhã recomeçarei a aprender.
Todos os dias desfaleço e desfaço-me em cinza efêmera:
todos os dias reconstruo minhas edificações, em sonho
eternas.
Esta frágil escola que somos, levanto-a com paciência
dos alicerces às torres, sabendo que é trabalho sem termo.
E do alto avisto os que folgam e assaltam, donos de
riso e pedras.
Cada um de nós tem sua verdade, pela qual deve morrer.
De um lugar que não se alcança, e que é, no entanto,
claro,
minha verdade, sem troca, sem equivalência nem
desengano
permanece constante, obrigatória, livre:
enquanto aprendo, desaprendo e torno a reaprender.*

SUMÁRIO

PREFÁCIO
Gustavo Binenbojm 15

INTRODUÇÃO 19

CAPÍTULO 1
POR QUE UMA TEORIA DAS REGULAÇÕES EXPROPRIATÓRIAS? 27

1.1 Premissas teóricas para a constituição da teoria das regulações expropriatórias 28
1.1.1 Análise econômica das regulações expropriatórias 28
1.1.1.1 Indefinição quanto à regra compensatória: o perigo da incerteza ...30
1.1.1.2 Regulação expropriatória gratuita: desincentivo às atividades produtivas, prejuízos aos expropriados, alocação ineficiente de recursos e ilusão fiscal 32
1.1.1.3 Não há almoço grátis: os efeitos econômicos da regulação expropriatória indenizada 40
1.1.1.3.1 O risco de *moral hazard*: supercapitalização e ineficiência econômica 40
1.1.1.3.2 Os custos administrativos da regra compensatória 47
1.1.1.3.3 A alternativa do seguro 50
1.1.1.4 O *trade-off* da análise econômica: há saída para esse dilema? ..54
1.1.1.5 As contribuições da análise econômica para o equacionamento da questão expropriatória 55
1.1.2 Proteção ao direito de propriedade 58
1.1.2.1 A propriedade como uma *rede de interesses* 59
1.1.3 Recepção das premissas teóricas das regulações expropriatórias pelo ordenamento constitucional brasileiro 64
1.2 Outras razões para a constituição da teoria das regulações expropriatórias 67
1.2.1 Necessidade de revisão da teoria e jurisprudência pátrias em matéria de atos normativos expropriadores 67

1.2.1.1 Teoria das desapropriações indiretas: uma questão de inconstitucionalidade..68
1.2.1.2 Os parâmetros concebidos pela doutrina e jurisprudência brasileiras: da insuficiência à inadequação............................73
1.2.2 As regulações expropriatórias são falhas de regulação..................80
1.2.2.1 Falhas de regulação: breves considerações.............................81
1.2.2.2 Erro de diagnóstico e análise superficial.................................86
1.2.2.3 Transferência para grupos de interesses. A teoria da captura..........87
1.2.2.4 Os efeitos sistêmicos e as consequências imprevistas da regulação..89
1.2.3 O estudo das regulações expropriatórias como etapa indispensável ao exame das "desregulações expropriatórias"..........90

CAPÍTULO 2
REQUISITOS PROCEDIMENTAIS DAS REGULAÇÕES EXPROPRIATÓRIAS...93

2.1 O devido processo expropriatório e a indenização prévia: fundamentos de legitimidade..93
2.2 O caminho expropriatório previsto pelo Decreto-Lei nº 3.365/41..106
2.2.1 O caráter judicial do procedimento expropriatório.........................107
2.3 O *iter* procedimental ideal: por um processo expropriatório voltado aos ideais da participação, consensualidade, transparência e eficiência..121
2.4 A análise de impacto regulatório como instrumental à disposição das propostas regulatórias expropriadoras..................133
2.5 O papel do Poder Judiciário como ator do processo regulatório desapropriador...142

CAPÍTULO 3
PARÂMETROS MATERIAIS DE IDENTIFICAÇÃO: EM BUSCA DO FIO DO NOVELO...147

3.1 A avaliação categórica e o método *ad hoc* no caminho de desenvolvimento das *regulatory takings* na jurisprudência norte-americana..149
3.2 As regras categóricas e os parâmetros *ad hoc* de expropriabilidade regulatória..151
3.2.1 Regras categóricas: as regulações expropriatórias *per se*..............151
3.2.1.1 A ocupação física ou desapossamento permanente..................151
3.2.1.2 O esvaziamento econômico e prático da propriedade...............160

3.2.1.2.1 Análise dos usos alternativos da propriedade: a funcionalidade do direito de propriedade e as expectativas legítimas do titular ...163
3.2.1.2.2 O "problema do denominador" e a pseudossolução da *parcel as a whole rule*...167
3.2.2 A inquirição *ad hoc* 174
3.2.2.1 A intensidade do impacto regulatório 183
3.2.2.2 O propósito público da regulação: pressuposto ou parâmetro de expropriabilidade? 199
3.2.2.3 Vantagem recíproca proporcional: palavras mágicas ou realidade? 217
3.2.2.4 As expectativas legítimas do proprietário 229
3.3 Parâmetros materiais de identificação: uma proposta 249

CONCLUSÃO...255

REFERÊNCIAS..259

PREFÁCIO

Luiza Vereza é uma das mais talentosas publicistas da nova geração formada pelo Programa de Pós-Graduação da Faculdade de Direito da Universidade do Estado do Rio de Janeiro (UERJ). Com a brilhante dissertação *Regulações Expropriatórias: requisitos procedimentais e parâmetros materiais de identificação*, Luiza obteve o honroso título de Mestre em Direito Público por aquela prestigiosa instituição de ensino, aprovada com louvor e distinção por Banca da qual tive a honra de participar, na qualidade de orientador e presidente, ao lados dos ilustres professores Alexandre Santos de Aragão (UERJ) e Carlos Ari Sundfeld (FGV/SP), que fizeram ainda questão de recomendar expressamente a publicação do trabalho. Amadurecido e lapidado pela autora, o texto vem agora a público, com o prestigioso selo da Editora Fórum, para o deleite da comunidade jurídica de língua portuguesa.

Inobstante sua juventude, a autora tem já um currículo jurídico invejável, seja como advogada, seja na Academia. Graduada na Faculdade de Direito da UERJ, Luiza ingressou cedo, por concurso público, nos quadros da Procuradoria-Geral do Município do Rio de Janeiro, tornando-se rapidamente referência de competência e seriedade entre seus pares. Em paralelo, exerceu o magistério superior e alcançou destaque como professora de cursos preparatórios para concursos em escala nacional. Toda essa experiência, pesquisa e reflexão acumuladas ao longo dos anos culminou com o precioso trabalho que ora tenho a honra de prefaciar.

O livro apresenta, em linguagem elegante e escorreita, um quadro do *estado da arte* das chamadas regulações expropriatórias. Resultante da tradução da expressão em inglês *regulatory takings*, o instituto é de tratamento tão embrionário no Brasil que até há pouco ele sequer tinha nome. Pior que isso: muitos ainda o ignoram ou lhe negam existência autônoma por uma assimilação indevida com a desapropriação indireta. À falta de um adequado *nomen iuris* correspondia um fenômeno real, porém ainda não identificado e decodificado pelo direito. Nesse contexto, a autora foi cuidadosa e optou por uma prudente justificação da *teoria das regulações expropriatórias* e da recepção de suas premissas pelo ordenamento jurídico brasileiro. Com a precisão conceitual que caracteriza a obra, Luiza assim define o instituto:

> Por vezes, o excesso regulatório revelará verdadeira expropriação. As regulações expropriatórias são, portanto, atos normativos que transbordam o exercício da função regulatória, esvaziando o conteúdo de bens privados, móveis ou imóveis, corpóreos ou incorpóreos. Na qualidade de medida expropriatória, tais regulações não podem se esquivar do trâmite constitucional da desapropriação. Afinal, como já asseverou a Suprema Corte dos Estados Unidos, em certa ocasião, não se pode deixar "o Estado fazer por meio da regulação aquilo que ele não poderia fazer pelo exercício do domínio eminente – ou seja, tomar a propriedade sem compensação".

Tal qual o fenômeno da tributação com efeito confiscatório, a regulação expropriatória envolve um *problema de fronteira*, cuja resolução exige a formulação de *parâmetros materiais* de sinalização do seu caráter expropriador. Sua legitimidade jurídica dependerá da identificação pelo regulador desse efeito expropriatório do ato normativo sobre o direito que será sacrificado, e da deflagração de um procedimento próprio para a adoção de soluções compensatórias prévias. Trata-se então dos requisitos procedimentais da desapropriação por meio da regulação. Como anota a autora, com razão, o problema era fácil de descrever, mas difícil de resolver. Não é mais.

Embora não se tenha – e não creio algum dia se terá, mesmo numa futura era da *inteligência administrativa artificial* – uma medida exata a partir da qual a regulação cruza a fronteira da normalidade para produzir um extraordinário efeito expropriador, Luiza Vereza nos oferece, com erudição e inteligência, um cardápio procedimental e substantivo capaz de deter o furor regulatório do Estado sob controle e proteger adequadamente o plexo amplo de interesses enfeixado em torno do direito de propriedade. No plano procedimental, a autora pugna por um *iter* pautado pelos ideais de participação, consensualidade, transparência e eficiência. Ela também aposta enfaticamente na Análise de Impacto Regulatório (AIR), recentemente adotada pelas Leis nº 13.848/2019 (Lei das agências reguladoras) e nº 13.874/2019 (Lei da liberdade econômica), como instrumental importante para levar as regulações expropriatórias a sério, identificá-las e conceber soluções para compensá-las.

Do ponto de vista material (ou substantivo), a obra oferece alguns *insights* valiosos a serem considerados para a identificação das *regulatory takings*, desde a ocupação física ou desapossamento permanente, o esvaziamento econômico e prático da propriedade, as expectativas legítimas do titular, a intensidade do impacto da regulação até uma eventual vantagem recíproca proporcional da medida regulatória.

É boa hora de encerrar este prefácio. Luiza Vereza foi uma das alunas mais brilhantes e sérias que tive a oportunidade de orientar. Seu crescimento profissional e amadurecimento acadêmico foram extraordinários, atingindo seu ápice até aqui com a produção deste notável livro – atual, erudito, lúcido e criativo. Não creio ter lido nenhum texto em língua portuguesa mais interessante e instigante sobre a matéria. Eu conheci Luiza ainda menina nos bancos da graduação, quando a identifiquei como um raro talento à disposição do direito. Hoje, vendo-a mãe, procuradora e professora, sinto-me recompensado e orgulhoso do caminho por ela trilhado. Cumprimento a Editora Fórum pela publicação da obra e convido os cultores do direito ao prazer intelectual da sua leitura.

Rio de Janeiro, primavera de 2020.

Gustavo Binenbojm
Professor Titular de Direito Administrativo da Faculdade de Direito da Universidade do Estado do Rio de Janeiro (UERJ).

INTRODUÇÃO

> *We are in danger of forgetting that a strong public desire to improve the public condition is not enough to warrant achieving the desire by a shorter cut than the constitutional way of paying for the change.*[1]

As regulações expropriatórias

A cláusula expropriatória, prevista no artigo 5º, inciso XXIV,[2] da Constituição Federal, revela importante pacto compromissório entre dois valores constitucionalmente assegurados: a proteção da propriedade e o interesse coletivo, traduzido pelas expressões utilidade/necessidade pública e interesse social. É dizer: em que pese o caráter *jusfundamental* do direito de propriedade, ao constituinte pareceu justo garantir[3] ao Estado a capacidade desapropriatória, indispensável à concretização de projetos de interesse público. A ponderação constitucional,[4] porém, não deixou o direito de propriedade desamparado. Em contrapartida à medida estatal drástica, foi garantido ao proprietário o direito de receber uma compensação prévia, justa e em dinheiro, mediante um devido processo legal.

Assim, tem-se claro que a pré-ponderação realizada entre os interesses envolvidos na desapropriação resultou em arranjo constitucionalmente assegurado. Isso significa que o feixe de direitos atribuídos

---

[1] Tradução livre: "[n]ós corremos o risco de esquecer que um desejo social forte de melhorar as condições da sociedade não é suficiente para que tal desejo seja alcançado por meio de um atalho, e não pelo caminho constitucional do pagamento de indenização pela mudança". A frase foi proferida pelo juiz da Suprema Corte dos Estados Unidos, Oliver Wendell Holmes Jr., em seu voto em *Pennsylvania Coal Co. v. Mahon*. (260 U.S. 416 [1922]).

[2] Art. 5º. (...) XXIV – a lei estabelecerá o procedimento para desapropriação por necessidade ou utilidade pública, ou por interesse social, mediante justa e prévia indenização em dinheiro, ressalvados os casos previstos nesta Constituição.

[3] Nesse sentido, BINENBOJM, Gustavo. *Uma teoria do Direito Administrativo*. 2. ed. Rio de Janeiro: Renovar, 2008. p. 111-112.

[4] Sobre a ponderação constitucional, v. Ibid., p. 109-112.

ao expropriado não lhe pode ser negado, sob pena de violenta afronta à acomodação constitucional inserta na regra do art. 5º, inciso XXIV, e ao próprio direito de propriedade, cuja proteção é garantida pelo inciso anterior.[5]

Nesse sentido, é possível vislumbrar a desapropriação como verdadeira *garantia do direito de propriedade*. Como sustentam Marcos M. Fernando Pablo e Maria Ángeles Gonzáles Bustos:

> [a] expropriação é também uma 'garantia' da propriedade, no sentido de que toda ingerência que, pelo seu conteúdo, implique expropriação, deve cumprir os requisitos jurídicos. Na ausência deles, a propriedade pode ser tutelada como se o poder expropriatório não existisse, porque, com efeito, somente dentro de certos limites o poder de expropriar pode ser exercido.[6]

O Estado, portanto, não pode privar alguém da propriedade sem seguir o rigoroso caminho constitucional da desapropriação, e essa assertiva é válida independentemente da via expropriatória eleita. Vale dizer: a observância aos requisitos da Constituição se impõe em relação não apenas às transferências de bens para o domínio público, mas também às desapropriações efetivadas por meio de atos administrativos concretos ou normativos.

Veja-se que a Constituição Federal em nenhum momento definiu a desapropriação como a aquisição forçada de bens pelo Poder Público, tampouco restringiu seu escopo à determinada espécie de bens. Ao contrário, o constituinte apenas destacou que ao Estado não é dado desapropriar sem que sejam observados os direitos do proprietário. Assim, qualquer ato editado à revelia da cláusula expropriatória deve ser encarado como uma desapropriação inconstitucional.

O presente trabalho debruça-se sobre uma dessas espécies desapropriadoras. São as chamadas regulações expropriatórias, termo recentemente adotado pela doutrina brasileira,[7] com inspiração na

---

[5] Art. 5º, inciso XXI, da Constituição Federal.
[6] Traduzindo livremente. No original: "[la] *expropiación es también una 'garantía' de la propiedad, en el sentido de que toda afectación que por su contenido implique expropiación, debe venir rodeada de requisitos jurídicos. En ausencia de ellos, la titularidad, puede ser tutelada como si el poder expropiatorio no existiese, porque, en efecto, sólo dentro de ciertos limites el poder de expropiar puede ser ejercido*" (PABLO, Marcos M. Fernando; BUSTOS, Maria Ángeles Gonzáles. La expropiación forzosa. *In: Garantías Jurídico-Administrativas*. Cuadernos de Derecho Administrativo (II) Ratio Legis: Salamanca, 2011. p. 119-120 e p. 135).
[7] *E.g.*: BINENBOJM, Gustavo. Regulações expropriatórias. *Revista Justiça e Cidadania*, n. 117, 2010. Disponível em: http://www.editorajc.com.br/2010/04/regulacoes-expropriatorias/.

expressão *regulatory takings*, utilizada pelo sistema anglo-saxão. Dado que o conceito de regulação não é unívoco,[8] é prudente delimitá-lo para os fins do presente estudo. Ao longo do texto, o termo *regulação*, seguido ou não da qualificação *expropriatória*, será utilizado como sinônimo de intervenção normativa realizada pelos Poderes Legislativo ou Executivo, por meio da qual o Estado fixa balizas para o exercício de atividades econômicas e socialmente relevantes.[9]

É importante notar que a regulação, embora seja constantemente associada à redução do tamanho do Estado, não significa a ausência do Poder Público, mas tão somente a adoção de uma nova forma de "influir na organização das relações humanas de modo constante e profundo, com o uso do poder de autoridade".[10] Com efeito, a regulação é, hoje, uma das principais manifestações da potestade estatal brasileira.[11] Nas palavras de André Cyrino:

> A vida econômica no País é, hoje, enormemente regulada não apenas pelo legislador, como também por agências independentes, conselhos, órgãos administrativos, etc. No Estado da regulação, a inflação legislativa convola-se em inflação regulatória.[12]

Acesso em: 6 set. 2015; CYRINO, André Rodrigues. Regulações expropriatórias: apontamentos para uma teoria. *Revista de Direito Administrativo*, Rio de Janeiro, v. 267, p. 199-235, set./dez. 2014.

[8] Para alguns conceitos de regulação, v. CAMPOS, Humberto Alves de. *Falhas de mercado e falhas de governo*: uma revisão da literatura sobre regulação econômica, p. 343-345. Disponível em: http://www.olibat.com.br/documentos/prismas-regulacao-economica.pdf. Acesso em: 9 jul. 2015; CABEZA, Eliane Rocha De La Osa; CAL, Arianne Brito Rodrigues. *O risco de captura nas agências de regulação dos serviços públicos*: uma abordagem à luz da teoria econômica, p. 6. Disponível em http://www.workoutenergy.com.br/abar/cbr/Trab0204.pdf. Acesso em: 9 ago. 2016; MARQUES NETO, Floriano de Azevedo. *A nova regulamentação dos serviços públicos*, p. 2. Disponível em: https://moodle.unipampa.edu.br/pluginfile.php/145927/mod_resource/content/1/A%20nova%20regulamentação%20dos%20serviços%20públicos.pdf. Acesso em: 10 ago. 2016; OGUS, Anthony. *Regulation*: Legal Form and Economic Theory. Portland: Hart Publishing, 2004, p. 1; BLACK, Julia, Critical Reflections on Regulation. *Australian Journal of Legal Philosophy*. Camberra, v. 27, 2002, p. 5-6.

[9] Esse é o sentido de regulação adotado pela Organização para a Cooperação e o Desenvolvimento Econômico – OCDE (*Organisation for Economic Co-Operation and Development*). *The OECD report on regulatory reform*: synthesis. Paris, 1997, p. 6. Disponível em: http://www.oecd.org/dataoecd/17/25/2391768.pdf. Acesso em: 24 fev. 2015. O documento foi analisado em ALBUQUERQUE, Kélvia Frota de. *A retomada da reforma/melhora regulatória no Brasil*: um passo fundamental para o crescimento econômico sustentado. Disponível em: http://www.seae.fazenda.gov.br/central_documentos/documento_trabalho/2006-1?set_language=pt-br. Acesso em: 24 fev. 2015.

[10] SUNDFELD, Carlos Ari. Direito público e regulação no Brasil. *In*: GUERRA, Sérgio (Org.). *Regulação no Brasil*: uma visão multidisciplinar. Rio de Janeiro: Editora FGV, 2014. p. 98-99.

[11] CYRINO, André Rodrigues. Regulações expropriatórias: apontamentos para uma teoria. *Revista de Direito Administrativo*, Rio de Janeiro, v. 267, p. 199-235, set./dez. 2014, p. 201.

[12] Ibid., p. 201.

Como toda manifestação da potestade estatal, a regulação envolve o risco de abusos e comprometimento dos direitos dos cidadãos. Por vezes, o excesso regulatório revelará verdadeira expropriação. As regulações expropriatórias são, portanto, *atos normativos que transbordam o exercício da função regulatória, esvaziando o conteúdo de bens privados, móveis ou imóveis, corpóreos ou incorpóreos*. Na qualidade de medida expropriatória, tais regulações não podem se esquivar do trâmite constitucional da desapropriação. Afinal, como já asseverou a Suprema Corte dos Estados Unidos, em certa ocasião, não se pode deixar "o Estado fazer por meio da regulação aquilo que ele não poderia fazer pelo exercício do domínio eminente – ou seja, tomar a propriedade sem compensação".[13]

Assim, há de se entender que, à luz do ordenamento constitucional brasileiro, as regulações expropriatórias somente poderão ser legitimadas se o regulador for capaz de identificar, antes de sua edição, seu potencial expropriador, deflagrando um procedimento próprio para a concepção de soluções compensatórias prévias. Trata-se da necessária observância dos requisitos procedimentais da desapropriação.

Não é fácil, contudo, saber quando a ordenação se transmuda em expropriação. A teoria das regulações expropriatórias envolve, assim, um *problema de fronteira*,[14] cuja resolução passa pela necessidade de formulação de parâmetros materiais de identificação do caráter expropriatório da regulação.

Nessa linha, este trabalho tem o escopo de formular uma teoria das regulações expropriatórias capaz de fornecer ao regulador dois instrumentais necessários à acomodação constitucional de tais normativos: (i) um aparato procedimental adequado aos ditames constitucionais por meio do qual as regulações expropriatórias possam ser efetivadas; e (ii) parâmetros materiais de identificação do conteúdo expropriador da proposta regulatória.

Para tanto, é preciso compreender as premissas teóricas que sustentam a teoria das regulações expropriatórias. Assim, no capítulo 1, explicar-se-á por que a análise econômica e a noção de propriedade como uma *rede de interesses* podem constituir as bases teóricas para uma teoria brasileira das regulações expropriatórias. Na sequência, serão apresentadas três razões que reforçam a importância de se formular uma teoria sobre o tema, quais sejam: (i) necessidade de revisão da doutrina

---

[13] *Tahoe-Sierra Preservation Council, Inc.* v. *Tahoe Regional Planning Agency* (535 U.S. 349 [2002]).
[14] FEE, John. The takings Clause as comparative right. 76 *Southern California Law Review*, 2003, p. 1.010.

e jurisprudência; (ii) compreensão das regulações expropriatórias como falhas de regulações;[15] e (iii) relevância do tema para o aprofundamento das chamadas *desregulações expropriatórias*.

O capítulo 2 é dedicado ao estudo dos requisitos procedimentais das regulações expropriatórias previstos pelo art. 5º, inciso XXIV, da Constituição Federal (procedimento expropriatório e caráter prévio da indenização). Como reforço argumentativo, serão expostas, para além da imposição constitucional da cláusula expropriatória, outras razões para a observância dos pressupostos procedimentais da desapropriação pelo regulador que pretende, pela via normativa, sacrificar a propriedade privada. Assentada essa premissa, a análise se voltará para as características ideais do procedimento deflagrador das regulações expropriatórias. Ao final, a análise de impacto regulatório (AIR) será proposta como instrumental idôneo para esse fim.[16]

O capítulo 3 cuida da chamada *questão expropriatória*. Pretende-se responder, ainda que de forma não definitiva, à seguinte indagação: quando a regulação é funcionalmente equivalente a uma desapropriação? Nessa parte, será realizada o exame crítico dos principais parâmetros materiais de identificação utilizados pela jurisprudência norte-americana. Por fim, serão propostos *standards* adequados à realidade constitucional brasileira.

Por derradeiro, na conclusão, será apresentada uma síntese das ideias desenvolvidas ao longo do trabalho.

Antes que se prossiga, porém, cumpre situar a *questão expropriatória* no debate jurídico pátrio.

---

[15] Vide nota de rodapé nº 16.
[16] Duas ideias desenvolvidas neste trabalho foram *originalmente* concebidas pela autora: a compreensão das regulações expropriatórias como falhas de regulação e a constitucionalização dessa espécie desapropriadora por meio do instrumental da AIR. Na ampla revisão bibliográfica realizada sobre o tema das regulações expropriatórias, especialmente no direito anglo-saxão, não foram encontrados estudos que sustentassem nenhuma dessas ideias. Em 2014, a autora desenvolveu ambas as noções em trabalho de conclusão de disciplina entregue à professora Patrícia Ferreira Baptista. Vale ressaltar, ainda, que o trabalho foi apresentado oralmente em sala de aula, também em 2014. KALAOUN, Luiza Vereza Batista. *Regulações Expropriatórias*: algumas considerações. Trabalho de conclusão da disciplina "Direito Público da Economia". Faculdade de Direito da Universidade do Estado do Rio de Janeiro – UERJ. Trabalho entregue em novembro de 2014.

Questão expropriatória: simples de descrever, difícil de resolver[17]

Determinar quando a regulação apresenta um impacto funcionalmente equivalente à desapropriação vem se mostrando um dos maiores desafios do direito contemporâneo. A chamada *questão expropriatória* constitui, nas famosas palavras de Lawrence H. Tribe, "um problema que, para o advogado, pode ser equiparado à busca pelo físico da partícula elementar da matéria".[18] Como se extrai das lições de Roger Pilon, o *"taking issue"* resume-se, basicamente a dois problemas:

> Quando as regulações incidentes sobre o direito de propriedade alcançam a proporção de uma expropriação de modo que, por determinação constitucional, o Estado é obrigado a compensar os indivíduos regulados? E quando é que a regulação equivaleria simplesmente ao exercício legítimo do poder regulatório, sem necessidade de compensações para os regulados?[19]

Na experiência norte-americana, a complexidade do fenômeno sobressai reiteradamente em trabalhos acadêmicos sobre o tema.[20] Segundo Eric R. Clays, "[as] regulações expropriatórias combinam o pior dos dois mundos – generalidade áridas do direito constitucional e dificuldades substantivas do direito de propriedade".[21] Do mesmo

---

[17] No original, em inglês: *"[t]he regulatory takings problem is easy to describe but difficult to resolve"* (KRIER, James E. *Takings from Freund to Fischel*) (FISCHEL, William A. *Regulatory takings*: Law, economics and politics. Cambridge: Harvard U. Press, 2014. Disponível em: http://repository.law.umich.edu/cgi/viewcontent.cgi?article=1008&context=reviews. Acesso em: 5 jun. 2016).

[18] TRIBE, Laurence H. *American Constitutional Law*. 2. ed. New York: The Foundation Press, 1988. p. 591.

[19] No original, em inglês: *"When do regulations of property amount to a taking of that property such that under the taking clause of the Fifth Amendment we are required to compensate the individuals thus regulated? And when do regulations amount simply to an exercise of the police power, requiring no compensations to those regulated?"* (PILON, Roger. Property rights, Takings, and a Free Society. *In*: GWARTNEY, James D.; WAGNER, Richard E. *Public Choice and Constitutional Economics*. Greenwich: JAI Press Inc., 1988. p. 153).

[20] *E.g.*: BLUME, Lawrence; RUBINFELD, Daniel L.; SHAPIRO, Perry. The taking of Land: When Should Compensation be paid? *71 Quarterly Journal of Economics*, 1984, p. 1; CLAEYS, Eric R. Takings, Regulations and Natural Property Rights. *Cornell Law Review*, v. 88, Issue 6, set. 2003; HERMALIN, Benjamin E. An Economic Analysis of Takings. *Journal of Law, Economics & Organization*, v. 11, n. 1, abr. 1995, pp. 64-86.

[21] Traduzido livremente. No original, em inglês: *"[r]egulatory takings law combines the worst of two worlds-constitutional law's arid generalities and property law's substantive difficulties"* (CLAEYS, Eric R. Takings, Regulations and Natural Property Rights. *Cornell Law Review*, v. 88, Issue 6, set. 2003, p. 1.552. Disponível em: http://scholarship.law.cornell.edu/cgi/viewcontent.cgi?article=2934&context=clr. Acesso em: 3 jun. 2015).

modo, a Suprema Corte dos Estados Unidos já destacou que "o tema das regulações expropriatórias se provou um problema de expressiva dificuldade".[22] E as manifestações de perplexidade não são à toa: conquanto esteja há mais de um século ocupando a produção acadêmica e jurisprudencial daquele país,[23] a questão expropriatória permanece sem solução definitiva.

Com efeito, não obstante as variadas demandas judiciais apreciadas e os diversos trabalhos publicados sobre o tema, o cenário norte-americano das regulações expropriatórias continua sendo formado por um emaranhado de proposições doutrinárias díspares e por uma jurisprudência pouco uniforme.[24] Assim, é válida, até nos dias atuais, a lição de Bruce Ackerman, para quem a teoria norte-americana das regulações expropriatórias revela um verdadeiro "caos de argumentos confusos".[25]

Não fácil, pois, estabelecer quando a ordenação se transmuda em expropriação. Se até mesmo nos Estados Unidos – onde o tema é discutido há mais de um século – a questão permanece em aberto,[26] imagine-se no Brasil, onde os estudos sobre o tema são escassos[27] e a jurisprudência pouco contribui para a sua sistematização.[28]

---

[22] Traduzido livremente. No original, em inglês: *"[t]he question of what constitutes a 'taking' for purposes of the Fifth Amendment has proved to be a problem of considerable difficulty"* (*Penn Central Transportation Co. v. New York City*. 438 U.S. 103 [1978]).

[23] Conforme anota Steven E. Eagle, até 2009, o termo *regulatory takings* já havia sito citado 2.500 vezes em julgados federais e estaduais, e 7.500 vezes em trabalhos acadêmicos (EAGLE, Steven E. *Regulatory Takings*. 4. ed. Lexis/Nexis, 2009).

[24] Não sem razão, Bruce Ackerman apelidou esse conjunto de decisão judiciais de "paródia das decisões vinculantes" (ACKERMAN, Bruce. *Private Property and The Constitution*. New Haven e Londres: Yale University Press, 1977. p. 235).

[25] Ibid., p. 8.

[26] Como ressaltam David A Dana e Thomas W. Merrill: *"[d]etermining what constitutes a 'taking' when the government adopts a regulation that stops short of acquiring title to the property has proven to be an especially vexing issue, and has produced a number of sharply divided opinions of the Supreme Court"* (DANA, David A.; MERRILL, Thomas W. *Property Takings*. New York: Foundation Press, 2002. p. 6). O trecho correspondente na tradução é: "Determinar o que constitui uma 'expropriação' quando o governo adota uma regulação que não chega a adquirir o título de propriedade provou ser uma tormentosa questão, e tem produzido uma série de opiniões muito divididas da Suprema Corte".

[27] Nesse sentido, Carlos Ari alega que "[f]altam no Brasil estudos sobre limites ao conteúdo da regulação. Há substanciosas obras focadas em aspectos institucionais do fenômeno do Estado regulador. Todavia, num cenário de inflação regulatória, carece-se de investigações específicas sobre as demasias interventivas do regulador" (SUNDFELD, Carlos Ari. *Condicionamentos e Sacrifícios de Direitos – Distinções. Revista Trimestral de Direito Público*, v. 4, p. 230).

[28] Essa também é a percepção de CYRINO, André Rodrigues. Regulações expropriatórias: apontamentos para uma teoria. *Revista de Direito Administrativo*, Rio de Janeiro, v. 267, p. 199-235, set./dez. 2014, p. 219-223.

Essa dificuldade é potencializada pela constatação de que, por mais intenso que seja o esforço no sentido de conceber critérios materiais, nenhuma fórmula será definitiva.[29] Com efeito, a solução da questão expropriatória não envolve a descoberta de uma verdade absoluta[30] no mundo platônico das ideias,[31] estando sempre sob a influência das circunstâncias do caso concreto, da constante evolução da realidade e de uma multiplicidade de forças.[32] Isso não é razão, porém, para passividade. É necessário voltar-se ao interrogativo em busca do fio do novelo que possa guiar à formulação de um método adequado à limitação dos excessos regulatórios.

---

[29] CYRINO, André Rodrigues. Regulações expropriatórias: apontamentos para uma teoria. *Revista de Direito Administrativo*, Rio de Janeiro, v. 267, p. 199-235, set./dez. 2014, p. 227.

[30] Sobre a questão expropriatória, Steven G. Medema frisa que: "[...] *one of the most basic points [about regulatory takings] (...) is that there is no Truth to be found in these matters*". O trecho correspondente na tradução é: "Um dos pontos mais básicos (...) [sobre as regulações expropriatórias] é que não existe a Verdade a ser encontrada nesse assunto" (MEDEMA, Steven G. Making Choices and Making Law: an Institutional Perspective on the Taking Issue. p. 46, *In*: MERCURO, Nicolas. *Taking Property and Just Compensations*: Law and Economics Perspectives of the Takings Issue. Kluwer Academic Publishers. Boston/Dordret/Londres: 1992. Traduzido livremente).

[31] O mundo das ideias ou mundo inteligível, dentro do pensamento de Platão, está em oposição ao mundo sensível, no qual vivemos nossas experiências concretas com a realidade material. O mundo inteligível abrigaria a "essência das coisas" no plano abstrato e, por isso, só seria acessível através da lógica e da razão, além do abandono dos sentidos como fonte de conhecimento. O mito da caverna trata, a partir de uma alegoria, justamente da diferença entre os dois planos – o sensível e o inteligível – e a difícil, mesmo que filosoficamente necessária, ascensão do primeiro para o segundo (PLATÃO. O mito da caverna. *In*: *A República*. 6. ed. Editora Atena, 1956. p. 287-291. Disponível em: https://sumateologica.files.wordpress.com/2009/10/platao_o_mito_da_caverna.pdf. Acesso em: 18 ago. 2016).

[32] No original, em inglês: "*[l]aw is seen as a function of a multiplicity of factors and forces, including power, ideology, time (including the evolution of the economic system), selective perception, and mutual interdependence*" (MEDEMA, Steven G. Making Choices and Making Law: an Institutional Perspective on the Taking Issue. *In*: MERCURO, Nicolas. *Taking Property and Just Compensations*: Law and Economics Perspectives of the Takings Issue. Kluwer Academic Publishers. Boston/Dordret/Londres 1992, p. 47). O trecho correspondente na tradução é: "A lei é vista como uma função com uma multiplicidade de fatores e forças, incluindo poder, ideologia, tempo (inclusive a evolução do sistema econômico), percepção seletiva, e interdependência mútua". Traduzido livremente.

CAPÍTULO 1

POR QUE UMA TEORIA DAS REGULAÇÕES EXPROPRIATÓRIAS?

O objetivo deste capítulo é responder à indagação que seu título coloca: por que uma teoria das regulações expropriatórias? A questão central é o que justificaria o entendimento de que a privação regulatória de um direito de propriedade deve engatilhar a aplicação do art. 5º, inciso XXIV, da Constituição Federal.

Em primeiro lugar, serão analisadas duas das principais premissas teóricas da teoria das regulações expropriatórias: (i) justificativas de ordem econômica e (ii) a proteção do direito de propriedade. Desde logo, insta ressaltar que existem outras bases teóricas que embasam a teoria das regulações expropriatórias.[33] Todavia, a limitação àquelas destacadas se explica em razão da sua especial conformação ao ordenamento jurídico constitucional, conforme será demonstrado no item 1.1.3.

Em segundo lugar, serão apresentadas três razões que reforçam a importância do estudo das regulações expropriatórias no Brasil: (i) a necessidade de revisão da doutrina e jurisprudência pátrias sobre o tema; (ii) a noção de que as regulações expropriatórias se apresentam como falhas de regulação; e (iii) a relevância do aprofundamento da

---

[33] Outras premissas teóricas da teoria das regulações expropriatórias usualmente invocadas pela literatura são a justiça e a equidade. A mais completa tentativa de sistematização dessa perspectiva foi feita por Frank Michelman em artigo intitulado *Property, Utility, and Fairness: Comments on the Ethical Foundations of Just Compensation law* (MICHELMAN, Frank I. Property, utility, and fairness: comments on the ethical foundations of "just compensation" law. *Harvard Law Review*, v. 80, n. 6, 1967). O critério de justiça e equidade do autor baseia-se na clássica metáfora de Rawls do "véu da ignorância". William A. Fishel e Perry Shapiro seguiram o mesmo caminho traçado pelo autor em sua formulação contratualista para propor um modelo mais formal, mas igualmente baseado nas noções de equidade e justiça (FISHEL, William A.; SHAPIRO, Perry. A Constitutional choice model of compensation for takings. *International Review of Law and Economics*, 1989).

teoria das regulações expropriatórias para o desenvolvimento do tema das *desregulações expropriatórias*.

1.1 Premissas teóricas para a constituição da teoria das regulações expropriatórias

1.1.1 Análise econômica das regulações expropriatórias

A análise econômica do direito[34] provê abordagem interessante para o exame das regulações expropriatórias. Isso não significa, porém, que a resolução da questão expropriatória prescinde do exame de outros valores não relacionados à eficiência econômica, como a proteção do direito de propriedade.[35] Não se trata, assim, da defesa do abandono da dogmática jurídica tradicional no trato do tema, mas, sim, de uma leitura complementar, que muito contribui para a sua compreensão.

Aliás, a análise econômica vem influenciando profundamente diferentes ramos jurídicos, em especial a elaboração de atos regulatórios, cada vez mais estruturados para coordenar os diferentes incentivos econômicos existentes no mercado.[36] Não é de hoje que se nota o declínio do direito como disciplina independente,[37] o que traz como consequência a necessidade contínua do jurista olhar para fora, de modo a estabelecer interações com outras disciplinas.

Nos Estados Unidos, há um volume expressivo de estudos realizados por economistas e juristas de *law and economics* que analisam

---

[34] Para um aprofundamento do estudo da análise econômica do direito, cf. MACKAAY, Ejan; ROUSSEAU, Stéphane. *Análise Econômica do Direito*. 2. ed. Tradução Raquel Sztajn. São Paulo: Atlas, 2015; POSNER, Richard A. *Economic analysis of law*. New York: Wolters Kluwer Law & Business, 2014; RODRIGUES, Vasco. *Análise econômica do direito*: uma introdução. Coimbra: Almedina, 2007.

[35] Nesse sentido, v. BLUME, Lawrence; RUBINFELD, Shapiro L. The Taking Of Land: when compensation should be paid? *71 Quarterly Journal of Economics*, 1984. p. 1; ROSE-ACKERMAN, Susan. Regulatory Takings: Policy Analysis and Democratic Principles. p. 35. *In*: MERCURO, Nicolas. *Taking Property and Just Compensations*: Law and Economics Perspectives of the Takings Issue. Kluwer Academic Publishers. Boston/Dordret/London, 1992.

[36] Neste sentido, Gustavo Binenbojm esclarece que: "[d]esde os estudos iniciais que culminaram com a consolidação da escola de análise econômica do direito, a regulação tem sido muito influenciada pela ideia pragmática segundo a qual os marcos regulatórios devem ser concebidos para coordenar, de maneira otimizada, os incentivos econômicos presentes em determinado mercado" (BINENBOJM, Gustavo. *Poder de Polícia, ordenação, regulação*: transformações político-jurídicas, econômicas e institucionais do direito administrativo ordenador. Belo Horizonte: Fórum, 2016. p. 167).

[37] POSNER, Richard A. The Decline of Law as an Autonomous Discipline: *100 Harvard law Review*, 1987.

a questão expropriatória tanto sob uma perspectiva *descritiva* quanto *prescritiva*. Na sua dimensão descritiva, a análise busca apresentar os diferentes incentivos, custos e outras consequências econômicas decorrentes da adoção de determinado desenho da chamada *regra compensatória*. Já na sua dimensão prescritiva, a análise volta-se à concepção de modelos econômicos que promovam a eficiência[38] no contexto das regulações expropriatórias. Nesse contexto, a eficiência econômica requer que a regra compensatória seja estruturada de modo que ofereça incentivos adequados para que os indivíduos e o governo realizem escolhas ótimas em relação (i) ao uso da propriedade privada e aos investimentos realizados e (ii) aos projetos regulatórios, respectivamente.[39]

As regulações expropriatórias constituem campo propício para a análise econômica, principalmente para que se possa compreender a complexa rede de custos, incentivos e outras consequências econômicas determinadas pelo desenho da regra compensatória vigente. A edição de uma regulação expropriatória gera um efeito principal: o de atingir o cerne do direito de propriedade privada. Não é essa, porém, a única consequência desencadeada por essa espécie regulatória. A medida regulatória apta a provocar o desapossamento físico ou esvaziar o conteúdo econômico e/ou prático de bens pode ensejar custos variados e promover diferentes tipos de incentivos, a depender do arranjo compensatório.

Nesse sentido, a regra compensatória passa a ser encarada como estrutura promotora da eficiência econômica. Sob essa perspectiva,

---

[38] O conceito de eficiência não é uniforme na teoria econômica. A eficiência das ações públicas é avaliada sob dois principais critérios. O primeiro deles, amplamente difundido pelos economistas, é o critério do "ótimo de Pareto" ou "Pareto eficiente", que significa não existir outra alocação de recursos que possa melhorar a situação de alguém sem piorar a situação de outrem. Devido à limitação conceitual e prática do critério de Pareto, formulou-se um novo critério econômico de eficiência, denominado "melhoria potencial de Pareto" ou "eficiência de Kaldor-Hicks", segundo o qual uma distribuição de recursos só é eficiente quando há ganhos sociais líquidos – ou seja, se os beneficiários da alocação puderem compensar os perdedores e, ainda assim, "saírem por cima". Pelo critério de Kaldor-Hicks, a compensação não precisa ser efetiva. Sobre os dois critérios de eficiência econômica, v. COLEMAN, Jules. *Markets, Morals and the Law*. New York: Oxford University Press, 2003. p. 82-86; FISCHEL, William A. *Regulatory takings*: Law, economics and politics. Cambridge: Harvard U. Press, 2014. p. 68; ULEN, Thomas; COOTER, Robert. *Direito & Economia*. 5. ed. Porto Alegre: Bookman, 2010. p. 64.

[39] NEWCOMBE, Andrew Paul. Regulatory Expropriation, Investment Protection and International Law: When Is Government Regulation Expropriatory and When Should Compensation Be Paid?. Disponível em: http://www.italaw.com/documents/RegulatoryExpropriation.pdf. Acesso em: 5 set. 2015.

serão sistematizados, na sequência, os principais efeitos econômicos decorrentes de três possíveis formatações da regra compensatória.

No primeiro cenário, há incerteza quanto às hipóteses de indenizabilidade. É dizer: parte-se da premissa de que os proprietários e investidores não sabem de antemão se e em que hipóteses serão indenizados por eventuais atos normativos que venham a impor restrições sobre seus bens. No segundo cenário, assume-se a vigência da chamada *regra compensatória zero* e, desse modo, pressupõe-se que os proprietários e investidores estão cientes de que eventuais expropriações regulatórias gratuitas podem ocorrer. Finalmente, no terceiro cenário, considera-se um modelo governamental em que vige "a regra compensatória positiva e proporcional" – isto é, supõe-se que as regulações expropriatórias são indenizadas pelo valor de mercado dos bens. Nesse cenário, os proprietários e investidores têm presumida consciência quanto às hipóteses de indenizabilidade.

A análise realizada a seguir tem por objetivo apresentar os principais aspectos desenvolvidos pelos autores norte-americanos da abordagem econômica das regulações expropriatórias. Focar-se-á tanto em aspectos descritivos quanto prescritivos desenvolvidos pela literatura especializada.

1.1.1.1 Indefinição quanto à regra compensatória: o perigo da incerteza

A análise econômica das regulações expropriatórias adota uma concepção utilitarista de propriedade,[40] que enfatiza a sua capacidade de gerar riqueza e promover a satisfação de preferências individuais. Sob essa perspectiva, o direito de propriedade é visto como um direito instrumental e subordinado,[41] cuja tutela seria indispensável à troca de bens e serviços entre indivíduos e, portanto, à alocação eficiente de recursos.

Diz-se, assim, que a previsibilidade quanto aos direitos de propriedade funciona como verdadeira alavanca para todas as atividades produtivas, uma vez que a prévia delimitação garante aos investidores

---

[40] Essa abordagem utilitarista do direito de propriedade como premissa para a análise das regulações expropriatórias tem origem no seminal artigo de Frank Michelman. V.: MICHELMAN, Frank I. Property, utility, and fairness: comments on the ethical foundations of "just compensation" law. *Harvard Law Review*, v. 80, n. 6, 1967.

[41] ROSE, Carol M. *Property and persuasion*: essays on the history, theory, and rhetoric of ownership. Oxford: Westview Press, 1994. p. 3.

a certeza de que os frutos de seus esforços não serão apropriados por outros indivíduos, por outras companhias ou pelo governo fora daqueles casos expressamente previstos pelo ordenamento jurídico. É dizer: as regras do jogo do mercado são, em grande parte, estabelecidas pelos direitos de propriedade. Sem a certeza quanto aos limites e possíveis restrições a esse direito, os indivíduos são desencorajados a despenderem esforços para concretizar seus projetos produtivos.

Nessa linha de raciocínio, tem-se que a incerteza em relação à fronteira que separa a regulação e a expropriação – e, por consequência, quanto às hipóteses de indenizabilidade – prejudica a estabilidade e segurança das relações jurídicas, provocando efeitos deletérios à economia. Veja-se que a dúvida quanto aos limites da regra compensatória gera instabilidade na própria definição dos direitos de propriedade, o que prejudica o mercado como um todo.[42] Quando o investidor sabe de antemão em quais hipóteses e em que extensão será compensado pelo advento de uma regulação restritiva, ele poderá precificar com maior precisão o risco regulatório, o que não ocorre se existe dúvida sobre a regra compensatória.

A imprevisibilidade também atua como uma força conservadora em relação ao próprio regulador, especialmente se o caráter expropriatório da regulação é definido por um órgão diferente daquele que editou a regulação, como, por exemplo, o Poder Judiciário. Se o regulador não sabe ao certo se a proposta regulatória será considerada, no futuro, equivalente a uma desapropriação, a dúvida pode inibir o projeto. Se, ao revés, a regra compensatória é clara e objetiva, eventual indenização integrará o cálculo de custo-benefício do projeto em questão. Nessa perspectiva, o caráter prévio da indenização pode atuar como um reforço ao grau de certeza do regulador, pois será ele o responsável principal pela identificação do potencial expropriador da norma e pela quantificação do dano.[43]

Tem-se claro, assim, que a imprevisibilidade no contexto das regulações expropriatórias gera efeitos econômicos perversos. Esse é talvez o ponto comum da volumosa literatura econômica sobre as regulações expropriatórias: todos os autores reconhecem que a regra

---

[42] Nas palavras de J. Gregory Sidak e Daniel F. Spulber, "*the definition and enforcement of property rights are the legal foundation of a market economy*". O trecho correspondente na tradução é: "A definição e aplicação dos direitos de propriedade são o fundamento jurídico de uma economia de mercado" (SIDAK, J. Gregory; SPULBER, Daniel F. *Deregulatory Takings and The Regulatory Contract*. Cambridge: Cambridge University Press, 1997. p. 214). Traduzido livremente.

[43] Vide capítulo 2, item 2.1.

compensatória precisa ser moldada a partir de parâmetros claros, estáveis e coerentes. As regras jurídicas que regem a questão expropriatória afetam o comportamento e a vida das pessoas e, desse modo, a clareza passa a ser um valor em si, independentemente do conteúdo da regra. Não é por outra razão que Susan Rose-Ackerman sustenta que "esse é um ramo do direito em que praticamente qualquer abordagem consistente e publicamente articulada é melhor do que nenhuma".[44]

1.1.1.2 Regulação expropriatória gratuita: desincentivo às atividades produtivas, prejuízos aos expropriados, alocação ineficiente de recursos e ilusão fiscal

Considere-se agora um modelo governamental em que as regulações expropriatórias não ensejam o pagamento de indenização. Trata-se da chamada *regra compensatória zero*.[45] Nesse cenário, os proprietários e investidores sabem de antemão que, na hipótese de advir uma regulação com efeitos expropriatórios, não serão compensados pelo sacrifício sofrido.

Como se sabe, quando um investidor está considerando adquirir um bem ou realizar um investimento para o desenvolvimento de uma atividade econômica, ele leva em conta diferentes tipos de riscos, dentre eles o risco da mudança regulatória. E como o risco da regulação expropriatória gratuita pode afetar as decisões tomadas pelos investidores?

Antes de enfrentar essa questão, cumpre traçar breves considerações sobre a teoria da assunção de riscos,[46] que pode ser compreendida por meio do exemplo da aposta. Quando alguém se depara com a possibilidade de uma aposta, presume-se que o apostador em potencial leve em consideração o chamado *valor esperado* – ou seja, a soma das probabilidades de cada possível resultado multiplicada pelo seu respectivo valor. Assim, por exemplo, uma aposta no valor de R$1,00 para jogar cara ou coroa (ganha-se R$1,00 para cara e se perde

---

[44] No original, em inglês: "*This is one legal area in which almost any consistent, publicly articulated approach is better than none*" (ROSE-ACKERMAN, Susan. Regulatory Takings: Policy Analysis and Democratic Principles, p. 38. *In*: MERCURO, Nicolas. *Taking Property and Just Compensations*: Law and Economics Perspectives of the Takings Issue. Kluwer Academic Publishers. Boston/Dordret/London, 1992). Traduzido livremente.
[45] BLUME, Lawrence; RUBINFELD, Daniel L.; SHAPIRO, Perry. The taking of Land: When Should Compensation be paid?. 71 *Quarterly Journal of Economics*, 1984.
[46] Para uma discussão aprofundada sobre a teoria da assunção de risco, confira: ARROW, K. *Essays in the theory of risk bearing*. 1971.

R$1,00 para coroa) não representa qualquer mudança no bem-estar do apostador, pois, na média, ela não altera a sua riqueza – é dizer, o valor esperado da aposta é zero.[47] Nesse caso, tudo indica que o apostador será indiferente à aposta.

No entanto, se isso é verdadeiro em relação a uma aposta que envolva valores pouco expressivos, não é apenas em razão de seu valor esperado corresponder a zero, mas também porque há uma diferença muito pequena entre os dois possíveis resultados. No resultado cara, o apostador terá a sua riqueza inicial somada a R$1,00; no resultado coroa, o apostador terá a sua riqueza inicial reduzida em R$1,00.

Suponha-se, porém, que a quantia apostada seja equivalente ao valor total da riqueza do apostador, sendo também zero o seu valor esperado. Nessa aposta, o que está em jogo é uma mudança substancial da situação econômica de quem aposta. Em outras palavras: a moeda será lançada apenas uma vez, e o resultado levará o apostador a ser um homem duas vezes mais rico ou viver na pobreza extrema.

Desse modo, além do valor esperado, a intensidade do impacto dos possíveis resultados da aposta é usualmente considerada pelo apostador. Não é possível, contudo, generalizar essa assertiva, sendo a análise do perfil do investidor determinante para saber se e quando ele aceitará a aposta. Note-se bem: primeiramente, se o apostador valorizar muito mais a possibilidade de ficar duas vezes mais rico do que a possibilidade de viver na miséria, ele aceitará a aposta. Se, porém, ele for um apostador considerado neutro em relação ao risco (*risk neutral*), ele apenas levará em conta o valor esperado da aposta (zero) e será indiferente em relação à mesma. Finalmente, se o apostador valorizar mais a possibilidade de se tornar muito pobre, ele rejeitará a aposta. Nessa hipótese, diz-se que o apostador é avesso ao risco (*risk averse*) e, portanto, somente aceitará a aposta se receber determinada quantia em dinheiro para se arriscar. Esse valor extra oferecido ao apostador avesso ao risco configura o custo do risco para o apostador.

Pois bem. Como a teoria da assunção dos riscos se relaciona com as regulações expropriatórias e o desenho da regra compensatória? Para melhor compreender essa questão, cabe trazer à baila dois exemplos.[48]

---

[47] Em termos matemáticos: valor do resultado ganhar (0,5 x 1) + valor do resultado perder (0,5 x -1) = 0.
[48] Os dois exemplos foram adaptados de hipóteses narradas em: BLUME, Lawrence; RUBINFELD, Daniel L. Compensation for takings: an economy analysis. *72 California Law Review*, 1984.

Exemplo 1: uma pessoa está considerando a possibilidade de adquirir um terreno que passará a valer R$500,00, já subtraído o valor dos investimentos realizados. Existe, porém, uma probabilidade de 1% do governo editar uma regulação ambiental com efeitos expropriatórios drásticos sobre o terreno em questão, esvaziando por completo o seu conteúdo econômico (presume-se, nessa hipótese, o valor zero após a regulação). Assumindo que nenhuma indenização será paga ao proprietário expropriado (regra compensatória zero), o valor esperado da aposta é bastante alto,[49] dada a baixa probabilidade de edição da regulação expropriatória. Contudo, como os possíveis resultados do investimento são extremos, o valor esperado não é suficiente para indicar o valor do investimento. É preciso, ainda, considerar o custo do risco regulatório, sendo certo que, quanto mais avesso ao risco for o investidor, mais alto será o preço atribuído à incerteza regulatória, e menos o investimento o atrairá.[50]

É certo que os indivíduos variam no grau de aversão ao risco. No entanto, é possível notar que as pessoas usualmente assumem comportamentos típicos de aversão ao risco, especialmente quando se considera a possibilidade de um resultado de repercussão extremamente negativa em suas vidas.[51] Quando se tem uma regra expressa determinando o caráter gratuito das regulações expropriatórias, cria-se um risco de resultado extremado para os proprietários, especialmente para aqueles que destinam parte expressiva de sua riqueza para adquirir bens ou investir em atividades produtivas.

Nesse contexto, ainda que a probabilidade de expropriação regulatória seja baixa – ou seja, mesmo quando o valor esperado do

---

[49] Em termos matemáticos: o valor esperado do investimento é de R$495,00 (0,99 x 500 + 0,01 x 0).

[50] Assim, por exemplo, se ele atribui a esse risco o valor de R$300,00, o máximo que ele estará disposto a pagar pelo bem será R$195,00. Em termos matemáticos: 495 (valor esperado) – 300 (custo do risco) = 195.

[51] *We notice this because people buy insurance to protect themselves against certain possible outcomes, although they generally insure against devastating losses as opposed to small losses. The fact that the individuals often diversify their investments to the extent that they have sufficient wealth to do so also provides evidence of risk aversion* (BLUME, Lawrence; RUBINFELD, Daniel L. Compensation for takings: an economy analysis. 72 *California Law Review*, 1984, p. 591). O trecho correspondente na tradução é: "[n]otamos isso porque as pessoas adquirem seguro para se proteger contra certos resultados possíveis, embora eles geralmente contratem o seguro contra perdas devastadoras em oposição a pequenas perdas. O fato de que as pessoas muitas vezes diversificam os seus investimentos na medida em que eles têm riqueza suficiente para fazê-lo também fornece evidências de aversão ao risco". Traduzido livremente. No mesmo sentido, KAPLOW, Louis. An economic Analysis of Legal Transitions, 99 *Harvard Law Review*, 1986, p. 29.

investimento é alto –, o potencial drástico de suas consequências induz à aversão ao risco e, assim, os incentivos aos investimentos são reduzidos. Nesse sentido, Richard A. Posner observa que, "sem a garantia dos direitos de propriedade, não há incentivo para incorrer nesses custos [refere-se a investimentos] porque não há garantia razoável de que os frutos desse investimento não serão expropriados".[52]

Veja-se que, no exemplo 1, é possível que o investidor desista do negócio, o que ocorrerá se o seu grau de aversão ao risco for alto. Assim, se o investidor atribui ao risco regulatório um valor elevado – o que depende, em grande parte, da proporção do valor do investimento em relação ao total da riqueza do investidor[53] –, dificilmente o negócio será concretizado. Trata-se, à evidência, de um custo associado à regra que estabelece o caráter gratuito da regulação expropriatória. Essa circunstância demonstra que o risco de regulação expropriatória gratuita, ainda que possa ser conhecido, acarreta custos com repercussões graves na sociedade.

Como assinala Bernard H. Siegan:

(...) a possibilidade de uma expropriação gratuita é encarada como um risco político (...). Conforme esse risco cresce, mais potenciais investidores,

---

[52] POSNER, Richard A. *Economic Analysis of Law*. Little, Browm & Co., 4. ed., 1992. *Apud* SIDAK, J. Gregory; SPULBER, Daniel F. *Deregulatory Takings and The Regulatory Contract*. Cambridge: Cambridge University Press, 1997. p. 214. Traduzido livremente.

[53] Cabe aqui trazer à baila a ressalva de Blume e Rubinfeld: "[l]and markets involve substantial risks because of the magnitude of the dollar investment. Other investments, usually on a smaller scale, offer the opportunity to diversify risk, but housing often does not. For example, when a homeowner purchases a parcel of land, the investment in the land and structure often represents a substantial portion of that individual's net worth. When purchasing an asset that makes up such a large portion of one's wealth, one is likely to be very wary of undertaking risk. Individuals would presumably be willing to pay something to insure against the prospect of a factory moving nearby and imposing substantial externalities. Thus, even though the probability of government action reducing the value of land may be relatively low, the potential consequences in terms of the expected losses and the effect on landowners can be very large" (BLUME, Lawrence; RUBINFELD, Daniel L. Compensation for takings: an economy analysis. 72 *California Law Review*, 1984, p. 592). O trecho correspondente na tradução é: "[o] mercado imobiliário envolve riscos substanciais em razão da magnitude do investimento em dólares. Outros investimentos, geralmente em menor escala, oferecem a oportunidade de diversificar o risco, mas a compra de uma residência muitas vezes não o faz. Por exemplo, quando um proprietário compra uma parcela de terreno, o investimento na terra e na estrutura frequentemente representa uma parte substancial do patrimônio líquido do indivíduo. Ao comprar um ativo que compõe uma parcela tão grande da riqueza de sua riqueza, é provável que o indivíduo seja muito cuidadoso na assunção de riscos. Indivíduos, presumivelmente, estariam dispostos a pagar algo para assegurar a perspectiva de uma fábrica nas proximidades impondo externalidades substanciais. Assim, embora a probabilidade de a regulação reduzir o valor da propriedade possa ser relativamente baixa, as potenciais consequências em termos de perdas esperadas e os efeitos sobre os proprietários podem ser muito grandes". Traduzido livremente.

mutuantes, construtores e incorporadores serão forçados a desistir. A conclusão óbvia é que a compensação aumenta o bem estar social.[54]

Se é verdade que a falta de expectativa compensatória constitui um fator de desincentivo aos investimentos em atividades potencialmente sujeitas à expropriação, cabe indagar se remanescem custos na hipótese de concretização da transação com a devida precificação do risco regulatório. A fim de esclarecer essa questão, confira-se o exemplo de Lawrence Blume e Daniel L. Rubinfeld.

Exemplo 2: suponha que um proprietário possua um terreno cujo valor de mercado seja de R$500,00. Outro investidor está interessado em comprá-lo. Existe, no entanto, uma chance remota de edição de regulação expropriatória que ensejará uma desvalorização do terreno para R$200,00, mas ambos os investidores (proprietário original e investidor interessado) consideram essa possibilidade extremamente remota (inferior a 0,00001%). Nesse caso, tudo indica que o investidor interessado adquirirá o terreno pelo seu valor de mercado (R$500,00) ou por um valor muito próximo a esse. Se, contudo, a probabilidade de edição de regulação expropriatória for de, por exemplo, aproximadamente 50%, o valor esperado do investimento será reduzido a R$350,00.[55] Se o investidor for neutro em relação ao risco (*risk neutral*), ele comprará o terreno por R$350,00. Se, porém, ele for avesso ao risco, o custo do risco regulatório será precificado. Por exemplo, se o preço do risco para o investidor for de R$25,00, ele estará disposto a pagar, no máximo, R$325,00 pelo terreno.[56]

Esse exemplo ajuda a esclarecer uma falácia usualmente reproduzida: embora, no caso, tenha havido a capitalização do custo do risco, é incorreto argumentar que não há custo associado à regra compensatória gratuita nesse caso.[57] Veja-se que o terreno, que antes apresentava um valor de mercado de R$500,00, passou a valer apenas R$325,00, e o custo do risco da regulação foi suportado pelo primeiro proprietário original.

---

[54] No original, em inglês: *"The possibility of a taking is seen as a political risk (...) it is like therefore that as political risk increase, more potential investors, lenders, builders, and developers will drop out. The obvious conclusion is that compensation by government will improve social welfare"* (SIEGAN, Bernard H. Editor's introduction: the anomaly of regulation under the taking clause. *In*: SIEGAN, Bernard H. *Planning without prices*. Lexington, Mass: DC Heathe, 1977. p. 26). Traduzido livremente.
[55] Em termos matemáticos: (0,5 x 500) + (0,5 x 200) = 350.
[56] Em termos matemáticos: valor esperado (350) – custo do risco (25) = 25.
[57] BLUME, Lawrence; RUBINFELD, Daniel L. Compensation for takings: an economy analysis. *72 California Law Review*, 1984, p. 586.

É dizer: ainda que o investidor tenha estipulado um preço para o risco regulatório, o proprietário original sofreu um prejuízo. Veja-se que tal desvalor não decorre da regulação expropriatória em si, mas apenas da mera possibilidade de sua edição associada à regra compensatória zero. Assim, além do custo relacionado aos investimentos não realizados por indivíduos mais conservadores, é preciso levar em conta que, mesmo quando o investimento é feito com a devida precificação da incerteza regulatória, o risco de regulação expropriatória acarreta um custo, que sempre é suportado por alguém.

A propósito, cabe destacar que, nos Estados Unidos, considera-se legítima a ação indenizatória interposta por proprietário cujo bem teve seu valor depreciado pelo anúncio de determinada ação estatal posteriormente não executada. A chamada *condemnation blight*[58] pode ser verificada quando se torna pública a possibilidade de realização de determinado projeto com potencial efeito expropriatório – como construções que demandam desapropriações, zoneamentos e outras espécies de regulações potencialmente expropriatórias. Nesse caso, é possível que a especulação sobre a ação estatal – ou seja, o risco expropriatório – ocasione uma redução no valor de mercado dos bens sujeitos à expropriação. Se o projeto público acaba por não ser implementado, verifica-se um custo real para os proprietários, passível de compensação, portanto.[59]

É forçoso reconhecer, ainda, que a ausência de previsão de indenização decorrente de regulações expropriatórias pode gerar sérias distorções nas decisões das pessoas. Quando o ordenamento jurídico não estabelece qualquer compensação para o desapossamento físico ou esvaziamento econômico e/ou prático de bens e atividades econômicas decorrentes de regulações, decisões ótimas (eficientes) de investimento podem ser alteradas. Confira-se o exemplo abaixo.

Suponha que o investidor A esteja vendendo uma empresa potencialmente sujeita a uma regulação expropriatória drástica e gratuita. O potencial investidor B cogita comprá-la para aprimorar a atividade econômica, que passará a valer, após os investimentos realizados, R$500,00. Por sua vez, o potencial investidor C pretende adquirir a mesma empresa, que passará a valer R$470,00, sendo menos rentável que a atividade desenvolvida pelo investidor B. Assume-se que a atividade

---

[58] KANNER, Gideon. Condemnation Blight: Just how just is just compensation? *Notre Dame Lawyer*, 48, 1973.
[59] FISCHEL, William A. *Regulatory takings*: Law, economics and politics. Cambridge: Harvard U. Press, 2014. p. 170.

mais rentável é considerada o resultado mais eficiente do ponto de vista econômico. Se não houvesse o risco da regulação expropriatória gratuita, B compraria a empresa e desenvolveria a atividade mais rentável e eficiente. Suponha-se, porém, que o investidor B seja muito mais avesso ao risco do que o investidor C. Nesse caso, o custo associado ao risco da regulação expropriatória levaria C a comprar a empresa. Pode-se dizer que, nessa hipótese, a regra compensatória gratuita funcionaria como uma espécie de subsídio para o investidor menos avesso ao risco, acabando por desencadear um resultado ineficiente do ponto de vista econômico.[60]

Assim, resta claro que a ausência da regra compensatória pode levar a uma alocação ineficiente de recursos privados. A possibilidade de regulação expropriatória impõe um risco aos investidores e, se tais investidores são avessos ao risco, haverá um custo adicional ao investimento. Esse custo, medido pelo valor que os investidores atribuem ao risco regulatório, pode ocasionar (i) a não realização do investimento; (ii) a efetiva precificação do risco, gerando um ônus suportado pelo investidor original; (iii) a distorção de decisões ótimas de investimento.

Cumpre destacar, ainda, que o caráter gratuito das regulações expropriatórias também é capaz de gerar uma alocação ineficiente de recursos públicos. Em modelos governamentais em que o Estado não é obrigado a indenizar pelas expropriações decorrentes de projetos públicos, as decisões do Estado seriam acometidas pela chamada *ilusão fiscal*. Isso significa que o governo não considera, em seus cálculos de custo-benefício do projeto regulatório que se pretende implementar, o valor da indenização, já que não é obrigado a arcar com esse custo. Assim, como qualquer outro agente econômico, se o Poder Público não é obrigado a pagar, será induzido a regular – e, portanto, expropriar –, além do socialmente ótimo.

Além do risco de inchaço regulatório, quando o governo não é obrigado a suportar o ônus indenizatório, a análise dos custos de oportunidade[61] da decisão expropriadora é prejudicada, o que pode ensejar a realização de projetos ineficientes.[62] A regra compensatória se faria necessária, portanto, para limitar as ações estatais com efeitos

---

[60] O exemplo é de BLUME, Lawrence; RUBINFELD, Daniel L. Compensation for takings: an economy analysis. 72 *California Law Review*, 1984, p. 588.

[61] Custos de oportunidades são estimados a partir da análise das chamadas *oportunidades renunciadas*. Assim, analisar os custos de oportunidade significa levar em conta os custos e benefícios das alternativas plausíveis para a alocação de recursos escassos.

[62] HELLER, Michael A.; KRIER, James E. Deterrence and Distribution in the Law of takings, 112 *Harvard Law Review*, 1999.

expropriatórios apenas às hipóteses em que os benefícios do projeto excedam os custos do projeto, dentre eles os custos de oportunidade da utilização do recurso indenizatório para outros propósitos.[63] Para ilustrar a potencial ineficiência econômica resultante da ilusão fiscal,[64] vale citar o exemplo de Richard Posner, ligeiramente adaptado ao contexto das regulações expropriatórias.[65] Assuma-se que o governo tenha que escolher entre dois projetos de preservação do meio ambiente: uma ação de reflorestamento em uma área pública, a um custo de 250 mil reais, ou a criação de reserva ambiental em um terreno particular da mesma extensão, avaliado em 500 mil reais. A alternativa mais barata é a ação de reflorestamento na área pública. Porém, se o governo não for obrigado a indenizar o proprietário do terreno em razão da criação da reserva ambiental, esta será a opção menos custosa. Nessa hipótese, o governo optará por criar a reserva ambiental, ainda que tal ação não promova a alocação de recursos mais eficiente.

Como se vê, a regra compensatória positiva assegura a eficiência estatal.[66] Forçar o governo a indenizar as expropriações o obriga a

---

[63] V. ALESSI, Louis de. Implications of Property Rights for government Investment Choices. *American Economic Review*, 1969.

[64] POSNER, Richard A. *Economic Analysis of Law*. 5. ed. New York: Aspen Law & Business, 1998. p. 63.

[65] POSNER, Richard A. *Economic Analysis of Law*. 5. ed. New York: Aspen Law & Business, 1998. p. 63.

[66] Como explica Calandrillo (2003, p. 491): "*[f]inally, rarely mentioned as a justification for just compensation (outside academic circles at least) is the incentive-based argument regarding the socially ideal amount of government takings. Mandatory government reimbursement is defended on the ground that by forcing the state to pay for any taking it engages in, society has provided optimal incentives for the state to act - or not act. It will only take a given piece of property if the overall social value once it is put to its public use exceeds that of its original fair market value. This is so because the government knows it must compensate the displaced property owners, and also is aware that citizens generally frown upon wastes of resources. It thus decides to take land if and only if it creates more value for the public than it must pay out (by disbursing tax revenue) to the aggrieved landowners*" (CALANDRILLO, Steve P. Eminent Domain Economics – Should "Just Compensation" Be Abolished, and Would "Takings Insurance" Work Instead?. *64 Ohio State Law Journal*, 2003. O trecho correspondente na tradução é: "[f]inalmente, raramente mencionado como justificativa para a justa compensação (fora dos círculos acadêmicos, pelo menos) é o argumento baseado em incentivos a respeito da quantidade socialmente ideal de desapropriações do governo. O reembolso obrigatório do governo é defendido com o fundamento de que, forçando o Estado a pagar por qualquer desapropriação, a sociedade confere incentivos para o Estado agir ou não. Só vai levar um determinado pedaço de propriedade se o valor social global, uma vez que é posta à sua utilização pública, ultrapassa o de seu valor original de mercado justo. Isto é assim porque o governo sabe que deve compensar os proprietários deslocados, e também está ciente de que os cidadãos geralmente desaprovam desperdícios de recursos. Ele decide, assim, tomar a terra se e somente se ele cria mais valor para o público do que ele deve pagar (pelo desembolso de receitas fiscais) para os proprietários lesados". Traduzido livremente.

internalizar os custos da expropriação, assegurando, assim, uma alocação mais eficiente de recursos públicos.[67]

1.1.1.3 Não há almoço grátis: os efeitos econômicos da regulação expropriatória indenizada

Considere-se agora um modelo governamental em que seja vigente a regra compensatória positiva e proporcional ao valor de mercado[68] e em que haja clareza quanto às regras relativas às regulações expropriatórias. É certo que a regra compensatória zero acarreta efeitos econômicos nefastos. Contudo, a regra compensatória positiva também não é imune a problemas, podendo acarretar incentivos perversos e custos administrativos elevados.

1.1.1.3.1 O risco de *moral hazard*: supercapitalização e ineficiência econômica

Uma espécie de incentivo perverso gerado pela promessa compensatória integral em casos de expropriações é o denominado *moral hazard* ou perigo moral. O conceito de perigo moral, originalmente desenvolvido no mercado de seguros,[69] foi apropriado pela ciência

---

[67] É a lição de David A. Dana e Thomas W. Merrill: *"Presumably, officials will go forward with the taking only if they anticipate that the resource will produce greater value as part of the government Project than the compensation the government must pay to obtain it. If we do not require the government to pay compensation for takings, in contrast, government officials may suffer from the 'fiscal illusion' that the resources they take have no opportunity costs. As a result, they may engage in excessive takings of property, resulting in a misallocation of resources"* (DANA, David A.; MERRILL, Thomas W. *Property Takings*. New York: Foundation Press, 2002. p. 42). O trecho correspondente na tradução é: "Presumivelmente, os funcionários vão à frente com a desapropriação só se eles anteciparem que o recurso produzirá maior valor como parte do projeto do governo do que a compensação que o governo deve pagar para obtê-lo. Se nós não exigimos que o governo pague indenização pela desapropriação, em contrapartida, as autoridades governamentais podem sofrer com a 'ilusão fiscal' que os recursos que eles tomam não têm custos de oportunidade. Como resultado, eles podem envolver-se em desapropriações excessivas de propriedade, resultando em uma má alocação de recursos". Traduzido livremente.

[68] Em geral, é o "valor de mercado" o guia para a quantificação de indenização a ser paga em decorrência de desapropriações típicas no Brasil. Não se ignora, porém, a existência de outros componentes que possam vir a integrar a "justa indenização". Nesse sentido: ACOCELLA, Jéssica. *Uma releitura da desapropriação à luz da constituição de 1988 e suas principais repercussões sobre o regime jurídico vigente*. Rio de Janeiro: Dissertação de Mestrado em Direito Público, UERJ, 2013. Mimeografado.

[69] Para um estudo aprofundado sobre as origens do conceito, v. BAKER, Tom. On the Genealogy of moral hazard. *Texas Law Review*, v. 75, 2, 1996.

econômica, designando a resposta comportamental de um agente econômico diante de determinada blindagem oferecida contra os efeitos de um evento futuro e incerto. Em geral, o perigo moral ocorre quando a expectativa indenizatória pode afetar a probabilidade ou a magnitude do evento cuja ocorrência desencadeia o pagamento da compensação. Como adverte William A. Fischel:

> O fenômeno [do moral hazard] é perverso em qualquer sociedade. Companhias de seguro se preocupam que os segurados possam ignorar regras eficientes de prevenção de incêndio; pagamentos a vítimas de poluidores podem induzir as pessoas a viverem nas proximidades da fonte da poluição... Como esses exemplos sugerem, o problema do moral hazard não está confinado às seguradoras ou a programas governamentais.[70]

Nessa linha, seria possível vislumbrar, como decorrência da promessa de recomposição patrimonial decorrente de expropriação, uma espécie de *moral hazard*,[71] consubstanciado no comportamento ineficiente e, por vezes, oportunista dos proprietários diante da expectativa compensatória. O problema do perigo moral tem sido identificado em casos de desapropriação há bastante tempo. No início do século XIX, por exemplo, foi iniciada na cidade de Nova Iorque a construção do famoso *Croton Reservoir*, um gigantesco reservatório de água. Após tentativas fracassadas de adquirir as propriedades necessárias à execução do projeto, algo curioso ocorreu. Como narra o historiador Nelson Blake:

> (...) especuladores adquiriram terras ao longo da rota do aqueduto e, após tê-las loteado, pretenderam convencer os avaliadores de que cada um dos lotes valia tanto quanto teria sido pago por eles antes da declaração de utilidade pública.[72]

---

[70] No original, em inglês: "[T]he phenomenon is pervasive in any society. Companies that provide fire insurance worry that policyholders may ignore efficient fire prevention measures; payments to victims of pollution may induce them to live too close to its source... How this example suggests, moral hazard is not confined to insurance companies or to government programs" (FISCHEL, William A. *Regulatory takings*: Law, economics and politics. Cambridge: Harvard U. Press, 2014. p. 159). Traduzido livremente.

[71] Essa foi a conclusão de Lawrence Blume, Daniel Rubinfeld e Perry Shapiro, para quem o problema do *moral hazard* estaria associado à ineficiência da regra compensatória (BLUME, Lawrence E.; RUBINFELD, Daniel L.; SHAPIRO, Perry. *The taking of Land*: When Should Compensation be paid?, Quarterly Journal of Economics, 1984).

[72] No original, em inglês: "[s]peculators bought up farm land along the aqueduct route, divided the land into village lots, and sought to convince the appraisers that each of these lots was worth as much as would have been given for several acres of farm land a short time previously" (BLAKE,

No exemplo descrito, é notória a resposta comportamental oportunista apresentada pelos especuladores diante da expectativa da desapropriação indenizada. Outro bom exemplo capaz de ilustrar o problema do *moral hazard* no cenário das desapropriações é desenvolvido por Steve P. Calandrillo.[73]

Imagine-se que o governo local de uma cidade esteja considerando a construção de um novo sistema de veículo leve sobre trilhos. O projeto tem sido debatido pelos meios de comunicação, de modo que grande parte da população tem ciência quanto à probabilidade de sua realização. Dessa forma, presume-se que os donos das propriedades localizadas ao longo da rota do novo transporte têm ciência do risco expropriatório que correm. Um desses proprietários está considerando realizar uma obra em seu imóvel no valor de um milhão de reais, o que ensejaria uma valorização de um milhão e meio de reais no valor de mercado da propriedade e o aumento da renda gerada pelo aluguel do imóvel. O risco expropriatório, no caso, é estimado em 50%.

Em um sistema de compensação pelo valor de mercado do bem, a escolha fácil e racional do proprietário seria realizar a obra. Se a ação estatal fosse concretizada, ele ganharia, em um curto espaço de tempo, meio milhão de reais. Caso o governo desistisse do projeto, a proprietária lucraria com o aumento da renda obtida com o aluguel do bem. No entanto, seria a decisão da proprietária de realizar a obra desejável – ou, em termos econômicos, socialmente ótima – do ponto de vista da sociedade? Por certo que não.[74] É preferível para a sociedade que a proprietária não realize imediatamente a obra no imóvel, tendo em vista a grande probabilidade de que as melhorias realizadas sejam demolidas e acarretem um desperdício de dinheiro público.

Em relação às desapropriações ordinárias, o direito brasileiro adotou solução adequada para evitar esse risco. Conforme estabelece o §1º do art. 26 do Decreto-Lei nº 3.365/41, o valor da indenização deve incluir as benfeitorias necessárias e as úteis realizadas após o ato declaratório. Quanto às benfeitorias úteis, estas somente serão compensadas se providenciadas com autorização do órgão declarante.

Nelson M. *Water for the cities*: A History of the Urban Water Supply Problem in the United States. Syracuse: Syracuse University Press, 1956. p. 149). Traduzido livremente.

[73] CALANDRILLO, Steve P. Eminent Domain Economics – Should 'Just Compensation' Be Abolished, and Would "Takings Insurance" Work Instead?. *64 Ohio State Law Journal*, 2003, p. 493-494.

[74] CALANDRILLO, Steve P. Eminent Domain Economics – Should "Just Compensation" Be Abolished, and Would "Takings Insurance" Work Instead?. *64 Ohio State Law Journal*, 2003, p. 494.

A contrario sensu, não serão indenizadas as benfeitorias voluptuárias realizadas pelo proprietário do bem após o ato de declaração. É claro que a regra não impede que o proprietário realize gastos para tornar sua propriedade mais bonita ou agradável – afinal, ele ainda é o titular do domínio. O dispositivo apenas veda que tais benfeitorias venham a integrar o valor indenizatório.

O problema do perigo moral, porém, não ocorre apenas em casos de desapropriações ordinárias, mas também pode ser identificado no contexto das expropriações regulatórias. Veja-se, por exemplo, o caso *Andrus v. Allard*, julgado pela Suprema Corte dos Estados Unidos em 1979. O chamado Ato de Proteção às Águias (*The U.S. Eagle Protection Act of 1940*) proibiu a posse, a venda e o transporte de águias ou de qualquer uma de suas partes, vedando ainda a caça dos animais a partir da edição do ato. A regulamentação do ato passou a dispor expressamente que a comercialização de partes de águias mortas antes da edição do ato também estaria proibida. Assim, por exemplo, as penas de águias tornaram-se inalienáveis e, portanto, economicamente inúteis.

Inconformados com a medida, os proprietários de cocares e outros artefatos indígenas confeccionados com penas de águias buscaram no Poder Judiciário o reconhecimento de que a nova regra somente seria aplicada para penas adquiridas após a sua edição, sob pena de violação à cláusula expropriatória. Com efeito, se o intuito do regulador era proteger as águias e evitar a sua extinção, seria necessário tornar inalienáveis as penas adquiridas legalmente antes da edição do ato – que, à evidência, pertenciam a aves já abatidas? Susan Rose-Ackerman explica a razão da vedação indiscriminada:

> (...) como não há nenhum meio aparente de datar animais empalhados, pele, penas e a maioria dos produtos derivados dos animais, o cumprimento da norma é simplificado se houver a proibição da comercialização de tudo relacionado à espécie, e não apenas a venda de animais mortos após a edição da lei.[75]

Essa constatação impõe reconhecer que a racionalidade subjacente ao enquadramento na regulação das penas adquiridas antes da edição do ato e à ausência de previsão de compensação está relacionada ao

---

[75] No original, em inglês: "[s]ince there is apparently no reliable way to date stuffed animals, fur, feathers, and most other animal products, enforcement is simplified if the law prohibits all sales of a species, not just the sale of animals killed after the law's effective date" (ROSE-ACKERMAN, Susan. Inalienability and The Theory of Property Rights, 1985, *Faculty Scholarship Series*. Paper 580, p. 944). Traduzido livremente.

risco de descumprimento e da adoção de comportamentos oportunistas pelos proprietários diante da expectativa de compensação (*moral hazard*). Note-se bem. Primeiramente, se a lei limitasse o seu âmbito de incidência às penas adquiridas após a sua edição, haveria o risco de fraude, consistente na comercialização de produtos feitos com partes de aves mortas após a legislação como se fossem anteriores a ela. Ademais – e este é o ponto que se quer enfatizar –, se o ato regulatório tivesse previsto o direito à indenização aos proprietários de águias empalhadas e de outros produtos derivados de aves anteriores à norma, haveria ainda um claro incentivo à caça de águias para trocá-las por compensações, já que seria impossível distinguir as partes animais e produtos antigos dos novos.

É dizer: a ausência da regra compensatória positiva, nesse caso, fez-se indispensável para evitar que a regulação expropriatória ensejasse o problema do *moral hazard*. Veja-se que, no caso, essa *"janela compensatória"* criaria dois incentivos perversos: um, ao pagamento de indenização com dinheiro público a pessoas que, pela norma, não fariam jus a qualquer compensação e, dois, ao aumento catastrófico da caça de águias.

Em 1980, Lawrence Blume, Daniel Rubinfeld e Perry Shapiro conceberam um modelo econômico que demonstrou a existência de *moral hazard* associado à existência da expectativa compensatória em decorrência de regulações expropriatórias. Considerando a complexidade matemática do trabalho citado, cumpre esclarecer os seus principais pontos por meio da narrativa da parábola descrita a seguir, inspirada em exemplo desenvolvido por William A. Fischel.[76]

Uma família é proprietária de um terreno localizado em um vale cortado por um rio. Eles pretendem instalar no local um empreendimento destinado a prover acomodação para viajantes, mas ainda não decidiram o tipo de hospedagem que será construído. Há duas opções: acampamento ou hotel. Enquanto o acampamento requer um investimento inicial baixo, mas de rápida depreciação, a construção do hotel implica um investimento vultoso, compensado, porém, pela sua maior durabilidade, pelo número elevado de hóspedes por ano e pela maior lucratividade. Porém, caso construído, o hotel lançaria resíduos químicos poluentes no rio, acarretando danos à população local. Os resíduos lançados pelo acampamento não são capazes de gerar danos

---

[76] FISCHEL, William A. *Regulatory takings*: Law, economics and politics. Cambridge: Harvard U. Press, 2014. p. 158-159.

ambientais significativos. Diante da permissão legal para construção de ambos os empreendimentos, tudo indica que os proprietários optariam por construir o hotel.

Assumindo que os proprietários são neutros em relação ao risco (*risk neutral*) e que a decisão regulatória é independente do uso dado à propriedade em questão, considerem-se os seguintes cenários:

- Cenário 1 – os proprietários descobrem que existe uma probabilidade de 30% de o governo local editar uma regulação ambiental proibitiva de qualquer espécie de desenvolvimento no local da qual decorra o esvaziamento econômico completo das atividades econômicas implementadas e a perda dos investimentos realizados, dada a sua inamovibilidade (*sunk cost*).[77] Assumindo que a regra vigente é a da compensação zero para regulações expropriatórias, os proprietários decidem construir o acampamento, que é presumidamente a decisão socialmente ótima.

- Cenário 2 – considere-se, porém, que, antes de tomarem a decisão sobre a forma de hospedagem a ser estabelecida, os proprietários tomam conhecimento de um ato normativo editado pelo Poder Público que concede àqueles que tiverem o conteúdo econômico de suas propriedades esvaziadas por uma regra ambiental uma indenização equivalente ao valor de mercado do investimento (regra compensatória positiva). Nesse cenário, os proprietários serão induzidos a construir o hotel ao invés do acampamento. Como demonstraram Blume, Rubinfeld e Shapiro, esse resultado é ineficiente, segundo o modelo desses autores, uma vez que dirige o capital a um investimento com valor esperado negativo e potencialmente danoso para a sociedade. O incentivo criado pela regra compensatória é um exemplo de *moral hazard*.

Tem-se claro, assim, que o problema identificado pelo modelo econômico de Blume, Rubinfeld e Shapiro está associado ao fato de que, diante da expectativa compensatória, os proprietários desconsideram a probabilidade de que o governo exproprie seus bens ou atividades

---

[77] Os chamados *sunk costs* ou custos afundados referem-se a investimentos em ativos que dificilmente serão recuperados, uma vez que não podem ser reconvertidos ou utilizados em outros empreendimentos. Sobre os *sunk costs*, v. BAUMOL, William J.; WILLIG, Robert D. *Fixed Costs, Sunk Costs, Entry Barriers and Sustainability of Monopoly*, 96, Q. J. Economy, 1981. Disponível em: http://www.jstor.org/discover/10.2307/1882680?uid=2&uid=4&sid=21106189702091. Acesso em: 01 maio 2016.

econômicas no cálculo do valor esperado do investimento, ensejando uma alocação ineficiente de recursos.

Também constitui um bom exemplo de *moral hazard* associado à existência da regra compensatória integral a redução dos incentivos a agentes econômicos produtores de bens potencialmente perigosos à saúde para buscar medidas que possam reduzir o risco de danos. Para ilustrar, considere-se uma atividade produtiva cujo potencial danoso para a saúde das pessoas é tido como possível, porém não comprovado. Nessa hipótese, a certeza quanto à compensação integral paga pelo governo em decorrência de eventual proibição ao desenvolvimento da atividade em questão produziria um *moral hazard* sério, consubstanciado na redução dos incentivos para que o agente privado busque soluções alternativas ou medidas que possam reduzir o risco de dano.[78]

Retorne-se ao modelo de Blume, Rubinfeld e Shapiro. Após concluírem que, no modelo econômico básico acima descrito, a regra compensatória positiva seria ineficiente, os autores relaxam a premissa de que a decisão regulatória é independente do uso dado à propriedade e concebem um segundo modelo econômico. Dado que dificilmente essa premissa se mostraria realista – uma vez que a construção erigida em dado terreno desapropriado ou o tipo de atividade econômica expropriada costumam refletir diretamente no valor indenizatório e, portanto, no cálculo de custo-benefício do projeto público –, esse segundo modelo assume que a decisão regulatória depende do uso conferido ao bem. Assim, a regulação expropriatória não seria editada quando os seus benefícios forem inferiores ao valor do investimento esvaziado pela medida regulatória.

Nesse cenário, os autores concluem novamente que a regra compensatória proporcional ao valor do investimento gera um resultado ineficiente, pois dela decorreria uma externalidade negativa, consistente no excesso de investimento. Eis a explicação de Blume, Rubinfeld e Shapiro:

> [n]esse caso, pode ser benéfico para o setor privado investir mais do que o socialmente ótimo (...) com o intuito de afetar a probabilidade de que o projeto governamental seja realizado... Claramente, (...) investidores

---

[78] Nesse sentido, KAPLOW, Louis. An economic Analysis of Legal Transitions, 99 *Harvard Law Review*, 1986, p. 40.

privados serão encorajados a sobre-investir (...) a terra no limite para desencorajar o governo de realizar o projeto."[79]

O perigo moral decorrente da regra compensatória positiva, demonstrado originalmente pelo modelo econômico proposto pelos autores referidos, vem sendo objeto de preocupação de grande parte da literatura econômica sobre as regulações expropriatórias.[80] Trata-se, por certo, de incentivo perverso associado à expectativa de recomposição patrimonial, que precisa ser combatido pelo Poder Público.

1.1.1.3.2 Os custos administrativos da regra compensatória

Além do dilema do *moral hazard*, cumpre enfrentar duas categorias de custos administrativos oriundos da regra compensatória positiva. Em primeiro lugar, é preciso considerar os custos e as possíveis distorções geradas pela arrecadação de receitas necessárias ao financiamento das indenizações. Em segundo lugar, as atividades necessárias ao pagamento da compensação em si envolvem custos relacionados à identificação dos indivíduos prejudicados, à quantificação dos prejuízos e à concretização do pagamento em si.

À evidência, o pagamento de indenizações pelo Estado implica dispêndio de recursos públicos, obtidos, em geral, com arrecadação de tributos.[81] Por sua vez, a arrecadação de tributos envolve custos nada triviais. Trata-se dos chamados *custos operacionais tributários*,[82] que dizem

---

[79] No original, em inglês: "[i]n such a case, it might be beneficial for the private sector to invest more than is socially optimal (...) in order to affect the probability that the government project will be undertaken. Clearly (...) private investors will be encouraged to overcapitalize the type 2 river valley land sufficiently to discourage the government project from occurring" (BLUME, Lawrence; RUBINFELD, Daniel L.; SHAPIRO, Perry. The taking of Land: When Should Compensation be paid?. 71 *Quarterly Journal of Economics*, 1984, p. 12-13). Traduzido livremente.

[80] Ver, por exemplo, KAPLOW, Louis. An economic Analysis of Legal Transitions, *99 Harvard Law Review*, 1986; CALANDRILLO, Steve P. Eminent Domain Economics – Should "Just Compensation" Be Abolished, and Would "Takings Insurance" Work Instead?. *64 Ohio State Law Journal*, 2003; FISCHEL, William A. *Regulatory takings*: Law, economics and politics. Cambridge: Harvard U. Press, 2014; ROSE-ACKERMAN, Susan. Regulatory Takings: Policy Analysis and Democratic Principles. *In*: MERCURO, Nicolas. *Taking Property and Just Compensations*: Law and Economics Perspectives of the Takings Issue. Kluwer Academic Publishers. Boston/Dordrecht/Londres, 1992.

[81] KAPLOW, Louis. An economic Analysis of Legal Transitions, *99 Harvard Law Review*, 1986, p. 70.

[82] Sobre os custos operacionais do sistema tributário brasileiro, v. BERTOLUCCI, Aldo Vincenzo; NASCIMENTO, Diogo Toledo do. Quanto custa pagar tributos? *Revista de Contabilidade e Finanças da Faculdade de Economia, Administração e Contabilidade da USP*, n. 29, dez. 2001.

respeito ao valor total dos recursos empregados tanto pelos contribuintes, no cumprimento das obrigações tributárias – inclusive as acessórias –, quanto pelo Poder Público, na operação do sistema tributário.[83]

É oportuno esclarecer que os custos empregados pelos contribuintes para o cumprimento das obrigações tributárias são bastante elevados no Brasil, sendo qualificados – como todo custo de conformidade – como desperdício, pois não são alocados em atividades produtivas.[84] Os custos empregados pelo Estado na arrecadação do sistema tributário também são bastante altos no país e envolvem, por exemplo, todos os valores empregados para a criação e arrecadação de tributos e controle do cumprimento das regras tributárias (*compliance costs of taxation*).[85]

Como assinala Steve P. Calandrillo, é evidente que "uma estrutura administrativa é indispensável para direcionar as receitas para os seus devidos usos".[86] Tal constatação não significa, porém, que os custos operacionais tributários possam ser desprezados[87] quando se elege a eficiência econômica como o valor a ser promovido pela regra compensatória.[88] Se compensar demanda de receita pública, e o processo

---

Disponível em: http://www.revistas.usp.br/rcf/article/view/34074. Acesso em: 10 jun. 2016; BERTOLUCCI, Aldo V.; NASCIMENTO, Diogo Toledo do. O custo de arrecadação de tributos federais. *Revista de Contabilidade e Finanças da Faculdade de Economia, Administração e Contabilidade da USP*, Edição comemorativa, 2006. Disponível em: http://www.revistas. usp.br/rcf/article/view/34194. Acesso em: 10 jun. 2016.

[83] Além dos custos diretamente relacionados ao sistema tributário, cumpre considerar que a existência de tributos enseja mudanças comportamentais nos indivíduos e, por consequência, distorções na economia. Os chamados *custos de distorção* decorrem das mudanças das regras tributárias, que podem alterar preços de produtos e de fatores de produção e distorcer comportamentos econômicos (SANDFORD, Cedric T.; GODWIN, Michael; HARDWICK, Peter. *Administrative and Compliance Costs of taxation*. Bath, UK: Fiscal Publications, 1989. p. 20).

[84] BERTOLUCCI, Aldo V.; NASCIMENTO, Diogo Toledo do. *Op. cit.*, nota 82, p. 38.

[85] SANDFORD, Cedric T.; GODWIN, Michael; HARDWICK, Peter. *Op. cit.*, nota 83.

[86] CALANDRILLO, Steve P. Eminent Domain Economics – Should "Just Compensation" Be Abolished, and Would "Takings Insurance" Work Instead?. *64 Ohio State Law Journal*, 2003, p. 496.

[87] Louis Kaplow nota que, "embora o problema de quanta distorção resulta dos variados tributos é complexo e controvertido, (...) é razoável assumir que o aumento de tributos impõe custo não trivial para a eficiência" (KAPLOW, Louis. An economic Analysis of Legal Transitions, *99 Harvard Law Review*, 1986, p. 72). No original, em inglês: "*Although the issue of how much distortion results from various taxes is quite controversial, it is probably reasonable to assume that increases in taxes impose some nontrivial cost, and, similarly, decreases result in some benefit, suggesting that the argument concerning the distinction between compensation and windfall taxation might hold to at least some degree*". Traduzido livremente.

[88] Em 2006, Bertolucci e Nascimento mensuraram os custos operacionais tributários da União (desprezando, assim, todos os demais entes federativos) somados aos custos dos contribuintes pessoas jurídicas. Para se ter uma ideia do montante dos custos operacionais tributários no

arrecadatório gerar custos para os contribuintes e para o Poder Público, esses custos precisam ser considerados no cálculo de custo-benefício de regulação expropriatória.

É forçoso reconhecer, ainda, que o processo em si de aferição dos prejuízos da medida estatal e de concepção e implementação de medidas compensatórias gera uma série de custos administrativos.[89] Frank Michelman denomina tais custos de *settlement costs*, que seriam medidos considerando-se "o custo [cada dólar] de tempo, esforço e recursos necessários" ao pagamento de indenizações.[90]

Com efeito, o processo compensatório envolve custos administrativos que, nos casos de indenização decorrente de atos regulatórios, são, em geral, ainda mais elevados. É que a identificação dos indivíduos expropriados e a quantificação dos prejuízos tendem a constituir tarefas mais simples nas desapropriações típicas do que nas desapropriações regulatórias: se, por exemplo, determinado terreno é identificado como indispensável à passagem de uma rodovia, basta ao Estado, em princípio, declarar a sua utilidade pública[91] e avaliar o seu valor de mercado, que corresponderia ao valor da indenização.

Por outro lado, se a medida estatal corresponder, por exemplo, à proibição do plantio ou manutenção de determinada espécie de árvore – em razão do seu potencial danoso a outras vegetações[92] –, presume-se que não será fácil identificar os sujeitos prejudicados pela regulação, tampouco estimar os prejuízos de cada um deles. Ora, considerando a incidência da medida em território nacional, não seria fácil precisar todos os proprietários da espécie vegetativa objeto da proibição. E mais: seria necessário que a aferição dos prejuízos levasse em conta os diferentes usos dados às árvores por cada proprietário – por

---

Brasil, em 2006, eles alcançavam, juntos, o valor de 16,8 bilhões por ano. Comparando os custos operacionais tributários do Brasil com os de outros países (Reino Unido, Canadá, Estados Unidos, Austrália, França, Israel, Japão, Suécia, Noruega, Nova Zelândia e Suíça), verificou-se que são os mais elevados de todos.

[89] Em estudo sobre as desapropriações nos Estados Unidos, Joseph J. Cordes e Burton A. Weisbrod demonstraram que 23% de toda "indenização justa" é perdida em custos administrativos (CORDES, Joseph J.; WEISBROD, Burtun A. When Government Programs Create Inequities: A guide to compensation policies. *Journal of Policy Analysis and Management* 4, 178, 195, dez. 1984).

[90] MICHELMAN, Frank I. Property, Utility and Fairness – comments on ethical foundations of 'just compensation law'. *Harvard Law Review*, v. 80, 1966-1967, p. 1.214-1.215.

[91] Não se ignora, porém, que o Poder Público pode enfrentar uma série de obstáculos no curso de processo desapropriatório típico, tais como resistência dos proprietários, número elevado de bens sujeitos à desapropriação, etc.

[92] O exemplo é real e corresponde ao caso *Miller v. Schoene*, julgado pela Suprema Corte em 1928. *Miller v. Schoene* 276 U.S. 277 (1928).

exemplo, se restar demonstrada a utilização econômica do bem – por exemplo, com a comercialização dos frutos –, esse componente deverá ser considerado no cálculo do valor da indenização. Não restam dúvidas de que, nesse caso, os custos administrativos do processo compensatório seriam muito elevados.

1.1.1.3.3 A alternativa do seguro

Diante dos incentivos perversos e custos administrativos relacionados à regra compensatória positiva, alguns autores norte-americanos sustentam o fim da teoria das regulações expropriatórias a partir do entendimento de que o mercado de seguros seria capaz de produzir, por si só, soluções alocativas mais eficientes. Afinal, por que não abolir a cláusula expropriatória e incentivar a contratação de seguros contra os riscos da regulação expropriatória?

À primeira vista, a alternativa do seguro parece apta a resolver os problemas relacionados à ausência de compensação. Em vez de pagar tributos para financiar as indenizações pagas pelo Poder Público, os proprietários desembolsariam recursos para contratar um seguro contra os riscos expropriatórios. Nesse cenário, o indivíduo segurado seria compensado na hipótese de expropriação regulatória. Em termos práticos, portanto, o seguro, ao instituir um ambiente de certeza e previsibilidade, apresentaria as mesmas vantagens da cláusula expropriatória, incentivando investimentos e ações privadas eficientes.

Os entusiastas do seguro sustentam que, para além dos benefícios econômicos, a alternativa também promoveria, tal como a regra compensatória, *a justiça corretiva*. Nesse sentido, Andrew Paul Newcombe assinala que "a obrigação de compensar a propriedade tomada ou destruída tem fundamento no princípio da justiça corretiva".[93] Na perspectiva do particular, portanto, pouco importaria a fonte pagadora da indenização. O importante é que, diante do sacrifício do direito de propriedade, haja a devida recomposição patrimonial.

---

[93] NEWCOMBE, Andrew Paul. *Regulatory Expropriation, Investment Protection and International Law*: When Is Government Regulation Expropriatory and When Should Compensation Be Paid?. Disponível em: http://www.italaw.com/documents/RegulatoryExpropriation.pdf. Acesso em: 05 set. 2016.

Steven P. Calandrillo[94] afirma que os efeitos *desmoralizantes*[95] da ausência compensatória seriam completamente eliminados com a contratação do seguro. Para o autor, nem mesmo argumentos relacionados à distribuição equânime dos danos seriam suficientes para rechaçar seu posicionamento quanto à questão:

> (...) um cético poderia perguntar imediatamente por que se espera que os proprietários paguem prêmios encarecidos de seguros para se reembolsarem de prejuízos oriundos de expropriações. Se o Estado sacrifica o direito de propriedade em razão de algum bem público maior, poder-se-ia razoavelmente argumentar que é o Poder Público o responsável por pagar a compensação – já que a carga não deve cair sobre os ombros do proprietário. Este argumento parece lógico na forma, mas é incompleto. Hoje, todos os cidadãos estão efetivamente pagando o seguro pelas desapropriações sob a forma de aumento de impostos a fim de financiar o poder do estado de domínio eminente.[96]

Embora atraente, a alternativa do seguro privado encontra sérios obstáculos quando confrontada com aspectos da realidade. Em artigo sobre o tema, Lawrence Blume e Daniel L. Rubinfeld demonstraram que existem falhas nesse mercado[97] específico que tornam raros[98] os seguros oferecidos contra riscos regulatórios, justificando a manutenção do pagamento de indenizações pelo Estado.

A primeira falha consistiria no perigo moral, comumente associado ao mercado de seguros. Na hipótese de seguro contratado para proteção contra o risco de regulação expropriatória, o perigo moral é facilmente

---

[94] CALANDRILLO, Steve P. Eminent Domain Economics – Should "Just Compensation" Be Abolished, and Would "Takings Insurance" Work Instead?. *64 Ohio State Law Journal*, 2003, p. 500. Disponível em: http://papers.ssrn.com/sol3/papers.cfm?abstract_id=693042. Acesso em: 05 set. 2016.

[95] A noção de "efeitos" ou "custos demoralizantes" foi concebida por Frank I. Michelman. O autor os define como "(...) *(1) the dollar value necessary to offset disutilities which accrue to losers and their sympathizers specifically from the realization that no compensation is offered, and (2) the present capitalized dollar value of lost future production (reflecting either impaired incentives or social unrest) caused by demoralization of uncompensated losers, their sympathizers, and other observers disturbed by the thought that they themselves may be subjected to similar treatment on some other occasion*" (MICHELMAN, Frank I. Property, utility, and fairness: comments on the ethical foundations of "just compensation" law. *Harvard Law Review*, v. 80, n. 6, 1967, p. 1.214).

[96] CALANDRILLO, Steve P. *Op. cit.*, nota 94, p. 501.

[97] Sobre as falhas de mercado, cf. MEDEIROS, Alice Bernardo Voronoff de. *Racionalidade e otimização regulatórias*: um estudo a partir da teoria das falhas de regulação. Rio de Janeiro: Dissertação de Mestrado em Direito Público, UERJ, 2012. Mimeografado, p. 29-33.

[98] BLUME, Lawrence; RUBINFELD, Daniel L.; SHAPIRO, Perry. The taking of Land: When Should Compensation be paid?. *71 Quarterly Journal of Economics*, 1984, p. 593.

explicado. Basta imaginar que investidores privados que tenham contratado o seguro contra mudanças regulatórias potencialmente expropriadoras teriam menos incentivo a se oporem vigorosamente à edição de eventuais regulações que venham a reduzir o valor de seus bens ou atividades. Tal cenário é potencializado se os investidores tiverem a convicção de que o valor pago pelo seguro será maior do que o valor real do bem expropriado. Nessa hipótese, aumenta-se o risco de os próprios proprietários exercerem pressão política para que a regulação seja editada.[99]

Essa circunstância dificulta a função das seguradoras de estabelecer o valor do prêmio, especialmente quando se considera que, em geral, os indivíduos têm maior aptidão para conhecer sobre sua própria capacidade de influenciar o processo político do que a seguradora. Dois resultados podem, então, ocorrer: um, as seguradoras simplesmente não oferecem seguros contra essa espécie de risco; ou, dois, o *moral hazard* é quantificado no valor do prêmio, tornando-o tão elevado a ponto de a maioria dos indivíduos recusar a contratação do seguro.[100]

A segunda imperfeição no mercado de seguros contra o risco expropriatório é a chamada seleção adversa (*adverse selection*), que surge quando a assimetria de informação afeta de forma negativa os participantes detentores de menos informação no mercado.[101] O problema, comumente notado no mercado de seguro de saúde e de automóveis, também pode ser verificado no contexto das regulações expropriatórias.

Imagine-se, por exemplo, que um investidor avesso ao risco está considerando adquirir um negócio e cogita contratar um seguro contra eventual expropriação regulatória. Assuma-se que o dano potencial seja equivalente a 50 mil reais e que o investidor perceba a probabilidade de o evento (regulação com conteúdo expropriatório) ocorrer em 60%. Por outro lado, a seguradora espera que essa probabilidade seja de 50%.

Nessas condições, pode-se afirmar que a seguradora ofereceria um seguro contra o risco de expropriação regulatória com um prêmio de 25 mil reais,[102] assegurando o investidor contra uma perda de até 50 mil reais. Se a informação do investidor for mais acurada do que a informação disponível para a seguradora, há uma probabilidade maior de a seguradora perder dinheiro. Assim, diz-se que "um prêmio

---

[99] Ibid., p. 594.
[100] Ibid., p. 594.
[101] Ibid., p. 595.
[102] Em termos matemáticos: $0{,}5 \times 50 = 25$.

adequado somente pode ser fixado se a seguradora puder certificar que as suas fontes de informação são ao menos tão confiáveis quanto às dos segurados".[103] Do contrário, os indivíduos que contratassem o seguro com base em informações mais seguras estariam "*apostando*" em condições mais vantajosas, sendo difícil imaginar que as seguradoras não viessem a sofrer prejuízos no longo prazo.

Em geral, os agentes econômicos detêm informações mais precisas a respeito do setor potencialmente sujeito a restrições regulatórias, especialmente quando se tem em conta grandes investidores. Não se ignora, contudo, que as seguradoras podem reduzir esse risco por meio da contratação de especialistas no setor regulado. No entanto, é preciso considerar que cada setor regulado demandaria uma pesquisa informacional específica, o que redundaria em custos altos para a companhia – tornando o valor do prêmio elevado e, por consequência, desinteressante para os investidores.

Resta mencionar, ainda, que o seguro privado não solucionaria o problema da ilusão fiscal. Veja-se que, nessa hipótese, os custos da decisão expropriadora não seriam internalizados pelo governo, mas, sim, por outro agente externo (a seguradora), o que geraria igual incentivo a escolhas estatais ineficientes.[104]

Dada a impossibilidade de se atribuir ao mercado a tarefa de oferecer seguros contra o risco expropriatório, vale expor, brevemente, as razões pelas quais a eficiência econômica também não é promovida por meio de seguro oferecido pelo próprio governo. Dito de outra maneira, poderia o governo vender apólices de seguro para prevenir os indivíduos contra o risco de ações estatais expropriadoras?

Blume e Rubinfeld também entendem pela inviabilidade dessa alternativa. Em primeiro lugar, tendo em vistas as restrições orçamentárias enfrentadas pelo governo, haveria um claro incentivo a que projetos regulatórios fossem desenhados de modo a atingir apenas indivíduos não protegidos pelo seguro.[105] É possível vislumbrar, ainda, a possibilidade de que agentes do governo, em troca de propina,

---

[103] No original, em inglês: "*[a]n appropriate insurance premium can be set only if the insurance company can be assured that its information sources are at least as accurate information as those of the individuals*" (BLUME, Lawrence; RUBINFELD, Daniel L.; SHAPIRO, Perry. The taking of Land: When Should Compensation be paid? 71 *Quarterly Journal of Economics*, 1984, p. 596). Traduzido livremente.

[104] Como se viu em passagem anterior, forçar o governo a considerar os custos da expropriação regulatória poderá fazê-lo pensar duas vezes antes de editar uma regulação expropriatória.

[105] BLUME, Lawrence; RUBINFELD, Daniel L.; SHAPIRO, Perry. The taking of Land: When Should Compensation be paid? 71 *Quarterly Journal of Economics*, 1984, p. 598.

aceitassem informar indivíduos de dado setor regulado sobre riscos expropriatórios, auxiliando-os em suas decisões sobre contratar ou não o seguro oferecido pelo governo.

1.1.1.4 O *trade-off* da análise econômica: há saída para esse dilema?

De acordo com a teoria econômica das regulações expropriatórias, não há nenhum arranjo compensatório isento de problemas. Essa constatação coloca o seguinte *trade-off* sobre a questão expropriatória: há, de um lado, o problema do *perigo moral* e dos elevados custos administrativos associados à regra compensatória positiva e, de outro, o problema da ilusão fiscal e do desincentivo aos investimentos relacionados à ausência compensatória.

De ordinário, porém, os autores norte-americanos da análise econômica das regulações expropriatórias enfatizam apenas um dos lados desse dilema, propondo, por consequência, modelos que afastam apenas algumas das consequências nefastas destacadas.[106] Fugindo a essa regra, Thomas J. Miceli e Kathleen Segerson, ambos economistas, propuseram um modelo econômico que seria capaz de neutralizar todos os efeitos negativos de cada desenho compensatório. Com base em premissas explícitas e demonstrações matemáticas – demasiadamente complexas para serem reproduzidas em um trabalho jurídico –, os autores propõem duas regras, que, conjuntamente, poderiam equacionar o problema das regulações expropriatórias do ponto de vista da economia.

A primeira delas, chamada *ex ante rule*, prescreve que determinada regulação seria expropriatória – impondo, portanto, o pagamento de compensação – apenas se a atividade desenvolvida pelo investidor ou o uso dado à propriedade pelo proprietário pudesse ser considerado eficiente na ausência da regra compensatória. Assim, demonstrado o comportamento oportunista ou ineficiente em relação ao uso da propriedade, a indenização não seria devida. A segunda regra, denominada *ex post rule*, exigiria o pagamento de indenização se a regulação promovesse a alocação eficiente de recursos públicos, evitando, assim o abuso regulatório.

O modelo proposto pelos autores tem o mérito de analisar amplamente os problemas econômicos decorrentes de diferentes desenhos compensatórios. Contudo, é evidente que a aplicação das duas

---

[106] *E.g.*: Ibid.

regras referidas ensejaria diversas dificuldades, especialmente práticas. Primeiramente, nem sempre é fácil avaliar se o uso dado à propriedade ou à atividade econômica é eficiente. Há, por certo, inúmeras variáveis a se considerar, sendo igualmente induvidoso que o próprio conceito de eficiência não seja unívoco.

Ademais, se, para identificar o potencial expropriatório da regulação, o regulador fosse obrigado a aferir a eficiência de cada destinação dada aos bens atingidos pelo ato regulatório, haveria, por certo, um engessamento da máquina estatal, incompatível com as múltiplas demandas que o Estado é instado a atender. Finalmente, o modelo desconsidera que o Estado, via de regra, não pode impor aos proprietários um único uso para seus bens.

Não obstante as dificuldades apresentadas pelo modelo em análise, as regras por eles concebidas – *ex ante* e *ex post rule* – têm o mérito de levar em conta os múltiplos efeitos econômicos da regra compensatória, configurando, assim, importante contribuição para o equacionamento da questão expropriatória. Em havendo forte suspeita de sobreinvestimento ou alocação ineficiente de recursos públicos, por exemplo, os critérios concebidos podem se mostrar bastante úteis para que se alcance um resultado compensatório adequado.

No mais, em que pese a importância da análise econômica para a compreensão da questão expropriatória, não parece possível conceber que a eficiência seja o único princípio-guia para o equacionamento do problema. A despeito dos muito relevantes *insights* trazidos pela visão econômica, aspectos institucionais[107] e relacionados às previsões constitucionais expressas não podem ser ignorados na concepção de uma fórmula que se pretenda absoluta para solucionar o problema das regulações expropriatórias.

1.1.1.5 As contribuições da análise econômica para o equacionamento da questão expropriatória

As ponderações feitas nesta parte do trabalho deixam claro que o estudo das regulações expropriatórias não pode prescindir da abordagem econômica. Como se viu, as diferentes possibilidades de

---

[107] Sobre aspectos institucionais relacionados à questão expropriatória, v. MEDENA, Steven G. Making Choices and Making Law: an Institutional Perspective on the Taking Issue. *In*: MERCURO, Nicolas. *Taking Property and Just Compensations*: Law and Economics Perspectives of the Takings Issue. Kluwer Academic Publishers. Boston/Dordrecht/Londres, 1992.

formatação da regra compensatória criam incentivos e custos diversos, que não podem ser desprezados em um contexto de valorização da eficiência econômica como um dos vetores da Administração Pública.

A análise econômica do problema demonstra, em primeiro lugar, que a incerteza em relação às regras aplicáveis às regulações expropriatórias enseja consequências profundamente danosas à economia. Tem-se claro que, no campo das regulações expropriatórias, sempre existirá algum grau de imprevisibilidade, uma vez que não se pode conhecer de antemão o futuro das mudanças regulatórias. No entanto, a certeza em relação às hipóteses de indenizabilidade já permite aos indivíduos uma avaliação mais acurada dos riscos de suas transações.

Em um cenário de dúvida, investidores podem ser desencorajados a dispender recursos em atividades produtivas, tornando o direito responsável por promover ineficiência econômica. Deve haver, assim, parâmetros claros e seguros para equacionar a questão expropriatória, de modo que os indivíduos possam realizar suas transações e investimentos com segurança.[108]

Em segundo lugar, as diferentes possibilidades de desenho da chamada regra compensatória são capazes de gerar custos e incentivos diversos, que recaem, direta ou indiretamente, sobre toda a sociedade. Tal percepção é importante para que o jurista tenha cautela nas prescrições sobre o tema, voltando sempre sua atenção para os possíveis efeitos nefastos que determinada solução possa acarretar.

Como visto, os efeitos da chamada regra compensatória zero – redução dos incentivos aos investimentos, custos para os indivíduos e alocação ineficiente de recursos privados e públicos – são extremamente deletérios à economia. É improvável, portanto, a construção de um modelo de ausência compensatória que seja capaz de eliminar os danos causados por tais distorções.

Não se pode negar que a teoria das regulações expropriatórias, na medida em que exige a recomposição patrimonial, também enseja efeitos econômicos indesejados e custos administrativos significativos. Contudo, há formas de minimizar tais problemas. Para reduzir o risco de *moral hazard*, é possível cogitar sistemas compensatórios projetados para limitar o excesso de confiança dos investidores. Com esse objetivo, Susan

---

[108] No original, em inglês: *"Takings law should be predictable, on this view, so that private individuals can confidently commit resources to capital projects"* (ROSE-ACKERMAN, Susan. Regulatory Takings: Policy Analysis and Democratic Principles. *In*: MERCURO, Nicolas. *Taking Property and Just Compensations*: Law and Economics Perspectives of the Takings Issue. Kluwer Academic Publishers. Boston/Dordrecht/Londres, 1992).

Rose-Ackerman propõe que somente se compensem os investimentos realizados até o momento em que tenha sido dada publicidade ao projeto regulatório.[109] A partir daí, caberia ao Poder Público avaliar a ocorrência de sobreinvestimento, negando, nesse caso, o pleito compensatório em relação ao excesso.

Cumpre destacar que, como adverte David A. Dana,[110] o perigo moral também poderia embasar argumento a favor da regra compensatória positiva, especialmente em relação a regulações de proteção ambiental. Isso porque a inexistência de direito à indenização poderia levar os proprietários a acelerarem o desenvolvimento da propriedade para evitar prejuízos advindos de futuros normativos instituidores de áreas de preservação ambiental. Da mesma forma, pode-se dizer que a política de não compensação para propriedades objeto de tombamento encoraja os proprietários de bens dotados de características potencialmente valorizadas pelos órgãos de proteção ao patrimônio histórico-cultural a demolirem seus bens, afastando a probabilidade de expropriação gratuita.

Finalmente, embora não seja realista esperar que se possam eliminar os custos operacionais tributários e administrativos necessários à operação do sistema compensatório, é preciso conceber medidas aptas a reduzi-los.[111] Isso porque tais custos, além de não poderem ser desprezados na análise de custo-benefício do projeto regulatório, estão associados ao dispêndio de dinheiro público, ao desperdício de recursos privados e a distorções nos comportamentos econômicos.

---

[109] ROSE-ACKERMAN, Susan. Regulatory Takings: Policy Analysis and Democratic Principle, p. 31. *In*: MERCURO, Nicolas. *Taking Property and Just Compensations*: Law and Economics Perspectives of the Takings Issue. Kluwer Academic Publishers. Boston/Dordrecht/Londres, 1992.

[110] DANA, David A. Natural Preservation and the Race to Develop. *University of Pennsylvania Law Review*, 143, 1995, p. 655-656. Disponível em: http://scholarship.law.upenn.edu/cgi/viewcontent.cgi?article=3555&context=penn_law_review. Acesso em: 05 set. 2016.

[111] São medidas aptas para reduzir os custos operacionais tributários do Poder Público: a concentração de estruturas da Administração Tributária, utilização de instrumentos estatísticos de controle, como a análise discriminante, aperfeiçoamento dos sistemas de gestão e de informação contábil, entre outras (BERTOLUCCI, Aldo V.; NASCIMENTO, Diogo Toledo do. O custo de arrecadação de tributos federais. *Revista de Contabilidade e Finanças da Faculdade de Economia, Administração e Contabilidade da USP*, Edição comemorativa, 2006, p. 48. Disponível em: http://www.revistas.usp.br/rcf/article/view/34724. Acesso em: 10 jun. 2016). Em relação aos custos dos contribuintes, a simplificação do sistema tributário parece ser medida principal para reduzir os custos de cumprimento das normas tributárias. ALVES, Nardéli; PETRI, Luana Ramos Figueiredo; PETRI, Sergio Murilo. A proposta para simplificar as obrigações do contribuinte e as mudanças do sistema tributário vigente. *NAVUS – Revista de Gestão e Tecnologia*, 2012. Disponível em: http://navus.sc.senac.br/index.php/navus/article/view/41. Acesso em: 10 jun. 2016.

Tem-se claro, portanto, que as consequências econômicas negativas da ausência de compensação são muito mais severas do que aquelas decorrentes de um sistema que indenize as expropriações normativas. Essa constatação não só legitima a teoria das regulações expropriatórias, como também reforça a importância da fixação de parâmetros materiais seguros de indenizabilidade.

Por fim, uma ressalva: apesar da importância do olhar econômico sobre a questão expropriatória, a eficiência não é capaz de oferecer, sozinha, uma solução absoluta e definitiva para o problema. Outros elementos, especialmente relacionados a aspectos institucionais e ao ordenamento constitucional de cada país, são indispensáveis à formulação de uma teoria adequada das regulações expropriatórias. Na sequência, a questão expropriatória será analisada com foco na sua principal base teórica: a proteção ao direito de propriedade.

1.1.2 Proteção ao direito de propriedade

A teoria econômica oferece sólidos argumentos para a adoção da teoria das regulações expropriatórias. Contudo, o seu substrato mais evidente é a necessidade de proteção do direito de propriedade diante de abusos regulatórios. Afinal, a cláusula expropriatória oferece compensação àquele que sofre uma desapropriação – cujo conteúdo semântico equivale ao *ato de privar alguém da propriedade*.[112] Assim, a teoria das regulações expropriatórias, ao reconhecer que a regulação pode apresentar efeitos desapropriadores, tem por objetivo justamente impor ao regulador o dever de proteger a propriedade por meio do instrumental da expropriação.

Tem-se claro, portanto, que o elemento central do exame da expropriabilidade da regulação é o sacrifício de um direito de propriedade. Isso não significa, porém, que seja simples aferir quando a regulação efetivamente priva o indivíduo de um interesse de propriedade, e isso se dá, principalmente, pela dificuldade de precisar o próprio conceito de propriedade. Não obstante, dada a importância do tema para o estudo das regulações expropriatórias, cumpre aprofundá-lo para que, ao final, se possa adotar um conceito de propriedade que sirva de base para o desenvolvimento deste trabalho.

---

[112] SALLES, José Carlos de Moraes. *A desapropriação à luz da doutrina e da jurisprudência*. 6. ed. São Paulo: Editora Revista dos Tribunais, 2009. p. 59.

1.1.2.1 A propriedade como uma *rede de interesses*

O direito de propriedade, concebido originalmente como um direito natural, negativo e estritamente individualista, pouco tolerava pretensões que lhe fossem colidentes.[113] Como explica Gilmar Mendes, nas Revoluções Francesa e Americana do século XVIII, "a preocupação em manter a propriedade servia de parâmetro e de limite para a identificação de outros direitos fundamentais".[114]

Ao longo do tempo e conforme as diferentes exigências jurídicas, sociais e políticas, porém, o direito de propriedade evoluiu e se transformou, revelando seu caráter dinâmico e adaptativo, especialmente diante do surgimento de novos direitos fundamentais.

Por certo, a mudança qualitativa mais significativa do direito de propriedade decorreu da necessidade de acomodação com os direitos de titularidade coletiva e difusa. Antes encarada como um conjunto de poderes de que o indivíduo dispõe sobre a coisa, a propriedade passou a incorporar a noção de função social, fruto das preocupações constitucionais com o coletivo (proteção ao meio ambiente, desenvolvimento social, conservação do patrimônio histórico-cultural, etc.).

A evolução do direito de propriedade sob o impacto de diferentes forças sociais, econômicas e políticas é também identificada pelo norte-americano Craig Anthony Arnold.[115] Conforme narra o autor, a noção de propriedade como "poder absoluto sobre uma coisa física" (*absolute dominion over things*) foi substituída, entre o final do século XIX e o início do século XX, pela concepção de propriedade como "conjunto de direitos" (*bundle of rights*). Essa reconfiguração do direito de propriedade teria resultado, em primeiro lugar, de um movimento intelectual progressista,[116] contrário à noção física e absoluta da propriedade, e, em segundo lugar, de forças sociais, políticas e econômicas. Em suma, tais forças exigiam que o direito de propriedade fosse moldado para atender, ao mesmo tempo, às demandas de uma economia crescente

---

[113] MENDES, Gilmar; BRANCO, Paulo. 5. ed. *Curso de Direito Constitucional*. São Paulo: Saraiva, 2010. p. 309.
[114] Ibid., p. 309.
[115] ARNOLD, Craig Anthony. The Reconstitution of Property: Property as a Web of Interests. *Harvard Environmental Law Review*, v. 26, n. 2, 2002, p. 289. Disponível em: http://ssrn.com/abstract=1024244. Acesso em: 29 ago. 2016.
[116] Como relata Craig Anthony Arnold, o autor que mais contribuiu para a sedimentação da teoria do *bundle of rights* foi Wesley Newcomb Hohfeld, com artigos publicados sobre o tema entre 1913 e 1917 (Ibid., p. 287).

baseada em riqueza intangível[117] e às demandas coletivas, especialmente de proteção ao meio ambiente.

Em linhas gerais, a concepção de propriedade como um conjunto de direitos (*bundle of rights*) pretende desintegrar qualquer conexão do direito com um bem específico, focando, ao revés, nas múltiplas relações jurídico-sociais estabelecidas entre sujeitos. Nessa perspectiva, ascendem-se diferentes interesses de propriedade, que podem se revelar tangíveis, intangíveis, divisíveis, maleáveis, abstratos ou concretos.[118] Em suma, a propriedade seria um "conjunto funcional de direitos entre as pessoas",[119] atraindo para o seu campo semântico todos os elementos (*sticks*)[120] derivados das relações interpessoais de seu titular.

A caracterização do direito de propriedade como um conjunto de direitos tem o mérito de estender a proteção constitucional da propriedade para além de seu sentido tradicional e civilístico,[121] abarcando, ainda, outros valores de índole patrimonial, como, por exemplo, as participações societárias, as atividades econômicas e os direitos autorais, de marcas e patentes.[122]

Contudo, ao alargar em demasia a noção de propriedade, a teoria acaba acarretando o seu esvaziamento conceitual. Não por outra razão, Thomas Grey, em artigo seminal sobre o tema – *The disintegration of property* – chegou a sustentar o fim do direito de propriedade como uma concepção singular e coerente. Nesse sentido, o direito de propriedade passaria a encerrar apenas um rótulo para qualquer relação jurídica que o indivíduo tenha estabelecido,[123] não sendo possível, consequentemente, apartá-lo dos demais direitos.

A teoria ainda pode ser criticada em razão de seu notório desapego pelo objeto sobre o qual recai o direito de propriedade. Independentemente de seu caráter corpóreo ou incorpóreo, o bem não pode deixar de ser enxergado como o elemento nuclear da propriedade. É a lição de

---

[117] Ibid., p. 282.
[118] Ibid., p. 289.
[119] Ibid., p. 282.
[120] No original, em inglês: "*[t]he metaphor's image is a bundle of sticks in which each stick in the bundle represents a diferente right associated with property*" (Ibid., p. 285). O trecho correspondente na tradução é: "A imagem metafórica é um conjunto de varetas, no qual cada vareta representa um diferente direito associado à propriedade". Traduzido livremente.
[121] MENDES, Gilmar; BRANCO, Paulo. 5. ed. *Curso de Direito Constitucional*. São Paulo: Saraiva, 2010. p. 518.
[122] Ibid., p. 521-526.
[123] Nesse sentido, cf. RUBIN, Edward L. Due Process and the Administrative State. 72 *California Law Review*, 1984, p. 1.044, 1.086.

Craig Anthony Arnold: "Ao contrário do conceito conjunto de direitos, o próprio bem em si importa, tanto empírica quanto teoricamente".[124] Assim, a análise dos limites conceituais do direito de propriedade não prescinde da verificação quanto à natureza e de outras características do bem sobre o qual incide.

Ressalte-se, porém, que a necessária coisificação da propriedade não importa à desvalorização da relação entre o bem e o seu titular e demais sujeitos, tampouco o retorno à sua caracterização como um conjunto de poderes absolutos sobre determinado bem. O direito de propriedade, em sua concepção contemporânea, precisa capturar a complexidade de formas com que as pessoas se relacionam entre si e com os variados bens disponíveis de titularização.

Nessa linha, Craig Anthony Arnold defende a representação do direito de propriedade a partir de uma nova concepção, capaz de revelar quatro importantes aspectos desse direito: *singularidade* (capacidade de se diferenciar de outros direitos); *interconectividade* (valorização das relações humanas estabelecidas em relação ao bem); *funcionalidade* (importância das características naturais e sociais do bem); e contextualidade (configuração da propriedade de acordo com o contexto social, político e econômico).

Tendo em vista tais características, a propriedade passa a ser ilustrada como uma *rede de interesses* (*web of interests*), formada por uma teia de interconexões entre pessoas, grupos e entidades, todas estabelecidas com suporte em um bem identificável (tangível ou intangível), que ocupa o centro de toda a rede.[125] Sob essa visão, por exemplo, o aluguel de um terreno ensejaria a formação de uma rede de interesses, abarcando não apenas a relação do locador-locatário, mas também a forma como o proprietário e o inquilino se relacionam com o bem, as relações com o Poder Público, vizinhos e assim por diante.[126]

Sob esse ângulo, o direito de propriedade revela variados aspectos, que resultam em diferentes concepções acerca da propriedade, não necessariamente excludentes entre si. A seguir, expor-se-ão três principais

---

[124] No original, em inglês: *"Contrary to the bundle of rights concept, the 'thing' itself matters, both empirical and theoretical matter"* (ARNOLD, Craig Anthony [Tony]. The Reconstitution of Property: Property as a Web of Interests. Harvard Environmental Law Review, v. 26, n. 2, 2002, p. 283. Disponível em: http://ssrn.com/abstract=1024344. Acesso em: 29 ago. 2016). Traduzido livremente.

[125] ARNOLD, Craig Anthony (Tony). The Reconstitution of Property: Property as a Web of Interests. Harvard Environmental Law Review, v. 26, n. 2, 2002, p. 333. Disponível em: http://ssrn.com/abstract=1024344. Acesso em: 29 ago. 2016.

[126] Ibid., p. 334.

concepções de propriedade, que repercutem na aferição do caráter expropriatório da norma, conforme será aprofundado no capítulo 2.

Tem-se, primeiramente, a concepção natural de propriedade (*nature-oriented property concept*), que enfatiza as características naturais do bem, especialmente a sua função em relação ao meio ambiente que o cerca. Sob essa perspectiva, a regulação jurídica sobre o direito de propriedade há de refletir a interconexão e a interdependência do bem com o mundo natural, incluindo todas as formas de vida.[127]

Cite-se, ainda, a concepção social de propriedade, que exalta as destinações comuns ou preponderantes do bem em determinada sociedade. As concepções natural e social da propriedade podem ser agrupadas no conceito de *funcionalidade* da propriedade, definido por Celso Antônio Bandeira de Mello como "a aptidão natural do bem em conjugação com a destinação social que cumpre, segundo o contexto em que esteja inserido".[128]

Tais concepções, porém, não são determinantes para estabelecer os contornos dos interesses de propriedade. Além das considerações relativas ao bem, a situação concreta pode revelar a importância de aspectos relacionados à relação do indivíduo – objeto na configuração do direito de propriedade. Chama a atenção, quanto ao ponto, a concepção personalista (*personhood concept*) e a concepção de propriedade baseada nas expectativas de seu titular (*expectations concept of property*).

A concepção personalista sobreleva a importância da propriedade como meio de promoção da autonomia e autodesenvolvimento do homem. Margareth Jane Radin produziu, nos Estados Unidos, uma série de artigos e livros sobre esse aspecto existencial da propriedade.[129] Com inspiração da filosofia de Kant, Locke e Hegel, a autora desenvolve a concepção personalista da propriedade, que, em contraste com as concepções natural e social da propriedade, é antropocêntrica: "[e]sses objetos são intimamente atrelados com a pessoalidade porque eles

---

[127] Ibid. p. 318. Adotando essa concepção de propriedade, cf. BOSSELMA, Fred P. Limitations Inherent in the Title to Wetlands at Common Law, *15 Stanford Environmental Law Journal*, 1996, p. 247. Disponível em: http://scholarship.kentlaw.iit.edu/fac_schol/96. Acesso em: 5 set. 2016.

[128] MELLO, Celso Antônio Bandeira de. *Natureza jurídica do zoneamento*: efeitos, p. 29. Disponível em: http://bibliotecadigital.fgv.br/ojs/index.php/rda/article/view/43481/42144. Acesso em: 05 set. 2016.

[129] RADIN, Margareth Jane. Reinterpreting Property. Chicago: University of Chicago Press, 1993; RADIN, Margareth Jane. Property and Personhood, *34 Stanford Law Review*, 1982, p. 957. Disponível em: http://cyber.law.harvard.edu/IPCoop/82radi.html. Acesso em: 05 set. 2016.

são parte do caminho que nós mesmos constituímos como contínuas entidades pessoais no mundo".[130]

A dificuldade dessa concepção reside no seu caráter eminentemente subjetivo: o apego pessoal a determinados objetos varia de pessoa para pessoa, tornando difícil, senão impossível, o reconhecimento jurídico desse aspecto de propriedade. A fim de solucionar esse impasse, Margareth Jane Radin sustenta a necessidade de se formularem critérios objetivos capazes de identificar "um conjunto de bens pessoais merecedores de reconhecimento".[131] Para tanto, a autora propõe o apelo ao consenso moral, às verdades da psicologia e ao conceito de pessoa.[132]

Nessa perspectiva, o aspecto mais interessante destacado por Radin é a importância da propriedade para a realização de planos e projetos existenciais futuros, relacionado também a eventos e sentimentos passados.[133] Essa constatação, como a própria autora admite, explica, em parte, por que a proteção das expectativas das pessoas de controle contínuo sobre determinado objeto parece tão importante.

Nesse ponto, há uma nítida confluência entre a concepção personalista e a concepção de propriedade baseada nas expectativas de seu titular.[134] Contudo, esta última não se restringe à proteção da confiança em relação a projetos futuros relacionados a um bem pessoal. Na verdade, em sua origem, a concepção de propriedade como uma "base de expectativas"[135] foi desenvolvida com fundamento na filosofia utilitarista de Jeremy Bentham, oposta, portanto, à concepção humanista.

Frank Michelman[136] conferiu à concepção de propriedade como proteção de expectativas a sua acepção mais moderna, mas

---

[130] No original, em inglês: "[t]hese objects are closely bound up with personhood because they are part of the way we constitute ourselves as continuing personal entities in the world" (ARNOLD, Craig Anthony [Tony]. The Reconstitution of Property: Property as a Web of Interests. *Harvard Environmental Law Review*, v. 26, n. 2, 2002, p. 322. Disponível em: http://ssrn.com/abstract=1024244. Acesso em: 29 ago. 2016). Traduzido livremente.

[131] No original, em inglês: "(...) a realm of personal property deserving recognition" (RADIN, Margareth Jane. Property and Personhood, 34 Stan. L. Rev., 957 (1982). Disponível em: http://cyber.law.harvard.edu/IPCoop/82radi.html. Acesso em: 05 set. 2016). Traduzido livremente.

[132] Ibid.

[133] Ibid.

[134] ARNOLD, Craig Anthony (Tony). The Reconstitution of Property: Property as a Web of Interests. *Harvard Environmental Law Review*, v. 26, n. 2, 2002, p. 327-331. Disponível em: http://ssrn.com/abstract=1024244. Acesso em: 29 ago. 2016.

[135] BENTHAM, Jeremy. *The Theory of Legislation*, 1802. Disponível em: https://archive.org/stream/legislation00bentuoft/legislation00bentuoft_djvu.txt. Acesso em: 29 ago. 2016.

[136] No original, em inglês: "(...) whether or not the measure in question can easily be seen to have practically deprived the claimant of some distinctly perceived, sharply crystallized, investment-backed expectation" (MICHELMAN, Frank I. Property, utility, and fairness: comments on

não abandonou a sua base utilitarista. Sem dúvida, a proteção da confiança dos proprietários é fator de estímulo aos investimentos e à produtividade econômica. Porém, conforme será aprofundado no item 3.2.2.4, a concepção contemporânea da propriedade como base de expectativas deve absorver também considerações substantivas e existenciais relacionadas aos projetos de vida desenvolvidos pelos proprietários.

Pois bem. Todas essas concepções de propriedade coexistem e não são abstratas, nem concretamente excludentes entre si. Esta é, aliás, a vantagem da adoção do conceito de propriedade como uma rede de interesses: alarga-se o espectro de análise da propriedade, permitindo compreendê-la como um direito em constante evolução, capaz de recepcionar diferentes influxos normativos, sociais, econômicos e políticos. Porém, se, por um lado, não é possível aprisionar a propriedade em uma teoria rígida que demanda fidelidade conceitual, por outro, não se pode deixá-la flutuar livremente no domínio da abstração.[137] A concepção de propriedade como uma rede de interesses voltados a um bem específico dá conta desse propósito.

1.1.3 Recepção das premissas teóricas das regulações expropriatórias pelo ordenamento constitucional brasileiro

Compreendidas as duas principais bases teóricas da teoria das regulações expropriatórias, cumpre verificar, em linhas breves, se as ideias lançadas pela análise econômica e a noção de propriedade como uma *rede de interesses* podem ser recepcionadas pela realidade constitucional brasileira. Assim, indaga-se: o instrumental teórico oferecido pela razão econômica e a concepção de propriedade como uma rede de interesses são compatíveis com a cláusula expropriatória e com a estrutura constitucional de proteção ao direito de propriedade?

De plano, pode-se afirmar que os argumentos econômicos que embasam a teoria das regulações expropriatórias encontram espaço

---

the ethical foundations of "just compensation" law. *Harvard Law Review*, v. 80, n. 6, 1967, p. 1.233). O trecho correspondente na tradução é: "Se a medida em questão pode ou não pode ser facilmente compreendida como um ato que teria privado o requerente de alguma expectativa específica e cristalina". Traduzido livremente.

[137] ARNOLD, Craig Anthony (Tony). The Reconstitution of Property: Property as a Web of Interests. *Harvard Environmental Law Review*, v. 26, n. 2, 2002, p. 333. Disponível em: http://ssrn.com/abstract=1024244. Acesso em: 29 ago. 2016.

no ordenamento constitucional brasileiro. Aliás, como já se pontuou, a análise econômica tem contribuído para o desenvolvimento da teoria da regulação em geral. Contudo, no que diz respeito especificamente ao instituto da desapropriação regulatória, umbilicalmente relacionado à proteção do direito de propriedade, a importância da razão econômica é constitucionalmente justificada.

Veja-se que a Constituição de 1988 alçou a propriedade privada a um dos alicerces da Ordem Econômica (art. 170, inciso II). Assim, além do *status* de direito fundamental, a propriedade foi considerada pelo constituinte pressuposto funcional e essencial ao bom funcionamento da economia. À evidência, tal opção jurídico-política alinha-se à noção de que a proteção dos direitos dominiais dota o ambiente econômico da estabilidade necessário à realização de investimentos.

A propriedade, enquanto mecanismo de mercado, merece tutela constitucional porque, como assinala Juan de la Cruz Ferrer, se trata de instituição que sustenta a economia,[138] ao lado da livre iniciativa, do trabalho e da liberdade de contratar. Esse é, por certo, o principal substrato da análise econômica das regulações expropriatórias, compatível, portanto, com a Constituição Brasileira.

O substrato teórico da teoria das regulações expropriatórias calcado na proteção do direito de propriedade também é agasalhado pelo texto constitucional. Voltando-se os olhos para o art. 5°, inciso XXIV, fica claro que o instituto da desapropriação, tal como moldado pelo constituinte, é fruto de acordo compromissório entre a necessária persecução do interesse público e o resguardo do direito de propriedade.[139] O constituinte, ao estabelecer que não se pode desapropriar – ou seja, privar alguém de uma propriedade – sem que determinados pressupostos constitucionais sejam observados (propósito público, devido processo legal e compensação prévia, justa e em dinheiro), revelou sua preocupação com a proteção desse direito.

O *status* jusfundamental do direito de propriedade reforça a importância de sua proteção diante de eventos desapropriadores. A cláusula expropriatória, contudo, melhor esclarece em que extensão a propriedade merecerá abrigo quando do exercício da capacidade estatal de desapropriar, dotando o direito de propriedade de densidade

---

[138] FERRER, Juan de la Cruz. *Principios de regulación económica en la Unión Europea*. Madrid: Instituto de Estúdios Económicos, 2002, p. 89 e ss.

[139] BINENBOJM, Gustavo. *Uma teoria do Direito Administrativo*. 2. ed. Rio de Janeiro: Renovar, 2008. p. 110-111.

normativa suficiente para frear impulsos desapropriadores do Estado sem respaldo no texto constitucional.

Assim, se a desapropriação gira em torno da tomada de um direito de propriedade, este deve ser o elemento central da análise da questão expropriatória. Como se viu, a acepção contemporânea de propriedade como uma *rede de interesses* tem o mérito de considerar o seu caráter complexo e dinâmico, sem, contudo, dissociá-la do bem sobre o qual recai o direito. É preciso verificar, assim, se tal noção de propriedade pode ser adotada à luz do texto constitucional.

A Constituição, no principal artigo que trata do direito de propriedade (art. 5º, inciso XXII), não delimitou o seu conceito a bens determinados. Assim, em primeiro lugar, não há razões para limitar a propriedade constitucionalmente considerada como aquela que recai sobre bens corpóreos. Essa constatação é potencializada pelo art. 2º do Decreto-Lei nº 3.365/41, que autoriza a desapropriação "de todos os bens", desde que possam ser suscetíveis de apropriação exclusiva pelo homem e sejam economicamente apreciáveis.[140] Assim, a concepção de propriedade como "poder absoluto sobre uma coisa física" não encontra respaldo no texto constitucional, tampouco na principal lei brasileira sobre desapropriação.

Também não parece adequada ao nosso sistema constitucional a acepção de propriedade como um "conjunto de direitos", eis que a Constituição estabeleceu tratamento distinto ao direito de propriedade, não sendo possível confundi-lo com outros direitos.

Há na Constituição, porém, inúmeras disposições dedicadas à disciplina do direito de propriedade, relacionando-o com outros importantes direitos constitucionalmente assegurados. Algumas dessas previsões ressaltam a variedade de interesses protegidos pela propriedade. Por exemplo: (i) a posição topográfica do direito de propriedade, inserido no rol de direito fundamentais, mostra sua importância como veículo promotor da autonomia e do autodesenvolvimento humano, o que aproxima a propriedade das *concepções personalista e protetora de expectativas*; (ii) o art. 183 assegura o domínio daquele que utiliza área urbana de 250 metros quadrados para morar, só ou com sua família, sem oposição e por cinco anos ininterruptos (usucapião especial

---

[140] Podemos dar como exemplo de bem móvel e incorpóreo suscetível de desapropriação as ações de uma sociedade anônima, na medida em que são bens ou coisas que constituem objeto de um direito. São, portanto, como os demais bens ou como as demais utilidades, suscetíveis de apropriação privada (SALLES, José Carlos de Moraes. *A desapropriação à luz da doutrina e da jurisprudência*. 6. ed. São Paulo: Revista dos Tribunais, 2009. p. 104).

urbana), ressaltando a importância do direito à moradia na configuração do direito de propriedade, sendo este aspecto igualmente relacionado à *concepção personalista*; (iii) o art. 225, inciso III, prevê a possibilidade de definição de espaços territoriais a serem especialmente preservados para a proteção do meio ambiente ecologicamente equilibrado, demonstrando a aceitação da *concepção natural de propriedade*; (iv) o art. 5º, inciso XXIII, estabelece que a propriedade deve cumprir sua função social, fazendo sobressair a importância da *concepção social de propriedade*; (v) o art. 170, inciso II, já referido, prevê a propriedade como princípio da ordem econômica, ressaltando a importância da *concepção de proteção a expectativas* como fator impulsionador da economia.

O direito de propriedade, portanto, espalha-se pela ordem constitucional brasileira, albergando em sua configuração múltiplos interesses, que não podem ser desconsiderados quando do exame da questão expropriatória. Assim, a noção de propriedade como rede de interesses é perfeitamente recepcionada pela ordem jurídica constitucional brasileira.

É sob essa perspectiva que o presente trabalho será desenvolvido.

1.2 Outras razões para a constituição da teoria das regulações expropriatórias

1.2.1 Necessidade de revisão da teoria e jurisprudência pátrias em matéria de atos normativos expropriadores

O tema das regulações expropriatórias ainda não alcançou o destaque que merece no Brasil. Enquanto nos Estados Unidos a questão expropriatória é constantemente abordada pela literatura e pela jurisprudência como um dos maiores dilemas do direito público contemporâneo, que requer análises complexas e abrangentes, os estudos e os precedentes pátrios raramente enfrentam o tema com a profundidade teórica necessária. Ao contrário, no Brasil, é comum a utilização de soluções dicotômicas e superficiais para dar conta da análise da questão expropriatória.

A maior dificuldade no trato dos normativos expropriadores, porém, passa pela consagração do instituto da desapropriação indireta, conforme será desenvolvido na sequência.

1.2.1.1 Teoria das desapropriações indiretas: uma questão de inconstitucionalidade

A Constituição brasileira prevê, em seu artigo 5º, inciso XXIV, o *devido processo expropriatório*, que condiciona o exercício do poder estatal de desapropriar à observância de procedimento legalmente estabelecido e ao pagamento de indenização prévia, justa e em dinheiro. Com efeito, trata-se de importante limitação ao exercício da capacidade expropriatória do Estado. Nesse cenário, parece lógico que o Estado não pode desapropriar sem seguir o caminho previsto pela cláusula expropriatória, sob pena de incorrer em grave violação ao texto constitucional. Não é esse, contudo, o entendimento consagrado no Brasil.

No direito pátrio, é conferido tratamento legal à desapropriação que se realiza às avessas, sem observância do devido processo legal,[141] ainda que sua prática pelo Estado seja flagrantemente incompatível com o regime de proteção à propriedade privada previsto na Constituição. Com efeito, o Decreto-Lei nº 3.365/1941 faz menção expressa à chamada *desapropriação indireta*, embora a regule apenas de forma tangencial. Trata-se de evidente e gritante inversão de valores: o esbulhado, que já teve o seu direito à propriedade violado pelo Estado, passa a ter o ônus de buscar em juízo a recomposição patrimonial, que, pelo texto constitucional, deveria ter sido garantida previamente. E, para piorar, após o penoso trâmite processual, resta-lhe ainda a *via crucis* do precatório, que retarda ainda mais o gozo do seu direito.

A despeito de algumas manifestações doutrinárias louváveis no sentido de promover uma releitura da referida previsão legal à luz do texto constitucional,[142] a jurisprudência vem adotando uma postura de conivência com essa conduta ilícita, abusiva e inconcebível em um Estado de Direito,[143] o que acaba por transformar a desapropriação indireta em prática administrativa corriqueira.

Ora, se é verdade que o esbulho administrativo efetivado pelo Estado agride a *cláusula constitucional expropriatória* e, por isso, constitui

---

[141] SALLES, José Carlos de Moraes. *A desapropriação à luz da doutrina e da jurisprudência*. 6. ed. São Paulo: Editora Revista dos Tribunais, 2009. p. 728-729.

[142] Cf., por exemplo, ACOCELLA, Jéssica. *Uma releitura da desapropriação à luz da constituição de 1988 e suas principais repercussões sobre o regime jurídico vigente*. Rio de Janeiro: Dissertação de Mestrado em Direito Público, UERJ, 2013. Mimeografado. No mesmo sentido, v. CYRINO, André Rodrigues. Regulações expropriatórias: apontamentos para uma teoria. *Revista de Direito Administrativo*, Rio de Janeiro, v. 267, p. 199-235, set./dez. 2014.

[143] JUSTEN FILHO, Marçal. *Curso de Direito Administrativo*. 1. ed. São Paulo: Saraiva, 2005. p. 444.

uma prática inconstitucional – e nula, por consequência –, cabe refletir se o mesmo raciocínio poderia ser utilizado para entender que a Constituição também é violada quando o Poder Público, em vez de seguir o caminho constitucional da desapropriação, opta pelo *"atalho"* da *regulação expropriatória*. A resposta se impõe afirmativa.

Veja-se que, quando a ordenação apresenta um impacto funcionalmente equivalente àquele causado pelo exercício do poder de domínio eminente – isto é, nos casos em que a regulação importa o esvaziamento econômico ou inviabilidade prática de uso do bem –, ela assumirá a forma de desapropriação.[144] Desse modo, a expropriação, ainda que travestida de regulação, não poderá desviar-se do trâmite constitucionalmente previsto para as desapropriações.[145]

Louis Kaplow, com o intuito de demonstrar que o elemento determinante da natureza da ação estatal é a sua aptidão de sacrificar a propriedade, narra a seguinte situação hipotética:

> (...) considere uma fábrica que emite radiação, considerada prejudicial à saúde da comunidade. O legislador pode promulgar uma lei tornando a operação de tais fábricas ilegal, incluindo aquelas em atividade antes da promulgação. Alternativamente, um tribunal pode entender que a proibição seria decorrente de uma limitação implícita ao título de propriedade de não usá-la de modo a prejudicar terceiros. Uma terceira possibilidade seria a de que uma agência reguladora, com competência para proteger a saúde da população, pudesse considerar que o funcionamento de tais fábricas é inadmissível; e, alternativamente, pudesse impor um imposto sobre a poluição que tornasse a operação contínua da fábrica não lucrativa. Finalmente, suponha que todas as linhas de ação traçadas são, em última análise, inaplicáveis, porque a operação de tais fábricas à noite é difícil de detectar, não deixando outra alternativa senão transferir a propriedade para o domínio público. Todas essas ações são praticamente indistinguíveis, assumindo que cada uma tem o efeito pretendido. Cada política representa uma forma de realização da transição do regime que permitiu a operação da fábrica

---

[144] No original, em inglês: *"The usual approach by the law has been to make a sharp distinction between physical invasions and regulations, a distinction that is both intellectually bankrupt and increasingly unworkable"* (FISCHEL, William A. *Regulatory takings*: Law, economics and politics. Cambridge: Harvard U. Press, 2014. p. 135). O trecho correspondente na tradução é: "A abordagem usual pela lei tem sido fazer uma distinção muito bem definida entre invasões físicas e regulações, uma distinção que é tanto intelectualmente falida quanto crescentemente inexequível". Traduzido livremente.

[145] No mesmo sentido, CYRINO, André Rodrigues. Regulações expropriatórias: apontamentos para uma teoria. *Revista de Direito Administrativo*, Rio de Janeiro, v. 267, p. 199-235, set./dez. 2014.

para um que não permite; cada uma custa ao proprietário o valor da fábrica e beneficia a sociedade ao proteger sua saúde. Se é desejável ou não compensar pelos direitos adquiridos das fábricas em funcionamento antes da promulgação, ou mitigar de alguma outra forma o efeito da reforma sobre o proprietário da fábrica, parece depender pouco de qual das quatro abordagens o governo escolhe.[146]

O equívoco que se observa na jurisprudência nos casos de esbulho administrativo é repetido quando o Judiciário é desafiado a dizer se determinada regulação apresenta caráter expropriatório: o ato estatal nunca não é invalidado por ter desviado do caminho constitucional da desapropriação, fazendo jus o demandante, na melhor das hipóteses,[147] a uma indenização em razão do esvaziamento econômico ou prático de seu direto de propriedade.[148] Dito de outra maneira, as ações de desapropriação indireta no Brasil – sejam fundamentadas na ocorrência de apossamento administrativo ilícito ou na expropriação regulatória – são tratadas como demandas de responsabilidade civil do Estado.[149]

Pois bem. Se as hipóteses de esvaziamento econômico e/ou prático do bem decorrente de medidas regulatórias podem ser enquadradas como hipóteses de desapropriação indireta, por que desenvolver uma

---

[146] No original, em inglês: "*[f]or a simple example, consider a factory that emits radiation that is determined to harm the health of the community. The legislature might enact a statute making the operation of such factories illegal, including those built and operating prior to enactment. Alternatively, a common law court might extend the law of nuisance to cover the newly discovered problem. A third possibility would be that a regulatory agency with jurisdiction to protect the health of the population might rule that operation of such factories is impermissible; alternatively, it might impose a pollution tax that renders continued operation of the factory unprofitable. Finally, suppose that it is determined that all of the above courses of action are ultimately unenforceable because operation of such factories at night is hard to detect, leaving no alternative but to condemn the factory owner and society as a whole, all these actions are virtually indistinguishable, assuming that each has its intended effect. Each policy represents an embodiment of the transition from regime that permitted operation of the factory to one that does not; each costs the owner the value of the factory and benefits society by protecting health. Whether compensation, grandfathering of factories in operation before enactment, or some other mitigation of the effect of the reform on the factory owner is desirable would seem to depend little upon which of the four approaches the government selects*" (KAPLOW, Louis. An economic Analysis of Legal Transitions. *99 Harvard Law Review*, 1986, p. 2). Traduzido livremente.

[147] Como se verá a seguir, está longe de ser pacífico na jurisprudência brasileira o entendimento de que medidas regulatórias que impõem o esvaziamento econômico e/ou funcional da propriedade configuram desapropriações indiretas. Ao revés, é crescente no STJ a percepção de que somente ocorre desapropriação indireta quando há efetivo esbulho possessório.

[148] Ver, *e.g.*, RIO DE JANEIRO (Estado). Tribunal de Justiça. Apelação Cível n° 0000394-46.2001.8.19.0073, da 20ª Câmara Cível. Rio de Janeiro, 23 jan. 2015. RIO DE JANEIRO (Estado). Tribunal de Justiça. Apelação Cível n° 0003839-43.2008.8.19.0068, da 7ª Câmara Cível. Rio de Janeiro, 27 maio 2015.

[149] CYRINO, André Rodrigues. Regulações expropriatórias: apontamentos para uma teoria. *Revista de Direito Administrativo*, Rio de Janeiro, v. 267, p. 199-235, set./dez. 2014.

nova teoria sobre o tema quando o instituto já existe no Brasil? Em suma, a pergunta é a seguinte: não seria a teoria das desapropriações indiretas apta a oferecer uma solução adequada e satisfatória para a questão?

Desde logo, cumpre frisar que não se trata de questão de nomenclatura. Não importa, à evidência, se as hipóteses ora abordadas serão qualificadas como *desapropriações indiretas* ou *regulações expropriatórias*. Embora se prefira o uso do termo *regulações expropriatórias* como forma de marcar o surgimento de uma teoria que leve em conta aspectos atualmente ignorados pela literatura e jurisprudência – como, por exemplo, as contribuições da teoria da regulação e da análise econômica do direito –, é perfeitamente possível e aceitável a manutenção do termo *desapropriações indiretas*, desde que sejam abandonadas as vicissitudes da sistematização anterior e aceitos os influxos do direito administrativo moderno.

Retorne-se à indagação feita acima. A resposta a ela se divide em três partes. Primeiramente, para que a doutrina das desapropriações indiretas fosse apta para acolher as regulações expropriatórias, seria preciso estabelecer como premissa o entendimento de que as pretensões regulatórias que recaem sobre o núcleo de bens jurídicos patrimoniais são funcionalmente análogas aos casos de esbulhos possessórios empreendidos pelo Poder Público. Em princípio, tal raciocínio pode parecer óbvio: ora, se o esbulho possessório enseja a perda fática da propriedade, a regulação que acarrete os mesmos efeitos práticos só pode ser encarada como uma hipótese análoga ao desapossamento. No entanto, há decisões judiciais no Brasil, especialmente no STJ, que partem de premissa oposta a essa, entendendo que "a desapropriação indireta somente se dá com o efetivo desapossamento do imóvel em favor do ente expropriante".[150] [151]

Assim, a doutrina das desapropriações indiretas merece revisão para que o esbulho possessório deixe de ser o único elemento seguro a caracterizar inegavelmente a ocorrência de desapropriação indireta,[152] sendo imperioso o reconhecimento do caráter expropriatório das

---

[150] BRASIL. Superior Tribunal de Justiça. Segunda Turma. AgRg nos EDcl no Resp nº 1.417.632/MG. Relator Min. Mauro Campbell Marques. DJe. 11.02.2014. Confira também: BRASIL. Superior Tribunal de Justiça. Segunda Turma. AgRg no Resp nº 1.361.025/MG. Relator Min. Humberto Martins. DJe. 29.04.2013.

[151] Neste sentido, BRASIL. Superior Tribunal de Justiça. Segunda Turma. AgRg nos EDcl no REsp nº 1.417.632/MG. Relator Min. Mauro Campbell Marques. DJe. 11.02.2014.

[152] CYRINO, André Rodrigues. Regulações expropriatórias: apontamentos para uma teoria. *Revista de Direito Administrativo*, Rio de Janeiro, v. 267, p. 199-235, set./dez. 2014.

regulações que atingem o cerne do direto de propriedade.[153] É dizer: ambos os casos apresentam-se como desapropriações irregulares, merecendo, portanto, o mesmo tratamento jurídico.

A segunda parte da resposta já foi desenvolvida acima: a doutrina das desapropriações indiretas, tal como instituída no Brasil, também precisa ser reformulada para que se entenda que o esvaziamento regulatório da propriedade, assim como o esbulho administrativo, constituem graves violações ao devido processo expropriatório previsto na Constituição (art. 5°, inciso XXIV, da Constituição). O ato regulatório expropriatório, editado sem a observância desses requisitos procedimentais, não poderá ter como consequência apenas a reposição patrimonial *a posteriori* pelo Poder Público, sob pena de evidente subversão da garantia constitucional do pagamento prévia da indenização. Desse modo, como todo vício de inconstitucionalidade, a medida regulatória com conteúdo expropriatório poderá ser remediada por uma declaração de nulidade, ainda que sujeita à modulação de efeitos, na forma o art. 27 da Lei n° 9.868/1999.[154]

Sobre a possibilidade de modulação de efeitos, é forçoso reconhecer que, embora a nulidade deva ser a regra para as situações de desapropriação indireta, o Poder Judiciário, diante de circunstâncias especiais, poderá determinar a manutenção do programa implementado pela norma regulatória ou do apossamento irregular em razão de exercício ponderativo. Explica-se: se, por um lado, é preciso considerar os prejuízos individuais (sofridos diretamente pelo proprietário) e coletivos (sentidos pela sociedade como um todo) decorrentes do desapossamento ou esvaziamento irregular da propriedade, não se pode ignorar, por

---

[153] Felizmente, não são todos os julgados que exigem o desapossamento físico para que reste caracterizada a desapropriação indireta. Com efeito, o Supremo Tribunal Federal reconhece que o Poder Público, pela via da regulação, pode atingir de tal modo o direito de propriedade que a ação estatal será caracterizada como desapropriação indireta. Igualmente, encontram-se precedentes no STJ no mesmo sentido, embora menos atuais. Cf., por exemplo, BRASIL. Supremo Tribunal Federal. Primeira Turma. AI n° 529.698 AgR/SP. Relator Min. Sepúlveda Pertence. Dje. 12.05.2006. Ver outros exemplos. Vejam-se, por exemplo: BRASIL. Superior Tribunal de Justiça. Primeira Turma. REsp n° 94.297/SP. Relator Min. Francisco Falcão. *DJe* 02.12.2002; BRASIL. Superior Tribunal de Justiça. Segunda Turma. REsp n° 122.114/SP. Relator Min. Paulo Galotti. *DJe*. 01.04.2002.

[154] Art. 27. Ao declarar a inconstitucionalidade de lei ou ato normativo, e tendo em vista razões de segurança jurídica ou de excepcional interesse social, poderá o Supremo Tribunal Federal, por maioria de dois terços de seus membros, restringir os efeitos daquela declaração ou decidir que ela só tenha eficácia a partir de seu trânsito em julgado ou de outro momento que venha a ser fixado (BRASIL. Lei n° 9.868, de 10 de novembro de 1999. Dispõe sobre o processo e julgamento da ação direta de inconstitucionalidade e da ação declaratória de constitucionalidade perante o Supremo Tribunal Federal. *Diário Oficial [da] República Federativa do Brasil*, DF, 11 nov. 1999).

outro, os custos sociais e financeiros de eventual desafetação do bem ou desfazimento do projeto regulatório.

Finalmente, o terceiro aspecto da resposta envolve a percepção de que, atualmente, são encontrados na produção doutrinária e nos julgados do Brasil parâmetros insuficientes e, por vezes, falhos para identificar o caráter expropriatório de medidas regulatórias.[155] Dito de outra maneira, ainda que as expropriações regulatórias fossem impreterivelmente equiparadas aos casos de esbulho administrativo, e ambas as hipóteses fossem encaradas como ações estatais inconstitucionais – o que, como se viu, não corresponde à realidade atual –, o tratamento dogmático atual não seria adequado para identificar os pontos de transição entre a ordenação e a expropriação.

Note-se bem: não basta que as regulações expropriatórias sejam consideradas funcionalmente equivalentes aos apossamentos administrativos e que a ambos se aplique a consequência da nulidade; é indispensável, ainda, que sejam concebidos critérios objetivos, seguros[156] e idôneos para identificar os traços expropriatórios da regulação.

1.2.1.2 Os parâmetros concebidos pela doutrina e jurisprudência brasileiras: da insuficiência à inadequação

Como restou demonstrado acima, para que a doutrina brasileira das desapropriações indiretas fosse apta para abraçar as hipóteses de regulação expropriatória, duas premissas haveriam de ser aceitas, quais sejam: (i) o esvaziamento do direito de propriedade decorrente de medida regulatória é análogo ao esbulho possessório efetivado pelo Poder Público; e (ii) a nulidade é a regra para os apossamentos físicos irregulares e para as expropriações travestidas de regulação. Tendo em vista que tais pressuposições não são aceitas ou são aceitas apenas parcialmente no cenário jurídico pátrio, já se tem duas razões a justificar

---

[155] CYRINO, André Rodrigues. Regulações expropriatórias: apontamentos para uma teoria. *Revista de Direito Administrativo*, Rio de Janeiro, v. 267, p. 199-235, set./dez. 2014; e BINENBOJM, Gustavo. Regulações expropriatórias, *Revista Justiça e Cidadania*, n. 117, 2010. Inteiro teor disponível em: http://www.editorajc.com.br/2010/04/regulacoes-expropriatorias/. Acesso em: 07 abr. 2014.

[156] Com efeito, a elaboração de uma teoria das regulações expropriatórias dotada de sistematicidade e coerência colabora significativamente para uma definição mais clara dos direitos de propriedade e, portanto, para um ambiente institucional e econômico mais seguro.

a revisão das concepções majoritárias do direto administrativo brasileiro sobre restrições à propriedade privada.

Há, ainda, um terceiro motivo para que se defenda uma nova teorização sobre o tema: os critérios utilizados pela literatura e jurisprudência brasileiras para apartar as regulações legítimas daquelas com caráter expropriatório – ou, valendo-se de termos mais difundidos por aqui, as limitações administrativas dos sacrifícios de direito – não cumprem a finalidade para a qual foram concebidos. À evidência, de nada adianta discutir a natureza ou a validade das medidas ordenadoras com efeito expropriatório se não se pode sequer afirmar com segurança quando o ato estatal apresenta tal qualidade.

No Brasil, diz-se que as restrições a direitos, apresentadas sob a roupagem de manifestações do poder de polícia (*e.g.*, as medidas restritivas do exercício de profissões ou de atividades econômicas) ou de medidas de intervenção na propriedade privada (*e.g.*, ocupação temporária e servidão administrativa), podem qualificar-se como *limitações administrativas*, também chamadas de *condicionamentos* ou *ablações parciais do direito*, ou como *sacrifícios* ou *ablações totais do direito*.

A doutrina classifica como limitações administrativas todos os gravames impostos pelo Estado "cuja incidência não afeta substancialmente o direito subjetivo do particular nem sua capacidade jurídica, mas atua com exclusividade sobre as condições inerentes ao exercício do direito, sem alterar seu conteúdo normal".[157] Por outro lado, os sacrifícios de direito são qualificados como os gravames que vão além do mero condicionamento, acarretando a privação do direito em si ou, ao menos, de seu conteúdo essencial. Veja-se que, em seu conteúdo, a definição de sacrifício de direito é próxima, senão idêntica, à concepção de regulação expropriatória.

Os regimes jurídicos das limitações administrativas e dos sacrifícios de direitos são radicalmente distintos,[158] principalmente em relação à indenizabilidade. A doutrina é uníssona em apontar o caráter gratuito dos primeiros em oposição à obrigatoriedade de indenizar decorrente dos últimos. Como se viu, os sacrifícios de direito apresentam ainda uma nota distintiva muito significativa – embora raramente seja destacada

---

[157] A definição é de Juan Carlos Cassagne (CASSAGNE, Juan Carlos. *La Intervención Administrativa*. 2. ed., atual. Buenos Aires: Abeledo-Perrot, 1994. p. 73).
[158] SUNDFELD, Carlos Ari. Condicionamentos e Sacrifícios de Direitos – Distinções. *Revista Trimestral de Direito Público*, v. 4, p. 80.

pelos autores brasileiros –, qual seja, a necessidade de observância do devido processo expropriatório.[159]

Diante de regimes jurídicos tão diversos, não há dúvida da importância de dotar os operadores do direito de instrumentos que lhes permitam reconhecer quando estão diante de uma limitação administrativa ou de um sacrifício de direito. Não obstante os esforços doutrinários, os critérios propostos até o momento com a finalidade de traçar uma linha distintiva entre as limitações e os sacrifícios de direitos não oferecem solução satisfatória, apresentando, ainda, falhas conceituais e práticas.

Deve-se a Carlos Ari Sundfeld a principal contribuição para a sistematização dos parâmetros materiais de identificação comumente utilizados pela doutrina e jurisprudência brasileiras. Em instigante artigo crítico sobre o tema,[160] o autor demonstra o caráter limitado e ineficiente dos três critérios mais frequentemente manejados pela doutrina e pela jurisprudência do Brasil para apartar as limitações dos sacrifícios de direito: critérios da transferência patrimonial, do veículo da instituição do gravame e critério da generalidade e singularidade da medida.

O critério da transferência patrimonial, considerado bisonho[161] pelo autor, aponta a existência de sacrifício de direito nas hipóteses em que o bem é definitivamente retirado das mãos do proprietário e transferido para outrem. O problema desse critério, como bem ressalta o autor, é que ele parte da premissa, completamente equivocada, de que só há expropriação com a efetiva transferência do bem. Nega-se, assim, a incontestável realidade das regulações que impõem gravames tão intensos que, na essência, configuram verdadeiros sacrifícios de direito para o particular.

Como se viu acima, embora anacrônico e equivocado, o critério da transferência patrimonial – também chamado de efetivo desapossamento – ainda é utilizado pela jurisprudência para negar pleitos de

---

[159] Carlos Ari Sundfeld, na contramão da doutrina, destaca a obrigatoriedade do processo de desapropriação para os sacrifícios de direito: "[o]s primeiros [condicionamentos administrativos] são gratuitos e veiculados diretamente por lei ou ato administrativo. Os segundos [sacrifícios de direito] demandam indenização e só podem ser impostos por ação de desapropriação" (Ibid., p. 80). No mesmo sentido, BINENBOJM, Gustavo. Regulações expropriatórias. *Revista Justiça e Cidadania*, n. 117, 2010. Inteiro teor disponível em: http://www.editorajc.com.br/2010/04/regulacoes-expropriatorias/. Acesso em: 07 abr. 2014; e CYRINO, André Rodrigues. Regulações expropriatórias: apontamentos para uma teoria. *Revista de Direito Administrativo*, Rio de Janeiro, v. 267, p. 199-235, set./dez. 2014.

[160] SUNDFELD, Carlos Ari. Condicionamentos e Sacrifícios de Direitos – Distinções. *Revista Trimestral de Direito Público*, v. 4.

[161] Ibid.

desapropriação indireta decorrentes de excessos regulatórios. Nesse sentido, o STJ negou pleito indenizatório de proprietário que alegava o esvaziamento econômico de sua propriedade em decorrência da criação do Parque Estadual da Serra do Mar, em São Paulo. Invocando o critério do efetivo apossamento, a Corte assinalou que "[o autor] nunca deixou de exercer posse, ao menos não substanciada nesse sentido a causa de pedir. A edição do Decreto 10.251/77 não constitui esbulho possessório, nem imissão da ré na posse dos imóveis compreendidos no perímetro do Parque Estadual da Serra do Mar".[162]

A exigência do efetivo desapossamento do bem como condição inafastável à configuração do sacrifício de direito – e, portanto, como condição ao provimento de ações de desapropriação indireta – acaba por incentivar a edição de regulações que representam autênticas expropriações para os administrados. Carlos Ari Sundfeld, referindo-se justamente a casos similares ao acima citado, alerta sobre os riscos do uso do critério em análise:

> [é], aliás, a partir dele [do critério da transferência patrimonial] que a Administração brasileira – não sem um tanto de cinismo e irresponsabilidade – vem criando, em imóveis privados, autênticos 'parques nacionais', na tentativa de transferir aos proprietários funções que a ela pertencem. Sobretudo, nestes tempos de frisson ecológico, o Estado não tem resistido à tentação de buscar essa solução fácil: cria o 'parque nacional', satisfazendo a opinião pública, e nada gasta com isso, porque não desapropriou nem precisa manter a área, o que fica por conta do proprietário![163]

Igualmente desastroso, o critério do veículo da instituição do gravame baseia-se em aspectos meramente formais, classificando como limitação administrativa os gravames instituídos por lei e, como sacrifício de direito, os gravames instituídos por ato administrativo.[164] O critério é, no mínimo, míope, uma vez que ignora a ótica do particular, para quem não importa o veículo, e sim a intensidade da restrição

---

[162] BRASIL. Superior Tribunal de Justiça. Primeira Turma. REsp 649809/SP. Relator Min. Luiz Fux. DJe. 01.10.2007.
[163] SUNDFELD, Carlos Ari. Condicionamentos e Sacrifícios de Direitos – Distinções. *Revista Trimestral de Direito Público*, v. 4, p. 79.
[164] Neste sentido, *e.g.*, BRASIL. Superior Tribunal de Justiça. Segunda Turma. AgRg no REsp n° 1.389.132/SC. Relator Min. Humberto Martins. DJe. 26.05.2015; ver também BRASIL. Superior Tribunal de Justiça. Segunda Turma. AgRg nos EDcl no AREsp n° 457.837/MG. Relator Min. Humberto Martins. DJe. 22.05.2014; BRASIL. Superior Tribunal de Justiça. Segunda Turma. AREsp n° 245.878. Relator Min. Napoleão Nunes Maia Filho. DJe. 11.02.2015.

imposta.[165] Veja-se, por exemplo, o caso de uma servidão de passagem *ope legis*. Aplicado o critério em exame, a restrição seria considerada, necessariamente, uma limitação administrativa gratuita, sem que ao menos fossem considerados os efeitos práticos da medida para o proprietário.

Sem dúvida, o critério mais difundido na doutrina e mais frequentemente referido nas decisões judiciais proferidas pelos tribunais é o da generalidade e singularidade da medida, segundo o qual as limitações decorreriam de atos gerais e abstratos, e os sacrifícios, de medidas singulares e concretas. Celso Antônio Bandeira de Mello, entre outros, o defende:

> (...) só é realmente limitação aquela que resulta de disposições gerais que apanham uma abstrata categoria de bens (...) é da essência das limitações administrativas o serem genéricas e provirem de lei. Toda vez que seja necessário um ato concreto especificador (...) não se estará perante uma limitação, mas diante de um sacrifício de direito (...).[166]

O critério da generalidade e singularidade da medida busca fundamento, em primeiro lugar, no princípio da solidariedade social.[167] Assim, se determinado ônus imposto pelo Poder Público é suportado pela generalidade de indivíduos que se encontram na mesma situação, a igualdade entre os administrados será mantida, e a restrição, considerada uma limitação administrativa não indenizável. Se, ao revés, o encargo for imposto a um indivíduo ou a um grupo de indivíduos específicos, restando excluídos do âmbito de incidência da medida estatal administrados em posição idêntica, surgirá para o Estado o dever de indenizar, decorrente do dever de restaurar a equidade entre os administrados.

Em segundo lugar, o critério da generalidade e singularidade da medida busca embasamento na ideia de que os direitos – mesmo aqueles qualificados como fundamentais – estão sujeitos a restrições legais. Como pondera Carlos Ari Sundfeld, é inegável que "a definição genérica e abstrata do conteúdo do direito em princípio não importa

---

[165] SUNDFELD, Carlos Ari. *Op. cit.*, nota 163, p. 80.
[166] BANDEIRA DE MELLO, Celso Antônio. Tombamento e dever de indenizar. *Revista de Direito Público*. São Paulo: Malheiros Editores, n. 81, 1987, p. 67-68.
[167] Nesse sentido, é a lição de Hely Lopes Meirelles: "E justifica-se que assim seja, pois essa regra deflui do princípio da solidariedade social, segundo o qual só é legítimo o ônus suportado por todos em favor de todos. Se o bem-estar social exige o sacrifício de um ou de alguns, aquele ou estes devem ser indenizados pelo Estado, ou seja, pelo erário comum do povo" (MEIRELLES, Hely Lopes. Tombamento e indenização. *Revista de Direito Administrativo*, v. 161, 1985, p. 5).

seu sacrifício".[168] Com efeito, o conteúdo dos direitos fundamentais está sujeito à ampla conformação legislativa, cujo escopo em relação direito de propriedade (art. 5º, incisos XXII, XXVII, XXVIII e XXIX, CR) é assegurar cumprimento de sua função social (art. 5º, inciso XXIII, e art. 170, inciso III, CR). Isso não significa, porém, que essa função conformadora de direitos seja ilimitada. Ao revés, os direitos fundamentais – dentre eles, o direito de propriedade – apresentam um núcleo essencial, uma "barreira intransponível",[169] que não pode ser ultrapassada nem mesmo para fazer valer outros interesses.

Sem dúvida, a vedação ao confisco integra o conteúdo essencial do direito de propriedade, sendo excepcionada apenas nos casos constitucionalmente previstos.[170] Desse modo, não é relevante o caráter geral ou singular do ato estatal se este ultrapassa a esfera mínima de proteção conferida pelo direito de propriedade e, sem garantir a devida *indenização prévia*, expropria ou provoca gravames igualmente severos ao direito do proprietário.[171]

Segundo Carlos Ari Sundfeld, o critério da generalidade e singularidade da medida apresenta ainda uma dificuldade prática: a distinção entre geral e singular não é – e nem poderia ser – exata:[172]

> O tombamento de todas as casas de uma rua é geral? De um lado, sim, porque colhe indistintamente os que se encontram numa mesma situação (estar localizado na rua tal); de outro, não, porque se tomado outro sinal

---

[168] SUNDFELD, Carlos Ari. Condicionamentos e Sacrifícios de Direitos – Distinções. *Revista Trimestral de Direito Público*, v. 4, p. 80.

[169] SILVA, Virgílio Afonso. *Direitos fundamentais*: conteúdo essencial, restrições e eficácia. São Paulo: Malheiros, 2011. p. 202.

[170] A Constituição admite, em seu art. 243, com a redação introduzida pela Emenda Constitucional nº 81/2014, o confisco de propriedades rurais e urbanas de qualquer região do país onde forem localizadas culturas ilegais de plantas psicotrópicas ou a exploração de trabalho escravo, e dos bens de valor econômico apreendidos em decorrência do tráfico ilícito de entorpecentes e de drogas e afins, e da exploração de trabalho escravo. Veja-se que, nessas hipóteses, a opção pelo perdimento gratuito do bem em favor do Poder Público é fruto de uma pré-ponderação feita pelo próprio constituinte entre o direito de propriedade e a gravidade da conduta antissocial do proprietário.

[171] No mesmo sentido, BINENBOJM, Gustavo. Regulações expropriatórias. *Revista Justiça e Cidadania*, n. 117, 2010. Inteiro teor disponível em: http://www.editorajc.com.br/2010/04/regulacoes-expropriatorias/. Acesso em: 07 abr. 2014. Carlos Ari também vislumbra a mesma dificuldade na utilização do critério: "Há, contudo, um ponto a partir do qual saber da generalidade ou não do ato deixa de ter interesse: quando importe onerosidade excessiva para o proprietário ou o que é o caso mais óbvio – quando elimine o conteúdo mínimo do direito" (SUNDFELD, Carlos Ari. Condicionamentos e Sacrifícios de Direitos – Distinções. *Revista Trimestral de Direito Público*, v. 4, p. 81).

[172] SUNDFELD, Carlos Ari. Condicionamentos e Sacrifícios de Direitos – Distinções. *Revista Trimestral de Direito Público*, v. 4, p. 81.

mais amplo (o estar situado no mesmo bairro ou cidade), o ato surgirá como especificador. O problema reside, como se vê, no fator à base do qual se vai em busca das semelhanças e diferenças.[173]

Diante das falhas apresentadas pelos critérios da transferência patrimonial e da insuficiência do veículo da instituição do gravame e da insuficiência do critério da generalidade e singularidade da medida, Carlos Ari Sundfeld propõe a conjugação deste último com o *critério da intensidade do gravame imposto*. Assim, se o Poder Público, a pretexto de conformar o direito de propriedade, esvazia a funcionalidade prática e/ou a utilidade econômica do bem, o caráter geral ou singular da medida deve ser deixado de lado, restando evidente o caráter expropriatório da medida.

A despeito da importância do critério da intensidade, ele não é suficiente[174] para responder, sozinho, à pergunta prática essencial:[175] quando a regulação vai longe demais?[176] É dizer: quando a regulação é expropriatória? E isso se dá por duas razões: a uma, porque existem outros fatores, além da intensidade do gravame, que contribuem para a qualificação de uma regulação como expropriatória.[177] A duas, porque o critério da intensidade demanda a elaboração de subcritérios aptos para traçar a linha entre um gravame intenso e um gravame suportável. Saber quando a regulação promove uma redução significativa do valor prático e/ou econômico do bem é, indubitavelmente, a grande questão a ser enfrentada pelos teóricos da regulação expropriatória. Essa é também a percepção de David A. Dana e Thomas W. Merril: "Talvez a pergunta

---

[173] Ibid., p. 81.
[174] Nos Estados Unidos, o critério da intensidade, chamado de *diminution in value*, é apenas um dos critérios utilizados pela jurisprudência para identificar o caráter expropriatório da regulação, como se verá no capítulo 3, item 3.2.2.1. Ainda assim, sua importância como parâmetro decisório é notória, vez que integra os dois testes de *regulatory takings* mais assentados na jurisprudência da Suprema Corte (*Pennsylvania Coal test* e *Penn Central review*).
[175] CYRINO, André Rodrigues. Regulações expropriatórias: apontamentos para uma teoria. *Revista de Direito Administrativo*, Rio de Janeiro, v. 267, p. 199-235, set./dez. 2014, p. 226.
[176] Ver *Pennsylvania Coal Co. v. Mahon* (260 U.S. 393, Syllabus N. 2): "*The general rule, at least, is that, if regulation goes too far, it will be recognized as a taking for which compensation must be paid. P. 260 U. S. 415*". O trecho correspondente na tradução é: "A regra geral, pelo menos, é que, se a regulamentação vai longe demais, será reconhecida como uma expropriação pela qual uma compensação deve ser paga". Traduzido livremente.
[177] Conforme será demonstrado no capítulo 3, é perfeitamente possível cogitar hipóteses em que a regulação não implique o esvaziamento econômico, nem prático do bem, mas que, ainda assim, deva ser considerada expropriatória. Isso porque a presença de outros fatores, como a quebra de legítimas expectativas diante de investimentos realizados e a apropriação física do bem, pode ser suficiente para indicar o caráter expropriatório de uma regulação.

mais comum em direito de regulações expropriatórias é: quanto de diminuição no valor é suficiente para qualificar uma expropriação?".[178]
Com efeito, não é fácil estabelecer quando a ordenação se transmuda em expropriação. Se, até mesmo nos Estados Unidos – onde o tema é discutido há mais de um século – a questão permanece em aberto,[179] imagine-se no Brasil, onde os estudos sobre o tema são escassos[180] e a jurisprudência pouco contribui para a sua sistematização. Assim, a fixação de parâmetros idôneos para identificar o conteúdo expropriatório das regulações permanece sendo, no direito brasileiro, uma necessidade premente e um desafio lançado à doutrina.[181]

1.2.2 As regulações expropriatórias são falhas de regulação

Antes de adentrar na questão atinente ao presente item, cumpre fazer um breve esclarecimento. Na ampla revisão bibliográfica feita por esta autora sobre as regulações expropriatórias, especialmente no direito anglo-saxão – onde o tema é desenvolvimento com maior profundidade –, não foram encontrados estudos que conectassem o tema à teoria das falhas de regulação. Contudo, desde o início da pesquisa realizada, notou-se a propriedade da teoria das falhas de regulação para

---

[178] No original, em inglês: "[p]erhaps the most the most commonly asked question in regulatory takings law is: how much diminution in value is enough to qualify as a taking?" (DANA, David A.; MERRILL, Thomas W. *Property Takings*. New York: Foundation Press, 2002. p. 135). Traduzido livremente.

[179] Como ressaltam David A Dana e Thomas W. Merrill: "[d]etermining what constitutes a 'taking' when the government adopts a regulation that stops short of acquiring title to the property has proven to be an especially vexing issue, and has produced a number of sharply divided opinions of the Supreme Court" (Ibid., p. 6). O trecho correspondente na tradução é: "Determinar o que constitui uma expropriação, quando o governo adota uma regulação que é quase a aquisição do título da propriedade, tem se provado uma questão especialmente irritante e tem produzido uma série de opiniões divididas na Suprema Corte". Traduzido livremente.

[180] Nesse sentido, Carlos Ari alega que "faltam no Brasil estudos sobre limites ao conteúdo da regulação. Há substanciosas obras focadas em aspectos institucionais do fenômeno do Estado regulador. Todavia, num cenário de inflação regulatória, carece-se de investigações específicas sobre as demasias interventivas do regulador" (SUNDFELD, Carlos Ari. Condicionamentos e Sacrifícios de Direitos – Distinções. *Revista Trimestral de Direito Público*, v. 4, p. 230).

[181] O desafio foi originalmente lançado em dois artigos brilhantes sobre o tema: CYRINO, André Rodrigues. Regulações expropriatórias: apontamentos para uma teoria. *Revista de Direito Administrativo*, Rio de Janeiro, v. 267, p. 199-235, set./dez. 2014; BINENBOJM, Gustavo. Regulações expropriatórias. *Revista Justiça e Cidadania*, n. 117, 2010. Inteiro teor disponível em: http://www.editorajc.com.br/2010/04/regulacoes-expropriatorias/. Acesso em: 07 abr. 2014.

explicar a profusão de normativos expropriatórios gratuitos no Brasil e mundo afora. Essa ideia, inclusive, foi utilizada como substrato para a apresentação, em 2014, de trabalho monográfico sobre a questão.[182]

O objetivo deste capítulo é, então, investigar se as regulações expropriatórias editadas à revelia do art. 5°, inciso XXIV, da Constituição podem se apresentar como falhas regulatórias. É claro que, modo geral, se pode dizer que as regulações expropriatórias são defeituosas por uma razão evidente: em um Estado Constitucional de Direito, normas que violam a Constituição não podem ser vistas de outra forma, senão como graves falhas. A Constituição é a Lei Maior; é o início e o fim de todo o sistema jurídico.[183] Assim, a expropriação regulatória gratuita da norma representa uma falha regulatória em si.

Cumpre compreender, porém, as origens dessa vicissitude regulatória. Pretende-se, assim, diagnosticar os equívocos existentes no processo de elaboração da norma regulatória com a finalidade de verificar seu possível enquadramento nas categorias de falhas de regulação preconizadas por Cass Sunstein na obra *After the rights revolution: reconceiving the Regulatory State*.[184] Identificados os principais defeitos na construção da regulação expropriatória, será possível, nos próximos capítulos, propor medidas procedimentais e materiais com a finalidade de mitigá-los e corrigi-los, num esforço de promover uma verdadeira *otimização regulatória*.[185]

1.2.2.1 Falhas de regulação: breves considerações

A constatação de que a regulação poderia apresentar falhas é resultado de um processo histórico que se iniciou com a crise de 1929 nos Estados Unidos. Como se sabe, Franklin Delano Roosevelt, então

---

[182] KALAOUN, Luiza Vereza Batista. *Regulações Expropriatórias*: algumas considerações. Trabalho de conclusão da disciplina "Direito Público da Economia". Faculdade de Direito da Universidade do Estado do Rio de Janeiro – UERJ. Trabalho entregue em novembro de 2014.

[183] A Constituição figura hoje no centro do sistema jurídico, de onde irradia sua força normativa, dotada de supremacia formal e material (BARROSO, Luís Roberto. *Curso de Direito Constitucional*. 2. ed. Rio de Janeiro: Saraiva Editora, 2010. p. 364).

[184] Cass Sunstein classifica as falhas na concepção da regulação em: (i) transferência para grupos de interesse; (ii) diagnóstico equivocado, análise superficial ou informação inadequada; (iii) gestão de riscos *versus* direitos; (iv) efeitos sistêmicos complexos e consequências imprevistas; (v) falhas de coordenação; (vi) alteração das circunstâncias e obsolescência; e (vii) indevida delegação de decisões políticas.

[185] GOMES, Estêvão. *A relação entre mercados e governos à luz da teoria das falhas de regulação*, 2016. No prelo.

presidente da República, buscou superar a crise – que colocava em xeque o *liberalismo econômico* – com a implementação de medidas sociais e econômicas que aumentavam o papel do Estado. O chamado *New Deal* foi influenciado pela teoria econômica de John Maynard Keynes, economista britânico que sustentava a necessidade de mais intervenção econômica e social do Estado para garantir o bem-estar da população.

A nova feição do Estado Regulador levou à implementação das chamadas agências reguladoras independentes, cujo insulamento político e grau de *expertise* de seus técnicos proporcionariam, a sentir de Roosevelt, o cenário institucional ideal para a implementação dos novos programas.[186] No entanto, quando a função regulatória e o novo modelo policêntrico de Administração[187] foram efetivamente postos em prática, os pilares da crença reformista mostraram-se frágeis.[188] Foi justamente no cenário de queda do modelo *keynesiano* que a noção de falha de regulação surgiu.[189]

Falhas de regulação são desvios que comprometem a racionalidade do Estado Regulador, afetando as finalidades da regulação no Estado Democrático de Direito.[190] Sem dúvida, existem razões que legitimam a

---

[186] Para um panorama mais detalhado da evolução das agências reguladoras nos Estados Unidos, ver, por todos, BINENBOJM, Gustavo. *Uma teoria do direito administrativo*: direitos fundamentais, democracia e constitucionalização. 2. ed. Rio de Janeiro: Renovar, 2008. p. 243-307.

[187] A expressão é de Gustavo Binenbojm (Ibid., p. 243-305).

[188] MEDEIROS, Alice Bernardo Voronoff de. *Racionalidade e otimização regulatórias*: um estudo a partir da teoria das falhas da regulação. Rio de Janeiro: Dissertação de Mestrado em Direito Público, UERJ, 2012. Mimeografado, p. 59.

[189] É o que explica Giandomenico Majone: "A importância atribuída às políticas de redistribuição e à administração discricionária da demanda agregada revelou-se sob os rótulos de 'Estado do bem-estar', 'Estado keynesiano' ou 'Estado keynesiano do bem-estar', que se tornaram populares naquele período. No entanto, o consenso social-democrático sobre o papel beneficente do Estado positivo – como planejador, produtor direto de bens e serviços e, em última instância, como empregador – começou a desmoronar nos anos 1970. A combinação de crescimento do desemprego com o crescimento das taxas de inflação não podia ser explicada dentro dos modelos keynesianos da época, enquanto a despesa pública discricionária e as generosas políticas de bem-estar eram cada vez mais vistas como parte do problema do desempenho econômico insatisfatório. Foi nesse contexto que a noção de falha de Governo surgiu, com os teóricos da escolha pública (public choice) identificando vários tipos de falhas no setor público, exatamente na mesma perspectiva que gerações anteriores ou de economistas haviam produzido uma lista ainda maior de tipos de falhas de mercado" (MAJONE, Giandomenico. Do Estado positivo ao Estado regulador: causas e consequências da mudança no modo de governança. *In*: MATTOS, Paulo Todescan L. (Coord.). *Regulação econômica e democracia*: o debate europeu. São Paulo: Singular, 2006. p. 55).

[190] MEDEIROS, Alice Bernardo Voronoff de. *Racionalidade e otimização regulatórias*: um estudo a partir da teoria das falhas de regulação. Rio de Janeiro: Dissertação de Mestrado em Direito Público, UERJ, 2012. Mimeografado.

regulação,[191] mesmo aquelas que concretizem expropriações. Com efeito, embora haja críticas consistentes contra as iniciativas regulatórias[192] – especialmente no sentido de que o Estado deve respeitar as preferências e arranjos privados, a não ser que terceiros sejam postos em risco[193] –,

---

[191] Em circunstâncias ideais (racionalidade perfeita, ausência de custos de transação, simetria de informações e *income effects*), os indivíduos podem obter sozinhos resultados eficientes. Fora desse cenário, a regulação pode ser necessária. Nas palavras de Joseph Stiglitz: *"Only under certain circumstances may individuals, acting or their own, obtain 'pareto efficient' outcomes, that is, situations in which no one can be made better off without making another worse off. These individuals involved must be rational and well informed, and must operate in competitive market places that encompass a full range of insurance and credit markets. In the absence of these ideal circumstances, there exist government interventions that can potentially increase societal efficiency and/or equity"* (STIGLITZ, Joseph. *Regulation and Failures*. New perspectives on regulation. D. Moss y J. Cisternino, eds., Cambridge, The Tobin Project, 2009. Sobre os diferentes aspectos da eficiência econômica, ver: COLEMAN, Jules. *Markets, Morals and the Law*. New York: Oxford University Press, 2003. p. 28-132).

[192] Cass Sunstein explica as principais críticas à regulação em SUNSTEIN, Cass R. *After the rights revolution*: reconceiving the regulatory state. Cambridge, Mass: Harvard University Press, 1993. p. 11.

[193] É o chamado *"Harm Principle"* ou *"Liberty Principle"*, assim explicado por Cass Sunstein: *"[t]his, then, is Mill's Harm Principle (sometimes called the Liberty Principle). Unless there is a harm to others, the government cannot exercise power over people. (...) Even if Mill's own concerns seem to resolve around morals legislation, we should be able to see immediately that the Harm Principle raises serious doubts about many laws and regulations, including those that require people to get a prescription before obtaining certain medicines, forbid employees from working in unsafe workplaces (even if they would voluntarily run those risks), and promote food safety. In all those cases, power is exercised over people in large part to promote their own good (...) If the goal is to ensure that peoples' lives go well, Mill argues that the right solution is for public officials to allow people to find their own paths. (...) Let us call this Epistemic Argument for the Harm Principle"*. Em defesa da regulação, o autor rebate às críticas: *"[o]f course the human brain is a miraculous instrument, and individuals usually do make far better choices than those who seek to choose for them. But behavioural finding are creating serious problems for the Epistemic Argument, because they show that people make a lot of mistakes, some of which can prove extremely damaging"* (SUNSTEIN, Cass. *Why Nudge? The Politics of Libertarian Paternalism*. New Haven: Yale University Press, 2014. p. 4-8). O trecho correspondente na tradução é: "Isso, então, é o *'Harm Principle'* (princípio de dano) de Mill (às vezes chamado de *Liberty Principle* [princípio da liberdade]). A menos que haja um dano a outrem, o governo não pode exercer poder sobre as pessoas. (...) Mesmo que a preocupação do próprio Mill pareça recair sobre a moral da legislação, nós devemos ser capazes de ver imediatamente que o *Harm Principle* levante sérias dúvidas acerca de muitas leis e regulações, incluindo aquelas que requerem que pessoas obtenham uma prescrição médica antes de ter acesso a certos medicamentos, que proíbem empregados de trabalharem em lugares sem a devida segurança (mesmo que eles se voluntariamente corressem o risco), e que promovem a segurança de alimentos. Em todos esses casos, o poder é exercido sobre pessoas, em grande parte, para promover o próprio bem delas. (...) Se o objetivo é assegurar que a vida das pessoas vá vem, Mill argumenta que a solução certa é que oficiais públicos permitam as pessoas a encontrar seus próprios caminhos. (...) Chamaremos esse de Argumento Epistêmico para o *Harm Principle*. (...) é claro que o cérebro humano é um instrumento miraculoso, e indivíduos normalmente fazem escolhas bem melhores do que aqueles que procuram escolher por eles. Mas constatações comportamentais estão criando sérios problemas para o Argumento Epistêmico, porque elas mostram que pessoas cometem muitos erros, alguns dos quais podem se provar extremamente danificadores". Traduzido livremente.

não há como conceber, nas sociedades contemporâneas, a ausência de interferência do Estado nas relações privadas.[194]

Decerto que as finalidades regulatórias devem ser amparadas na ordem jurídico-constitucional. Cass Sunstein apresenta pelo menos oito funções para a regulação econômico-social: (i) correção de falhas de mercado; (ii) implementação de políticas redistributivas; (iii) atendimento a aspirações e desejos coletivos; (iv) diversidade de experiências e formação das preferências dos cidadãos; (v) eliminação da subordinação social de alguns grupos; (vi) formação de preferências internas; (vii) proteção das gerações futuras e do meio ambiente; e (viii) transferência entre grupos.[195]

É possível, porém, que uma iniciativa regulatória legítima apresente como consequência inevitável o sacrifício do direito de propriedade de um indivíduo ou de um grupo de pessoas. Se a expropriação normativa resultar de uma decisão racional e planejada da entidade regulatória de aplicar o regime da desapropriação, os propósitos legítimos do ato serão tendencialmente preservados, uma vez que o conteúdo expropriador do ato terá sido neutralizado previamente à sua edição. Se, contudo, o regulador ignorar o potencial expropriatório da norma, a expropriação poderá levar à sua invalidação futura, em razão da inobservância dos pressupostos da desapropriação.

Quando o regulador vai longe demais, passando por cima de direitos e expectativas legítimas, os indivíduos prejudicados dificilmente adotarão uma postura passiva, e a arena para a resolução do conflito será o Poder Judiciário. Nesse caso, se a norma for declarada inconstitucional, em respeito ao arcabouço constitucional de proteção ao direito de propriedade, restarão desprotegidos os interesses legítimos que ela buscava abrigar.

Nesse sentido, resta claro que as expropriações regulatórias se amoldam ao conceito de falha de regulação, na medida em que comprometem a racionalidade regulatória, afetando as finalidades legítimas da regulação.

---

[194] Como assinala Gustavo Binenbojm, "há que se reconhecer que se, de um lado, o Estado não tem o monopólio do interesse público, o livre-mercado, de outro, não tem o monopólio da eficiência. Haverá regulação estatal, assim, quando moralmente justificável, juridicamente possível e pragmaticamente defensável" (BINENBOJM, Gustavo, Regulações expropriatórias. *Revista Justiça e Cidadania*, n. 117, 2010. Inteiro teor disponível em: http://www.editorajc.com.br/2010/04/regulacoes-expropriatorias/. Acesso em: 07 abr. 2014).

[195] A tradução e sistematização foi feita por Alice Bernardo Voronoff de Medeiros (MEDEIROS, Alice Bernardo Voronoff de. *Racionalidade e otimização regulatórias*: um estudo a partir da teoria das falhas de regulação. Rio de Janeiro: Dissertação de Mestrado em Direito Público, UERJ, 2012. Mimeografado, 2012, p. 65).

Cass Sunstein, em importante estudo sobre o tema,[196] propõe uma sistematização das espécies de falhas regulatórias, com base na qual esta parte do trabalho será desenvolvida. Inicialmente, o autor explora as falhas relacionadas ao momento da concepção da norma regulatória (abrangendo a atividade do Poder Legislativo de produção de leis em sentido formal [*statutes*]), classificando-a em sete categorias.[197] Em um segundo momento, o autor se debruça sobre as falhas regulatórias identificadas na implementação da norma regulatória (abrangendo as atividades em geral das agências reguladoras, incluindo a produção de atos normativos [*rulemaking*] e de atos administrativo concretos [*adjudication*]), arrolando-as em outras quatro categorias.[198]

Nesse ponto, vale uma ressalva: no cenário brasileiro, parece mais apropriada a perspectiva adotada por Alice Bernardo Voronoff, para quem a atividade normativa das entidades da Administração Pública deve ser analisada também sob a ótica da concepção, e não da implementação da regulação.[199]

A presente análise focará nas falhas desencadeadas no momento da concepção da regulação, tanto pelo Poder Legislativo quanto pelo Executivo (por meio do poder regulamentar ou do exercício do poder normativo conferido às agências reguladoras). Das falhas de regulação sistematizadas por Cass Sunstein, três se relacionam diretamente com o fenômeno que ora se examina. São elas: (i) transferência para grupos de interesse; (ii) diagnóstico equivocado e análise superficial; e (iii) efeitos sistêmicos complexos e consequências imprevistas.

---

[196] SUNSTEIN, Cass R. *After the rights revolution*: reconceiving the regulatory state. Cambridge, Mass: Harvard University Press, 1993.

[197] São elas: (i) transferência para grupos de interesse; (ii) diagnóstico equivocado e análise superficial; (iii) gestão de riscos *versus* direitos; (iv) efeitos sistêmicos complexos e consequências imprevistas; (v) falhas de coordenação; (vi) alteração das circunstâncias e obsolescência; e (vii) indevida delegação de decisões políticas.

[198] São elas: (i) proteção inadequada; (ii) aumento da ineficiência e controles excessivos; (iii) redistribuição distorcida; e (iv) processos e resultados não democráticos.

[199] É bem verdade que as agências e demais órgãos e entidades reguladores estão sujeitos às diretrizes legais, por força do princípio da legalidade. Sob esse ângulo, tem razão Sunstein ao enquadrar a rulemaking na fase de implementação. Considerando-se, contudo, o amplo poder normativo delegado a tais entidades, entendeu-se apropriado estender o conceito de elaboração da norma regulatória ao plano infralegal. É por isso que, no decorrer da exposição do presente item, haverá exemplos relacionados, e.g., a resoluções de agências reguladoras (MEDEIROS, Alice Bernardo Voronoff de. *Racionalidade e otimização regulatórias*: um estudo a partir da teoria das falhas de regulação. Rio de Janeiro: Dissertação de Mestrado em Direito Público, UERJ, 2012. Mimeografado, p. 65).

1.2.2.2 Erro de diagnóstico e análise superficial

É possível que o caráter expropriatório da regulação decorra de diagnóstico equivocado, análise superficial ou informação inadequada[200] a respeito de determinada situação no momento da concepção da medida regulatória. Isso pode ocorrer em razão da complexidade do tema regulado, da falta de aparelhamento técnico da entidade reguladora ou do monopólio da informação pelo setor regulado.[201] Muitas vezes, porém, como adverte Cass Sunstein, os erros de diagnóstico são provocados por um evento singular de elevado clamor popular, que priva os órgãos reguladores de exames mais apurados e reflexivos acerca das circunstâncias envolvidas na questão.[202]

Em processos regulatórios mais apressados, movidos pelo desejo de atender imediatamente às paixões populares, o potencial expropriatório da proposta possivelmente escapará da percepção do regulador. Se, ao contrário, a entidade realiza uma análise de custo-benefício ampla e detalhada,[203] os traços expropriadores do projeto normativo dificilmente passarão despercebidos. Da mesma forma, a falta de *expertise* ou capacidade operacional do órgão regulatória pode impulsionar a edição de normas com efeitos expropriatórios não identificados previamente.

Para ilustrar a hipótese, imagine-se a seguinte situação: após uma série de reportagens dos principais canais de mídia do país sobre o perigo de determinada substância medicamentosa proscrita recentemente na Europa,[204] uma entidade reguladora do setor de proteção à saúde no Brasil, diante do enorme clamor popular, edita ato vedando a produção e a comercialização de todos os medicamentos e cosméticos que contenham a referida substância. Imediatamente, todos os produtos abarcados pela medida são recolhidos das farmácias e de outros estabelecimentos comerciais. A indústria farmacêutica não contesta a norma, pois, ciente das progressivas vedações à substância

---

[200] SUNSTEIN, Cass R. *After the rights revolution*: reconceiving the regulatory state. Cambridge, Mass: Harvard University Press, 1993. p. 86.
[201] GOMES, Estêvão. A relação entre mercados e governos à luz da teoria das falhas de regulação, 2016, p. 18. No prelo.
[202] SUNSTEIN, Cass R. *Op. cit.*, nota 200, p. 86.
[203] Sobre a metodologia, v. SUNSTEIN, Cass R. *Risk and reason*: safety, law and the environment. New York: Cambridge University Press, 2002. p. 110-113.
[204] Existem, de fato, uma série de substâncias comercializadas no Brasil e proibidas na Europa. Para mais informações, confira-se a reportagem de PREVIDELLI, Amanda. 5 medicamentos proibidos lá fora e comercializados no Brasil. *Revista Exame*, 18 fev. 2013. Disponível em: http://exame.abril.com.br/brasil/noticias/5-remedios-proibidos-la-fora-e-comercializados-no-brasil#7. Acesso em: 05 set. 2016.

no cenário mundial, já havia tomado medidas para colocar no mercado medicamentos substitutivos da droga proibida.

Não obstante, a indústria cosmética, que utilizava a substância em parte expressiva de seus produtos, é pega de surpresa pela medida. É que, em todos os países onde a substância fora proibida, a vedação havia sido restrita aos medicamentos ingeríveis, não tendo alcançado os cosméticos que continham a substância em questão. Isso porque os estudos científicos não teriam sido conclusivos quanto ao risco do uso tópico da substância. No entanto, no Brasil, a entidade reguladora, com o intuito de dar uma pronta resposta às demandas populares, estendeu a vedação aos cosméticos, justificando a medida no princípio da precaução. A nova regulação causou um severo prejuízo à indústria cosmética, que, de um dia para o outro, viu parte substancial da sua atividade econômica expropriada pelo Poder Público.

Note-se bem. Se, nesse caso hipotético, o agente regulador houvesse sido cauteloso na análise prévia da medida, sopesando os custos e benefícios da mesma e ouvindo os atores interessados, teria, provavelmente, optado por editar uma medida regulatória menos drástica. Se, não obstante a incerteza científica quanto aos riscos do uso tópico da substância, a entidade regulatória, motivadamente, optasse por banir a comercialização também dos cosméticos, seria preciso deflagrar um procedimento aberto à participação dos atores econômicos do setor regulado, voltado à avaliação do potencial expropriatório da medida, com base em parâmetros materiais de identificação objetivos e previamente definidos.

1.2.2.3 Transferência para grupos de interesses. A teoria da captura

Cass Sunstein trata de duas espécies de falhas de regulação decorrentes da transferência para grupos de interesse. A primeira delas, mais facilmente identificável, diz respeito a normas que visam à transferência de riqueza entre grupos de poder sem que se possa identificar um objetivo público a ser atendido. Não é sempre, porém, que a falha em questão é tão evidente. Frequentemente, a regulação pode estar vinculada a problemas reais de interesse público, mas, ainda assim, "o conteúdo e o alcance do programa são afetados negativamente pelo poder de grupos bem organizados".[205]

---

[205] No original, em inglês: "(...) frequently the decision to create a regulatory program cannot be that as a mere interest-group transfer, because there is a genuine problem with relying on the market,

Suponha-se a seguinte variável no exemplo pensado no tópico acima: novas empresas da indústria cosmética especializadas em produtos orgânicos (*e.g.*, maquiagem e cremes sem substâncias químicas em sua fórmula) teriam corrompido, por meio do pagamento de propina, o conteúdo da nova política regulatória. Ter-se-ia, assim, a clara apropriação de um objetivo legítimo (proteção da saúde) para a obtenção de vantagens competitivas para determinado setor privado, resultando na produção de uma norma expropriatória. No caso, os agentes públicos teriam sido *capturados* por um grupo de interesse bem organizado.[206]

A teoria da captura originou-se da teoria econômica da regulação (*theory of economic regulation*), formulada a partir de estudos realizados pelos autores da Escola de Chicago, que pretendiam demonstrar que a regulação da economia era sempre ineficiente.[207] Em que pesem as críticas formuladas a essa linha de pensamento, os modelos concebidos pela teoria econômica contribuíram para a desmistificação da regulação e para o reconhecimento da possibilidade de captura do regulador.[208]

Modo geral, pode-se dizer que a ausência de um procedimento regulatório facilita o processo de captura do regulador. A transparência, o dever de motivação e a participação dos interessados, próprias de

---

yet the content and reach of the program are adversely affect by the power of well-organized private groups". Traduzido livremente.

[206] A teoria da *public choice* explica por que frequentemente os agentes públicos se movem pela persecução de interesses egoísticos. Para uma abordagem geral da teoria, v. TULLOCK, Gordon; SELDON, Arthur; BRADY, Gordon. *Government failure*: a primer in public choice. Washington, D.C.: Cato Institute, 2002.

[207] STIGLER, George J. The theory of economic regulation. *Bell Journal of Economic and Management Science*, New York, v. 2, n. 1, 1971; PELTZMAN, Sam. Toward a more general theory of regulation. *Journal of Law and Economic*, Chicago, v. 19, n. 2, 1976; LAFFONT, Jean-Jacques; TIROLE, Jean. The politics of government decision-making: a theory of regulatory capture. *The Quarterly Journal of Economics*, Cambridge, v. 106, n. 4, 1991. Para uma visão mais atual sobre a captura no debate americano, v. a excelente coletânea de artigos sobre o tema disposta em CARPENTER, David; MOSS, David A. (Ed.). *Preventing regulatory capture*: special interest influence and how to limit it. New York: Cambridge University Press, 2014.

[208] A preocupação com a pressão exercida por grupos de interesse ou *facções* é entranhada na cultura jurídica norte-americana, podendo ser notada desde as origens do constitucionalismo. Nesse sentido, cf. *Os Federalistas* nº 09 e 10, escritos por Alexander Hamilton e James Madison, respectivamente. Disponível em: http://www.let.rug.nl/usa/documents/1786-1800/the-federalist-papers/. Acesso em: 05 set. 2016. Em relação especificamente ao problema das regulações expropriatórias, William A. Fischel entende que, em estados federativos menores, como estados e municípios, a tentação de captura, da qual resulte uma norma desapropriadora, é significativamente maior: "[l]ocal insiders can use regulations in a way that subverts the Constitution's clear commands not to take property without compensation" (FISCHEL, William A. *Regulatory takings*: Law, economics and politics. Cambridge: Harvard U. Press, 2014. p. 139).

análises regulatórias prévias, constituem importantes mecanismos de freios aos impulsos egoísticos do regulador, que podem resultar, a depender do caso, em expropriações normativas não compensadas.

1.2.2.4 Os efeitos sistêmicos e as consequências imprevistas da regulação

Finalmente, a regulação pode provocar efeitos sistêmicos e consequências imprevistas, que traduzem uma das espécies de falhas regulatórias. Como ensina Charles Wolf Jr., que denomina esse defeito regulatório de *derived externalities*:

> Intervenção governamental para correção de falhas de mercado podem gerar efeitos colaterais imprevistos, frequentemente em áreas remotas nas quais a política pública era destinada a operar. De fato, existe alta probabilidade de tais externalidades derivadas, pois o governo tende a operar através de grades organizações usando instrumentos grosseiros cujas consequências são abrangentes e difíceis de prever. No provérbio russo, 'quando o elefante espirra, outros animais pegam pneumonia.[209]

A falha em questão traduz a dificuldade do regulador em compreender as reais consequências da regulação, que podem incluir desde a fuga regulatória até efeitos perversos não previstos anteriormente à elaboração da norma. Nessa, a expropriação concretizada pela regulação pode ser encarada como um efeito sistêmico não previsto pelo regulador.

Sob outro ângulo, é possível afirmar que as regulações expropriatórias editadas sem a observância dos pressupostos constitucionais da desapropriação produzem, inexoravelmente, efeitos perversos. Por um lado, como visto anteriormente, tais normas geram instabilidade na definição dos direitos de propriedade, ocasionando, via de consequência, um desencorajamento à realização de investimentos.

Além disso, as normas expropriadoras ensejam graves efeitos desmoralizadores na sociedade como um todo, que transcendem os

---

[209] No original, em inglês: "*Government intervention to correct market failure may generate unanticipated site effects, often in areas remote from that in which the public policy was intended to operate. Indeed, there is a high likelihood of such derived externalities, because government tends to operate through large organizations using blunt instruments whose consequences are both far-reaching and difficult to forecast. In the Russian proverb, 'When elephants sneeze, other animals get pneumonia'*" (WOLF JR., Charles. *Markets or government*: choosing between imperfect alternatives. Santa Monica: The Rand Corporation, 1986. p. 80). Traduzido livremente.

efeitos econômicos perversos da expropriação. Na linha defendida por Frank Michelman, o sacrifício não compensado do direito de propriedade provoca uma perda de bem-estar na sociedade, causada não só pelo sofrimento daqueles diretamente prejudicados pela medida, mas também pela constatação dos demais indivíduos de que eventos drásticos similares podem futuramente alcançá-los.[210]

Sem dúvida, a percepção de que as expropriações normativas podem se apresentar como falhas de regulação – decorrentes de erros de diagnóstico ou análise superficial, transferência entre grupos de interesse ou de efeitos sistêmicos não previstos – reforça a importância da formulação de uma teoria das regulações expropriatórias que enfatize a importância de mecanismos preventivos da produção expropriatória. Para evitar a profusão de regulações expropriatórias, serão propostos, nos capítulos 2 e 3, respectivamente, requisitos procedimentais para a efetivação das expropriações normativas e parâmetros materiais de identificação do conteúdo expropriador da medida.

1.2.3 O estudo das regulações expropriatórias como etapa indispensável ao exame das "desregulações expropriatórias"

O tema das *desregulações expropriatórias* não será aprofundado neste estudo, que se restringe à análise das regulações expropriatórias. Contudo, cumpre traçar notas introdutórias sobre o assunto, mormente para destacar a sua relevância. O que se quer demonstrar, neste ponto, é que uma teoria sólida das regulações expropriatórias é essencial para a compreensão dos importantes casos de desregulações expropriatórias.

O termo *desregulação*[211] é utilizado para designar a retirada ou a redução do controle governamental sobre determinado mercado, com o fim de fomentar a competição.[212] As políticas governamentais de desregulação promovem, em geral, uma série de benefícios associados

---

[210] MICHELMAN, Frank I. Property, utility, and fairness: comments on the ethical foundations of "just compensation" law. *Harvard Law Review*, v. 80, n. 6, 1967, p. 1.214.

[211] Para um panorama geral sobre o fenômeno da desregulação, cf. LAENDER, Gabriel Boavista. *Características e oportunidades da desregulação*: a busca por um novo modelo de atuação estatal. Universidade de Brasília, 2009. Disponível em: https://www.researchgate.net/publication/50199302_Caracteristicas_e_oportunidades_da_desregulacao_a_busca_por_um_novo_modelo_de_atuacao_estatal_Deregulation_Characteristics_and_Opportunities_Looking_for_a_New_Model_for_State_Intervention. Acesso em: 12 fev. 2016.

[212] Nesse sentido, SANTOS, Fábio Anderson Batista. As consequências da desregulamentação econômica na indústria do transporte aéreo. *Journal of Transport Literature*, v. 3, n. 2, p. 68-79.

à criação de um ambiente concorrencial. Os benefícios incluem preços mais competitivos, melhora na qualidade dos serviços prestados, decisões de investimento mais eficientes, incremento da variedade de produtos disponíveis e inovação tecnológica.[213] No entanto, as políticas desregulatórias podem gerar um efeito negativo: reduzir ou destruir o valor da propriedade – considerada em seu sentido amplo – sem que sejam concebidas medidas compensatórias.

J. Gregory Sidak e Daniel F. Spulber sustentam que, nesses casos, as desregulações podem ser qualificadas como expropriatórias, em clara analogia com o fenômeno das regulações expropriatórias.[214] Assim, as *desregulações expropriatórias* ocorrem toda vez que o Poder Público retira barreiras de entrada e outras restrições regulatórias ao mercado[215] e, em consequência disso, acaba por invadir ou esvaziar por completo a propriedade alheia sem o pagamento de justa e prévia indenização ou a concessão de outras medidas compensatórias.

A identificação do potencial expropriatório das desregulações passa, necessariamente, pela análise da estrutura do setor desregulado antes das medidas desregulatórias. Em geral, os setores da economia desregulados apresentam-se, antes da desregulação, praticamente clausurados.[216] É dizer: são setores servidos com os chamados *"serviços públicos"* ou pelas denominadas *"public utilities"*, a depender do sistema jurídico adotado.[217]

---

[213] SIDAK, J. Gregory; SPULBER, Daniel F. *Deregulatory Takings and The Regulatory Contract*. Cambridge: Cambridge University Press, 1997. p. 1-2.

[214] Gustavo Binenbojm e André Cyrino produziram trabalhos brilhantes sobre as regulações expropriatórias, mas o tema ainda carece de aprofundamento. V. BINENBOJM, Gustavo. Regulações expropriatórias. *Revista Justiça e Cidadania*, n. 117, 2010. Disponível em: http://www.editorajc.com.br/2010/04/regulacoes-expropriatorias/. Acesso em: 02 out. 2014; CYRINO, André Rodrigues. Regulações expropriatórias: apontamentos para uma teoria. *Revista de Direito Administrativo*, Rio de Janeiro, v. 267, p. 199-235, set./dez. 2014.

[215] SIDAK, J. Gregory; SPULBER, Daniel F. *Op. cit.*, nota 213, p. 1.

[216] SUNDFELD, Carlos Ari. *O CADE e a competição nos serviços públicos*. Mimeografado. Disponível em: http://www.unifacs.br/revistajuridica/arquivo/edicao_abril2001/convidados/025.CADE-GAS.doc. Acesso em: 05 set. 2016.

[217] No Brasil, embora haja uma permanente dificuldade de apontar um conceito para serviço público, tem prevalecido uma concepção mais aproximada da noção francesa de serviço público: é toda atividade prestacional voltada ao cidadão, independentemente da titularidade exclusiva do Estado ou da forma de remuneração. Os Estados Unidos, por outro lado, não adotam a noção de serviço público francesa. Lá, as atividades econômicas, em geral, sempre foram livres ao exercício pelos particulares, em prestígio ao princípio da livre iniciativa. Quando determinada atividade é identificada pelo Estado como de grande relevância social, ela passa a ficar sujeita à forte regulação e controle estatal. No entanto, diferentemente dos serviços públicos, as chamadas *public utilities* não se encontram na titularidade do Estado. Ver, por todos, ARAGÃO, Alexandre Santos de. *Direito dos Serviços Públicos*. Rio de Janeiro: Forense, 2007.

No caso norte-americano, vários setores da economia foram desregulados durante a década de 1990 e início dos anos 2000, incluindo linhas áreas, transportes, telecomunicações, gás natural e setor elétrico. Nos Estados Unidos, tais setores encontravam-se servidos pelas chamadas *"public utilities"*: uma combinação de propriedade privada das companhias com forte controle público de preços, barreiras de ingresso e outras restrições regulatórias.

Segundo J. Gregory Sidak e Daniel F. Spulber, algumas dessas desregulações apresentaram potencial expropriatório, uma vez que teriam promovido a quebra da expectativa de retorno dos investimentos feitos pelos agentes que já atuavam no setor. Isso porque as *utilities* (companhias privadas que atuam em setores altamente regulados) assumem obrigações relacionadas à qualidade e disponibilidade das atividades em troca da garantia do regulador de retorno dos *sunk costs*[218] realizados. Nessa relação, a entidade reguladora atua controlando a entrada no mercado, de modo a proteger as expectativas de retorno dos agentes, enquanto lhe impõe uma série de obrigações relacionadas à atividade prestada, inclusive com controle de preço.

As desregulações expropriatórias podem surgir quando o Estado promove o que os autores chamam de "regulação assimétrica": o regulador mantém as obrigações impostas aos *operadores históricos* e, simultaneamente, atenua ou quebra as barreiras de entrada no setor.

O tema, por certo, é instigante e merece ser estudado profundamente à luz do direito brasileiro. Para tanto, porém, faz-se necessário formular uma teoria sólida sobre as regulações expropriatórias. Que seja dado o primeiro passo.

---

[218] Os "custos afundados" referem-se a investimentos de grande porte em ativos que dificilmente serão recuperados, uma vez que não podem ser reconvertidos ou utilizados em outros empreendimentos.

CAPÍTULO 2

REQUISITOS PROCEDIMENTAIS DAS REGULAÇÕES EXPROPRIATÓRIAS

2.1 O devido processo expropriatório e a indenização prévia: fundamentos de legitimidade

Como premissa para o desenvolvimento deste trabalho, estabeleceu-se que as medidas regulatórias com natureza desapropriatória devem ser antecedidas de um procedimento apto para identificar os indivíduos sujeitos à expropriação e para conceber e implementar soluções compensatórias. Trata-se da observância de dois requisitos procedimentais constitucionalmente previstos para a desapropriação: o *devido processo legal expropriatório* e a *indenização prévia*. Nos termos do artigo 5º, inciso XXIV, da Constituição Federal:

> A lei estabelecerá o procedimento para desapropriação por necessidade ou utilidade pública, ou por interesse social, mediante justa e prévia indenização em dinheiro, ressalvados os casos previstos nesta Constituição.

Tem-se claro, assim, que o trâmite expropriatório tem como primeiro fundamento de legitimidade o preceito encartado no art. 5º, inciso XXIV, da Constituição Federal, em cujo âmbito de incidência se encontram tanto as desapropriações típicas quanto as regulatórias.[219] Por essa razão, o Estado não pode pretender acobertar na regulação qualquer espécie de atividade expropriadora. Independentemente da natureza da expropriação, o rito procedimental constitucionalmente exigido deve ser meticulosamente observado. Do contrário, permitir-se-ia

---
[219] Referência ao capítulo que estabeleceu essa premissa.

verdadeira *fraude à Constituição*, consubstanciada no uso de instrumento aparentemente legítimo (regulação) para alcançar resultado proibido pelo texto constitucional (expropriação fora das hipóteses constitucionalmente permitidas).

A inconteste *regra constitucional* resultante do texto do art. 5º, inciso XXIV, da Constituição Federal configura o primeiro argumento para que se entenda que as regulações expropriatórias devam ser antecedidas de um devido processo legal, por meio do qual se garanta o pagamento prévio de indenização, sob pena de incorrerem em vício de inconstitucionalidade, cuja consequência natural é a declaração de nulidade. Mas não é só. Há outras boas razões para que assim se conclua, as quais decorrem do próprio sistema normativo da Constituição, analisado em sua integridade,[220] e de aspectos relacionados à *razão econômica*.

Antes, porém, uma explicação necessária. É evidente que a cláusula expropriatória possui força normativa suficiente para impor ao regulador o dever de seguir o caminho constitucional da desapropriação para projetos regulatórios com potencial expropriador. Mas, se é assim, o que justificaria a busca por outros fundamentos que legitimem essa obrigação?

Não se trata de excesso de zelo, mas de necessária superação do ônus argumentativo imposto pela propagação, na doutrina e na jurisprudência pátrias,[221] de entendimento em sentido oposto, que vislumbra como consequência da não observância dos pressupostos procedimentais da desapropriação apenas o direito à indenização, garantido posteriormente em sede judicial.

Essa é a opinião manifestada, por exemplo, por Alexandre Santos de Aragão:

> [h]á duas espécies de desapropriação indireta: o esbulho possessório do bem por parte do Estado seguido da sua afetação a serviços públicos

---

[220] Segundo Luís R. Barroso: "[j]á se consignou que a Constituição é o documento que dá unidade ao sistema jurídico, pela irradiação de seus princípios aos diferentes domínios infraconstitucionais. O princípio da unidade é uma especificação da interpretação sistemática, impondo ao intérprete o dever de harmonizar as tensões e contradições entre normas jurídicas. A superior hierarquia das normas constitucionais impõe-se na determinação de sentido de todas as normas do sistema" (BARROSO, Luís Roberto. *Curso de Direito Constitucional Contemporâneo* – os conceitos fundamentais e a construção do novo modelo. 2.ed. Rio de Janeiro: Saraiva, 2010. p. 303).

[221] Cumpre ressaltar que também há, no direito estrangeiro, entendimento no mesmo sentido. Por exemplo, no direito espanhol, veja-se o posicionamento de OLIVERA, Tomás Cobo. Indemnización derivada de responsabilidad patrimonial. *In*: OLIVERA, Tomás Cobo (coord.). *Los procedimentos administrativos expropiatórios*: tutela frente a las actuaciones de la Administracion. Barcelona: Editorial Bosch, 2011.

(...) e a decorrente de condicionamentos legais ou administrativos à propriedade (...). [A]mbas as hipóteses geram direito à indenização. Em ambos os casos, o fundamento da indenização devida ao particular não é o art. 5°, XXIV, CF (justa indenização pela desapropriação), mas sim o art. 37, §6°, CF (responsabilidade objetiva do Estado) (...).[222]

Seguindo o mesmo raciocínio, podem ser encontrados na jurisprudência brasileira incontáveis precedentes relativos às ações de desapropriação indireta (fundamentadas em esbulho possessório ou em expropriações decorrentes de condicionamentos legais), cuja resolução baseia-se na mera recomposição patrimonial, sem qualquer manifestação de perplexidade quanto à manifesta ilicitude dos atos estatais *sob judice*.[223]

Essa ampla aceitabilidade do pagamento *a posteriori* como única consequência da desapropriação realizada às avessas, sem observância do devido processo legal,[224] torna claro que a previsão

---

[222] ARAGÃO, Alexandre Santos de. *Curso de Direito Administrativo*. 2. ed. Rio de Janeiro: Forense, 2013. p. 268.

[223] Neste sentido ver os seguintes acórdãos: ADMINISTRATIVO. CEMIG DISTRIBUIÇÃO S/A. DESAPROPRIAÇÃO INDIRETA. NÃO CONFIGURAÇÃO. NECESSIDADE DO EFETIVO DE APOSSAMENTO E DA IRREVERSIBILIDADE DA SITUAÇÃO. NORMAS AMBIENTAIS. LIMITAÇÃO ADMINISTRATIVA. ESVAZIAMENTO ECONÔMICO DA PROPRIEDADE. AÇÃO DE DIREITO PESSOAL. PRESCRIÇÃO QUINQUENAL (BRASIL. Superior Tribunal de Justiça. Segunda Turma. Agravo em RESP n° 457.837/MG. Relator Min. Humberto Martins. Dje. 22.05.2014); ADMINISTRATIVO. PROCESSUAL CIVIL. AGRAVO REGIMENTAL NO RECURSO ESPECIAL. INTERVENÇÃO DO ESTADO NA PROPRIEDADE. DESAPROPRIAÇÃO INDIRETA DECORRENTE DE NORMATIVO AMBIENTAL. PROIBIÇÃO DE CORTE. MATA ATLÂNTICA. REVOGAÇÃO DE AUTORIZAÇÃO CONCEDIDA ANTERIORMENTE. OCORRÊNCIA DE PREJUÍZO. ACOLHIMENTO PARCIAL DA PRETENSÃO INDENIZATÓRIA. PROVIMENTO MAJORITÁRIO DE APELAÇÃO PARA O RECONHECIMENTO DA PRESCRIÇÃO QUINQUENAL. EMBARGOS INFRINGENTES ACOLHIDOS PARA O AFASTAMENTO DA PRESCRIÇÃO E PROSSEGUIMENTO DO JULGAMENTO. VIOLAÇÃO A NORMATIVO FEDERAL. MOTIVAÇÃO LEGAL INATACADA. SÚMULA 283/STF (BRASIL. Superior Tribunal de Justiça. Segunda Turma. Agravo em RESP n° 156.7839/SC. Relator Min. Mauro Campbell. Dje. 10.03.2016); RECURSO EXTRAORDINÁRIO – ESTAÇÃO ECOLOGICA – RESERVA FLORESTAL NA SERRA DO MAR – PATRIMÔNIO NACIONAL (CF, ART. 225, PAR.4.) – LIMITAÇÃO ADMINISTRATIVA QUE AFETA O CONTEUDO ECONOMICO DO DIREITO DE PROPRIEDADE – DIREITO DO PROPRIETARIO A INDENIZAÇÃO – DEVER ESTATAL DE RESSARCIR OS PREJUIZOS DE ORDEM PATRIMONIAL SOFRIDOS PELO PARTICULAR – RE NÃO CONHECIDO. (BRASIL. Supremo Tribunal Federal. Primeira Turma. RE n° 134297/SP. Relator Min. Celso de Mello. Dje. 22.09.1995); Ação de desapropriação indireta. Reserva Florestal Serra do Mar. Assente a jurisprudência do Supremo Tribunal de que é devida indenização pela desapropriação de área pertencente à reserva florestal Serra do Mar, independentemente das limitações administrativas impostas para proteção ambiental dessa propriedade. Precedentes (BRASIL. Supremo Tribunal Federal. Primeira Turma. Agravo Regimental no Agravo de Instrumento n° 529698/SP. Relator Min. Sepúlveda Pertence. Dje. 18.04.2006.

[224] SALLES, José Carlos de Moraes. *A desapropriação à luz da doutrina e da jurisprudência*. 3. ed. Rio de Janeiro: Editora Revista dos Tribunais, p. 729.

constitucional expressa dos pressupostos procedimentais não tem bastado para conformar a realidade jurídica, tampouco para frear os abusos desapropriatórios perpetrados pelo Estado. Daí a necessidade de se apontarem outros argumentos para a observância do rito da desapropriação que vão além da literalidade do art. 5º, inciso XXIV, da Constituição Federal.

Primeiramente, insta esclarecer que o regime procedimental expropriatório previsto na Constituição de 1988 resulta da importação combinada dos modelos adotados pelas constituições latino-americanas e pela Carta dos Estados Unidos.[225] Da tradição constitucional latino-americana, importou-se a indenização prévia como condição de legitimidade da desapropriação (vide as constituições da Argentina,[226] Chile,[227] Uruguai,[228] Paraguai,[229] Equador,[230] Bolívia,[231] Peru[232] e

---

[225] Essa também é a percepção de SUNDFELD, Carlos Ari. Revisão da Desapropriação no Brasil. *Revista de Direito Administrativo*, Rio de Janeiro, n. 192, p. 38-48, abr./jun. 1993, p. 43.

[226] Art 17 da Constituição da Argentina: *"Art. 17.- La propiedad es inviolable, y ningún habitante de la Nación puede ser privado de ella, sino en virtud de sentencia fundada en ley. La expropiación por causa de utilidad pública, debe ser calificada por ley y previamente indemnizada".*

[227] Art. 24 da Constituição do Chile: *"24º.- El derecho de propiedad en sus diversas especies sobre toda clase de bienes corporales o incorporales. (...) La toma de posesión material del bien expropiado tendrá lugar previo pago del total de la indemnización, la que, a falta de acuerdo, será determinada provisionalmente por peritos en la forma que señale la ley. En caso de reclamo acerca de la procedencia de la expropiación, el juez podrá, con el mérito de los antecedentes que se invoquen, decretar la suspensión de la toma de posesión".*

[228] Art. 32 da Constituição do Uruguai: *"Artículo 32.- La propiedad es un derecho inviolable, pero sujeto a lo que dispongan las leyes que se establecieren por razones de interés general. Nadie podrá ser privado de su derecho de propiedad sino en los casos de necesidad o utilidad públicas establecidos por una ley y recibiendo siempre del Tesoro Nacional una justa y previa compensación. Cuando se declare la expropiación por causa de necesidad o utilidad públicas, se indemnizará a los propietarios por los daños y perjuicios que sufrieren en razón de la duración del procedimiento expropiatorio, se consume o no la expropiación; incluso los que deriven de las variaciones en el valor de la moneda".*

[229] Art. 109 da Constituição do Paraguai: *"Artículo 109 – DE LA PROPIEDAD PRIVADA Se garantiza la propiedad privada, cuyo contenido y límites serán establecidos por la ley, atendiendo a su función económica y social, a fin de hacerla accesible para todos. La propiedad privada es inviolable. Nadie puede ser privado de su propiedad sino en virtud de sentencia judicial, pero se admite la expropiación por causa de utilidad pública o de interés social, que será determinada en cada caso por ley. Esta garantizará el previo pago de una justa indemnización, establecida convencionalmente o por sentencia judicial, salvo los latifundios improductivos destinados a la reforma agraria, conforme con el procedimiento para las expropiaciones a establecerse por ley".*

[230] Art. 323 da Constituição do Equador: *"Art. 323.- Con el objeto de ejecutar planes de desarrollo social, manejo sustentable del ambiente y de bienestar colectivo, las instituciones del Estado, por razones de utilidad pública o interés social y nacional, podrán declarar la expropiación de bienes, previa justa valoración, indemnización y pago de conformidad con la ley. Se prohíbe toda forma de confiscación".*

[231] Art. 57 da Constituição da Bolívia: *"Artículo 57. La expropiación se impondrá por causa de necesidad o utilidad pública, calificada conforme con la ley y previa indemnización justa. La propiedad inmueble urbana no está sujeta a reversión".*

[232] Art. 70 da Constituição do Peru: *"Artículo 70º.- El derecho de propiedad es inviolable. El Estado lo garantiza. Se ejerce en armonía con el bien común y dentro de los límites de ley. A nadie puede

Colômbia).[233] Vale ressaltar que, embora a maioria das constituições dos países europeus limite-se a autorizar a expropriação mediante compensação,[234] há exceções relevantes, como as Cartas da França[235] e da Bélgica,[236] que impõem a natureza prévia da indenização. Ademais, em alguns ordenamentos jurídicos infraconstitucionais da Europa, constam normas sobre desapropriação que igualmente impõem o pagamento antecipado de indenização como pressuposto da expropriação.[237]

Por sua vez, a exigência do devido processo legal expropriatório foi inserida na Constituição de 1988 por influência da cláusula do *due process of law* da Constituição dos Estados Unidos (14ª Emenda), a qual estipula que "[n]enhum Estado-Membro poderá privar qualquer pessoa de sua vida, liberdade, ou propriedade, sem o devido processo legal".[238]

Pois bem. A identificação dos modelos constitucionais que serviram de inspiração para a Constituição de 1988 deixa claro que o regime expropriatório procedimental híbrido previsto no art. 5º, inciso XXIV, foi fruto de escolha informada do constituinte, que poderia ter optado por regimes diversos, mas não o fez.

Para além do art. 5º, inciso XXIV, é possível apontar, na própria Constituição Federal de 1988, outros dispositivos que reforçam a ideia de que as desapropriações, inclusive as regulatórias, somente podem ser efetivadas no bojo de procedimento previsto em lei e mediante

---

privarse de su propiedad sino, exclusivamente, por causa de seguridad nacional o necesidad pública, declarada por ley, y previo pago en efectivo de indemnización justipreciada que incluya compensación por el eventual perjuicio. Hay acción ante el Poder Judicial para contestar el valor de la propiedad que el Estado haya señalado en el procedimiento expropiatorio".

[233] Art. 58 da Constituição da Colômbia. *"Artículo 115. Se garantiza el derecho de propiedad. Toda persona tiene derecho al uso, goce, disfrute y disposición de sus bienes. La propiedad estará sometida a las contribuciones, restricciones y obligaciones que establezca la ley con fines de utilidad pública o de interés general. Sólo por causa de utilidad pública o interés social, mediante sentencia firme y pago oportuno de justa indemnización, podrá ser declarada la expropiación de cualquier clase de bienes".*

[234] É o caso, por exemplo, das constituições da Alemanha (art. 14), Portugal (art. 62), Espanha (art. 33) e Itália (art. 42).

[235] A Constituição da França de 1958 atribui caráter constitucional à Declaração dos Direitos do Homem e do Cidadão de 1789, cujo art. 17 determina o pagamento de indenização prévia como pressuposta da desapropriação. Cabe apontar que o *Code de l'expropriation pour cause d'utilité publique*, em seu art. L1, caracteriza a indenização como justa e prévia.

[236] Art. 16 da Constituição da Bélgica: *"Article 16: No one can be deprived of his property except in the case of expropriation for a public purpose, in the cases and manner established by the law and in return for fair compensation paid beforehand".*

[237] Por exemplo, citem-se como exemplo os artigos 52 e 124 da Lei de Expropriação Forçosa de 1954 da Espanha e o art. 16 da Lei Federal de Desapropriação/Expropriação nº 711, de 20 de junho de 1930, da Suíça.

[238] Disponível em: https://www.law.cornell.edu/constitution/amendmentxiv. Traduzido livremente.

indenização prévia. Em relação à exigência do devido processo legal, por exemplo, destaca-se que a imposição de sacrifícios aos particulares pelo regulador implica a privação de seus bens em seu sentido amplo. E, conforme preceitua o art. 5º, inciso LIV, da Constituição, toda privação de bens está sujeita ao devido processo legal.

Em relação ao requisito da previedade da indenização, este é fundamental para que não reste configurado o confisco temporário.[239] O confisco, vedado pelo art. 150, inciso IV, da Constituição, ocorre quando o Estado toma um bem particular sem que seja oferecida ao proprietário qualquer compensação em troca,[240] sendo, portanto, importante instrumento de proteção à propriedade. Desse modo, não fosse prévia a indenização, impor-se-ia a todos os particulares sujeitos à desapropriação a completa privação do direito de propriedade até que a recomposição fosse efetivamente garantida pelo Estado. Assim, a indenização prévia como pressuposto da desapropriação está em plena sintonia com a proibição constitucional do confisco. E não é só.

A Constituição de 1988 é farta em dispositivos que, em seu conjunto, formam um robusto sistema de proteção ao direito de propriedade (art. 5º, incisos XXII, XXIV e LV, art. 170, incisos II e IV). Essa perspectiva é fundamental para que os requisitos procedimentais da desapropriação sejam vislumbrados como mecanismos integrantes desse arcabouço constitucional de amparo ao direito de propriedade. Veja-se que, ainda que a tomada de bens pelo Estado tenha sido autorizada pelo constituinte em prol de ações estatais justificadas pelo interesse público, não é possível dizer que a desapropriação constitua uma ablação total do direito de propriedade, justamente porque os limites impostos à capacidade expropriatório do Estado garantem a acomodação razoável entre os valores em jogo. É dizer: a regra prevista no artigo 5º, inciso XXIV, é resultado de ponderação constitucional entre o direito de propriedade e o interesse público subjacente às desapropriações. Como explica com precisão Gustavo Binenbojm:

> Ao constituinte pareceu justo comprimir o direito do proprietário ao ponto de sua ablação, desde que presente uma necessidade ou utilidade pública, ou um interesse social, conforme previsão legal, estabelecendo como contrapartida o pagamento de uma indenização justa, prévia e em dinheiro.

---

[239] SODRÉ, Eurico. *A desapropriação*. 3.ed. póstuma. São Paulo: Saraiva, 1955. p. 29.
[240] Nesse sentido, GOLDSCHMIDT, Fabio Brun. *O princípio do não-confisco no direito tributário*. São Paulo: Revista dos Tribunais, 2003. p. 6.

Trata-se, portanto, de sopesamento realizado pelo próprio constituinte, cujo resultado buscou harmonizar ambos os bens jurídicos protegidos constitucionalmente (propriedade privada e interesse público legitimador das desapropriações), buscando-se evitar o completo sacrifício de um deles. Daí a impossibilidade de se afastar qualquer um dos requisitos da desapropriação, cuidadosamente delineados pelo constituinte para não impor ao proprietário ônus excessivo ao seu direito.

De todo o visto, resulta que a concessão *ex post* de compensações nas ações indenizatórias, decorrentes de esbulho possessório ou de regulações expropriatórias, não só transgride a redação expressa do art. 5º, inciso XXIV, como também subverte a lógica de todo o sistema constitucional de proteção ao direito de propriedade. O constituinte foi cauteloso ao estabelecer as condições para o exercício da capacidade expropriatória do Estado, tendo cercado o direito de propriedade de barreiras protetoras contra o abuso do poder de desapropriar. Por isso, nenhum dos elementos constituintes desse estado de proteção pode ser ignorado.[241]

Pois bem. Tem-se claro que o art. 5º, inciso XXIV, da Constituição, analisado isoladamente ou em conjunto com as normas constitucionais que garantem a tutela do patrimônio dos indivíduos, impõe o devido processo legal expropriatório e a indenização prévia como condições de legitimidade das expropriações. Para além da perspectiva normativa, a análise econômica do direito oferece outros argumentos que igualmente legitimam o dever do Estado de percorrer a via expropriatória para a imposição de sacrifícios ao direito de propriedade.

Sob a ótica econômica, a compensação revela-se um custo contraposto aos benefícios de eventual projeto regulatório com conteúdo expropriador. Indenizar custa dinheiro público e, por vezes, custa caro. Dessa forma, é imprescindível que o valor indenizatório seja considerado na análise de custo – benefício da medida, sob pena de se permitir a edição de atos regulatórios cujas vantagens sejam inferiores aos seus custos.[242] Nessa perspectiva, o dever de identificar previamente o potencial expropriatório de projetos regulatórios e, se for caso, quantificar

---

[241] BINENBOJM, Gustavo. Regulações Expropriatórias. *Revista JC*, n. 117, 30 abr. 2010.
[242] É a lição de David A. Dana e Thomas W. Merril: presumivelmente, as autoridades apenas prosseguem com a desapropriação se for antepararem que as vantagens do projeto público são superiores ao custo da indenização que deverá ser paga para implementá-lo. No original: *"[p]resumably, officials will go forward with the taking only if they anticipate that the resource produce greater value as part of the government project than the compensation the government must pay to obtain it"* (DANA, David A.; MERRILL, Thomas W. *Property Takings*. New York: Foundation Press, 2002. p. 42). Traduzido livremente.

o valor da compensação assegura que esse custo não será ignorado pelo regulador, promovendo, por consequência, a eficiência regulatória. É a lição de William A. Fischel:

> A entidade regulatória possui uma restrição orçamentária, e as autoridades precisar decidir se a aquisição de certo bem excede a prioridade de outros projetos no seu orçamento, ou se vale a pena pedir ao Congresso para aumentar os impostos para obter fundos adicionais para comprar o item. Ao pesar estas considerações, o governo compromete-se com a mesma espécie de análise custo-benefício que os particulares fazem ao fazer uma compra: será que o dinheiro gasto com a compra do terreno, eventualmente, será melhor gasto em algum outro projeto público ou deve ser deixado no bolso contribuintes?[243]

Se, por outro lado, a indenização não é prévia, cabendo ao Poder Judiciário definir *a posteriori* o seu cabimento e a sua extensão, a entidade regulatória, por não ser obrigada a levar em conta esse custo, é encorajada a regular – e, portanto, expropriar – além do socialmente ótimo.[244] Tem-se, assim, uma expansão regulatória ineficiente, seja porque os benefícios da regulação podem se revelar inferiores ao custo da indenização posteriormente fixada, seja porque a desconsideração do valor compensatório opera impedindo a análise comparativa adequada entre a proposta regulatória e as alternativas plausíveis à alocação de recursos (análise de custos de oportunidade).

---

[243] Novamente Segundo Fischel: "A agência possui uma restrição orçamentária, e as autoridades têm de decidir se a compra de determinados insumos excede a prioridade de outros itens no seu orçamento, ou se vale a pena pedir ao Congresso para aumentar os impostos para obter fundos adicionais para comprá-los. Ao sopesar estas considerações, o governo se submete ao mesmo tipo de análise de custo-benefício que os particulares devem fazer ao realizar uma compra: o dinheiro gasto na compra do terreno seria mais bem utilizado em algum outro projeto ou deixado nas mãos dos contribuintes?". No original, em inglês: "*The agency possesses a budget constraint, and officials have to decide whether purchase of certain inputs exceeds the priority of other items in its budget, or whether it is worth requesting the legislature to raise taxes to obtain additional funds to purchase them. In weighing these considerations, the government undertakes the same sort of benefit-cost analysis that private individuals must do when making a purchase: would the money spent on purchasing the land possibly be better spent on some other project or left in the hands of taxpayers?*" (FISCHEL, William A. Takings and Public Choice: The Persuasion of Price. Dartmouth Economics Working Paper n. 02/06, p. 3. Disponível em: http://ssrn.com/abstract=317679 or http://dx.doi.org/10.2139/ssrn.317679. Acesso em: 26 jul. 2016). Traduzido livremente.

[244] Segundo Fishel: [e]m geral, subvalorizar a atividade regulatória em relação à expropriação, na maioria das circunstâncias, induz ao excesso de regulamentação e expansão excessiva das atividades do governo. No original, em inglês: "*In general, underpricing regulatory activity relative to acquisition in most circumstances induces overregulation and excessive expansion of government activities*" (Ibid., p. 4). Traduzido livremente.

Em suma, o pagamento prévio da compensação, efetivada por meio do procedimento expropriatório, evita a profusão de regulações ineficientes, resultantes do comportamento negligente e irrefletido do Poder Público. O caso *Lucas v. South Carolina Coastal Council*, julgado pela Suprema Corte dos Estados Unidos em 1992, é um bom exemplo para ilustrar como as percepções de custo podem afetar o comportamento do regulador.[245]

Em 1986, David Lucas comprou, pelo valor de U$975.000,00, os dois últimos lotes não construídos de um condomínio chamado *Wild Dunes* na costa do estado da Carolina do Sul. Em 1988, antes que Lucas tivesse posto em prática seus planos de construir uma casa em cada lote, foi editada uma legislação estadual (*The Beachfront Management Act – BMA*), que, visando à proteção do meio ambiente, passou a proscrever novas construções na área em que estavam inseridos os terrenos de Lucas. Sustentando que a legislação o teria privado de todo uso economicamente viável de sua propriedade, Lucas ingressou em juízo alegando violação à *Takings Clause*.

A Suprema Corte acolheu os argumentos autorais e reconheceu que a regulação teria privado o demandante de todo uso economicamente viável de sua propriedade. A análise dos fundamentos da decisão será feita no capítulo 3. Por ora, cumpre apresentar alguns aspectos não tão conhecidos sobre o caso. Embora a decisão da Suprema Corte tenha afirmado o esvaziamento econômico da propriedade, foi ressalvado que, fosse reconhecida a equivalência entre o ato regulatório com conteúdo desapropriador e um princípio do *common law* do Estado responsável por sua edição, não haveria que se falar em expropriação. Assim, a Suprema Corte determinou a remessa do processo à Suprema Corte da Carolina do Sul para que lá fosse determinado se o *Beach Front Management Act* estaria em conformidade com o *common law* estadual. No entanto, antes que a Corte Estadual pudesse se manifestar, o estado da Carolina do Sul firmou um acordo com Lucas para comprar os lotes objeto da lide.[246]

---

[245] Ibid., p. 8.
[246] Provavelmente, o Estado buscou celebrar esse acordo com Lucas por receio de que as previsões do *Justice* Scalia fossem concretizadas. De acordo com o juiz, seria "improvável que os princípios de *common law* tivessem evitado a construção de melhorias habitáveis ou produtivas nos lotes do autor; eles raramente ensejam a privação do uso essencial da propriedade" (505 U.S.1031 (1992). No original, em inglês: "*It seems unlikely that common-law principles would have prevented the erection of any habitable or productive improvements on petitioner's land; they rarely support prohibition of the 'essential use of land'*". Traduzido livremente.

Tendo em vista que o Estado havia considerado a preservação dos lotes indispensável à proteção do meio ambiente, seria de se esperar que os terrenos fossem mantidos no patrimônio estatal ou vendidos a quem tivesse interesse em mantê-los livres de qualquer construção. Não foi isso, porém, o que sucedeu. Embora o proprietário de uma das casas vizinhas aos lotes tenha oferecido o valor de U$315.000,00 por um deles, com a promessa de mantê-lo livre de qualquer construção, o Estado, ironicamente, rejeitou a oferta e, após modificar a legislação, acabou vendendo ambos por preço bem superior a uma construtora de casas.

Alguns poderiam enxergar essa sequência de acontecimentos como um exemplo de hipocrisia do Poder Público – que preconiza uma coisa e faz outra.[247] No entanto, o exemplo de Lucas apenas demonstra como o "preço da regulação" pode representar um fator decisivo para a edição de regulações expropriatórias. Como explica William A. Fischel:

> [a]ntes da decisão proferida em Lucas, o Estado da Carolina do Sul havia percebido o preço do lote do proprietário como sendo baixo, uma vez que não esperava ter que pagar por eles. Com este preço – zero dólares e zero centavos – mesmo o legislador com menos sensibilidade para questões ambientais teria de admitir que os valores ambientais certamente deveriam prevalecer. Não se teria que desistir da construção de estradas, hospitais ou aeroportos – ou seja, usos alternativos para o dinheiro público – para que a costa fosse preservada.[248]

É claro que, em princípio, é possível conceber um sistema jurídico em que o regulador seja obrigado a levar em consideração o custo hipotético da indenização, ainda que seu cabimento e quantificação sejam definidos posteriormente. Essa ideia está em sintonia com o *conceito de eficiência de Kaldor-Hicks*, cujo critério distintivo é justamente a natureza potencial da compensação. É dizer: uma alocação de recursos seria considerada eficiente se os beneficiários de dada alocação de recursos

---

[247] FISCHEL, William A. *Takings and Public Choice*: The Persuasion of Price. Dartmouth Economics Working Paper n. 02/06, p. 8. Disponível em: http://ssrn.com/abstract=317679 ou http://dx.doi.org/10.2139/ssrn.317679. Acesso em: 26 jul. 2016.

[248] No original, em inglês: "*Prior to the Lucas decision, South Carolina perceived the price of Lucas's lot (and others like it) as being low, since it did not expect to have to pay for them. At that price – zero dollars and zero cents – even the least environmentally- sensitive legislator would have to concede that environmental values surely should prevail. No highways or hospitals or airports – that is, alternative uses for the state's money – needed to be given up to preserve the coast*" (Ibid., p. 8-9). Traduzido livremente.

puderem, em tese, compensar aqueles que tiveram sua situação piorada pela medida, mesmo que a compensação não seja de fato implementada. Porém, o conceito de eficiência de Kaldor-Hicks apresenta dois problemas quando aplicado à análise das regulações com conteúdo expropriatório. Em primeiro lugar, o critério em questão revela-se incompatível com o texto constitucional (art. 5º, inciso XXIV, CR), eis que a indenização não precisa ser efetivamente paga para que dada medida regulatória expropriadora seja considerada eficiente, nem mesmo após a sua edição. Em segundo lugar, ainda que a hipótese seja de pagamento meramente diferido, a imprevisibilidade quanto à futura decisão judicial torna pouco realista a análise de custo-benefício feita pelo regulador. A dificuldade de precisar o valor indenizatório, além de tornar impreciso o resultado da análise realizada *ex ante*, pode funcionar como fator de desestímulo à edição de projetos regulatórios relevantes.

A título ilustrativo, imagine-se que uma entidade regulatória estivesse cogitando a edição de determinado ato normativo, cujo conteúdo expropriador é controvertido na jurisprudência. Suponha-se ainda que o ato regulatório resguardasse um importante interesse da sociedade, mas apenas se mostrasse eficiente se a indenização fosse fixada até dado valor. Nesse cenário, o regulador poderia ser levado a abandonar o projeto regulatório por receio de, posteriormente, vir a ser surpreendido por um dever compensatório quantificado acima de suas expectativas.[249]

Outro fator que pode ser apontado como legitimador do devido processo expropriatório como meio de efetivação das regulações expropriatórias é a tendência contemporânea de se atribuir caráter processual à função administrativa. Embora a noção de procedimento seja estranha à sistematização do direito administrativo em sua origem – cujo escopo era quase que exclusivamente a legitimação jurídica do autoritarismo

---

[249] ROSE-ACKERMAN, Susan. Regulatory Takings: Policy Analysis and Democratic Principles. *In*: MERCURO, Nicolas. *Taking Property and Just Compensations*: Law and Economics Perspectives of the Takings Issue. Kluwer Academic Publishers. Boston/Dordrecht/Londres, 1992. p. 29.

estatal[250] –, atualmente, nota-se a *processualização*[251] da administração pública. Tal fenômeno está ligado ao progressivo desprestígio da figura do ato administrativo pela dogmática administrativista em sua vertente garantística, moldada pelos valores constitucionais.[252] Na lição de Odete Medauar, "o ato administrativo se torna produto do exercício da

---

[250] Conforme anota Rafael Maffini: "[n]ão é árdua a tarefa de se depreender uma forte carga autoritária da noção vetusta de legalidade (ou legalismo) administrativa, da supremacia irrestrita do interesse público sobre o privado, da insindicabilidade judicial das decisões administrativas discricionárias, da unilateralidade/imperatividade. Tais institutos por muito tempo foram – e infelizmente para alguns ainda são – dogmas intransponíveis do direito administrativo. Trata-se de uma série de conceitos que senão restaram empregados de modo intencionalmente autoritário por parte de quem os pronunciava, ao menos continham a grave potencialidade de sê-lo" (MAFFINI, Rafael. Administração pública dialógica (proteção procedimental da confiança). Em torno da Súmula Vinculante no 3, do Supremo Tribunal Federal. *Revista de Direito Administrativo*, Rio de Janeiro, n. 253, jan./abr. 2010). No mesmo sentido, assinala Gustavo Binenbojm: "(...) a dogmática administrativista estruturou-se a partir de premissas teóricas comprometidas com a preservação do princípio da autoridade, e não com a promoção das conquistas liberais e democráticas. O direito administrativo, nascido da superação histórica do Antigo Regime, serviu como instrumento retórico para a preservação daquela mesma lógica de poder" (BINENBOJM, Gustavo. *A constitucionalização do direito administrativo*. p. 2. Disponível em: http://www.direitodoestado.com.br/artigo/gustavo-binenbojm/a-constitucionalizacao-do-direito-administrativo-no-brasil-um-inventario-de-avancos-e-retrocessos. Acesso em: 10 mar. 2016).

[251] A despeito do difundido uso do termo "procedimento" no âmbito da atividade administrativa, mais adequada se mostra a expressão "processo administrativo". A resistência ao uso do vocábulo "processo" no campo da Administração Pública, explicada pelo receio de confusão com o processo jurisdicional, deixa de ter consistência no momento em que se acolhe a processualidade ampla, isto é a processualidade associada ao exercício de qualquer poder estatal. Em decorrência, há processo jurisdicional, processo legislativo; processo administrativo; ou seja, o processo recebe a adjetivação provinda do poder ou função de que é instrumento. A adjetivação, dessa forma, permite especificar a que âmbito de atividade estatal se refere determinado processo. Nos ordenamentos dotados de jurisdição dupla; nos quais se empregaria o vocábulo "procedimento" para evitar confusão com o processo da jurisdição administrativa, para este poderia ser usada a locução "processo jurisdicional administrativo"; reservando-se "processo administrativo" para a esfera da Administração. Utilizar a expressão "'processo administrativo'; significa, portanto, afirmar que o procedimento com participação dos interessados em contraditório, ou seja, o verdadeiro processo ocorre também no âmbito da Administração Pública. E todos os elementos do núcleo comum da processualidade podem ser detectados no processo administrativo, assim: a) os elementos in fieri e pertinência ao exercício do poder estão presentes, pois o processo administrativo representa a transformação de poderes administrativos em ato; b) o processo administrativo implica sucessão encadeada e necessária de atos; c) é figura jurídica diversa do ato; quer dizer, o estudo do processo administrativo não sé confunde com o estudo do ato administrativo; d) o processo administrativo mantém correlação com o ato final em que desemboca; e) há um resultado unitário a que se direcionam as atuações interligadas dos sujeitos em simetria de poderes, faculdades, deveres ê ônus, portanto em esquema de contraditório" (MEDAUAR, Odete. *A Processualidade no Direito Administrativo*. São Paulo: Revista dos Tribunais, 1993. p. 41-42).

[252] Sobre a constitucionalização do direito administrativo, v. BINENBOJM, Gustavo. *A constitucionalização do direito administrativo*. p. 2. Disponível em: http://www.direitodoestado.com.br/artigo/gustavo-binenbojm/a-constitucionalizacao-do-direito-administrativo-no-brasil-um-inventario-de-avancos-e-retrocessos. Acesso em: 10 mar. 2016.

função [administrativa], deixando-se de se considerá-lo como expressão pré-constituída de uma autoridade privilegiada".[253] Esse caráter processual do agir administrativo apresenta múltiplas funções. Dentre elas, destacam-se as seguintes: (i) função organizatória, resultante da capacidade de coordenação entre as diversas entidades envolvidas na ação administrativa; (ii) função racionalizadora, na medida em que o procedimento ordena e impõe objetividade à atividade administrativa; (iii) função participativa, pois o procedimento é meio idôneo para que os eventuais interessados se manifestem e participem efetivamente da tomada de decisão; (iv) função fiscalizatória, já que o procedimento facilita o controle da Administração Pública; (v) função informativa, relacionada à transparência administrativa; (vi) função qualitativa, vez que o procedimento tende a viabilizar as tomadas de decisão dotadas de maior qualidade, eficiência e aceitabilidade social; e (vii) função legitimadora, resultante de todos os aspectos anteriormente referidos.[254]

Assim, a atual prática da Administração de editar atos regulatórios com conteúdo expropriador, remetendo ao particular inconformado a incumbência de recorrer ao Poder Judiciário, mostra-se em completo descompasso com a ideia de que as decisões administrativas geradoras de efeitos na esfera de direitos dos administrados devem ser fruto de um conjunto ordenado de ações administrativas voltadas à produção da solução ótima para a questão enfrentada. A tendência da processualidade administrativa, portanto, reforça a ideia de que o trâmite expropriatório é pressuposto à edição de regulações que traduzam verdadeiros sacrifícios aos direitos de propriedade dos indivíduos.

Aqui, cabe fazer um importante *disclaimer*. A princípio, a atual tendência de desenvolvimento da ação administrativa pelo procedimento justificaria o trâmite desapropriatório em relação apenas aos atos normativos expedidos pela Administração Pública, e não aos atos normativos editados pelo Poder Legislativo. Contudo, um olhar mais detido sobre a questão enseja conclusão diversa. É que a *processualização da atividade estatal* não é fim em si mesma, mas, sim, um instrumento de concretização de valores constitucionais que se irradiam por todas as esferas de poder. Como será desenvolvido na sequência, o

---

[253] MEDAUAR, Odete. *Direito Administrativo em evolução*. 2. ed. São Paulo: Revista dos Tribunais, 2003. p. 224.
[254] DUARTE, David. *Procedimentalização, participação e fundamentalização*: para uma concretização do princípio da imparcialidade administrativa como parâmetro decisório. Coimbra: Almedina, 1996. p. 90-97.

processo expropriatório viabiliza a participação democrática, imprime transparência à ação estatal, aumenta a aceitabilidade social e tende a produzir atos mais eficientes. Por isso, também em âmbito legislativo, impor-se-ia a processualização dos projetos regulatórios com potencial expropriador.

Aliás, a elaboração de leis resulta necessariamente de um devido processo legislativo – que, à evidência, se desenrola em um procedimento. É certo, porém, que o trâmite legislativo só é legítimo e efetivamente democrático na medida em que propicia o debate, a colheita de informações e convencimento,[255] sendo isso especialmente verdadeiro em relação a projetos de leis que acarretem sacrifícios aos direitos dos indivíduos. Assim, o devido processo legislativo expropriatório deve ocorrer em observância aos comandos constitucionais e regimentais pertinentes, sendo permeado, ainda, pelos interesses dos cidadãos potencialmente atingidos pela lei.

De todo o visto, resulta evidente que o Estado não tem escapatória quando pretende desapropriar: será preciso encarar o processo expropriatório, compensando previamente os proprietários prejudicados. As regulações expropriatórias, qualificadas como verdadeiros atos desapropriadores, não fogem a essa regra. Note-se, porém, que não há, no direito brasileiro, norma que regulamente o procedimento expropriatório legitimador das regulações expropriatórias. Assim, cumpre investigar se as regras procedimentais desapropriatórias disponíveis na legislação brasileira são aptas para cumprir essa missão, em especial o devido processo legal desapropriatório previsto no Decreto-Lei nº 3.365/41.

2.2 O caminho expropriatório previsto pelo Decreto-Lei nº 3.365/41

A mais importante lei brasileira sobre desapropriação – o Decreto-Lei nº 3.365, de 1941 – acolhe a ideia, há muito considerada anacrônica,[256] de que a expropriação abrangeria apenas as transferências forçadas de bens para o Poder Público. Em que pese afirmar, em seu art. 2º, que a desapropriação apanha "todos os bens" – o que poderia ser interpretado como sinal de que os sacrifícios ao direito de propriedade impostos por lei ou ato administrativo também ostentariam natureza

---

[255] OLIVEIRA, Marcelo Andrade Cattoni de. *Devido Processo Legislativo*. Mandamentos, 2000.
[256] SUNDFELD, Carlos Ari. Revisão da Desapropriação no Brasil. *Revista de Direito Administrativo*, Rio de Janeiro, n. 192, p. 38-48, abr./jun. 1993, p. 41.

de desapropriação –, a referida lei regulou a desapropriação como mero instrumento de aquisição de bens pelo Estado.[257] Esse caráter restrito do Decreto-Lei nº 3.365/41 pode ser depreendido da sistemática geral do procedimento expropriatório imposto pela lei, em especial das normas sobre imissão provisória na posse (art. 15º) e transferência da propriedade para o Poder Público (art. 27, §2º).

No entanto, a transferência forçada da propriedade ao domínio público é tão somente uma das formas pelas quais a capacidade expropriatória do Estado se revela. A expropriação compreende outras tantas situações de desapossamento físico (sem aquisição do bem pelo Poder Público) e esvaziamento econômico e/ou funcional da propriedade, que não poderiam ter sido ignoradas pela principal lei sobre desapropriação no Brasil. Mas o fato é que foram.

De igual modo, os procedimentos expropriatórios previstos pelas Leis nº 4.132, de 10 de setembro de 1962, e nº 8.629, de 25 de fevereiro de 1993 – que regulam os casos de desapropriação por interesse social (art. 5º, inciso XXIV, CR) e para fins de reforma agrária (art. 184, CR), respectivamente – pressupõem a transferência forçada da propriedade para o domínio público.[258] Tem-se, assim, que os procedimentos expropriatórios disponíveis na legislação sobre desapropriação no Brasil foram desenhados para dar conta tão somente dos casos de expropriação promovidos para a aquisição de bens pelo Estado.

Há de se reconhecer, aqui, um dilema: se é verdade que o devido processo legal de desapropriação é o meio adequado para a imposição de expropriações regulatórias, o que fazer diante da constatação de que os procedimentos expropriatórios previstos pelas leis brasileiras não foram pensados para desempenhar esse papel? É certo que o caminho aparentemente mais fácil seria sustentar a aplicação, com as devidas adaptações, do procedimento previsto no Decreto-Lei nº 3.365/41 – afinal, é a lei que temos à disposição. Analisada com mais cautela, porém, essa solução não se mostra a mais apropriada.

2.2.1 O caráter judicial do procedimento expropriatório

Sob a égide do Decreto-Lei nº 3.365/41, o rito expropriatório se desenvolve, na expressiva maioria dos casos, no âmbito do Poder

---

[257] No mesmo sentido, Ibid., p. 46.
[258] Assim, antes que o bem desapropriado tenha a sua destinação social garantida, ele passa ao domínio público (art. 4º da Lei nº 4.132/62 e art. 16 da Lei nº 8.269/1993).

Judiciário.[259] Ocorre que o processo judicial de desapropriação não é *locus* adequado para a efetivação dos sacrifícios regulatórios. Não se ignora, por certo, a posição defendida por Carlos Ari Sundfeld em perspectiva oposta, para quem o processo judicial seria não só adequado para promover as expropriações regulatórias, como também obrigatório para todas as espécies de desapropriação. Segundo o autor, o devido processo legal desapropriatório deve ser entendido como aquele desenvolvido perante o Poder Judiciário.[260] Assim, qualquer processo de desapropriação – inclusive aqueles relativos aos sacrifícios normativos – estaria, em sua perspectiva, sujeito à reserva constitucional de jurisdição. Em suas palavras:

> A ordenação administrativa da vida privada encontra, destarte, substancial limitação: os sacrifícios de direitos não podem ser impostos pela Administração, mas apenas pelo Juiz. Logo, a lei, ao conceder-lhe poderes para agir sobre a vida dos particulares, não está autorizada a outorgar o de privar os indivíduos da propriedade. Pode apenas atribuir-lhe a função de provocar o Judiciário para que, este sim, imponha a privação do direito. Portanto, ressalvada a hipótese de acordo, a desapropriação só pode fazer-se por ação judicial.[261]

Carlos Ari Sundfeld entende que a natureza necessariamente judicial do processo expropriatório instaurado para concretizar os sacrifícios regulatórios ao direito de propriedade decorreria de quatros razões: (i) a redação expressa do comando constitucional do art. 184, §3º, da Constituição, que prescreve, em relação às desapropriações para reforma agrária, que "cabe à lei complementar estabelecer procedimento contraditório especial, de rito sumário, para o processo judicial de desapropriação"; (ii) o sistema brasileiro não contemplaria "um sistema geral de autotutela", pois toda constrição ao direito de propriedade dependeria da participação do Poder Judiciário; (iii) o processo judicial funcionaria como um freio aos excessos desapropriatórios do Estado; e, por fim, (iii) a judicialização conferiria ao Poder Público a possibilidade de sopesar os benefícios da medida com o custo da indenização.

---

[259] Em verdade, conforme será explicado a seguir, em que pese ter o Decreto-Lei nº 3.365/41 determinado à obrigatoriedade de o Poder Público buscar o acordo com o desapropriado antes de recorrer à via judicial, na prática, a expressiva maioria das desapropriações efetivase perante o Poder Judiciário.

[260] SUNDFELD, Carlos Ari. Revisão da Desapropriação no Brasil. *Revista de Direito Administrativo*, Rio de Janeiro, n. 192, p. 38-48, abr./jun. 1993, p. 45.

[261] SUNDFELD, Carlos Ari. Revisão da Desapropriação no Brasil. *Revista de Direito Administrativo*, Rio de Janeiro, n. 192, p. 38-48, abr./jun. 1993, p. 45.

A despeito da consistência do raciocínio apresentado pelo autor, entende-se que inexiste imposição constitucional do processo judicial como meio para a realização de desapropriação, salvo na hipótese expressa do art. 184, §3º, da Constituição Federal. Diante da solidez do entendimento de Carlos Ari Sundfeld, cumpre enfrentar detidamente cada um de seus argumentos a favor da inafastabilidade do processo judicial de desapropriação.

Primeiramente, voltando os olhos para o texto constitucional, é forçoso reconhecer que a previsão do §3º do art. 184 – impondo o devido processo judicial desapropriatório – direciona-se exclusivamente à desapropriação para fins de reforma agrária, espécie expropriatória regulamentada pelo dispositivo. É difícil supor que a omissão em relação à natureza do devido processo de desapropriação no principal dispositivo constitucional sobre o tema (art. 5º, inciso XXIV, CR) – que se cinge a determinar o respeito ao "devido processo legal" – teria sido fruto do esquecimento ou descuido do constituinte e que, consequentemente, todos os tipos desapropriatórios deveriam ser promovidos pela via judicial.

A análise comparativa dos preceitos referidos, ao revés, indica que, quando o constituinte pretendeu impor o caráter judicial do devido processo expropriatório, o fez de forma expressa (art. 184, §3º, CR). É dizer: a falta de identificação da natureza do procedimento de desapropriação ordinária (art. 5º, inciso XXXIV, CR) constitui típico caso de silêncio eloquente. Ao não dizer, o constituinte manifestou sua vontade de atribuir essa decisão à liberdade de conformação do legislador. De mais a mais, não cabe ao intérprete distinguir se o legislador constituinte não o fez.

Ainda sobre a interpretação do §3º do art. 184 da Constituição, Carlos Ari Sundfeld assinala que, "[s]eria um contrassenso (...) reconhecer ao proprietário-infrator (por descumprimento da função social) o direito ao processo judicial e negá-lo a quem não deu causa à expropriação". O ponto que talvez não tenha sido considerado pelo autor é o de que as consequências jurídicas advindas dessa espécie de desapropriação são mais graves para o proprietário do que aquelas impostas pela desapropriação ordinária – justamente por isso, a desapropriação promovida com fulcro no art. 184, CR, foi apelidada de *"desapropriação-sanção"*. Assim, embora a Constituição tenha flexibilizado o requisito da indenização *em dinheiro* em desapropriações para fins de reforma agrária, não o fez sem considerar que, nesse caso, a desapropriação ganha contornos de verdadeira penalidade. Por essa razão, parece que a imposição do caráter judicial do processo desapropriatório teve por objetivo reforçar a proteção ao proprietário que, ao descumprir a função da propriedade, está sujeito a perder a sua propriedade sem receber a recomposição patrimonial em pecúnia.

O autor ainda argumenta, em prol da obrigatoriedade do processo judicial de desapropriação, que o exercício da capacidade expropriatória do Estado por meio de procedimento administrativo iria de encontro com o sistema brasileiro, no qual a *autoexecutoriedade* seria excepcional. Com efeito, propaga-se entre os administrativistas a ideia de que só se admite a execução compulsória do ato administrativo por parte da Administração se a lei contiver comando expresso nesse sentido. Assim, de ordinário, o ato administrativo apenas poderia adquirir o grau máximo de eficácia por meio da intervenção do Poder Judiciário. A respeito desse argumento, há de se considerar que a exigência de previsão legal para o exercício da autoexecutoriedade administrativa não significa que não se pode sustentar, em tese, a inaptidão do processo judicial como método mais adequado à realização de determinada espécie expropriatória.

Primeiramente, é possível argumentar, em sentido contrário ao entendimento majoritário na doutrina, que a autoexecutoriedade não seria exceção, mas, sim, a regra no sistema brasileiro, o que retiraria da Administração Pública o *status* de dependência do Poder Judiciário para a realização completa de seus atos. Por exemplo, para Alexandre Santos de Aragão, a autoexecutoriedade seria "uma característica ordinária do Direito Administrativo, decorrente da presunção de legitimidade dos atos da Administração Pública e do grau de importância dos interesses a ela cometidos (...)".[262] Nessa linha, apenas nos casos em que a lei, implícita ou expressamente, impusesse o processo judicial como condição para a execução de determinado ato administrativo – como o fez em relação às desapropriações típicas –, seria vedada a sua efetiva implementação pela própria Administração Pública.[263]

Não obstante, não é preciso recorrer a tal entendimento para que se rechace a existência de reserva de jurisdição para a efetivação da desapropriação. Note-se bem: o que se está a sustentar aqui é a inexistência de comando constitucional que imponha ao Poder Judiciário a atribuição de desenvolver o processo expropriatório. Se a lei pode autorizar a autoexecutoriedade administrativa, também pode fazê-lo para permitir que a Administração Pública pratique todos os atos necessários

---

[262] ARAGÃO, Alexandre Santos de. *Curso de Direito Administrativo*. 2. ed. Rio de Janeiro: Forense, 2013. p. 92.
[263] Ibid., p. 92.

à completude da desapropriação. Assim, se a Constituição apenas impôs "o devido processo legal" como pressuposto da desapropriação ordinária – não atribuindo ao procedimento expropriatório qualquer natureza específica –, cabe ao legislador, atentando às especificidades de cada espécie de desapropriação, estabelecê-la. Diante do vácuo legislativo, porém, é possível recorrer à própria Constituição para buscar o procedimento mais adequado às expropriações normativas. A essa questão se retornará posteriormente.

Cabem ainda algumas considerações em relação ao argumento de que o processo judicial protegeria o cidadão frente a possíveis abusos do Estado na qualidade de ente desapropriador. Não parece correto sustentar que o indivíduo sujeito a uma desapropriação somente restaria protegido se o aparato judicial fosse acionado. Ao revés, é perfeitamente possível desenhar um procedimento administrativo expropriatório cujas regras sejam aptas para salvaguardar os interesses do particular. Como será desenvolvido no próximo item, o importante não é a presença do juiz, mas, sim, a participação efetiva do expropriado e a transparência do procedimento desapropriatório. Além disso, a dispensa concedida à Administração de efetivar a expropriação sem a participação do Poder Judiciário não afasta o controle judicial *a posteriori*, que se impõe por força constitucional (art. 5º, inciso XXXV, CR). Assim, o particular que se sentir ameaçado ou lesado em seus direitos no curso de procedimento de desapropriação, independentemente de sua natureza, sempre poderá se socorrer da via judicial.

Finalmente, não se nega que a oportunidade de realização da análise de custo-benefício de determinada ação estatal expropriatória, levando em consideração o custo da indenização, seja benéfica para a Administração Pública. De fato, é extremamente deletéria aos princípios da eficiência e da economicidade a avaliação de determinada medida desapropriatória sem que se conheça o montante de recursos que o Poder Público será obrigado a dispender para recompor o patrimônio expropriado. Contudo, como visto no item anterior, a possibilidade de contabilização prévia desse custo financeiro não depende da judicialização do processo expropriatório, sendo antes uma decorrência do caráter prévio da indenização.

Muito pelo contrário, o ajuizamento de demandas de desapropriação aumenta a incerteza e a extensão do risco financeiro para o Poder Público. Como notou Patrícia Baptista, a experiência demonstra que:

> (...) na esmagadora maioria dos casos, os valores apurados em avaliações judiciais suplantam significativamente aqueles constantes dos

laudos de avaliação oficiais, que embasaram a propositura da ação de desapropriação.[264]

Desfeita, portanto, a ideia de que haveria reserva constitucional de jurisdição para as desapropriações, cumpre analisar se o processo judicial é meio apropriado para a concretização de expropriações regulatórias. Quando se afirma que não há norma na Constituição que imponha a natureza judicial a essa espécie desapropriatória, isso não significa que a via judicial não seja idônea para efetivá-la, embora alguns dos argumentos manejados em desfavor ao posicionamento de Carlos Ari Sundfeld já sugiram uma resposta negativa a tal indagação.

Como se viu, o constituinte delegou à esfera de livre conformação legislativa a decisão quanto à natureza do procedimento expropriatório. Dentro desse espaço decisório, o legislador editou o Decreto-Lei nº 3.365/41, que estabeleceu o processo judicial como via obrigatória à efetivação das desapropriações ordinárias, ressalvados os casos de aquisição prévia do bem mediante acordo. A seguir, pretende-se demonstrar que, embora a aplicação do procedimento previsto pelo estatuto básico das desapropriações às regulações expropriações possa ser encarada como uma solução fácil diante da ausência de norma específica, há razões suficientes para que se entenda não ser esse o melhor caminho a ser percorrido pelo regulador expropriante.

Cumpre elucidar, primeiramente, que o Decreto-Lei nº 3.365/41 reflete em muitas de suas disposições a marca do autoritarismo do contexto sociopolítico vigente à época de sua edição. O chamado Estado Novo, instituído pelo então presidente Getúlio Vargas por meio da outorga da Constituição Brasileira de 1937, era conservador, nacionalista, autoritário e centralizador. Assim, a principal norma que rege o regime jurídico expropriatório foi editada em sintonia com os valores daquele momento histórico, atribuindo à capacidade

---

[264] BAPTISTA, Patrícia. Consensualidade e justo preço nas desapropriações: novos parâmetros à luz do Direito Administrativo Contemporâneo. p. 11. No prelo. Disponível em: http://anape.org.br/site/wp-content/uploads/2014/01/TESE-20-AUTORA-PATR%C3%8DCIA-FERREIRA-BAPTISTA.pdf. Acesso em: 14 jul. 2016. A experiência da autora decorre, como ela própria ressalta, de sua prolongada atuação, na qualidade de procuradora do estado do Rio de Janeiro, em processos de desapropriação promovidos pela Administração Pública do estado do Rio de Janeiro. Frise-se que esta autora compartilha da mesma percepção, tendo também atuado em diversos processos de desapropriação no exercício da função de procuradora do município do Rio de Janeiro.

expropriatória do Estado traços autoritários que muito se distanciam da ordem constitucional-democrática vigente nos dias de hoje.[265] Não obstante "ser filha da ditadura",[266] a norma em questão sobreviveu e ainda é o estatuto básico das expropriações. Como explicita Patrícia Baptista, "a intensidade da carga interventiva reconhecida à desapropriação no direito administrativo brasileiro vem de há muito e deve ser imputada à injustificável sobrevida que, entre nós, tem o decreto-lei federal n°. 3365/41". Por essa razão, são louváveis as iniciativas doutrinárias que sustentam a revisão da desapropriação no Brasil por meio da interpretação do Decreto-Lei n° 3.365/41 à luz na Constituição de 1988. Como elucida Jéssica Acocella, em estudo que se dedicou a esse mister:

> Não obstante, enquanto for esse o entendimento prevalecente [refere-se à prevalência do decreto-lei 3.365/41 como lei geral das desapropriações] e enquanto não sobrevier um novo marco legal, a solução que no momento resta (...) consiste na rejeição de uma mera leitura acrítica e automática do regime decorrente do Decreto-lei n. 3.365/41, que não passe pelo filtro da Constituição, cujas normas e valores devem, como amplamente sabido, irradiar sobre todo o ordenamento jurídico.[267]

A obsolescência do Decreto-Lei n° 3.365/41 constitui, portanto, um forte argumento para não sustentar a aplicação de suas regras às regulações expropriatórias. Por que defender a interpretação extensiva de uma norma que sequer se coaduna com a ordem constitucional vigente? Se, até mesmo em relação às desapropriações a que se destina – as ordinárias –, o Decreto-Lei n° 3.365/41 tem sido alvo de críticas doutrinárias severas, em razão de seu descompasso com a ordem constitucional vigente, por que defender a inclusão de mais uma espécie expropriatória em seu âmbito de incidência?

Há ainda outro ponto a se considerar. Sob a égide do Decreto-Lei n° 3.365/41, as desapropriações têm sido efetivadas, em sua expressiva maioria, pela via judicial. Como se sabe, a desapropriação, conforme previsto pela norma em questão, se desenvolve por meio da sucessão

---

[265] ACOCELLA, Jéssica. *Uma releitura da desapropriação à luz da constituição de 1988 e suas principais repercussões sobre o regime jurídico vigente*. Rio de Janeiro: Dissertação de Mestrado em Direito Público, UERJ, 2013. Mimeografado, p. 80.

[266] SUNDFELD, Carlos Ari. Revisão da Desapropriação no Brasil. *Revista de Direito Administrativo*, Rio de Janeiro, n. 192, p. 38-48, abr./jun. 1993, p. 1.

[267] ACOCELLA, Jéssica. *Uma releitura da desapropriação à luz da constituição de 1988 e suas principais repercussões sobre o regime jurídico vigente*. Rio de Janeiro: Dissertação de Mestrado em Direito Público, UERJ, 2013. Mimeografado, p. 80.

de uma série de atos que culminam com a incorporação do bem ao patrimônio público. Esse procedimento desapropriatório compreende duas fases: (i) a declaratória, em que o Poder Público declara a utilidade pública ou o interesse social do bem para fins de desapropriação; e (ii) a executória, que compreende os atos praticados pelo Estado para a efetivação da desapropriação. A fase executória pode ser administrativa, quando houver acordo entre o expropriante e o expropriado quanto ao preço – hipótese em que a transferência do bem se faz por meio de uma compra e venda ordinária –, ou judicial, deflagrada pelo Poder Público quando o proprietário é desconhecido ou não aceita o valor indenizatório. Neste diapasão, a via judicial deveria ser provocada somente quando demonstrado que o consenso não foi alcançado pelas partes envolvidas.[268]

Todavia, a solução consensual é rara na prática das desapropriações, que, de ordinário, se realizam na fase judicial.[269] Aliás, a busca do acordo, para alguns, seria mera faculdade da Administração Pública, que poderia, desde logo, optar pela via judicial.[270] Nesse sentido, traz-se à colocação trecho de acórdão proferido em 2008 pelo Tribunal de Justiça do Espírito Santo:

> [a] fase administrativa prévia não é imperiosa para a validade do processo de expropriação, surgindo como uma faculdade do expropriante, a fim de obter a solução mais célere para a desapropriação. (...) A supremacia do interesse público e o princípio da razoabilidade permitem que a Administração Pública ajuíze diretamente a ação judicial expropriatória, sem que isto implique em violação aos princípios do contraditório e da ampla defesa. (...) Ademais, o Decreto nº 3.215/2003 do Município da Serra não pode instituir a obrigatoriedade da fase administrativa prévia,

---

[268] SALLES, José Carlos de Moraes. *A desapropriação à luz da doutrina e da jurisprudência*. 3. ed. Rio de Janeiro: Editora Revista dos Tribunais, p. 222 e ss; Curso Maria Sylvia. 28 ed., p. 206-208.

[269] Nesse sentido, SALLES, José Carlos de Moraes. *A desapropriação à luz da doutrina e da jurisprudência*. 3. ed. Rio de Janeiro: Editora Revista dos Tribunais. Segundo o autor, isso se deve "ao mau vezo do Poder Público de oferecer quantias ínfimas pelos bens a serem desapropriados" (p. 405). Em igual sentido, cf. ACOCELLA, Jéssica. *Uma releitura da desapropriação à luz da constituição de 1988 e suas principais repercussões sobre o regime jurídico vigente*. Rio de Janeiro: Dissertação de Mestrado em Direito Público, UERJ, 2013. Mimeografado, p. 186.

[270] BAPTISTA, Patrícia. *Consensualidade e justo preço nas desapropriações*: novos parâmetros à luz do Direito Administrativo Contemporâneo. No prelo. Disponível em: http://anape.org.br/site/wp-content/uploads/2014/01/TESE-20-AUTORA-PATR%C3%8DCIA-FERREIRA-BAPTISTA.pdf. Acesso em: 14 jul. 2016.

eis que compete privativamente a União legislar sobre desapropriação, nos termos do art. 22, inciso II, da Constituição Federal.[271]

Atualmente, porém, o pouco apreço pela fase negocial encontra sérios obstáculos nos paradigmas do direito administrativo contemporâneo. Atualmente, a Administração Pública não é mais colocada como detentora do *monopólio do interesse público*, que passa a ser compartilhado por toda a sociedade.[272] Assim, é o cidadão, e não o Poder Público, o protagonista do direito administrativo, cuja função principal é a promoção de direitos fundamentais.[273] Essa reposição do homem como fundamento e fim do Estado altera as referências paradigmáticas do agir administrativo. Se antes o administrador agia pautado apenas na existência, legalidade e eficácia de seus atos, agora, sob o influxo dos novos tempos, passa a estar igualmente vinculado a deveres de consensualidade, eficiência e legitimidade.[274]

Nesse contexto de "Estado de serviço",[275] não é dado ao administrador cumprir apenas formalmente a exigência da etapa consensual da desapropriação sem buscar com afinco a solução negociada. Muito menos poderá ele ignorá-la, recorrendo diretamente à via judicial. No atual estágio do Estado Democrático de Direito, preferem-se as soluções consensuais e procedimentalizadas às imposições coercitivas e unilaterais das decisões administrativas.[276] Na valiosa reflexão de Norberto Bobbio,

---

[271] TJ-ES – AGT: 48089000490 ES 48089000490, Relator: MAURÍLIO ALMEIDA DE ABREU, data de julgamento: 29.07.2008, QUARTA CÂMARA CÍVEL. Data de Publicação: 22.09.2008.

[272] OLIVEIRA, Gustavo Justino de; SCHWANKA, Cristiane. A Administração Consensual como a Nova Face da Administração Pública no Séc. XXI: Fundamentos Dogmáticos, Formas de Expressão e Instrumentos de Ação. *Revista da Faculdade de Direito da Universidade de São Paulo*, v. 104, p. 303-322, jan./dez. 2009, p. 305. Disponível em: http://www.revistas.usp.br/rfdusp/article/view/67859/70467. Acesso em: 26 jul. 2016.

[273] Como nota Marçal Justen Filho: "[o] direito administrativo se vincula à realização dos direitos fundamentais, definidos a partir da dignidade humana" (JUSTEN FILHO, Marçal. *Curso de Direito Administrativo*. São Paulo: Saraiva, 2005. p. 3.). V., também, OLIVEIRA, Gustavo Justino de. Administração pública democrática e efetivação dos direitos fundamentais. *In*: Congresso Nacional do CONPEDI, 16, Belo Horizonte, 2007.

[274] Sobre alguns desses novos paradigmas, cf., por exemplo, BAPTISTA, Patrícia. *Transformações do Direito Administrativo*. Rio de Janeiro: Renovar, 2003. p. 261 e ss; MOREIRA NETO, Diogo de Figueiredo. *Mutações do direito administrativo*. Rio de Janeiro: Renovar, 2000. MOREIRA NETO, Diogo de Figueiredo. *Quatros Paradigmas do Direito Administrativo Pós-Moderno*: legitimidade, finalidade, eficiência, resultados. Belo Horizonte: Fórum, 2008.

[275] Para aprofundamento do conceito, cf. SORRENTINO, Giancarlo. *Diritti e partecipazione nell'amministrazione di risultato*. Napoli: Editoriale Scientifica, 2003.

[276] CANOTILHO, J. J. Gomes. Constitucionalismo e geologia do *good governance*. *In*: "*Brancosos*" *e interconstitucionalidade*: itinerários dos discursos sobre a historicidade constitucional. Coimbra: Almedina, 2006; CASSESE, Sabino. La arena pública: nuevos paradigmas para el Estado. *In*: *La crisis del Estado*. Buenos Aires: Abeledo Perrot, 2003. p. 101-160.

"o Estado de hoje está muito mais propenso a exercer uma função de mediador e de garante, mais do que a de detentor do poder de império".[277] A consensualidade, além de ser um valor em si, revela-se ainda um importante instrumento de aceitação social e eficiência das decisões administrativas. Nada obstante, a atual prática desapropriatória da Administração distancia-se do *primado da concertação*.[278]

Como se vê, a referência legal do Decreto-Lei n° 3.365/41 à fase negocial tem sido insuficiente para sua valorização. Sem que se estabeleça um procedimento prévio adequado à efetiva participação dos expropriados, a etapa consensual como condição à instauração do processo judicial revela-se *letra morta* na Lei Geral de Desapropriações. É dizer: não obstante as louváveis tentativas doutrinárias de fazer valer os mecanismos consensuais de solução de conflito no cotidiano administrativo desapropriatório,[279] o processo judicial permanece sendo a via principal de efetivação das expropriações.

A excessiva judicialização das desapropriações, além de contrariar as exigências do direito administrativo consensual e participativo, não produz resultados eficientes. A noção de eficiência administrativa, embora pluridimensional,[280] pode ser resumida como a realização ótima dos fins da administração.[281] Veja-se que a via judicial não soluciona eficientemente o conflito desapropriatório, uma vez que prolonga em

---

[277] BOBBIO, Norberto. *Estado, governo e sociedade*. 4. ed. Rio de Janeiro: Paz e Terra, 1987. p. 26.
[278] MOREIRA NETO, Diogo de Figueiredo. Novos Institutos Consensuais da Ação Administrativa. *Revista de Direito Administrativo*, v. 231, Rio de Janeiro: Renovar, jan./mar. 2003, p. 133.
[279] ACOCELLA, Jéssica. *Uma releitura da desapropriação à luz da constituição de 1988 e suas principais repercussões sobre o regime jurídico vigente*. Rio de Janeiro: Dissertação de Mestrado em Direito Público, UERJ, 2013. Mimeografado.
[280] João Carlos Simões Gonçalves Loureiro adere a um "superconceito" (*Oberbegriff*) de eficiência, capaz de caracterizar sua pluridimensionalidade. Segundo o autor, o princípio apresenta quatro dimensões: (i) eficiência como realização eficaz de fins pré-estabelecidos (eficácia); (ii) eficiência como escolha ótima entre as escolhas possíveis (eficiência em sentido estrito ou otimização); (iii) a eficiência como dever ser celeridade; e (iv) eficiência como dever de otimização de custos (subprincípio da economicidade) (LOUREIRO, João Carlos Simões Gonçalves. O Procedimento Administrativo entre a Eficiência e a Garantia dos Particulares: algumas considerações. In: *Boletim da Faculdade de Direito de Coimbra*. Coimbra: Coimbra Editora, 1995. p. 132-133).
[281] Sobre o princípio da eficiência, ver:
1) ARAGÃO, Alexandre Santos de. Interpretação consequencialista e análise econômica do Direito Público à luz dos princípios constitucionais da eficiência e da economicidade. *In*: RAMALHO, Pedro Ivo Sebba (Org.). *Regulação e Agências Reguladoras: governança e análise de impacto regulatório*. Brasília: Anvisa, 2009. p. 29-52. Disponível em: http://www.anvisa. gov.br/divulga/public/Regulacao.pdf. Acesso em: 25 jul. 2016.
2) ARAGÃO, Alexandre Santos. *O Princípio da Eficiência*. Disponível em: http:// bibliotecadigital.fgv.br/ojs/index.php/rda/article/viewFile/44361/44784. Acesso em: 25 jul. 2016.

demasia a expropriação e enseja custos elevados tanto para o expropriado quanto para o expropriante.

Para o indivíduo que sofre a desapropriação, o processo judicial significa uma longa e tormentosa espera pela solução concreta do conflito, o que tende a causar-lhe forte abalo emocional, sem falar em todos os custos relacionados ao tempo e esforços despendidos com a demanda. Do mesmo modo, para o ente expropriante, o processo judicial desapropriatório não se apresenta como a melhor solução, vez que adia a transferência definitiva do bem para o domínio público e gera custos financeiros muito elevados. Como explica Patrícia Baptista:

> Note-se que os custos do litígio judicial são especialmente relevantes no processo judicial expropriatório, no qual, além daqueles inerentes ao funcionamento da máquina judiciária, despesas processuais e honorários advocatícios, devem ser acrescidas as parcelas comuns às sentenças condenatórias na matéria, tais os juros compensatórios e moratórios. Estes acessórios da condenação frequentemente multiplicam o valor da indenização de forma bastante expressiva.[282]

É claro que, nas desapropriações ordinárias, a imissão provisória opera reduzindo os efeitos perversos da espera da resposta judicial definitiva, pois permite ao Poder Público apossar-se do bem de imediato por meio do depósito, em favor do proprietário, da importância fixada

---

3) LEAL, Fernando. *Propostas para uma abordagem teórico-metodológica do dever constitucional de eficiência*. Disponível em: http://www.direitodoestado.com/revista/REDAE-15-AGOSTO-2008-FERNANDO%20LEAL.pdf. Acesso em: 25 jun. 2016.
4) MOREIRA NETO, Diogo de Figueiredo. *Mutações do Direito Administrativo* – Novas Considerações. Disponível em: http://www.direitodoestado.com/revista/RERE-2-JUNHO-2005-DIOGO%20FIGUEIREDO.pdf. Acesso em: 25 jul. 2016.
5) ALCANTARA, Christian Mendez. *Os Princípios Constitucionais da Eficiência e Eficácia da Administração Pública*: Estudo Comparativo Brasil e Espanha. Disponível em: http://www.abdconst.com.br/revista/revista1.pdf#page=238. Acesso em: 25 jul. 2016.
6) BUGARIN, Paulo Soares. *O Princípio Constitucional da Eficiência* – Um enfoque doutrinário multidisciplinar. Disponível em: http://revista.tcu.gov.br/ojs/index.php/RTCU/article/viewFile/919/984. Acesso em: 25 jul. 2016.
7) DAVID, Tiago Bitencourt de. *Eficiência, Economicidade e Direitos Fundamentais*: Um Diálogo Necessário e Possível. Disponível em: http://www.amprs.org.br/arquivos/revista_artigo/arquivo_1303929957.pdf. Acesso em 25 jul. 2016.
8) REZENDE, Karina Munari. *O Princípio Constitucional da Eficiência Administrativa*. Disponível em: www.agu.gov.br/page/download/index/id/640109. Acesso em: 25 jul. 2016.

[282] BAPTISTA, Patrícia. *Consensualidade e justo preço nas desapropriações*: novos parâmetros à luz do Direito Administrativo Contemporâneo. p. 11. No prelo. Disponível em: http://anape.org.br/site/wp-content/uploads/2014/01/TESE-20-AUTORA-PATR%C3%8DCIA-FERREIRA-BAPTISTA.pdf. Acesso em: 14 jul. 2016.

segundo critério previsto em lei.[283] Todavia, para além das críticas usualmente formuladas pela doutrina em relação à utilização do instituto da imissão provisória da posse,[284] é preciso reconhecer a impossibilidade de sua aplicação para os casos de expropriações regulatórias.

Note-se bem. A imissão provisória na posse, na mesma linha do Decreto-Lei nº 3.365/41, foi concebida tendo em vista a percepção restritiva do fenômeno desapropriatório como aquisição forçada da propriedade pelo Poder Público. Assim, antes da transferência definitiva do bem ao patrimônio público por sentença judicial, o ente desapropriante pode, demonstrada a urgência e mediante depósito judicial do valor fixado por lei, ter a sua posse provisória determinada no início do feito.

Ocorre que essa antecipação da satisfação do interesse público legitimador da desapropriação somente é possível porque o apossamento provisório do bem pelo Estado não implica a transferência da propriedade em si, que permanece na esfera de titularidade do expropriado até o fim do processo. Por outro lado, nas expropriações regulatórias, não cabe falar, em regra, em apossamento ou transferência de propriedade, eis que, em sua maioria, elas decorrem do mero esvaziamento econômico e/ou funcional da propriedade. Tem-se evidente, assim, a inaplicabilidade da imissão provisória da posse às desapropriações regulatórias.

Ora, se é assim, os efeitos nocivos da judicialização das desapropriações, já muito significativos em desapropriações ordinárias, seriam ainda mais intensos em ações judiciais deflagradas para promover expropriações regulatórias, tanto na perspectiva do particular quanto do Poder Público. É que a edição de cada lei excessivamente constritiva ficaria sujeita ao término de processos judiciais desapropriatórios arrastados, prolongando o estado de aflição do particular e comprometendo o interesse público protegido pela norma.

Nem se diga que os problemas práticos relacionados à aplicação do Decreto-Lei nº 3.365/41 não podem constituir argumento contrário à judicialização das expropriações regulatórias, porque, para solucioná-los, bastaria interpretar a lei de acordo com os deveres de consensualidade, boa administração, eficiência administrativa e celeridade processual

---

[283] Art. 15, §1º, Decreto-Lei nº 3.365/41.
[284] As críticas formuladas em relação à imissão provisória na posse dizem respeito à banalização de sua utilização e ao desrespeito aos limites constitucionais impostos pelo instituto, que, na prática, equivaleria à efetiva perda da propriedade. Nesse sentido, cf., por exemplo, ENTERRÍA, Eduardo García de; FERNÁNDEZ, Tomás-Ramón. *Curso de Derecho Administrativo* vol. II. Madrid: Editorial Civitas, 1999. p. 238; MAGALHÃES, Roberto Barcellos de. *Teoria e prática da desapropriação no direito brasileiro*. Rio de Janeiro: José Kofino, 1968. p. 134.

impostos pela Constituição (art. 37 e art. 5º, inciso LXXVII). Ora, se, não obstante os esforços doutrinários no sentido de impor ao Decreto-Lei nº 3.365/41 uma releitura adequada aos novos tempos, a prática tem revelado a insuficiência conformativa dos comandos constitucionais referidos em relação às demandas desapropriatórias, a desconsideração desse fato pelo direito administrativo implicaria contrariar a razão pragmática que atualmente o permeia.[285]

Sobre o tema, vale abrir um parêntese. No Brasil, os influxos do pragmatismo jurídico[286] deram azo ao que Gustavo Binenbojm denominou de "giro pragmático do direito administrativo", cuja principal consequência foi o redirecionamento do olhar do administrativista para a realidade concreta e para as consequências práticas das normas e soluções jurídicas.[287] O movimento pragmático disseminou sua razão no pensamento jurídico-administrativo pátrio e permeou a própria Constituição. Ainda que com caráter mais simbólico do que prático, a inserção pela Emenda Constitucional nº 19/1998 (a chamada Emenda da Reforma Administrativa) da eficiência como princípio norteador da Administração Pública constitui importante marco jurídico da incorporação do pragmatismo no direito administrativo brasileiro.

Tudo isso reforça a percepção de que os efeitos práticos e nocivos do procedimento desapropriatório previsto pelo Decreto-Lei nº 3.365/41 não podem ser ignorados na avaliação de sua adequação como método de efetivação das expropriações regulatórias. Se, na rotina administrativa, o administrador público tende a não buscar o acordo com o expropriado, valendo-se de processos judiciais de desapropriação lentos, burocráticos e custosos, não há razões para sustentar a aplicação do falido procedimento do Decreto-Lei nº 3.365/41 a outras espécies expropriatórias não contempladas em seu texto.

---

[285] O pragmatismo pode ser compreendido pela síntese de sua matriz em três elementos: o pensamento pragmático rejeita verdades apriorísticas (elemento antifundacional), valoriza a experiência prática (elemento contextual) e preza pela antecipação prognóstica, voltada para as consequências futuras de uma proposição (elemento consequencialista). POGREBINSCHI, Thamy. *Pragmatismo*: teoria social e política. Rio de Janeiro: Relume Dumará, 2005. p. 23-72.

[286] O pragmatismo jurídico é a absorção, pelo direito, da postura filosófica pragmática, que passa a atuar "sobre as concepções teóricas que, pela tradição, predominam na filosofia e na teoria do direito, mas também sobre as decisões cotidianas tomadas pelos operadores do direito para a resolução de seus problemas" (BINENBOJM, Gustavo. *Poder de Polícia, ordenação e regulação*: transformações político-jurídicas, econômicas e institucionais do direito administrativo ordenador. Rio de Janeiro: Fórum, 2016. p. 56).

[287] Ibid., p. 52-63.

Finalmente, à luz da teoria das capacidades institucionais,[288] não parece ser o Judiciário o ator ideal para produzir as melhores decisões nos casos de regulações expropriatórias. Isso porque a identificação do conteúdo expropriatório da regulação, na maioria das vezes, exige do intérprete capacitação técnica, conhecimento interdisciplinar e, principalmente, visão multilateral sobre os seus variados efeitos. Ademais, a instituição no interior da qual o intérprete atua deve ser estruturalmente aberta à ampla gama de razões e considerações propostas pelos indivíduos sujeitos à expropriação normativa.[289]

Nessa perspectiva, as fragilidades próprias do Poder Judiciário – sobrecarga de trabalho, déficit de *expertise* sobre outros ramos do conhecimento humano diferentes do direito e a chamada "visão de túnel" dos magistrados[290] – evidenciam que a instituição não se reveste das condições necessárias à identificação acertada do conteúdo expropriador da regulação. Além disso, o Judiciário não constitui espaço deliberativo propenso à concepção de soluções consensuais, tão relevantes nos processos expropriatórios.

---

[288] Sobre o tema, é referência o trabalho *Interpretation and Institutions*, de Sunstein e Vermeule. Os autores sustentam que as teorias correntes de interpretação falham em promover uma estrutura adequada para o equacionamento de importantes questões contemporâneas. Assim, a questão central de uma nova hermenêutica constitucional não deveria ser como deve ser interpretado um texto, e sim como determinadas instituições, com as suas capacidades e limitações distintas, devem interpretar certos textos. Vale conferir outros trabalhos sobre o assunto, *e.g.*: BOLONHA, Carlos; EISENBERG, José; RANGEL, Henrique. *Problemas Institucionais no Constitucionalismo Contemporâneo*. Disponível em: http://www.dfj.inf.br/Arquivos/PDF_Livre/17_Dout_Nacional_10.pdf; ARGUELHES, Diego Werneck; LEAL, Fernando. *O argumento das "capacidades institucionais" entre a banalidade, a redundância e o absurdo*. Disponível em: http://direitoestadosociedade.jur.puc-rio.br/media/01_Arguelhes_Leal.pdf. Acesso em: 09 maio 2016.

[289] ZURN, Cristopher. A question of institutionalization: Habermas on justification of court-basedconstitutional review. *In*: UNGUREANU, Camil; GÜNTHER, Klaus; JOERGES, Christian (Eds.). *Jürgen Habermas' discourse of Theory of Law and Democracy*: from the Nation-State to Europe and postnational constellation, v. 1. Farnham: Ashgate Publishing, 2011. Disponível em: http://papers.ssrn.com/sol3/papers.cfm?abstract_id=1845872. Acesso em: 26 maio 2011.

[290] Nesse sentido, SARMENTO, Daniel. Interpretação constitucional, pré-compreensão e capacidades institucionais do intérprete. *In*: SOUZA NETO, Cláudio Pereira de; SARMENTO, Daniel; BINENBOJM, Gustavo (Coord.). *Vinte Anos da Constituição Federal de 1988*. Rio de Janeiro: Lumen Juris, 2009. p. 311-322.

2.3 O *iter* procedimental ideal: por um processo expropriatório voltado aos ideais da participação, consensualidade, transparência e eficiência

A análise desenvolvida nos itens acima teve o escopo de demonstrar que (i) as regulações expropriatórias não podem prescindir de um devido processo legal, por meio do qual se garantam soluções compensatórias prévias àqueles que sofrerem a ablação de seus direitos; e (ii) o procedimento judicial de desapropriação adotado na prática administrativa, com esteio no Decreto-Lei nº 3.365/41, não se presta a esse propósito. Afastada, portanto, a aplicação do estatuto básico de desapropriação e tendo em vista a importância do devido processo legal expropriatório, torna-se indispensável propor, ainda que de *lege ferenda*, outro esquema procedimental que melhor sirva à efetivação dos atos normativos com traços expropriatórios. Assim, primeiramente, serão delineados os atributos essenciais de um procedimento apropriado a esse fim para que, no próximo item, seja apresentado o trâmite que se entende melhor se adequar ao perfil procedimental traçado.

Um primeiro fator a ser apontado como indispensável ao trâmite da regulação expropriatória é a garantia de participação dos particulares, cujas posições de vantagem sejam potencialmente subtraídas pela sua edição. A participação de indivíduos nas escolhas públicas é tendência que perpassa as diferentes esferas governamentais, refletindo o novo modo de ser do Estado contemporâneo, cujo referencial deixou de ser o Estado para ser o cidadão.[291]

Diogo de Figueiredo Moreira destaca o incremento da participação democrática como consequência da globalização, da diversificação dos meios de comunicação e do desenvolvimento do saber tecnológico:

> (...) as populações passam, sucessivamente, a ter amplo acesso ao conhecimento, e, porque o conhecimento as muda irreversivelmente, a tomar consciência de seus interesses, a reivindicar participação e, como consequência, a se organizar cada vez mais e a exigir eficiência no atendimento de suas necessidades.[292]

---

[291] MOREIRA NETO, Diogo de Figueiredo. A globalização e o Direito Administrativo. *Revista de Direito Administrativo*. Disponível em: http://bibliotecadigital.fgv.br/ojs/index.php/rda/article/view/47246/44653. Acesso em: 26 jul. 2016.

[292] MOREIRA NETO, Diogo de Figueiredo. A globalização e o Direito Administrativo. *Revista de Direito Administrativo*. Disponível em: http://bibliotecadigital.fgv.br/ojs/index.php/rda/article/view/47246/44653. Acesso em: 26 jul. 2016.

Nesse contexto, cabe ao Estado instituir e manter canais de comunicação com os indivíduos e grupos sociais, estabelecendo com eles vínculos efetivos e perenes.[293] No âmbito de processos decisórios com repercussão concreta na vida das pessoas, o direito à participação assume especial relevo. Na Lei de Processo Administrativo Federal (Lei nº 9.784/1999), por exemplo, "o direito à comunicação, à apresentação de alegações finais, à produção de provas e à interposição de recursos" é restrito às situações de litígio e a processos de quem possa resultar sanção (art. 2º, inciso X). Na mesma linha, o direito à audiência, previsto pela lei alemã do procedimento administrativo (VwVfG),[294] cinge-se às situações de "transformação do *status quo* em *status quo minus*".[295]

Ora, as regulações expropriatórias constituem escolhas públicas que atingem severamente a esfera de direito dos indivíduos, pelo que o devido processo expropriatório, enquanto *processo restritivo de direitos*,[296] deve ser infiltrado pelos interesses daqueles lesados pela edição do ato regulatório, abrindo-se a eles a oportunidade de influir eficazmente na formulação de seu conteúdo final.

É preciso, assim, estabelecer um devido procedimento expropriatório em que haja a inclusão dos potenciais expropriados no processo de determinação e densificação do interesse público. Afinal, a participação social também é condição para o respeito às garantias constitucionais da ampla defesa e do contraditório – também incidentes em sede administrativa[297] (art. 5º, incisos XXIV e LV, CR) –, por meio das quais os administrados passam a influir eficazmente na formação da decisão administrativa.

Cumpre ressaltar, ainda, que a adoção de mecanismos de percepção e participação social confere legitimidade democrática aos atos normativos expropriatórios. Sob essa perspectiva, a existência e

---

[293] OLIVEIRA, Gustavo Justino de; SCHWANKA, Cristiane. A Administração Consensual como a Nova Face da Administração Pública no Séc. XXI: Fundamentos Dogmáticos, Formas de Expressão e Instrumentos de Ação. *Revista da Faculdade de Direito da Universidade de São Paulo*, v. 104, p. 303-322, jan./dez. 2009. Disponível em: http://www.revistas.usp.br/rfdusp/article/view/67859/70467. Acesso em: 26 jul. 2016.

[294] *Verwaltungsverfahrengesetz*. Disponível em: https://www.gesetze-im-internet.de/vwvfg/.

[295] MAURER, Harmut. *Direito Administrativo Geral*. Trad. Luís Afonso Heck. São Paulo: Manole, 2006. p. 548.

[296] É como Angélica Petian designa os processos que reduzem a esfera de direitos dos particulares. PETIAN, Angélica. *Regime Jurídico dos Processos Administrativos Ampliativos e Restritivos de Direito*. São Paulo: Malheiros, 2010. p. 107.

[297] Sobre os princípios da ampla defesa e do contraditório no processo administrativo, v. MOREIRA, Egon Bockmann. *Processo Administrativo*: princípios constitucionais e a Lei 9.784/1999. 2. ed. São Paulo: Malheiros, 2010. p. 310-382.

a utilização efetiva de canais de comunicação com os cidadãos são de grande relevância, especialmente no âmbito das agências reguladoras independentes. Isso porque tais entidades recebem de suas leis criadoras um *grau reforçado de autonomia*,[298] consubstanciado, entre outros *fatores*, em um amplo poder normativo, que opera, para alguns, verdadeira *deslegalização administrativa*.[299] Seja como for, fato é que:

(...) essa escolha regulatória, que também observa farta integração de conceitos técnicos-jurídicos indeterminados, não se enquadra nos diminutos espaços residuais do processo legiferante, nem tampouco se conforma no estreito vezo regulamentar.[300]

Como os membros das agências reguladoras não são eleitos, a ação regulatória busca legitimidade democrática em outras fontes,[301]

---

[298] A legislação confere autonomia às agências reguladoras para editar atos administrativos normativos, dotados de conteúdo técnico e respeitados os parâmetros (*standards*) legais, no âmbito do setor regulado. A intenção é despolitizar o respectivo setor, retirando do âmbito político e transferindo ao corpo técnico da agência a atribuição para normatizar a atividade regulada (OLIVEIRA, Rafael Carvalho Rezende. *Curso de Direito Administrativo*. 3. ed. São Paulo: Editora Método, 2015).

[299] É o entendimento, por exemplo, de Alexandre Santos de Aragão: "[a]s leis atributivas de poder normativo às entidades reguladoras independentes possuem baixa densidade normativa, a fim de propiciar o desenvolvimento de normas setoriais aptas a, com autonomia e generalidade, regular a complexa e dinâmica realidade social subjacente. Ademais, recomenda-se que propiciem à Administração a possibilidade de, medida do possível, atuar consensualmente, com alguma margem de negociação junto aos agentes econômicos e sociais implicados. [...] As leis com essas características não dão maiores elementos pelos quais o administrador deva pautar sua atuação concreta ou regulamentar, referindo-se genericamente a valores morais, políticos e econômicos existentes no seio da sociedade [...] Assim, confere à Administração Pública um grande poder de integração do conteúdo da vontade do legislador. O objetivo das leis assim formuladas é "introduzir uma vagueza que permita o trato dos fenômenos sociais, muito fugazes para se prestarem ao aprisionamento em uma regra precisa" (ARAGÃO, Alexandre Santos de. *O poder normativo das agências reguladoras independentes e o Estado Democrático de Direito*. p. 286. Disponível em: http://www2.senado.leg.br/bdsf/bitstream/handle/id/646/r148-19.pdf. Acesso em: 25 jul. 2016). Neste mesmo sentido: MOREIRA NETO, Diogo de Figueiredo. *Mutações do Direito Administrativo*. Rio de Janeiro: Renovar, 2000. Em sentido contrário, entendendo que as leis brasileiras criadoras de agências reguladoras independentes não revelam o fenômeno da deslegalização, v. BINENBOJM, Gustavo. *Uma Teoria de Direito Administrativo*. 2. ed. p. 277-290.

[300] GUERRA. Sérgio. Transformações do Direito Administrativo e a (in)segurança jurídica. *Revista Eletrônica sobre a Reforma do Estado (RERE)*, Salvador: Instituto Brasileiro de Direito Público, n. 17, mar./abr./maio 2009, p. 5. Disponível em: http://www.direitodoestado.com.br/rere.asp. Acesso em: 12 abr. 2016.

[301] Frise-se que a mera ausência de eleição popular para os membros das agências reguladoras não impõe a elas um *déficit democrático*. Ao revés, o insulamento político atribuído a tais entidades, que passam a operar como verdadeiros "poderes neutrais", possibilita uma redução do chamado *déficit democrático externo* do sistema político. Contudo, em relação às decisões significativas para determinados setores, a ampliação dos canais de comunicação

sendo certo que as leis setoriais somente a legitimam no plano jurídico-formal.[302] Assim, no plano político, a utilização efetiva de mecanismos de participação social permite o incremento do potencial democrático de tais entidades, alargando as bases de legitimação do poder estatal. Marçal Justen Filho, discorrendo sobre o tema, assinala que:

> (...) a concepção da agência independente legitima-se democraticamente não pela eleição dos seus membros mas pela participação da sociedade na formação das decisões de competência da agência. Isso significa que todas as decisões das agências devem ser acompanhadas da audiência aos diversos segmentos da sociedade.[303]

Não basta, todavia, a mera *participação externa cosmética*[304] no devido processo expropriatório. Para que se possa falar em efetiva democratização de procedimentos estatais decisórios – inclusive o de desapropriação –, é preciso que as informações e sugestões levadas ao ente público sejam efetivamente consideradas na formação da decisão final. Assim, a participação popular deve ser incorporada à atividade decisória, ainda que, justificadamente, se opte por rejeitar suas considerações.[305]

Cumpre à entidade expropriante, assim, realizar um controle substantivo das alegações e sugestões apresentadas pelos participantes. Paulo Todescan Lessa Mattos, em artigo sobre a participação pública no processo decisório das agências reguladoras, sugere as seguintes medidas para tornar esse controle realidade na prática dessas entidades:

---

com a sociedade enseja, por certo, um aperfeiçoamento do sistema democrático interno às agências. Para maior aprofundamento sobre a questão, cf. JUSTEN FILHO, Marçal. Agências Reguladoras e Democracia: Existe um Déficit Democrático na Regulação Independente?. In: ARAGÃO, Alexandre dos Santos (Org.) *Poder Normativo das Agências Reguladoras*. 2006. p. 310-313.

[302] MATTOS, Paulo Todescan Lessa. *Regulação Econômica e Social e Participação Pública no Brasil*. p. 4. Disponível em: http://www.ipea.gov.br/participacao/images/pdfs/participacao/mattos_regulacao%20economica%20.pdf. Acesso em: 25 jul. 2016.

[303] JUSTEN FILHO, Marçal. *Op. cit.*, nota 301, p. 328.

[304] A expressão é de Marçal Justen Filho. Ibid., p. 329.

[305] Em trabalho focado na democratização da jurisdição constitucional brasileira, Carina Lellis Nicoll Simões Leite também ressalta a importância da utilização efetiva – e não apenas formal – de tais instrumentos de participação popular pelo STF. Em suas palavras: "É preciso que essas contribuições sejam efetivamente consideradas nos julgamentos, pois, caso o tribunal não considere os argumentos dos interessados, o potencial legitimador desses instrumentos perde força. São esses os dois eixos centrais do raciocínio desenvolvido" (NICOLL, Carina Lellis. *Os diálogos sociais no STF*: as audiências públicas, o amicus curiae e a democratização da jurisdição constitucional brasileira. Rio de Janeiro: Dissertação de Mestrado em Direito Público, UERJ, 2014, Mimeografado, p. 24.)

(i) pela possibilidade de os atores que se manifestam em consultas públicas terem acesso à manifestação dos demais atores e contra-argumentarem (por intervalo de tempo definido), aumentando, assim, a discussão pública de motivos e efeitos almejados no conteúdo da regulação a ser definida (...)
(ii) pela fundamentação das decisões do Conselho Diretor da agência, incluindo na fundamentação respostas aos atores que se manifestam, justificando porque o conteúdo final da norma editada foi no sentido x e não y (...)
(iii) pela realização de audiências públicas, conjuntamente com consultas públicas, tornando possível foros deliberativos durante o prazo em que a minuta do texto da norma a ser editada esteja em discussão.[306]

A participação social no devido procedimento expropriatório ainda apresenta a vantagem de auxiliar o ente público na identificação da abrangência e intensidade do efeito ablativo, cujos limites nem sempre são manifestos. Aliás, a participação opera reduzindo a assimetria informacional como um todo por parte dos reguladores. Esse fato é potencializado na medida em que a regulação, frequentemente, gera efeitos para além de seus destinatários imediatos, sendo recepcionada ainda por outros subsistemas regulatórios.[307] Assim, não obstante a especialização de cada setor, a complexidade sócio-político-econômica e o pluralismo, característicos da sociedade contemporânea, exigem que a atividade normativa seja realizada em atenção à multiplicidade de interesses que afloram por todos os lados. Assim, toda política regulatória deve ser formulada levando em consideração os diversos efeitos sistêmicos em outros setores.

Até mesmo em relação aos atos administrativos dotados de efeitos concretos, a doutrina administrativista moderna tem notado a repercussão de efeitos para além do âmbito das relações jurídicas bipolares em que estes tradicionalmente operam. Trata-se do chamado aspecto *multipolar ou poligonar* dos atos administrativos. Como explica Paulo Otero:

---

[306] MATTOS, Paulo Todescan Lessa. *Regulação Econômica e Social e Participação Pública no Brasil*. p. 8. Disponível em: http://www.ipea.gov.br/participacao/images/pdfs/participacao/mattos_regulacao%20economica%20.pdf. Acesso em: 25 jul. 2016.
[307] Nesse sentido, GUERRA, Sérgio. Transformações do Direito Administrativo e a (in)segurança jurídica. *Revista Eletrônica sobre a Reforma do Estado (RERE)*, Salvador: Instituto Brasileiro de Direito Público, n. 17, mar./abr./maio 2009. Disponível em: http://www.direitodoestado.com.br/rere.asp. Acesso em: 12 abr. 2016.

[q]uanto às relações dos cidadãos com a Administração Pública, o modelo da relação jurídica bilateral ou bipolar complexificou-se, assistindo-se uma progressiva conflitualidade ou colisão entre diferentes interesses privados e uma crescente produção de efeitos decisórios face a terceiros que, não sendo os destinatários típicos das decisões dentro do quadro bipolar, pois são alheios à tradicional bilateralidade, sofrem os reflexos de tais efeitos na sua esfera jurídica – surgem as designadas relações jurídicas multipolares ou poligonais (...).[308]

A multilateralidade das relações jurídico-administrativas e os efeitos sistêmicos da regulação demandam do Estado um exercício coordenado de suas ações, sejam elas dotadas de efeitos concretos ou de generalidade e abstração. Assim, embora se diga que os atos normativos relacionem a esfera pública com uma pluralidade de sujeitos a princípio indeterminados, certo é que a norma se pretende incidente sobre determinado *subsistema* ou segmento da sociedade. E, em que pese a especialização dos ordenamentos regulatórios setoriais diversos, não é dado ao regulador desconsiderar as possíveis interferências intersistêmicas de determinada norma.[309]

Assim, é possível vislumbrar, para além das hipóteses de violação a interesses concretos no próprio setor regulado, situações em que restrições de incidência genérica resultarão em sacrifícios reflexos – ou seja, para atores que se encontram fora do subsistema a que a norma se destina. Nesse panorama, todos os indivíduos suscetíveis aos efeitos expropriatórios do ato,[310] direta ou indiretamente,[311] terão legitimidade para participar do procedimento expropriatório prévio a sua edição.

---

[308] Sobre as relações jurídicas multipolares, v. OTERO, Paulo. *Manual de Direito Administrativo*. v. I. Almedina: Coimbra, 2013. p. 421; MARQUES, Francisco Paes. *As Relações Jurídicas Administrativas Multipolares* – Contributo para a sua compreensão substantiva. Coimbra: Almedina, 2011.

[309] NEVES, Marcelo. *Transconstitucionalismo*. São Paulo: WMF Martins Fontes, 2009. p. 98.

[310] A respeito dos legitimados a participar do que denomina de processo administrativo normativo, Vitor Rhein Shirato sustenta que "(...) terão interesse na decisão administrativa todos aqueles que venham a ser sujeitos a ela, ou seja, uma quantidade muito relevante (normalmente indeterminada) de pessoas" (SHIRATO, Vitor Rhein. A participação dos cidadãos no processo administrativo brasileiro. *Boletim de Direito Administrativo – BDA*, São Paulo: NDJ, ano 27, n.7, jul. 2011, p. 800-806).

[311] Como se extrai das lições de Egon Bockmann Moreira, a participação nos processos administrativos, em geral, é condicionada apenas ao "legítimo interesse" do particular: "[p]ara que o processo administrativo se instale não é necessário o conflito de interesse entre duas pessoas. Nem mesmo é imprescindível a ofensa a um direito subjetivo detido por aquele que instaura o processo. Basta que a pessoa descreva o 'legítimo interesse' que detém para dar início ao processo administrativo" (MOREIRA, Egon Bockmann. *Processo*

Como se vê, a participação dos interessados no procedimento normativo expropriatório, na medida em que implica uma melhor compreensão em relação à extensão e à profundidade dos efeitos expropriantes do ato em discussão, acaba por reduzir a probabilidade de edição de atos cujo conteúdo expropriador consista em *falha regulatória* decorrente de *erro de diagnóstico e análises superficiais*.[312] A introdução de múltiplas perspectivas subjetivas no procedimento expropriatório permite ao regulador uma visão global sobre as consequências da medida proposta, o que facilita a coordenação de seus diferentes efeitos[313] em um *fio decisório coerente*[314] e incrementa a sua qualidade.[315]

Veja-se que o aperfeiçoamento regulatório pela participação também está relacionado a dois fatos adicionais: (i) a existência de mecanismos de controle democrático tende a ampliar o compromisso do ente estatal com a eficiência;[316] e (ii) a participação aumenta o grau de adesão às decisões públicas.[317]

A participação social nos procedimentos expropriatórios permite à Administração Pública, ainda, exercer a busca pela concertação administrativa. A função consensual do Estado, como restou consignado por Gustavo Justino de Oliveira e Criatiana Schwanka, "emana da

---

Administrativo: princípios constitucionais e a Lei 9.784/1999. 2. ed. São Paulo: Malheiros, 2010. p. 309).

[312] Vide capítulo 1, item 1.2.2.2.

[313] Como afirma Vasco Manuel Pascoal Dias Pereira da Silva: "(...)[i]sto porque a participação dos privados no procedimento, ao permitir a ponderação pelas autoridades administrativas dos interesses de que são portadores, não só traduz numa melhoria de qualidade das decisões administrativas, possibilitando à Administração uma mais correta configuração dos problemas e das diferentes perspectivas possíveis da sua solução, como também torna as decisões administrativas mais facilmente aceitas pelos seus destinatários" (SILVA, Vasco Manuel Pascoal Dias Pereira da. *Em busca do acto administrativo perdido*. Coimbra: Almedina, 2003. p. 402).

[314] REISDORFER, Guilherme Fredherico Dias. Desapropriação e devido processo legal. *Revista Interesse Público – IP*, Belo Horizonte, n. 61, p. 86, maio/jun. 2010, p. 40.

[315] Segundo David Duarte, o processo administrativo torna-se "(...) o único centro possível para a apresentação de alternativas e para a intervenção da globalidade dos interessados na procura de uma conformação decisória o mais correcta possível" (DUARTE, David. *Procedimentalização, participação e fundamentação*: para uma concretização do princípio da imparcialidade administrativa como parâmetro decisório. Coimbra: Almedina, 1996. p. 39-40).

[316] Como já assentou Marçal Justen Filho, "uma agência que adquira a titularidade de produzir decisões fundadas apenas no conhecimento técnico-cientifico, sem se submeter a procedimentos de controles democráticos, tenderá a perder sua eficiência. Sob esse enfoque, a democracia se justifica não apenas por cogitações políticas ou axiológicas, mas também por fatores de eficiência" (JUSTEN FILHO, Marçal. Agências Reguladoras e Democracia: Existe um Déficit Democrático na Regulação Independente?. *In*: ARAGÃO, Alexandre dos Santos (Org.). *Poder Normativo das Agências Reguladoras*. 2006. p. 323).

[317] Nesse sentido: SILVA, Vasco Manuel Pascoal Dias Pereira da. *Op. cit.*, nota 313, p. 402.

propagação do ideal democrático para além do quadrante político, por meio da democratização da democracia".[318] O recurso ao módulo convencional substitutivo da decisão unilateral, embora raro na realidade desapropriatória da Administração, oferece uma série de vantagens para todos os atores envolvidos na situação expropriatória. A solução consensual propicia a pacificação social, oferece maior segurança jurídica às partes, reduz os custos econômicos da decisão expropriatória e impõe celeridade ao processo de desapropriação.[319] Diante de todo esse potencial, o regulador não deve medir esforços para alcançar a solução negociada. É o ensinamento de Jéssica Acocella:

> Pode-se deduzir que, quanto maior a transparência e mais efetivo o envolvimento do particular no processo prévio, a desapropriação tenderá a ser concluída ainda na esfera administrativa, sem necessidade de se recorrer ao Judiciário. E, para isso, resulta necessário esgotar todas as possibilidades de negociação e acordo, oferecendo-se ao particular incentivos, ajudas e orientações reais que compensem o dano percebido.[320]

A fase negocial da desapropriação deve ser compreendida em um contexto de consensualidade ampla, em que expropriante e expropriado tenham liberdade para alcançar a solução amigável. Assim, não se vislumbram razões para entender que o processo de negociação na desapropriação deve ser restrito ao valor indenizatório.[321] Mesmo no âmbito dos processos desapropriatórios ordinários, entende-se que o acordo pode ser concretizado mediante uma variedade de soluções compensatórias,[322] desde que resulte de um procedimento legítimo, garantista, transparente e igualitário. E isso não consubstancia, de modo

---

[318] OLIVEIRA, Gustavo Justino de; SCHWANKA, Cristiane. A Administração Consensual como a Nova Face da Administração Pública no Séc. XXI: Fundamentos Dogmáticos, Formas de Expressão e Instrumentos de Ação. *Revista da Faculdade de Direito da Universidade de São Paulo*, v. 104, p. 303-322, jan./dez. 2009, p. 305. Disponível em: http://www.revistas.usp.br/rfdusp/article/view/67859/70467. Acesso em: 26 jul. 2016.

[319] No mesmo sentido, cf. PORTELA, Felipe Mêmolo. *Desapropriação amigável*: revisitando o tema à luz do direito administrativo contemporâneo. *ARGUMENTA* – UENP Jacarezinho, n. 21, 2014, p. 101-122.

[320] ACOCELLA, Jéssica. *Uma releitura da desapropriação à luz da constituição de 1988 e suas principais repercussões sobre o regime jurídico vigente*. Rio de Janeiro: Dissertação de Mestrado em Direito Público, UERJ, 2013. Mimeografado, p. 188.

[321] Em sentido contrário, entendendo que o acordo somente podendo versar o preço da aquisição do bem, rechaçando, assim, o caráter "amigável" da desapropriação realizada pela consensualidade, v. SALLES, José Carlos de Moraes. *A desapropriação à luz da doutrina e da jurisprudência*. 6. ed. Rio de Janeiro: Editora Revista dos Tribunais. p. 405-406.

[322] Não há, inclusive, nenhuma vedação no Decreto-Lei nº 3365/41 quanto aos limites do acordo. O art. 10 do diploma legislativo dispõe que a desapropriação "deverá efetivar-se

algum, violação à indenização justa e em dinheiro (art. 5°, inciso XXIV, CR), que se trata de garantia concebida para proteger o particular diante de desapropriações forçadas. Não há sentido, portanto, em obrigar o expropriante a pagar em pecúnia se o particular prefere uma opção menos onerosa aos cofres públicos.

Na seara das regulações expropriatórias, a flexibilidade negocial no curso de devido processo expropriatório igualmente se impõe. A transferência do direito de construir – ou mesmo do potencial construtivo remanescente –, regulada pelo art. 35 do Estatuto da Cidade (Lei n° 10.257/2001),[323] é exemplo de vantagem prévia capaz de compensar os prejuízos do proprietário.[324] Na mesma linha, é possível cogitar de acordos celebrados no curso de procedimentos expropriatórios versando sobre benefícios fiscais, dação em pagamento, permutas de bens, etc. – sempre, é claro, nos limites do ordenamento jurídico.

Note-se que a composição *ex ante* pode resultar na completa neutralização de conteúdo expropriador do ato regulatório, desde que a vantagem conferida ao proprietário seja suficiente para tanto.[325]

---

mediante acordo ou intentar-se-á judicialmente", sem qualquer restrição quanto ao objeto deste acordo.

[323] Sobre o instituto, Ana Carolina Guimarães tece as seguintes considerações explicativas: "[p]revista através do Estatuto da Cidade, lei 10.257 de 2001, a transferência do direito de construir contempla os donos de imóveis urbanos que sofrerem algum tipo de limitação em sua propriedade em função de preservação histórica, ambiental, paisagística, social ou cultural, ou para fins de implantação de equipamentos urbanos e comunitários, quer seja para servir a programas de regularização fundiária, urbanização de áreas ocupadas por população de baixa renda e habitação de interesse social.
Através desta possibilidade, dissocia-se o direito de edificar do direito de propriedade, de forma que aquele proprietário impedido de exercer plenamente seu direito de usar e fruir do bem poderá auferir ganhos através da venda do potencial construtivo a que teria direito, transferindo-o para outro imóvel cujo proprietário tenha interesse em aumentar o Coeficiente de Aproveitamento.
Desta forma, o proprietário do imóvel tombado ou considerado Área de Preservação Permanente por ato do Poder Público, por exemplo, localizado em zonas com potencial construtivo muito maior do que o efetivamente utilizado, poderá transferir para outro imóvel, minimizando suas perdas financeiras.
Neste entendimento, a restrição urbanística deixa de ser considerada apenas como ônus suportado exclusivamente pelo proprietário, cujo bem não foi desapropriado e, portanto, terá que zelar por ele e responderá objetivamente por quaisquer danos que lhe forem ocasionados" (GUIMARÃES, Ana Carolina O. R. A transferência do direito de construir. *Migalhas*, ago. 2016. Disponível em: http://www.migalhas.com.br/dePeso/16,MI141263,101048-A+tran sferencia+do+direito+de+construir. Acesso em: 04 ago. 2016.

[324] Aliás, a Suprema Corte dos Estados Unidos, no julgamento do caso *Penn Central Transportation Co. v. City of New York*, considerou a utilização deste instituto urbanístico (transferência do potencial construtivo) um importante fator para o afastamento do caráter expropriatório de legislação protetiva ao patrimônio histórico-cultural. O caso será retomado e explicado no capítulo 2.

[325] Sobre as vantagens recíprocas, v. capítulo 3, item 3.2.2.3.

É possível, ainda, que a participação do particular potencialmente sujeito aos efeitos adversos da norma mude completamente os rumos do projeto expropriatório inicial. Basta imaginar que, no curso das tratativas, o Poder Público, diante de novas informações trazidas pelo particular, proponha solução alternativa à proposta original que esvazie inteiramente seu potencial expropriatório. Um bom exemplo seria um projeto de regulação por banimento[326] incidente sobre determinado produto alimentício.

Suponha-se que, baseado em evidências científicas quanto à periculosidade da composição do alimento em questão, o regulador optasse por proibir a sua comercialização. Contudo, chamados a participar do devido procedimento expropriatório, os representantes do setor alimentício, em vez de buscarem um acordo sobre o valor indenizatório, informam à entidade regulatória o desenvolvimento de uma nova tecnologia de produção, considerada simples, barata e apta a reduzir a zero o potencial danoso do alimento. Nesse caso, a entidade regulatória, munida das novas informações,[327] desiste do projeto expropriatório inicial, formulando nova proposta, que passa a impor apenas o novo método de produção do alimento como obrigatório.

Tem-se, assim, que o processo deflagrador do ato normativo expropriatório deve ser direcionado ao consenso, o que somente é possível se todo o trajeto for iluminado pelos interesses dos sujeitos potencialmente atingidos pelos seus efeitos. Para que os ideais da participação e da consensualidade sejam efetivamente consagrados também no âmbito do procedimento expropriatório, é fundamental que o seu desenvolvimento se dê em consonância com a *transparência administrativa*. A visibilidade da atuação estatal funciona ainda como importante medida de controle do exercício do poder estatal de promover a desapropriação, que consubstancia uma das formas mais severas de restrições a direitos individuais.

Nessa linha, Daniel Lathrop e Laurel Daniel assinalam que:

---

[326] Sobre a regulação por banimento, cf. BINENBOJM, Gustavo. *Poder de Polícia, ordenação e regulação*: transformações político-jurídicas, econômicas e institucionais do direito administrativo ordenador. Rio de Janeiro: Fórum, 2016. p. 220, ss.

[327] Os níveis de participação [no processo administrativo] podem ir da simples ouvida do interessado ao consentimento e até mesmo à elaboração em comum do ato (CAVALCANTI, Eugênia Giovanna Simões Inácio. A importância do processo administrativo no Estado Democrático de Direito. *Revista Brasileira de Direito Público*, Belo Horizonte, ano 8, n. 31, p. 201-218, out./dez. 2010, p. 208).

(...) [o] governo exerce um poder enorme – incluindo o poder de colocar as pessoas na prisão e de desapropriar os seus bens. Governos democráticos são também concebidos para expressar a vontade das pessoas. Assim, a transparência permite o controlo do poder e auxilia o governo a se tornar responsivo.[328]

A transparência é, portanto, um dos critérios distintivos do Estado Democrático de Direito,[329] eis que assegura a responsividade (*accountability*) e permite o constante diálogo com os cidadãos.[330] Ressalta-se que a Administração Pública comprometida com a transparência é aquela (i) que dá plena publicidade às suas ações, salvo se forem qualificadas por ato motivado como confidenciais (princípio da publicidade), (ii) expõe as justificativas para a prática de seus atos (princípio da motivação) e (iii) garante aos particulares o direito de acesso a informações e documentos públicos (art. 5º, inciso XXXIII, CR).[331] Forçoso reconhecer, ainda, a importância da *qualidade informacional*. Afinal, de nada adianta o conhecimento se a informação não é adequada, abrangente, clara e confiável.[332] Assim, o procedimento deflagrado para efetivar as regulações expropriatórias deve oferecer instrumentais idôneos para garantir aos particulares o acesso quantitativo e qualitativo a tudo aquilo que diga respeito ao projeto regulatório.

---

[328] No original, em inglês: "*Governments exercise enormous power - including the power to put people in jail and seize their possessions. Democratic governments are also supposed to express the will of the people. Transparency can both check power and help to make government responsive*" (LATHROP, Daniel; RUMA, Laurel. *Open Government*: transparency, collaboration, and participation in pratice. O'Reilly books, 2010, p. 108). Traduzido livremente.

[329] Como pontua Norberto Bobbio: "[o] caráter público do poder, entendido como não secreto, como aberto ao público, permaneceu como um dos critérios fundamentais para distinguir o Estado constitucional do Estado absoluto e, assim, para assinar o nascimento ou renascimento do poder público em público" (BOBBIO, Norberto. *O futuro da democracia*: uma defesa das regras do jogo. Tradução Marco Aurélio Nogueira. Rio de Janeiro: Paz e Terra, 1986. p. 84.)

[330] AFUNG, Archon; WEIL, David; GRAHAM, Mary; FAGOTTO, Elena. *The political economy of transparency*: what makes disclosure policies effective. Ash Institute for Democratic Governance and Innovation, Kennedy School of Government. Harvard University, OPS-03-04, 2004. Disponível em: http://ash.harvard.edu/files/political_econ_transparency.pdf. Acesso em: 03 ago. 2016.

[331] Para Wallace Paiva Martins Junior, o princípio da transparência administrativa seria um conceito mais amplo, que comportaria a publicidade, a motivação e participação como subprincípios (MARTINS JÚNIOR, Wallace Paiva. *Transparência administrativa*: publicidade motivação e participação popular. São Paulo: Saraiva, 2004).

[332] VISHWANATH, Tara; KAUFMANN, Daniel. *Towards Transparency in Finance and Governance*. Draft: The World Bank, 1999. Disponível em: http://siteresources.worldbank.org/INTWBIGOVANTCOR/Resources/tarawish.pdf. Acesso em: 03 ago. 2016.

O *iter processual* das regulações expropriatórias deve ser infiltrado pelas lógicas do *pragmatismo* e da ciência econômica,[333] inaugurando, assim, um ambiente propício à valoração racional das consequências estimadas do projeto normativo proposto, com vistas à análise da eficiência regulatória. A preocupação com as consequências do projeto regulatório auxilia a operação prática do direito, aproximando a norma da realidade e possibilitando a realização ótima de seu escopo conformativo. Por sua vez, a lógica econômica, além de guiar a medida em discussão para a maximização dos resultados por ela pretendidos, oferece aos processos de deliberação – nas palavras de Gustavo Binenbojm – "um plus de racionalidade, com sua metodologia pragmática, fundada em dados empíricos, diagnósticos contextuais e perspectiva consequencialista".[334]

Assim, a verificação acurada dos possíveis efeitos do projeto regulatório (pragmatismo), calcada em argumentos matemáticos e dados empíricos (análise econômica), aperfeiçoa a qualidade deliberativa no âmbito do processo expropriatório e diminui a probabilidade de produção regulatória expropriadora. Sobre este último aspecto, cumpre reconhecer que a apuração prévia dos possíveis resultados expropriatórios e o seu balanceamento com as demais consequências do projeto – valendo-se o regulador, para tanto, do instrumental da análise econômica – ensejam a redução da incidência de regulações expropriatórias que venham a se apresentar como falhas de regulação decorrentes de erro de diagnóstico e análises superficiais.

Até aqui, arquitetou-se um protótipo procedimental ideal para a efetivação das regulações expropriatórias: um processo participativo e transparente, por meio do qual se possa construir gradativamente uma solução eficiente e, de preferência, consensual. Embora ideal, tal procedimento não é utópico, sendo, ao contrário, perfeitamente suscetível de implementação prática na produção normativa expropriatória.

---

[333] Cumpre ressaltar que o consequencionalismo – uma das facetas do pragmatismo – e a análise econômica do direito são movimentos que, embora próximos, não se confundem. A esse respeito, cf. BINENBOJM, Gustavo. *Poder de Polícia, ordenação e regulação*: transformações político-jurídicas, econômicas e institucionais do direito administrativo ordenador. Rio de Janeiro: Fórum, 2016. p. 51-52.

[334] BINENBOJM, Gustavo. *Poder de Polícia, ordenação e regulação*: transformações político-jurídicas, econômicas e institucionais do direito administrativo ordenador. Rio de Janeiro: Fórum, 2016. p. 250. O autor ainda apresenta vantagens do uso da análise econômica relacionados à concretização de direitos fundamentais (ver p. 250-253).

Conforme restará demonstrado no item seguinte, a análise de impacto regulatório (AIR) revela-se ferramenta procedimental que congrega todos os instrumentais do modelo proposto em tese.[335]

2.4 A análise de impacto regulatório como instrumental à disposição das propostas regulatórias expropriadoras

A análise de impacto regulatório (AIR), enquanto procedimento de racionalização de processos decisórios, insere-se no contexto dos chamados programas de otimização – ou melhora – regulatória.[336] As medidas de *better regulation*[337] não buscam questionar o modelo de Estado Regulador.[338] O objetivo é tão somente o aprimoramento da regulação, por meio de práticas regulatórias eficazes, abertas à participação popular e passíveis de controle (*accountability*).[339] No cenário internacional, a Organização para Cooperação e Desenvolvimento Econômico (OCDE)[340] destaca-se como protagonista desse fenômeno, tendo aprovado, já em

---

[335] KALAOUN, Luiza Vereza Batista. *Regulações Expropriatórias*: algumas considerações. Trabalho de conclusão da disciplina "Direito Público da Economia". Faculdade de Direito da Universidade do Estado do Rio de Janeiro – UERJ. Trabalho entregue em novembro de 2014.

[336] Embora tipicamente a AIR seja implementada como parte de um programa mais amplo de melhora regulatória, há países que a adotaram como medida isolada de aperfeiçoamento da regulação. Dentre eles, destacam-se a Hungria e a Estônia. Vide: STAROŇOVÁ, Katarina. Regulatory Impact Assessment: formal institutionalization and Practice. *Journal of Public Policy*, 2010, p. 120-122.

[337] A Organização para Cooperação e Desenvolvimento Econômico (OCDE) é, no cenário internacional, o protagonista dos programas de melhoria regulatória, sendo também o mais respeitado *think tank* na área de políticas comparadas. Em 1995, a OCDE aprovou a primeira recomendação aos seus países-membros a respeito da melhoria da qualidade da regulação. Em 1997, publicou um Programa de Reforma Regulatória, elencando princípios para a boa regulação. Em 2005, o Conselho da OCDE aprovou novas orientações, que refletiam mudanças no próprio conceito de reforma regulatória (atualização dos sete *guidelines* cunhados pela OCDE em 1997). Disponível em: OCDE. http://www.oecd.org/. Acesso em: 14 set. 2016.

[338] No Brasil, até a década de 1990, prevalecia o modelo de intervenção direta do Estado na economia (prestação de serviços públicos e exercício de atividades econômicas em sentido estrito pelo Poder Público). Com o início da era das desestatizações, o Estado passou a intervir de modo indireto na economia, por meio da regulação e do fomento. Nasce, assim, o Estado Regulador, aparelhado institucionalmente pelas agências reguladoras independentes.

[339] São valores associados também à chamada *governança regulatória*. Vide: OLIVEIRA, Rafael Carvalho de Oliveira. *Novo Perfil da Regulação Estatal*: Administração Pública de Resultados e Análise de Impacto Regulatório. Rio de Janeiro: Forense, 2015. p. 179-184; RAMOS, Marcelo. Governança regulatória: experiências e contribuições para uma melhor qualidade regulatória. *In*: RAMALHO, Pedro Ivo S. R. (Org.) *Regulação e agências reguladoras*: governança e análise de impacto regulatório. Anvisa. Casa Civil da Presidência da República. Brasília, 2009.

[340] A OCDE é o mais respeitado *think tank* na área de políticas comparadas.

1995, a primeira recomendação[341] a seus países-membros a respeito da melhora regulatória.[342]

Os princípios ou *guidelines* de otimização regulatória[343] contam com um arsenal de ferramentas para sua realização,[344] destacando-se, dentre elas, a AIR. As variações e, por vezes, a vagueza das definições apresentadas pela literatura especializada e por relatórios oficiais de órgãos internacionais, como a OCDE,[345] dificultam o reconhecimento dos principais contornos conceituais da AIR.[346] Há ainda outras dificuldades na adoção de um conceito de AIR: as definições variam conforme o arranjo regulatório experimentado pelo regulador, as realidades

---

[341] ORGANISATION FOR ECONOMIC CO-OPERATION AND DEVELOPMENT – OECD. *Recommendation of the Council of the OECD on improving the quality of government regulation*. Disponível em: http://www.oecd.org/officialdocuments/publicdisplaydocumentpdf/?cote=OCDE/GD(95)95&doclanguage=en. Acesso em: 03 ago. 2016.

[342] Frise-se que o Programa de Reforma Regulatório somente foi publicado oficialmente pela OCDE em 1997. Em 2005, o Conselho da OCDE aprovou novas orientações, que refletiam uma mudança na própria concepção de reforma regulatória. Para um maior aprofundamento do tema, cf. MEDEIROS, Alice Bernardo Voronoff de. *Racionalidade e otimização regulatórias*: um estudo a partir da teoria das falhas de regulação (Mimeografado), 2012, p. 210-212.

[343] Os sete *guidelines* de *better regulation* da OCDE são os seguintes: (i) adotar, no nível político, programas de melhora/reforma regulatória abrangentes que estabeleçam objetivos claros e diretrizes para implementação; (ii) avaliar os impactos e revisar a regulação sistematicamente para garantir que ela atenda, de maneira eficiente e efetiva, aos objetivos para os quais foi criada, num contexto econômico e social complexo e mutável; (iii) garantir que a regulação, as instituições reguladoras encarregadas de sua implementação e os processos regulatórios sejam transparentes e não discriminatórios; (iv) revisar e fortalecer, onde necessário, a efetividade e a aplicação da política de concorrência; (v) estabelecer regulação econômica em todos os setores para estimular a concorrência e a eficiência e eliminá-la, exceto em situações em que seja claramente demonstrado que a regulação é a melhor maneira de atender o interesse público; (vi) eliminar barreiras regulatórias desnecessárias ao comércio e ao investimento por meio de políticas de liberalização e incentivar a abertura do mercado por meio do processo regulatório, de modo a aumentar a eficiência econômica e a competitividade; e (vii) identificar interfaces importantes com outros objetivos de política e desenvolver políticas que atendam esses objetivos de maneira complementar à melhora/reforma regulatória. Sobre tais princípios, v. ALBUQUERQUE, Kélvia Frota de. *A retomada da reforma/melhora regulatória no Brasil*: um passo fundamental para o crescimento econômico sustentado. Disponível em: http://www.seae.fazenda.gov.br/central_documentos/documento_trabalho/2006-1?set_language=pt-br. Acesso em: 04 ago. 2016.

[344] BALDWIN, Robert. *Is better regulation smarter regulation?*. 2005. p. 3-9. Disponível em: http://antigo.enap.gov.br/index.php?option=com_docman&task=doc_view&gid=3239. Acesso em: 04 ago. 2016.

[345] De acordo com a OCDE, a AIR seria uma "ferramenta política sistemática utilizada para examinar e medir os benefícios, os custos e os efeitos potenciais de uma regulação nova ou existente" (*Building an institutional framework for regulatory impact analysis*. Version 1.1. Regulatory Policy Division Directorate for Public Governance and Territorial Development. Paris, 2008). Traduzido livremente.

[346] Nesse sentido: PESSOA, Patrícia Valente. *Análise de impacto regulatório*: uma ferramenta à disposição do Estado. Belo Horizonte: Fórum, 2013. p. 40-44.

institucionais[347] de cada país e os objetivos de implementá-la.[348] Assim, antes de adotar um conceito de AIR, cumpre analisar as principais metodologias de realização de tal ferramenta.

Há três principais metodologias de avaliação de impacto regulatório: (i) análise de custo-benefício (ACB), (ii) análise de custo-efetividade (ACE) e (iii) análise de risco (AR). Ressalta-se, desde logo, que as metodologias não são excludentes entre si, mas, ao revés, é comum que se recomende a utilização conjunta de diferentes métodos. Por exemplo, é usual a adoção em conjunto da análise de custo-benefício e de custo-efetividade (*soft cost-benefit analysis*).

A análise de custo-benefício (ACB), adotada amplamente nos Estados Unidos,[349] tem como principal objetivo quantificar e sopesar todos os efeitos positivos e negativos da regulação. É, assim, o método mais abrangente de realização de análises regulatórias,[350] sendo esta a sua principal vantagem.[351] A ACB, enquanto método de avaliação marcadamente quantitativa da regulação, implica a adoção apenas de medidas cujos benefícios excedam os seus custos. Em um ambiente de escassez de recursos, a ACB auxilia o regulador a eleger o melhor benefício a um menor custo para a sociedade. Dessa forma, ela se mostra ideal para que se analisem opções passíveis de monetarização. Contudo, como nem tudo é monetizável,[352] nota-se a adoção crescente

---

[347] 5 OCDE. *Building an institutional framework for Regulatory Impact Analysis (RIA)*: Guidance for policymakers. Paris: OCDE, 2008. p. 36.

[348] RADAELLI, Claudio M. Diffusion without convergence: how political context shapes the adoption of the regulatory impact assessment. *Journal of European Public Policy*, p. 924-943.

[349] A ACB foi regulamentada pelo Decreto Executivo n° 12.291, editado pelo presidente Reagan em 1981.

[350] PESSOA, Patrícia Valente. *Análise de impacto regulatório*: uma ferramenta à disposição do Estado. Belo Horizonte: Fórum, 2013. p. 93.

[351] Nesse sentido, cf. o Relatório n° 31 do Grupo SIGMA (*Improving policy instruments throught impact assessment*, p. 28). Disponível em: http://www.oecd.org/officialdocuments/publi cdisplaydocumentpdf/?doclanguage=en&cote=ccnm/sigma/puma(2001). Acesso em: 03 ago. 2016.

[352] A adoção da técnica da ACB gera controvérsia quando se procura atribuir valor à vida humana. Para uma abordagem mais aprofundada da controvérsia, v. HAHN, Robert. W. Economic Analysis of Regulation: a response to the critics. *University of Chicago Law Review*, p. 1.021-1.054. Disponível em: http://chicagounbound.uchicago.edu/cgi/viewcontent.cgi?article=5279&context=uclrev. Acesso em: 04 ago. 2016.

de critérios qualitativos na ACB.[353] Segundo Cass Sunstein, trata-se de necessária "humanização da análise de impacto regulatório".[354]

Por sua vez, análise de custo-efetividade (ACE) restringe seu objeto ao exame dos custos dos diferentes meios para a realização de um resultado previamente determinado. Como resume Scott. H Jacobs, "enquanto a ACB ajuda o regulador a decidir 'o que fazer' (*what to do*), a ACE auxilia a resolver 'como fazer' (*how to do*)".[355] O caráter limitado da ACE justifica as críticas ao método,[356] que podem ser compreendidas a partir do exemplo citado por Patrícia Pessoa Valente:

> (...) os generais e outros oficiais militares tinham orgulho em afirmar que um modelo de tanque era mais custo-eficiente que outro, o que apenas significa que era menos custoso em relação ao que podia oferecer um tanque de guerra na época. Porém, ainda que seja verdadeira essa conclusão, isso não quer dizer que seja necessário construir tanques de guerra.[357]

Por fim, a análise de risco (AR) é utilizada para a avaliação de medidas regulatórias voltadas à redução de riscos. Assim, a regulação destinada a reduzir determinado risco à saúde, por exemplo, será submetida à AR, de modo que sejam verificadas a dimensão de tal risco, com a maior precisão possível, e a aptidão da medida em análise para reduzi-lo.[358]

---

[353] Vide: *Introductory Handbook for Undertaking Regulatory Impact Analysis (RIA)*. p. 15-16. Disponível em: http://www.oecd.org/regreform/regulatory-policy/44789472.pdf. Acesso em: 03 ago. 2016.

[354] A expressão é de Cass Sunstein (SUNSTEIN, Cass R. *Valuing Life*: Humanizing the Regulatory State. Chicago: The University of Chicago Press, 2014. p. 5.) Frise-se que, no direito norte-americano, o atual Decreto Executivo nº 13.563, editado em 2011 pelo presidente Barack Obama, determina que a ACB seja também realizada tendo em conta aspectos qualitativos.

[355] JACOBS, Scott G. *Current Trends in the Process and Methods of Regulatory Impact Assessment*: Mainstreaming RIA into Policy Process, *op. cit.*, p. 30 *apud* OLIVEIRA, Rafael Carvalho de Oliveira. *Novo Perfil da Regulação Estatal*: Administração Pública de Resultados e Análise de Impacto Regulatório. Rio de Janeiro: Forense, 2015. p. 275.

[356] Apesar das críticas, essa análise pode ser indicada "quando a monetização dos benefícios é inviável, como nos casos de benefícios intangíveis e dispersos, além de útil quando o benefício já está definido, e também para afastar questões morais que podem advir da quantificação de benefícios como valorar vidas e redução de acidentes" (SALGADO, Lucia Helena; BORGES, Eduardo de Pinho Bizzo. *Análise de Impacto Regulatório*: Uma abordagem Explanatória. p. 15. 2010. Disponível em: http://www.ipea.gov.br/portal/images/stories/PDFs/TDs/td_1463.pdf. Acesso em: 03 ago. 2016).

[357] PESSOA, Patrícia Valente. *Análise de impacto regulatório*: uma ferramenta à disposição do Estado. Belo Horizonte: Fórum, 2013. p. 97.

[358] Sobre a AR, cf. Ibid., p. 99.

Há, ainda, uma variação em relação à abrangência da AIR. Esta pode desenvolver-se globalmente (análises gerais), quando serão considerados todos os possíveis impactos que a medida, ou parcialmente (análises parciais), quando apenas avaliados os impactos da regulação para determinado setor da economia ou da sociedade. Sobre a segunda modalidade, Lucia Helena Salgado e Eduardo de Pinho Bizzo Borges explicam que:

> (...) como a regulação pode ter impacto desproporcional em alguns grupos específicos da economia, pode ser desejável analisar separadamente estes impactos, como os sobre as pequenas e médias empresas e a população de menor nível de renda.[359]

Diante das vantagens apresentadas pelos diferentes métodos, é oportuno adotar um conceito abrangente de AIR que foque mais nos valores por ela realizados do que em aspectos técnicos relacionados à adoção de determinada metodologia. Nessa linha, Patrícia Pessoa Valente conceitua a AIR como um:

> (...) instrumento de controle da atividade regulatória do Estado por meio de aplicação de procedimento administrativo voltado à análise das decisões regulatórias a serem tomadas ou já tomadas pelos agentes reguladores com base em evidências empíricas, resultando na introdução de mecanismos de legitimação democrática e de responsabilização do regulador.[360]

Veja-se que a permeabilidade da AIR a valores tão caros ao direito público do século XXI[361] já indica que se trata de procedimento adequado à efetivação das regulações expropriatórias. No entanto, para que assim se conclua com maior segurança, cumpre examinar como se desenvolvem as principais etapas empregadas para a análise racional das decisões regulatórias e como estas se relacionam aos valores da participação, consensualidade, transparência e eficiência, explicitados como indispensáveis à processualização das regulações expropriatórias no item anterior.

---

[359] SALGADO, Lucia Helena; BORGES, Eduardo de Pinho Bizzo. *Op. cit.*, nota 356, p. 16.
[360] PESSOA, Patrícia Valente. *Análise de impacto regulatório*: uma ferramenta à disposição do Estado. Belo Horizonte: Fórum, 2013. p. 87.
[361] A expressão é de José Vicente Santos de Mendonça (MENDONÇA, José Vicente Santos de. Análise de Impacto Regulatório: o novo capítulo das agências reguladoras. *Revista JC*, n. 122, 2010, p. 2).

O primeiro passo dessa análise é a *reunião das possíveis consequências da regulação*.[362] Nesse momento, a transparência e a participação são indispensáveis. Como afirma José Vicente Santos de Mendonça, "os agentes reguladores devem declinar objetivamente o que estão considerando resultados e, ato seguinte, devem abrir à contribuição e à crítica dos regulados".[363] Quanto mais abrangente for a visão do regulador em relação às possíveis consequências da medida, menor será a chance de ocorrência de efeitos sistêmicos não desejados. Para tanto, a entidade regulatória pode se valer de *mecanismos* participativos de *accountability vertical*,[364] como as consultas públicas e audiências públicas.

A verificação dos efeitos da medida deve ser realizada com base em dados empíricos, cuja correção é essencial para a qualidade da medida regulatória. Contudo, a etapa da coleta de dados pode representar um desafio para o regulador. Há casos em que é impossível isolar os dados que se pretende levantar, tendo em vista a coexistência de outros fatores causais (é o que ocorre, por exemplo, na coleta de dados relativos à relação entre poluição do ar e câncer de pulmão).[365] Em outras hipóteses, os dados coletáveis não são confiáveis, o que pode decorrer das premissas assumidas, da origem do financiamento obtida para a coleta, do deslocamento de efeitos, entre outros fatores.[366]

Porém, tais dificuldades não podem paralisar o regulador, que deve buscar contorná-las o máximo possível, seja buscando dados já disponíveis em outras entidades (como, no Brasil, o Instituto Brasileiro de Geografia e Estatística – IBGE), seja recorrendo à participação da sociedade como meio de redução da assimetria informacional e da *solidão monológica*[367] do regulador.

Coletados os dados e estabelecidos os efeitos da medida regulatória – por meio de um procedimento transparente, aberto e preferencialmente consensual –, devem ser adotados *critérios de*

---

[362] Ibid., p. 4.
[363] Ibid., p. 4.
[364] MATTOS, Paulo Todescan Lessa. *Regulação Econômica e Social e Participação Pública no Brasil*. p. 7-20. Disponível em: http://www.ipea.gov.br/participacao/images/pdfs/participacao/mattos_regulacao%20economica%20.pdf. Acesso em: 25 jul. 2016.
[365] PESSOA, Patrícia Valente. *Análise de impacto regulatório*: uma ferramenta à disposição do Estado. Belo Horizonte: Fórum, 2013. p. 101.
[366] Ibid., p. 102.
[367] A expressão é de José Vicente Santos de Mendonça (MENDONÇA, José Vicente Santos de. Análise de Impacto Regulatório: o novo capítulo das agências reguladoras. *Revista JC*, n. 122, 2010, p. 4).

valoração para as consequências,[368] de sorte que estas possam ser agrupadas em consequências positivas (benefícios) e consequências negativas (custos) da medida. A partir daí, cabe ao regulador sopesar os custos e benefícios da regulação que se pretenda implementar e proceder à análise comparativa do resultado com medidas alternativas – como, por exemplo, a não atuação governamental ou a adoção de algum sistema regulatório do gênero *corregulação*.[369] Ao final, conclui-se, motivadamente, pela adoção, revisão ou rejeição da ação regulatória.

A exposição desses aspectos esquemáticos permite concluir que a AIR oferece um esquema procedimental receptivo à efetivação das regulações expropriatórias. Enquanto percorre o caminho traçado pela AIR, o regulador se depara com instrumentais adequados para promover, sempre de modo transparente, o diálogo entre as instituições públicas e a sociedade e a ponderação racional em busca da eficiência.

Assim, o *iter* deflagrado pela AIR permite a efetivação das regulações expropriatórias, eis que possibilita (i) a participação social, que amplia o espectro da visão do regulador sobre as incidências expropriatórias da medida, contribuindo para a qualidade regulatória; (ii) a consideração de medidas alternativas não expropriatórias ou com potencial expropriatório inferior; e (iii) a concepção de soluções compensatórias prévias, preferencialmente consensuais e aptas a neutralizar o conteúdo expropriador da regulação.[370]

A AIR, conquanto usualmente tida como ferramenta restrita ao âmbito das agências reguladoras, fornece metodologia igualmente útil para o desenrolar do processo legislativo. É claro que algumas características do regime diferenciado das agências reguladoras atreladas à sua independência reforçam a importância da utilização da AIR como mecanismo legitimador de seus processos decisórios. Contudo, o dever de regular com qualidade difunde-se por todas as esferas de poder que

---

[368] Ibid., p. 5.
[369] Como explica Diogo Lopes Barbosa Leite, "[a] corregulação (...) agrega os sistemas regulatórios mistos, compostos por instâncias tanto estatais quanto não estatais. A categoria remete a um extenso segmento no continuum regulatório, integrado por sistemas regulatórios que contam com contribuições estatais e não estatais, e em cujos extremos estão sistemas regulatórios com exclusiva participação estatal, bem como sistemas regulatórios com exclusiva participação não estatal" (LEITE, Diogo Lopes Barbosa. *Regulação Policêntrica*: a regulação não estatal como alternativa à regulação estatal. Rio de Janeiro: Dissertação de Mestrado em Direito Público, UERJ, 2013. Mimeografado).
[370] KALAOUN, Luiza Vereza Batista. *Regulações Expropriatórias*: algumas considerações. Trabalho de conclusão da disciplina "Direito Público da Economia". Faculdade de Direito da Universidade do Estado do Rio de Janeiro – UERJ. Trabalho entregue em novembro de 2014.

exercem a função regulatória. E, se a AIR constitui meio adequado para a melhora do processo de formulação da regulação – e, como consequência, da regulação em si –, não há por que restringir o seu uso às agências reguladoras. Essa é a opinião de Fernando B. Meneguin e Paulo Roberto Simão Bijos, para quem "a AIR é diretamente relacionada com as funções do Legislativo, oferecendo subsídios indispensáveis para os debates que antecedem a aprovação ou reformulação de políticas públicas".[371]

Qualificada a AIR como medida apropriada – e, possivelmente, ideal – para conduzir a concepção de regulações expropriatórias, cumpre perquirir se e como tal instrumento tem sido utilizado no Brasil. Afinal, pouco adiantaria indicar a AIR para a processualização dos atos com potencial desapropriatório se a ferramenta não se encontrasse inserta na prática regulatória do país. Porém, o que se nota no país é, ao contrário, um progressivo fortalecimento da ferramenta, o que se deveu, inicialmente, ao Programa de Fortalecimento da Capacidade Institucional para Gestão em Regulação (PRO-REG).

O programa tem por objetivo: contribuir para a melhoria do sistema regulatório, da coordenação entre as instituições que participam do processo regulatório exercido no âmbito do governo federal, dos mecanismos de prestação de contas e de participação e monitoramento por parte da sociedade civil e da qualidade da regulação de mercados,[372] voltando suas energias à capacitação de servidores,[373] ao desenvolvimento de parcerias com outros países[374] e ao estabelecimento de projetos-piloto para a implementação da AIR nas agências reguladoras.[375]

Após algum tempo de vácuo normativo, finalmente a AIR foi prevista nas Leis nº 13.874/2019 (Lei da Liberdade Econômica) e nº

---

[371] AVALIAÇÃO DE IMPACTO REGULATÓRIO – Como melhorar a qualidade das normas. Disponível em: https://www12.senado.leg.br/publicacoes/estudos-legislativos/tipos-de-estudos/textos-para-discussao/TD193. Acesso em: 03 ago. 2016.

[372] Essa é a redação do art. 1º do Decreto nº 6.062, de 16 de março de 2007, que instituí o Programa de Fortalecimento da Capacidade Institucional para Gestão em Regulação (PRO-REG) e dá outras providências.

[373] Vejam-se alguns exemplos no site do PRO-REG: htpp://www.regulação.gov.br/. Acesso em: 10 out. 2014. Citem-se dois cursos de capacitação oferecidos pelo programa: Curso de Formação em Análise de impacto regulatório e Curso de Formação em Análise de impacto regulatório – ANATEL.

[374] O PRO-REG e o *Better Regulation Executive* – BRE (Reino Unido), por exemplo, firmaram convênio de cooperação, por meio do qual puderam trocar experiências de gestão em regulação, com particular foco em análise do impacto regulatório (AIR). Veja-se o trabalho fruto dessa parceria em: http://www.regulacao.gov.br/centrais-de-conteudos/artigos/analise-de-impacto-regulatorio-a-importancia-da-melhoria-da-qualidade-da-regulacao. Acesso em: 03 ago. 2016.

[375] Boletins PRO-REG. Disponíveis em: www.regulação.gov.br. Acesso em: 03 ago. 2016.

13.848/2019 (Lei das Agências Reguladoras), tendo sido regulamentada pelo Decreto Federal nº 10.411/2020.

Mesmo antes da previsão legal expressa da AIR, muitas agências reguladoras já se valiam da ferramenta para racionalizar o processo decisório. Algumas delas, inclusive, já haviam estabelecido a obrigatoriedade de utilização interna da AIR previamente à edição de determinados atos normativos.[376]

Assim, se a falta de exigibilidade legal da AIR não constituía impeditivo à sua realização pelas agências reguladoras, também não poderá servir de argumento para desqualificá-la como procedimento idôneo para a efetivação das regulações expropriatórias.

Note-se bem. Atualmente, editam-se regulações com conteúdo expropriador em manifesta violação aos requisitos constitucionais da desapropriação. Se a AIR se apresenta como instrumento idôneo para processualizar e, assim, garantir a compatibilidade das regulações expropriatórias com a Constituição, não parece razoável sustentar que a ausência de previsão legal expressa da AIR especialmente para esse fim nos obrigue a permanecer no atual estado de inconstitucionalidade. E seria assim porque, diante dos problemas relacionados à aplicação do Decreto-Lei nº 3.365/41 às regulações expropriatórias, o regulador não teria à sua disposição qualquer espécie adequada de devido processo legal expropriador.

Assim, o regulador pode – e deve – proceder à análise *ex ante* do potencial expropriador das propostas regulatórias com base diretamente nos diplomas legais que expressamente preveem a utilização da AIR e também nos valores irradiados pela própria Constituição.

Por oportuno, transcrevem-se as lições de Gustavo Binenbojm:

> (...) em vez de a eficácia operativa das normas constitucionais – especialmente as instituidoras de princípios e definidoras de direitos fundamentais – depender sempre de lei para vincular o administrador, tem-se hoje a Constituição como fundamento primeiro do agir administrativo.[377]

E, se é assim, por que não operacionalizar as regulações expropriatórias mediante um procedimento que, além de promotor da

---

[376] Veja, por exemplo: Resolução da Diretoria Colegiada (RDC) nº 52/2013, alterada pela RDC nº 61/2014, da ANCINE; Deliberação nº 85/2016, da ANTT; Resolução nº 540/2013, da ANEEL; Portaria nº 422/2008, da Anvisa; Resolução nº 612/2013, da Anatel.

[377] BINENBOJM, Gustavo. *Uma teoria do Direito Administrativo*. 2. ed. Rio de Janeiro: Renovar, 2008. p. 36-37.

racionalidade, da transparência, da participação, da consensualidade e da eficiência, seja apto para proteger o direito fundamental de propriedade? À evidência, os requisitos procedimentais da desapropriação, assentados em dispositivo constitucional (art. 5º, inciso XXIV, CR) e integrantes do arcabouço protetivo do direito fundamental de propriedade, possuem densidade normativa suficiente para habilitar o regulador a processualizar as regulações expropriatórias, valendo-se, para tanto, de instrumental legal que promova, na maior medida possível, os valores constitucionais. A AIR é o instrumental legal para esse fim.

2.5 O papel do Poder Judiciário como ator do processo regulatório desapropriador

Conquanto não detentor do monopólio do processo regulatório expropriador, o Poder Judiciário não pode dele ser excluído. E isso não se dá não apenas em razão da garantia constitucional da inafastabilidade da jurisdição (art. 5º, inciso XXXV, da Constituição). Ao lado do Executivo e do Legislativo, o Judiciário apresenta-se como um importante agente do processo regulatório desapropriador, revelando-se instância garantidora da observância dos requisitos procedimentais e materiais das expropriações conduzidas via regulação.

A conclusão a que se chegou no item anterior – de que o Poder Judiciário não é o *locus* apropriado ao processamento das regulações com conteúdo expropriador – não significa que a função jurisdicional seja irrelevante no deslinde da questão expropriatória. Ao contrário, o Poder Judiciário exerce importante papel como reduto último de proteção ao direito de propriedade, salvaguardando os agentes prejudicados por um processo expropriatório prévio falho em relação tanto a aspectos procedimentais como materiais.

É preciso compreender que, mesmo diante da observância do devido processo expropriatório prévio, é possível que escape ao regulador algum resultado expropriador sem a devida compensação. Consoante exposto, isso pode se dar por uma série de fatores, tais como erro de diagnóstico ou análise superficial, captura do regulador por agentes privados ou complexidade dos efeitos sistêmicos e falta de antecipação de suas consequências.[378] Em qualquer hipótese, o indivíduo sujeito à medida expropriadora poderá se socorrer do Poder

---

[378] Vide item 1.2.2, capítulo 1.

Judiciário, que exercerá o controle judicial da regulação de viés tanto procedimental quanto material.

A pretensão do indivíduo sujeito à medida expropriatória surge tão logo seus efeitos estiverem prontos para se propagar.[379] É dizer, a partir da vigência[380] da regulação, ele poderá provocar o Poder Judiciário. Em relação ao pedido judicial formulado, é preciso atenção: o expropriado poderá requerer a declaração de nulidade e a condenação do Poder Público ao pagamento dos chamados *interim damages* – que designam a indenização pelos danos sofridos durante o período de vigência da medida. Não obstante, na hipótese de o Poder Público insistir na manutenção da norma, o expropriado poderá requerer, subsidiária ou alternativamente, indenização equivalente à expropriação sofrida, hipótese em que a regulação permanecerá vigente.

Não é incoerente defender, concomitantemente, a inconstitucionalidade das desapropriações indiretas – como se fez no capítulo 1 – e o direito do expropriado *escolher* entre a declaração de nulidade da medida, com o consequente recebimento de indenização proporcional ao tempo de vigência, e o recebimento de indenização integral decorrente da permanência da norma no ordenamento jurídico. Veja-se que, enquanto no contexto brasileiro atual só resta ao expropriado a via indenizatória, provocada pela ação de desapropriação indireta, na proposta ora sugerida, a ele são garantidas duas vias possíveis de ação: a nulidade do ato ou a manutenção da norma com o respectivo direito à ampla indenização. Assim, salvo em casos de excepcional interesse público, não será possível impor ao proprietário a solução indenizatória.

A indenização como alternativa à declaração de nulidade deriva do caráter alienável do direito de propriedade: se o proprietário pode, mediante acordo em processos desapropriatórios, decidir vender a sua propriedade ao Poder Público, por que não poderia fazê-lo consensualmente no curso de processo judicial? Se o expropriado manifesta interesse no recebimento de indenização integral, não há por

---

[379] Nas palavras do *Justice Brennan*, extraídas de seu voto dissidente no caso *San Diego Gas & Elec. Co. v. City of San Diego*: "Assim que a propriedade privada for tomada, seja por meio de um processo formal de condenação, ocupação, invasão física, ou regulamentação, o proprietário do terreno já sofreu uma violação constitucional, e o caráter auto-executório da disposição constitucional com relação à compensação é acionado" (450 U.S. 621 (1981). No original, em inglês: "*As soon as private property has been taken, whether through formal condemnation proceedings, occupancy, physical invasion, or regulation, the landowner has already suffered a constitutional violation, and the self-executing character of the constitutional provision with respect to compensation (...) is triggered*". Traduzido livremente.

[380] Não obstante, a mera existência da regulação expropriatória, a meu sentir, já permitiria ao potencial expropriado valer-se de remédios judiciais de caráter preventivo.

que lhe negar essa escolha, desde que o ente público também revele seu interesse na manutenção da vigência da norma. É que, em regra, não parece possível impor ao Poder Público o pagamento de indenização integral se existe a possibilidade de paralisar os efeitos da medida. Decisão judicial nesse sentido significaria a imposição pelo Poder Judiciário ao exercício pelo Estado da capacidade expropriatória, o que transbordaria seus limites institucionais de atuação.

Assim, no curso da ação judicial, o Poder Público poderá manifestar seu interesse em revogar ou emendar a medida, de modo a deter os seus efeitos expropriatórios, ou optar por mantê-la vigente. Nesta última hipótese, o próprio ente público declara sua intenção desapropriadora, fazendo jus o expropriado ao recebimento de indenização integral. Esse foi o entendimento do Justice Brennan, externado em seu famoso voto dissidente no julgamento do caso *Diego Gas & Elec. Co. v. City of San Diego* pela Suprema Corte:

> (...) nada na cláusula da justa compensação habilita um tribunal a condenar uma entidade governamental a desapropriar um direito de propriedade e pagar uma indenização correspondente ao seu valor de mercado quando a medida em questão é reversível e o governo pretende deter os seus efeitos expropriatórios. Assim como o governo pode desistir de processos de desapropriação antes da transferência do título (...) ou abandonar a propriedade que tenha invadido ou ocupado temporariamente (...), ele deve ter o mesmo poder de revogar uma regulação expropriatória.[381]

É claro que tal possibilidade de escolha em relação à manutenção ou não da medida só deve ser conferida ao ente expropriante se os seus efeitos expropriadores forem reversíveis ou suscetíveis de paralisação. Por exemplo, no caso de lei instituidora de reserva ambiental, considerada expropriatória pelo Judiciário, é possível ao Poder Público optar pela revogação ou alteração da medida, pagando ao proprietário indenização proporcional aos eventuais danos sofridos no curso de sua vigência. Outro exemplo interessante seria uma lei de zoneamento[382] que, na prática, implicasse verdadeiro sacrifício. O Poder Judiciário poderia – manifestando o Poder Público interesse neste sentido – estabelecer um prazo para a alteração da norma, que poderia ser modificada para, por

---

[381] *San Diego Gas & Elec. Co. v. City of San Diego* 450 U.S. 621 (1981).
[382] Sobre zoneamentos expropriatórios, cf. FISCHEL, William A. *The economics of zoning laws*: a property rights approach to American land use controls, 1987.

exemplo, contemplar um regime de transição justo. Do mesmo modo, tal decisão não poderia desprezar os danos experimentados pelos proprietários sob a vigência da norma original.

Há, contudo, casos em que os efeitos expropriadores da medida não são continuados, esgotando-se de uma só vez. Ilustra essa hipótese a regulação local que autorizasse a ampliação de barragem para garantir o abastecimento da cidade, ensejando a inundação e consequente destruição de um prédio privado, sem qualquer previsão compensatória. O caráter permanente da expropriação impediria que o Poder Público revogasse ou alterasse o ato normativo para evitar o pagamento integral da indenização, eis que esgotados os efeitos expropriatórios da regulação. Nesse caso, faria jus o proprietário ao recebimento de indenização ampla, tal qual receberia se fosse desapropriado pela via formal. É claro que o Estado, pagando o valor correspondente à propriedade, pode requerer a transferência da mesma ao domínio público.

Em casos excepcionais, o afastamento da nulidade do ato com a consequente fixação de indenização *a posteriori* também pode constituir decisão coercitiva do Poder Judiciário, quando o especial interesse público subjacente à regulação assim recomendar. É claro que a prevalência do interesse público deverá resultar, necessariamente, do exercício judicial ponderativo, sendo vedadas quaisquer justificativas arbitrariamente fundamentadas na ideia ultrapassada de supremacia do interesse público.[383]

Aqui, cabe uma ressalva importante: o Poder Judiciário, enquanto ator do processo regulatório desapropriador, não se manifesta apenas como instância estática de controle de constitucionalidade das regulações expropriatórias. O controle judicial exerce, ainda, um importante papel no aprimoramento dos procedimentos de concepção de regulações expropriatórias. As decisões proferidas pelo Judiciário, tanto em relação a aspectos procedimentais como materiais, são, nessa perspectiva, um importante incentivo à adoção pelo regulador de medidas que visem à incorporação das exigências judiciais às práticas regulatórias. Tal compreensão considera os efeitos dinâmicos e institucionais da participação do Judiciário como agente do processamento de regulações expropriatórias.

Sob esse ângulo, Alice Voronoff afirma a importância do controle judicial em relação à participação social no devido processo regulatório:

---

[383] Sobre o assunto, cf., por todos, SARMENTO, Daniel. *Interesses Públicos* versus *Interesses Privados*: desconstruindo o princípio de supremacia do interesse público. 2ª tiragem. Rio de Janeiro: Editora Lúmen Júris, 2007.

Esse é um campo, portanto, em que a interação Poder Judiciário-agências pode produzir resultados positivos. Nas hipóteses em que a lei contemplar previsão cogente quanto à prévia realização de consulta e/ou audiência pública, caberá ao Judiciário zelar por sua observância. Mas não deve parar por aí. Mesmo quando não exista previsão impositiva na lei de criação da agência, o dever de democratização do procedimento se extrai diretamente da Constituição (art. 1º). Ele deve servir, pois, como parâmetro preferencial para a atuação da agência. Nesses casos, caberá aos juízes cobrar dos administradores a observância do devido processo legal na produção das normas e decisões regulatórias, sobretudo nas de maior impacto. Isso passa pelo dever de prévia realização de audiência e consultas públicas – exigível, repita-se, independentemente de previsão legal específica (...). Ou seja: uma atuação firme do Poder Judiciário, que cobre das agências a devida abertura e racionalização de seus procedimentos, servirá à otimização regulatória, pela via da democratização e da accountability.[384]

O Judiciário é, portanto, um agente relevante no estudo das regulações expropriatórias, funcionando como instância protetora dos interesses públicos e privados em jogo no caso concreto, bem como incentivador do aprimoramento das práticas regulatórias expropriadoras. Este último papel é especialmente relevante para tornar o procedimento de concepção de regulações expropriatórias mais transparente, democrático e eficiente.

---

[384] MEDEIROS, Alice Bernardo Voronoff. *O Poder Judiciário como ator da regulação* – relações institucionais, controle adequado e otimização regulatória. Disponível em: http://www.editorajc.com.br/2010/08/o-poder-judiciario-como-ator-da-regulacao-relacoes-institucionais-controle-adequado-e-otimizacao-regulatoria/. Acesso em: 04 ago. 2016.

CAPÍTULO 3

PARÂMETROS MATERIAIS DE IDENTIFICAÇÃO: EM BUSCA DO FIO DO NOVELO

Até agora, ressaltou-se a necessidade de se revisar o instituto da expropriação no Brasil para que sejam trazidos ao seu campo semântico todos os tipos de sacrifício ao direito de propriedade. Assim, em observância à estrutura constitucional protetora desse direito fundamental, as regulações expropriatórias, enquanto espécie desapropriadora, devem ser concebidas mediante procedimento prévio que garanta aos expropriados soluções compensatórias justas, sendo a análise de impacto regulatório (AIR) instrumento adequado a esse fim.

O respeito a tais requisitos procedimentais constitui, por certo, importante passo em direção à constitucionalização das propostas regulatórias expropriatórias. A observância ao devido processo expropriatório, nos moldes propostos no capítulo anterior, tende a produzir saídas compensatórias prévias e justas, aptas a neutralizar o potencial expropriador da regulação. Esse é, sem dúvida, o desfecho ideal para projetos regulatórios com traços expropriadores. Para que ele ocorra, porém, uma questão fundamental precisa ser enfrentada pelo regulador: como detectar o caráter expropriatório de uma proposta regulatória?

Não há dúvida de que o aparato procedimental oferecido pela AIR favorece a identificação de conteúdos regulatórios expropriadores. Os mecanismos de participação social, a coleta de informações e dados empíricos e o exercício ponderativo e racional empregado no curso do procedimento operam auxiliando o ente regulador a distinguir regulação de expropriação. Contudo, a mera processualização da proposta regulatória não basta para garantir o sucesso da entidade nessa árdua tarefa. É preciso, ainda, dotá-la de *critérios materiais* aptos a valorar os dados e informações coletados a respeito dos possíveis efeitos expropriatórios da medida em análise. Essa parametrização, além da função principal de orientar o regulador a desenhar corretamente a linha que separa as regulações das expropriações, tem o condão de tornar a atividade de concepção de regulações expropriatórias mais célere, objetiva, racional e coerente.

Este é precisamente o objetivo deste capítulo: esboçar parâmetros relacionados à *expropriablidade* da regulação. Antes, porém, é necessário um esclarecimento. Os critérios materiais propostos ao final deste capítulo devem ser aplicados *ex ante* pelo legislador ou pelo administrador público, na fase de concepção do ato normativo. Porém, isso não impede a sua utilização *ex post* pelo Poder Judiciário, eis que este também é um importante ator do processo regulatório expropriador.

Note-se bem. Ao se deparar com um caso de regulação expropriatória, caberá ao juiz analisar, em primeiro lugar, se a medida impugnada apresenta, de fato, conteúdo expropriador para somente após debruçar-se sobre eventuais alegações de viés procedimental. E, para isso, parâmetros materiais identificadores do caráter expropriatório da medida são fundamentais.

O ponto de partida para a presente análise será a produção jurisprudencial norte-americana sobre o tema das regulações expropriatórias. É certo que, como já se pontuou anteriormente, as decisões judiciais dos Estados Unidos sobre essa matéria não formam um sistema claro e coerente. Isso não significa, porém, que a experiência daquele país não tenha nada a nos ensinar. Muito pelo contrário, o contexto norte-americano das *regulatory takings* é campo fértil de desenvolvimento de ideias, sendo, notoriamente, a melhor fonte de conhecimento sobre o tema. Por essa razão, optou-se por colher nesse rico solo as sementes para o desenvolvimento de parâmetros materiais adequados à realidade brasileira. A opção metodológica ora definida impõe à autora, por certo, a árdua, porém proveitosa tarefa de *pinçar* no caos doutrinário e jurisprudencial das *regulatory takings* os principais critérios de julgamento lá desenvolvidos.

Ressalta-se, porém, que a missão deste capítulo não é – nem poderia ser, sob pena de ser fadada ao fracasso – buscar coerência no inóspito[385] ambiente norte-americano das regulações expropriatórias.

---

[385] No original, em inglês: "*It is difficult to imagine a more inhospitable to those who invoke 'settled precedent' to forestall sustained consideration of doctrinal underpinnings*" (ACKERMAN, Bruce.

O propósito é bem menos pretensioso: identificar-se-ão as principais soluções propostas, de modo que as primeiras luzes possam ser lançadas para a formulação de parâmetros próprios ao equacionamento da questão no Brasil. Para orientar tal empreitada, o conjunto dos principais precedentes da Suprema Corte dos Estados Unidos sobre o tema será utilizado como guia da presente análise.

Não se trata, vale o registro, de promover a importação acrítica das ideias desenvolvidas nos Estados Unidos. Em primeiro lugar, porque a análise sempre será reconduzida ao ordenamento jurídico brasileiro. Em segundo lugar, porque se procederá ao exame crítico de cada um dos critérios identificados, e não à mera reprodução de ideias.

Em outras palavras: o material estadunidense é muito rico e pode contribuir para a compreensão do problema das regulações expropriatórias no Brasil. Porém, ao beber dessa fonte, a autora não pretende promover o "consumismo conceitual".[386] Ao revés, o escopo é absorver, na medida do possível, o amplo conhecimento norte-americano sobre o assunto e adaptar suas categorias ao contexto jurídico brasileiro.

3.1 A avaliação categórica e o método *ad hoc* no caminho de desenvolvimento das *regulatory takings* na jurisprudência norte-americana

A dificuldade de identificação da fronteira entre o exercício das funções regulatória e desapropriadora do Estado sempre foi um obstáculo à formação de uma jurisprudência clara e consistente em matéria de regulações expropriatórias nos Estados Unidos. É válida, até os dias atuais, a percepção de Allison Dunhmam: "A jurisprudência da Suprema Corte parece criar uma caótica colcha de retalhos acerca do tema".[387]

Private Property and The Constitution. New Haven and London: Yale University Press, 1977, p. 8). O trecho correspondente na tradução é: "É difícil imaginar algo mais inóspito para aqueles que invocam um precedente para evitar as considerações sustentadas pelos fundamentos doutrinários". Traduzido livremente.

[386] HORBACH, Carlos Bastide. A nova roupa do direito constitucional: neo-constitucionalismo, pós-positivismo e outros modismos. *Revista dos Tribunais*, São Paulo, v. 96, n. 859, p. 81-91, maio 2007.

[387] No original, em ingles: "*This area of jurisprudence appears to make up a crazy-quilt pattern of Supreme Court Doctrine*" (DUNHMAM, Allison. Griggs v. Allegheny County in Perspective: Thirty Years of Supreme Court Expropriation Law, *Supreme Court Review*, v. 1962, n. 1, Article 4. Disponível em: http://chicagounbound.uchicago.edu/supremecourtrev/vol1962/iss1/4. Acesso em: 29 ago. 2016). Traduzido livremente.

Em que pese o reconhecimento da própria Suprema Corte acerca da dificuldade de encontrar fórmulas precisas e seguras para julgar os casos de regulações expropriatórias, não é correto dizer que os julgamentos na matéria têm sido pautados pelo casuísmo e pela arbitrariedade. Ao revés, nota-se um genuíno esforço dos julgadores no sentido de propor métodos para a racionalização dos julgamentos dos casos de *regulatory takings*.

A Suprema Corte dos Estados Unidos, nos casos em que foi desafiada a decidir se determinada regulação apresentava caráter expropriatório, traçou dois caminhos distintos. Em um primeiro momento, a Corte lançou mão da chamada abordagem judicial *ad hoc*. Esse método de julgamento parte da premissa de que os casos de regulações expropriatórias apresentam particularidades de valor e pesos incertos e que interagem entre si de maneira distinta. Portanto, a metodologia, adotada inclusive nos dois precedentes mais importantes da Corte sobre a matéria (*Pennsylvania Coal Co. v. Mahon*[388] e *Penn Central Transportation Co. v. New York City*),[389] consiste em estabelecer, no curso do julgamento, *standards* destinados exclusivamente ao caso em análise. Trata-se de metodologia que permite aos julgadores uma avaliação mais específica e flexível do caso concreto. A ela, porém, alguns atribuem a fama de casuística e caótica.[390]

Em anos mais recentes, contudo, a Suprema Corte passou a empregar um método de julgamento distinto. Trata-se da chamada avaliação categórica (*categorical review*), por meio da qual os julgadores verificam se a demanda se enquadra em alguma categoria pré-estabelecida, em que a indenização se impõe *prima facie*, ou em outra, em que, ao revés, a pretensão indenizatória nunca é devida. Assim, a Corte estabeleceu, com base em casos paradigmáticos, algumas *zonas de certeza*[391] ou *categorias*, cuja incidência no caso concreto tem a aptidão de afastar a necessidade de consideração de qualquer outro elemento fático.

---

[388] *Pennsylvania Coal Co. v. Mahon*, 260 U.S. 393 (1922).
[389] *Penn Central Transportation Co. v. New York City*, 438 U.S. 104 (1978).
[390] ROSE-ACKERMAN, Susan. Regulatory Takings: Policy Analysis and Democratic Principles. *In*: MERCURO, Nicolas. *Taking Property and Just Compensations*: Law and Economics Perspectives of the Takings Issue. Kluwer Academic Publishers. Boston/Dordret/Londres: 1992, p. 26.
[391] A ideia de "zonas de certeza" e "zonas de penumbra" é comumente utilizada para facilitar a interpretação de conceitos jurídicos indeterminados. *E.g.*: KRELL, Andreas J. Discricionariedade Administrativa, conceitos jurídicos indeterminados e controle judicial. *Revista ESMAFE*, Recife, n. 8, p. 177-224, dez. 2004, p. 200-201; BINENBOJM, Gustavo. *Uma teoria do Direito Administrativo*. 2. ed. Rio de Janeiro: Renovar, 2008. p. 222.

Assim, cumpre analisar criticamente as principais categorias (*categorical review*) e parâmetros *ad hoc* concebidos pela Suprema Corte para a resolução de conflitos envolvendo as regulações expropriatórias, verificando em que medida cada um deles pode ser útil à formulação de um método adequado à realidade jurídico-brasileira.

3.2 As regras categóricas e os parâmetros *ad hoc* de expropriabilidade regulatória

É possível ilustrar as ações estatais que atingem o direito de propriedade como duas cores que recaem sobre um espectro. Em uma de suas extremidades, onde está a primeira cor, forte e nítida, vislumbram-se as desapropriações promovidas por meio da transferência do bem ao domínio público, acompanhadas daquelas regulações que apresentam conteúdo evidentemente expropriatório. Com base nessa ideia, a Suprema Corte dos Estados Unidos desenvolveu as chamadas *regras categóricas positivas*, que auxiliam o intérprete a identificar as regulações manifestamente expropriadoras. Nessa perspectiva, conforme se caminha pelo espectro, a coloração passaria a apresentar leves alterações de tom, até que se transforma em outra cor completamente distinta da primeira. Nessa outra ponta do espectro, estariam as regulações notoriamente despedidas de caráter expropriatório, resultantes do exercício legítimo do poder regulatório estatal. As *regras categóricas negativas* serviriam à identificação destas últimas. Finalmente, entre uma extremidade e outra, notar-se-iam os subtons, que representam a nebulosa fronteira entre ordenação e expropriação: são os *hard cases* das regulações expropriatórias, cuja resolução, de acordo com a jurisprudência norte-americana, passaria pela concepção de *parâmetros ad hoc de particular significância*[392] para o caso.

3.2.1 Regras categóricas: as regulações expropriatórias *per se*

3.2.1.1 A ocupação física ou desapossamento permanente

A Suprema Corte dos Estados Unidos estabeleceu que toda regulação da qual resulte a ocupação física ou o desapossamento

---

[392] A expressão foi extraída do voto proferido no julgamento do caso *Kaiser Aetna v. United States* (1979) pelo o *Justice Stevens* (Page 444 U. S. 175).

permanente do bem, independentemente da transferência formal da propriedade, apresenta caráter expropriatório categórico. É dizer: identificada a perda da posse exclusiva em caráter definitivo, quaisquer outros elementos fáticos passam a ser irrelevantes para a qualificação da regulação como expropriatória.

A regra categórica em análise foi originalmente concebida em *Loretto v. Teleprompter Manhattan CATV Corp.*,[393] [394] quando a Suprema Corte entendeu que a regulação editada pelo governo de Nova Iorque, que permitia que as companhia de televisão a cabo instalassem fios e pequenos equipamentos em prédios particulares, sem pagar indenização aos proprietários, apresentava caráter expropriatório. Apesar do incômodo mínimo gerado pela aplicação da lei, o Sr. Loretto, proprietário de um prédio onde haviam sido instalados alguns cabos de televisão e duas caixas utilitárias, ingressou em juízo alegando que a regulação afrontava a Quinta Emenda da Constituição. A Suprema Corte – não sem certa manifestação de perplexidade por parte da minoria dos juízes[395] – decidiu que o ato normativo apresentava características expropriatórias manifestas, eis que implicariam uma invasão física permanente da propriedade do autor.

Da leitura das razões do voto condutor, capitaneado por Thurgood Marshall, depreende-se claramente a intenção de se estabelecer uma regra

---

[393] 458 U.S. 419 (1982).
[394] A maioria da Corte – Warren Earl Burger, Lewis Franklin, Powell Jr., William Hubbs Rehnquist, John Paul Stevens, Sandra Day O'Connor – votou com Thurgood Marshall, enquanto a minoria, composta por William Joseph Brennan Jr. e Byron Raymond White, seguiu o voto vencido de Harry Andrew Blackmun.
[395] No original, em inglês: *"In a curiously anachronistic decision, the Court today acknowledges its historical disavowal of set formulae in almost the same breath as it constructs a rigid per se takings rule: 'a permanent physical occupation authorized by government is a taking without regard to the public interests that it may serve.' Ante at 458 U. S. 426. To sustain its rule against our recent precedents, the Court erects a strained and untenable distinction between 'temporary physical invasions,' whose constitutionality concededly 'is subject to a balancing process,' and 'permanent physical occupations,' which are 'taking[s] without regard to other factors that a court might ordinarily examine.' Ante at 458 U. S. 432"* (458 U.S. 419 (1982), footnote 20). O trecho correspondente na tradução é: "Em uma curiosa e anacrônica decisão, a Corte hoje reconhece sua histórica rejeição de conjunto fórmula em quase ao mesmo tempo que se constrói uma rígida regra de expropriação per se: 'uma ocupação física permanente autorizada pelo governo é uma expropriação que não considera o interesse público ao qual deve servir'. Para sustentar sua regra contra nossos recentes precedentes, a Corte ergue uma tensa e insustentável distinção entre 'invasões físicas temporária' cuja reconhecida constitucionalidade 'é matéria para um processo de ponderação', e 'ocupações físicas permanente', que são 'expropriações sem considerar outros fatores que o tribunal pode normalmente examinar". Traduzido livremente

categórica de julgamento para casos similares.³⁹⁶ Assim, mesmo que o impacto econômico fosse quase insignificante e independentemente de qualquer avaliação sobre o propósito público da regulação – avaliações até então consideradas importantes pela Corte –, a identificação da ocupação física permanente bastaria à qualificação expropriatória.

A regra categórica referida permanece sendo, até os dias atuais, aplicada pela jurisprudência norte-americana. Veja-se, por exemplo, o recente caso *Horne v. Dep't of Agriculture*, julgado em 2015, no qual a Suprema Corte invocou a regra como fator determinante ao reconhecimento do caráter expropriador da regulação. No caso, a Secretaria da Agricultura, autorizada pelo Acordo de Comercialização Agrícola de 1937, havia determinado que uma pequena parcela da produção de uvas de cada produtor agrícola do país fosse transferida gratuitamente para o Estado. Por sua vez, o governo poderia dispor das uvas livremente, desde que o fizesse em conformidade com os propósitos do programa e devolvesse aos agricultores eventual lucro líquido obtido com a venda das frutas – o que somente acontecia se o governo vendesse as uvas e quando as despesas governamentais fossem inferiores aos ganhos obtidos. Assim, de acordo com a política governamental, as uvas tomadas dos agricultores poderiam ser vendidas em mercados não competitivos por um valor inferior àquele praticado pelo agente monopolista, que acabaria sendo forçado a reduzir o preço de suas uvas.

Os *Hornes* – produtores de uvas – recusaram-se a transferir as uvas para o governo, tendo sido multados pela desobediência. Quando o governo iniciou a execução da multa, os *Hornes* buscaram socorro no Poder Judiciário, alegando que o chamado *requerimento de reserva* seria uma expropriação inconstitucional nos termos da Quinta Emenda. Ao apreciar o *writ of certiorari* interposto em face da decisão proferida pela Corte de Apelação, a Suprema Corte considerou que a regulação configuraria uma expropriação sob a *taking clause*, fazendo jus os demandantes ao recebimento de uma indenização justa, da qual deveria ser descontado o valor referente a eventual lucro líquido recebido pelos agricultores pela venda da reserva das uvas.

---

³⁹⁶ No original, em inglês: "*Our cases further establish that, when the physical intrusion reaches the extreme form of a permanent physical occupation, a taking has occurred. In such a case, 'the character of the government action' not only is an important factor in resolving whether the action works a taking, but also is determinative*" (Page 458 U. S. 426). O trecho correspondente na tradução é: "Nossos casos definem ainda que, quando uma invasão física alcança a forma extrema de uma ocupação física permanente, uma desapropriação aconteceu. Nesse caso, 'o caráter da ação governamental' não é só um importante fator para resolver se a ação funciona como uma desapropriação, mas também é determinante". Traduzido livremente.

Apesar da sobrevivência do desapossamento permanente como critério material de *expropriabilidade*, é preciso pontuar que, em 2003, a regra categórica passou por uma revisão no caso *Brown v. Legal Foundation of Washington*.[397] Na ocasião, a Suprema Corte consignou que a aplicação da regra estaria condicionada à existência de perda patrimonial superior a zero. Cuidou-se da análise do chamado Programa IOLTA (*Interest on Lawyer's Trust Accounts*). O programa funciona da seguinte forma: os advogados que recebem recursos de um cliente que não sejam suficientes para gerar juros líquidos (superiores ao custo de manter uma conta no banco) têm a obrigação (decorrente de lei ou de norma expedida pela Corte Estadual respectiva) de depositá-los em um fundo IOLTA. Os juros gerados por tais fundos, juntamente com dotações públicas e doações privadas, subsidiam a prestação de assistência jurídica gratuita em benefício do amplo acesso à justiça.

O caso dizia respeito ao Programa IOLTA estabelecido pela Suprema Corte de Washington em 1984. Acusado de expropriatório, o programa foi impugnado judicialmente. Em suma, a questão posta em juízo resumia-se a saber se uma regulação que exige que os recursos insuficientes para gerar ganhos líquidos para o cliente sejam depositados pelo advogado em uma conta IOLTA equivaleria a uma desapropriação. De início, a Corte estabeleceu a premissa de que o caso deveria ser julgado à luz da regra categórica do desapossamento permanente. Sob tal ângulo, considerou que os juros gerados pelos recursos depositados no fundo IOLTA seriam propriedade privada dos clientes, pelo que usá-los para o financiamento dos programas de assistência jurídica *pro bono* significaria um desapossamento. No entanto, ao final, afastaram a aplicação da regra categórica, tendo em vista que a justa compensação seria mensurada "pela perda pecuniária do proprietário, que, no caso, corresponderia a zero".[398] Assim, pode-se dizer que a regra categórica atualmente vigente na jurisprudência consiste em classificar como expropriatórias as regulações que implicam *a ocupação física ou desapossamento permanente com perda pecuniária superior a zero*.

O parâmetro decisório parece adequar-se à realidade jurídica brasileira. Com efeito, o nosso arcabouço constitucional de proteção do direito de propriedade é robusto o suficiente para que se conclua que as ocupações físicas e apossamentos com vocação de permanência

---

[397] *Brown v. Legal Foundation of Washington* 538 U.S. 216 (2003).
[398] No original, em inglês: "[b]ecause 'just compensation' is measured by the owner's pecuniary loss-which is zero" *Brown v. Legal Foundation of Washington* 538 U.S. 218 (2003). Traduzido livremente.

ensejam uma *violação qualitativa* muito severa a esse direito, uma vez que esvaziam por completo as faculdades dos proprietários (usar, possuir e dispor) em relação a determinada área de seu bem. Veja-se que as normas que impõem tal ônus ao proprietário se aproximam muito – e, por vezes, são idênticas – a desapropriações efetivadas mediante a transferência formal da titularidade ou do esbulho possessório. O fato de a perda física da propriedade decorrer de lei, de processo administrativo ou mesmo de esbulho governamental é irrelevante para o proprietário. O importante é que, excluído definitivamente de sua propriedade, ele sofre um dano especial, qualitativamente grave.

Destaca-se que o direito de excluir terceiros também constitui atributo essencial do direito de propriedade relacionado ao parâmetro ora analisado. Assim, por exemplo, lei que faculte o ingresso de turistas em arranha-céu privado para admirar a vista da cidade afastaria o direito de exclusividade sobre o bem, faculdade central do direito de propriedade. Corroborando essa assertiva, Carlos Ari Sundfeld ressalta que:

> [n]o modelo econômico fundado na propriedade, a apropriação, para consequente uso do bem, é fundamental. Ela pressupõe não só a possibilidade de os homens desfrutarem das coisas que lhes são oferecidas, como de fazê-lo com exclusividade. Necessário que outros não possam, concomitantemente, tomar do mesmo bem. A relação de propriedade tem o condão de afastar terceiros do seu seio, ao qual só serão admitidos por vontade do titular.[399]

Por aqui, não há de causar estranheza o entendimento de que a ocupação física definitiva é, em sua essência, equivalente a uma desapropriação. A doutrina administrativa, por exemplo, costuma pontuar que a servidão administrativa, decorrente de lei[400] ou ato administrativo, pode render ao proprietário direito à indenização. Aliás, a servidão administrativa decorrente de ato da Administração Pública já recebe tratamento de verdadeira desapropriação, eis que, nos termos do art. 40 do Decreto-Lei nº 3.365/41, só pode ser efetivada mediante indenização e de acordo com o trâmite estabelecido pelo ato normativo (desapropriação amigável ou judicial).

Contudo, decorrente de lei ou ato normativo da Administração, as servidões administrativas também não prescindem do devido processo

---

[399] SUNDFELD, Carlos Ari. Condicionamentos e Sacrifícios – distinções. *Revista Trimestral de Direito Público*, v. 4, p. 79-83, 1993, p. 82.
[400] Entendendo que a servidão administrativa pode decorrer de lei, v., por exemplo, DI PIETRO, Maria Sylvia Zanella. *Curso de Direito Administrativo*, p. 145.

expropriatório para que se materializem. Não obstante, nessa hipótese, o *iter* processual não será aquele definido pelo Decreto-Lei nº 3.365/41, podendo se operacionalizar perfeitamente no âmbito do processo legislativo[401] ou processo administrativo, conforme se sustentou no capítulo anterior. Relevante será o respeito aos direitos expropriados no curso do procedimento.

Portanto, o ato normativo que instituir uma servidão ou veicular qualquer outra norma que implique a ocupação física ou o desapossamento da propriedade será expropriatório. É verdade, porém, que a rigidez do critério, típico das regras categóricas, pode gerar algumas distorções quando concretamente aplicado. Uma delas já foi devidamente afastada pela Suprema Corte no caso *Brown v. Legal Foundation of Washington*, acima referido: quando a restrição impuser um prejuízo econômico equivalente a zero ao proprietário, a expropriação não ensejará o direito à indenização. É importante, porém, traçar algumas considerações sobre tal aspecto.

Primeiramente, ainda nas hipóteses de prejuízo zero, o regulador deverá ter o cuidado de proceder a uma análise prévia, de modo a demonstrar que os impactos econômicos da ocupação física ou do desapossamento são, no caso, inexistentes. É que, diante da qualidade expropriatória típica de tais atos normativos, a entidade regulatória não prescinde do dever de deflagrar um devido processo expropriatório, ainda que bastante simplificado e do qual resulte a decisão de editar a regulação desapropriatória gratuitamente. Tal dever decorre não só do imperativo art. 5º, inciso XXIV, da Constituição Federal, mas também do dever de motivação, que permeia a atividade normativa desenvolvida no exercício da função administrativa e legislativa.[402]

Ademais, é perfeitamente possível, como se pontuou em várias passagens deste trabalho, que as regulações que imponham ocupações físicas ou desapossamentos permanentes sem impacto econômico para a generalidade de pessoas gerem, em determinada situação específica, prejuízos concretos. De igual modo, atos normativos de impacto econômico ínfimo podem ser capazes de reduzir significativamente a esfera patrimonial de determinado indivíduo.

---

[401] Marçal Justen Filho adota posicionamento em sentido oposto: "(...) é evidente que, adotada a tese de que a instituição de servidão administrativa pode surgir diretamente de lei, não haveria cabimento do processo administrativo em tais hipóteses" (JUSTEN FILHO, Marçal. *Curso de Direito Administrativo*. 1. ed. São Paulo: Saraiva, 2005. p. 412).

[402] BARCELLOS, Ana Paula Gonçalves Pereira de. *Direito Constitucional a um devido procedimento na elaboração normativa*: direito a justificativa. Tese (Professor Titular) – Universidade do Estado do Rio de Janeiro. Rio de Janeiro, 2015.

Ilustra a hipótese lei municipal que permitisse a colocação gratuita de pequenas placas indicativas de ruas em imóveis particulares. O prejuízo suportado pelo particular, nesses casos, costuma ser tão insignificante que a doutrina administrativista brasileira reiteradamente se vale da hipótese para exemplificar as servidões administrativas gratuitas.[403] Todavia, é preciso cautela: é perfeitamente possível imaginar situações em que o referido normativo concretize um prejuízo relevante a determinado particular. Por exemplo, imagine-se que, em decorrência de lei nesse sentido, uma placa fosse colocada em imóvel cuja fachada tivesse sido integralmente coberta por pinturas de artistas urbanos. Nesse caso, o prejuízo seria manifesto.

Destaca-se, ainda, que a intensidade do impacto econômico do desapossamento permanente, embora não seja relevante para qualificar a regulação como expropriatória, não é elemento irrelevante no deslinde de tais casos. Note-se bem. Em primeiro lugar, o grau da redução patrimonial sofrida pelo proprietário excluído definitivamente de sua propriedade servirá, à evidência, à mensuração do *quantum* indenizatório devido. Mas não é só. Não parece adequado sustentar que toda regulação que, gratuitamente, imponha um desapossamento permanente com prejuízos econômicos ao proprietário mereça ser alijada do ordenamento jurídico diante de seu conteúdo expropriador.

Por certo, a consequência jurídica natural da violação aos requisitos constitucionais da desapropriação é a declaração de nulidade da medida e o pagamento de indenização pelos danos gerados no período de sua vigência. Contudo, como se ressaltou no capítulo 2, o juiz poderá entender pela manutenção da regulação como resultado do exercício ponderativo entre os interesses resguardados pela medida expropriadora e os prejuízos concretos sofridos pelo proprietário. Se, por exemplo, a perda patrimonial apresentar valor superior a zero, porém baixo, a regulação, ainda assim, deverá ser considerada expropriatória. Não obstante, se o interesse protegido pela norma for legítimo e especialmente relevante, a ponderação poderá recomendar a manutenção da norma no ordenamento jurídico, condicionada, porém, ao pagamento de indenização ao particular.

Assim, em segundo lugar, a intensidade do impacto econômico assume relevante papel na decisão quanto à aceitação da indenização como alternativa à invalidade da norma. Um bom exemplo é a norma

---

[403] Nesse sentido, cf. GASPARINI, Diógenes. *Direito Administrativo*. 7. ed. São Paulo: Saraiva, 2002. p. 612.

regulatória que determina a obrigação do particular de suportar gratuitamente em sua propriedade instalações de geração, transmissão e distribuição de energia elétrica, por concessionários, permissionários e autorizados.[404] *In casu*, haveria ocupação física permanente da propriedade privada, atraindo a incidência do parâmetro material em questão. Ressalvada a hipótese de autorização prévia do particular, o caráter expropriador da norma permitiria seu questionamento judicial. Contudo, diante do especial interesse público protegido pela norma e do diminuto impacto econômico gerado, parece mais adequada a decisão judicial que condenasse a concessionária ao pagamento de indenização proporcional aos prejuízos suportados pelos proprietários do que aquela que declare a nulidade da medida regulatória e a consequente retirada do equipamento necessário à universalização e continuidade do serviço público.

Em ações abstratas declaratórias de inconstitucionalidade de regulações como essas, porém, a solução ideal passa pelo estabelecimento da condição de observância do trâmite desapropriatório simplificado e do pagamento de indenização prévia como pressupostos procedimentais à passagem de fios e colocação de postes. Para tanto, o julgador pode valer-se de diferentes técnicas de julgamento, como, por exemplo, a declaração de inconstitucionalidade da expressão "gratuitamente" (declaração de inconstitucionalidade parcial).[405]

Assim, por mais que se possa sustentar, sob um enfoque qualitativo da ação estatal, que as ocupações físicas ou desapossamentos permanentes decorrentes de atos normativos constituem expropriações *per se*, o intérprete não pode ignorar intensidade do impacto econômico da regulação na análise da norma. Ademais, a aplicação do parâmetro em questão não prescinde da interação com outros critérios materiais, tampouco da avaliação das especificidades do caso concreto. Por essa razão, o *Justice* Harry Andrew Blackmun, ao manifestar dissidência ao voto majoritário proferido em *Loretto*, rechaçou a aplicação do parâmetro como fator determinante para a qualificação da regulação como expropriatória:

---

[404] Ressalte-se que, no Brasil, a instituição de servidões administrativas necessárias à implantação de instalações de geração, transmissão e distribuição de energia elétrica por concessionários, permissionários e autorizados é realizada por meio do procedimento desapropriatório do Decreto-Lei n° 3.365/41 (Resolução Normativa n° 560/2013 da ANEEL).
[405] MENDES, Gilmar; BRANCO, Paulo. *Curso de Direito Constitucional*. 5. ed. São Paulo: Saraiva, 2010. p. 1.422-1.423.

Em suma, a história ensina que os casos de regulações expropriatórias são avaliados a partir de um teste de equilíbrio multifatorial. Ao estabelecer que toda 'ocupação física permanente' enseje automaticamente o direito a receber uma compensação, 'sem considerar se a regulação efetiva um benefício público importante ou se implica um impacto econômico mínimo para o proprietário, a Corte, além de não fazer justiça, encoraja os litigantes a manipular suas alegações factuais para serem beneficiados pela regra categórica.[406]

Para ilustrar como a interação com outros parâmetros pode ser determinante para a solução final, cabe trazer à colação o seguinte exemplo do direito alemão, apresentado por Hartmut Maurer.[407] De acordo com a Lei de Imprensa Estadual de Hessen, todas as editoras do estado estavam obrigadas a doar um exemplar de cada livro editado à biblioteca estadual central. Uma editora ingressou em juízo contra a regulação, sustentando que, por produzir livros raros e em pequena escala, teria sofrido um prejuízo equivalente a uma expropriação. Entendendo que a regulação, no caso, produziria "um agravamento desproporcional e anti-igualitário",[408] o Tribunal Constitucional Alemão acolheu o pleito expropriatório.

Contudo, insta notar que, sob o enfoque qualitativo da regra categórica do desapossamento, a lei seria expropriatória em relação a todas as editoras, e não apenas àquela que sofrera um dano desproporcional. Todavia, reconduzindo o exame da questão ao critério do impacto econômico, é possível sustentar que a possibilidade de absorção dos custos gerados pelo encargo regulatório – mediante, por exemplo, transferência dos custos ao preço final do produto – reduziria o impacto econômico da medida a zero, afastando qualquer alegação de prejuízo por parte das editoras em geral.

Por fim, cumpre assinalar que o parâmetro da ocupação física ou desapossamento permanente, embora relevante para o equacionamento da questão expropriatória, não gera maiores perplexidades. Com efeito, o critério tem mérito de facilitar a identificação do conteúdo expropriatório

---

[406] No original, em inglês: "[i]n sum, history teaches that takings claims are properly evaluated under a multifactor balancing test. By directing that all 'permanent physical occupations' automatically are compensable, 'without regard to whether the action achieves an important public benefit or has only minimal economic impact on the owner,' ante at 458 U. S. 434-435, the Court does not further equity so much as it encourages litigants to manipulate their factual allegations to gain the benefit of its per se rule" (Page 458 U. S. 451). Traduzido livremente.
[407] MAURER, Hartmut. Direito administrativo geral. 14. ed. Tradução de Luís Afonso Heck. Barueri: Manole, 2006.
[408] BVerfGE 58, 137.

do ato, o que, aliás, foi um dos argumentos utilizados pela Suprema Corte para qualificá-lo como regra categórica de julgamento. Como assinalou o *Justice* Marshall no voto proferido em *Loretto*:

> (...) a regra também evita as dificuldades relacionadas ao tracejar da linha [entre regulação e expropriação] (...) É fácil provar se uma ocupação física permanente ocorreu. A colocação de uma estrutura física na propriedade alheia é um fato óbvio que dificilmente se mostrará controvertido.[409]

Contudo, se, por um lado, o *standard* examinado neste item não requer análise aprofundada, por outro, os parâmetros listados na sequência apresentam uma teia de complexidades, cuja análise demanda atenção, zelo e uma boa dose de coragem.

3.2.1.2 O esvaziamento econômico e prático da propriedade

Se a primeira regra categórica estabelecida pela jurisprudência norte-americana (ocupação física ou desapossamento permanente) implicaria, no entendimento da Suprema Corte, uma avaliação *qualitativa* do encargo imposto pela regulação, a segunda, em contraste, requer uma análise predominantemente *quantitativa* dos impactos da ação governamental. Trata-se da regra do *esvaziamento econômico e prático da propriedade*.

A regra categórica foi estabelecida pela Suprema Corte no famoso caso *Lucas v. South Carolina Coastal Council*.[410] O caso, referido no capítulo 1, será agora retomado e aprofundado. Em 1986, David Lucas comprou os dois últimos lotes não construídos do condomínio *Wild Dunes* na costa do estado da Carolina do Sul. Em 1988, porém, o chamado *The Beachfront Management Act* interrompeu abruptamente os planos do proprietário. A lei estadual passou a proscrever novas construções na área em que estavam inseridos os terrenos de Lucas.

Ocorre que, ao longo da chamada *zona morta* (área delimitada pela legislação), já existiam dezenas de casas, fazendo com que os dois terrenos vazios de Lucas parecessem dois buracos na longa cerca de desenvolvimento formada por condomínios e casas espaçosas.[411] A

---

[409] *Page* 458 U.S. 436- 437.
[410] *Lucas v. South Carolina Coastal Council*, 505 U.S. 1003 (1992).
[411] FISCHEL, William A. *Regulatory takings*: Law, economics and politics. Cambridge: Harvard U. Press, 2014. p. 60-61.

legislação não determinava a demolição das construções já existentes, cingindo-se a proibir a reconstrução na hipótese de destruição causada por fenômenos naturais ou humanos. Inconformado com os prejuízos sofridos pela regulação, Lucas ingressou em juízo contra o Conselho da Costa de Carolina do Sul (*South Carolina Coastal Council*), alegando que:

[...] embora a legislação possa ser qualificada como legítimo exercício do poder de polícia, a proibição de novas construções o teria privado de todo 'uso economicamente viável' de sua propriedade e, assim, ensejado uma expropriação de acordo com a quinta e a décima quarta emendas da Constituição, que impõem o pagamento de uma indenização justa.[412]

Em primeira instância, o caso foi julgado procedente, sob o argumento de que a regulação teria ensejado o completo esvaziamento econômico da propriedade. A Suprema Corte Estadual, no entanto, reformou o julgado e, com fundamento na ideia de que nenhum indivíduo teria "o direito de usar sua propriedade a fim de criar um incômodo ou de outra forma prejudicar os outros",[413] negou o caráter expropriatório da regulação e, portanto, qualquer direito indenizatório a Lucas.

Em 1992, o caso chegou à jurisdição da Suprema Corte. O *Justice* Antonin Scalia, responsável pelo voto condutor, analisou com profundidade uma variedade de questões pertinentes ao exame de parâmetros formulados em precedentes anteriores que haviam se valido da metodologia *ad hoc* – como, por exemplo, os critérios do propósito público da regulação e da proteção das expectativas legítimas do proprietário. Porém, a maior contribuição do voto de Scalia foi o estabelecimento da regra categórica do esvaziamento econômico e prático da propriedade, segundo a qual toda regulação que negue ao proprietário a funcionalidade ou a finalidade econômica do bem será invariavelmente expropriatória.[414]

---

[412] No original, em inglês: "(...) *even though the Act may have been a lawful exercise of the State's police power, the ban on construction deprived him of all 'economically viable use' of his property and therefore effected a 'taking' under the Fifth and Fourteenth Amendments that required the payment of just compensation*" (505 U.S. 1003 (1992), Syllabus). Traduzido livremente.

[413] No original, em inglês: "(...) *no individual has a right to use his property so as to create a nuisance or otherwise harm others (...)*" (505 U.S. 1051 (1992)). Traduzido livremente.

[414] No original, em inglês: "*Regulations that deny the property owner all 'economically viable use of his land' constitute one of the discrete categories of regulatory deprivations that require compensation without the usual case specific inquiry*" (Lucas v. South Carolina Coastal Council 505 U.S. 1004 (1992)). O trecho correspondente na tradução é: "Regulações que negam o proprietário todo o 'uso economicamente viável de sua terra' constitui um das distintas categorias de privações regulatórias que requerem compensação sem a usual inquirição específica do caso".

Desse modo, a Suprema Corte rechaçou a inquirição *ad hoc*, tendo decidido o caso exclusivamente com base na regra categórica concebida. O parâmetro, vale destacar, já havia sido aventado em outros precedentes, inclusive referidos pela Suprema Corte para reforçar a decisão.[415] Contudo, foi somente em *Lucas* que o critério foi alçado à regra apriorística.

A formulação da regra categórica apoiou-se, fundamentalmente, no argumento da equivalência prática entre a privação de todo uso economicamente viável e a apropriação do bem.[416] A despeito da consistência dos argumentos manejados pelo relator, houve considerável resistência por parte de outros juízes.[417] Dentre os votos dissidentes, destaca-se o formulado pelo *Justice* Harry Andrew Blackmun, que encarou com ceticismo a premissa de que a regulação havia esvaziado a funcionalidade e o valor econômico da propriedade de Lucas. Conforme consta em seu voto minoritário, embora a regulação impedisse que o proprietário erigisse qualquer tipo de construção em seus lotes, não seria possível afirmar que a propriedade estaria totalmente despida de utilidade. Em suas palavras, o proprietário ainda poderia usar os lotes para "fazer um piquenique, nadar, acampar ou viver em um trailer"[418] [419] e ainda teria retido "o direito de alienar a terra, que poderia ter valor para os vizinhos e para aqueles que apreciam a proximidade com o oceano, mesmo sem uma casa".[420]

---

[415] *Lucas v. South Carolina Coastal Council*, 505 U.S.1015 (1992).
[416] *Lucas v. South Carolina Coastal Council*, 505 U.S.1018, 1019 (1992).
[417] A maioria da Corte – William Hubbs Rehnquist, Byron Raymond White e Clarence Thomas – votou com Antonin Scalia. Votaram em sentido contrário (*dissent*) tanto Harry Andrew Blackmun quanto John Paul Stevens, que redigiram seus próprios votos. Quanto à Anthony M. Kennedy e David H. Souter, estes concordaram com o sentido da decisão, mas discordaram da fundamentação (*concurrence*), tendo cada um apresentado a que entendia ser a melhor.
[418] No original, em inglês: "*Petitioner can picnic, swim, camp in a tent, or live on the property in a movable trailer*" (505 U.S. 1044 1992). Traduzido livremente.
[419] Sobre esse ponto, cabe fazer uma interessante colocação. Fischel buscou verificar se os usos hipotéticos dos lotes apresentados por Blackmun seriam, de fato, possíveis. Para tanto, visitou o local em 1994 e obteve as seguintes informações do então diretor do Conselho de Revisão Arquitetônica de Wild Dunes: (i) a convenção condominial expressamente proibia os proprietários de acampar ou viver em *trailers*; e (ii) não seria possível dizer que nadar e realizar piqueniques seriam atividades valiosas para Lucas. Isso porque, não obstante a inexistência de qualquer proibição nesse sentido, qualquer pessoa que quisesse praticar tais atividades na região poderia se valer da extensa praia localizada de fronte ao condomínio sem qualquer custo.
[420] No original, em inglês: "*Petitioner also retains the right to alienate the land, which would have value for neighbors and for those prepared to enjoy proximity to the ocean without a house*" (Id. 1044). Traduzido livremente.

CAPÍTULO 3 | 163
PARÂMETROS MATERIAIS DE IDENTIFICAÇÃO: EM BUSCA DO FIO DO NOVELO

Sem dúvida, a aplicação da regra categórica apresenta dificuldades, especialmente interpretativas. Tendo em vista a complexidade e a importância de tais questões, passa-se à análise pontual de cada uma delas.

Antes, contudo, cumpre fazer um esclarecimento. Há pontos de interseção evidentes entre os problemas suscitados pela regra categórica em apreço e o parâmetro do impacto econômico da regulação, analisado mais à frente. Afinal, a análise de ambos os critérios pressupõe uma avaliação preponderantemente quantitativa dos impactos regulatórios sobre a propriedade. Contudo, para preservar a metodologia de análise estabelecida, o parâmetro do impacto econômico da regulação será analisado no item relativo aos critérios *ad hoc* de julgamentos formulados pela Suprema Corte.[421]

3.2.1.2.1 Análise dos usos alternativos da propriedade: a funcionalidade do direito de propriedade e as expectativas legítimas do titular

Em *Lucas*, o *Justice* Scalia não cedeu aos argumentos no sentido de que, apesar das consequências severas da regulação, ainda remanesceria algum valor prático e econômico da propriedade. Como se destacou acima, o *Justice* Blackmun entendeu relevantes para a aferição do esvaziamento da utilidade da propriedade os usos recreativos alternativos e o valor econômico resultante de eventual venda da propriedade para vizinhos interessados em manter a vista para o mar.

Com efeito, se a regra categórica concebida no caso pressupõe o cerceamento total da utilidade econômica e funcional do bem, não é de se espantar que alegações quanto a possíveis usos remanescentes tenham sido empregadas para contestar a aplicação da regra ao caso. Modo geral, pode-se dizer que as ponderações de Blackmun eram realistas: mesmo após a edição da regulação, Lucas ainda poderia vender a propriedade[422] ou dela se valer para fins recreativos.[423]

---

[421] Vide item 3.2.2.
[422] A possibilidade de alienar o bem para vizinhos, cogitada em tese por Blackmun, acabou, ao fim, mostrando-se verdadeira na prática. Conforme se relatou no capítulo 1, antes que a indenização concedida judicialmente pudesse ser fixada, o estado da Carolina do Sul conseguiu celebrar com Lucas um acordo, mediante o qual adquiriu ambos os lotes. Posteriormente, o proprietário de uma das casas vizinhas fez uma oferta de compra dos terrenos, com a promessa de mantê-los livre de qualquer construção. Assim, restou comprovado que, do ponto de vista estritamente econômico, a propriedade de Lucas, mesmo após a propagação dos efeitos regulatórios, ainda apresentava algum valor.
[423] Sobre esse ponto, cabe fazer uma interessante colocação: William Fischel, ao analisar o caso, decidiu verificar se os usos hipotéticos dos lotes apresentados por Blackmun seriam, de

Porém, ainda assim, o resultado do julgado em questão parece correto. É que a análise quanto à privação do uso do bem deve levar em conta tanto a sua *funcionalidade* como as expectativas legítimas do proprietário em relação ao bem. O uso funcional do bem, nas palavras de Celso Antônio Bandeira de Mello, está relacionado "à aptidão natural do bem em conjugação com a destinação social que cumpre, segundo o contexto em que esteja inserido".[424] Trata-se da análise da propriedade sob a sua concepção natural e social, conforme explicado no capítulo 1.

Assim, o primeiro equívoco que se observa no raciocínio de Blackmun está em considerar relevantes usos secundários e até mesmo inviáveis da propriedade. O mesmo pode-se dizer quanto à importância por ele atribuída ao valor patrimonial do bem. Ressalvadas as hipóteses em que o bem se destina exclusivamente à geração de riqueza, o conteúdo funcional da propriedade não se confunde com a sua significação econômica.[425]

A noção de funcionalidade do bem não é estranha à doutrina brasileira. Autores importantes destacaram a sua importância na aferição da indenizabilidade de atos administrativos e normativos restritivos do direito de propriedade.[426] Contudo, a avaliação do esvaziamento da utilidade do bem não pode ficar aprisionada à ideia de destinação natural e social do bem. O parâmetro demanda, ainda, a análise quanto às expectativas nutridas pelo particular em relação ao uso da propriedade. Assim, a confiança legítima do proprietário – embora constitua parâmetro autônomo de expropriabilidade, ao qual se dedicará item próprio neste

---

fato, possíveis. Para tanto, visitou o condomínio Wild Dunes em 1994 e obteve as seguintes informações do então diretor do Conselho de Revisão Arquitetônica: (i) a convenção condominial expressamente proibia os proprietários de acampar ou viver em *trailers*; e (ii) não seria possível dizer que nadar e realizar piqueniques seriam atividades valiosas para Lucas. Isso porque, não obstante a inexistência de qualquer proibição nesse sentido, qualquer pessoa que quisesse praticar tais atividades na região poderia se valer da extensa praia localizada de fronte ao condomínio sem qualquer custo.

[424] MELLO, Celso Antônio Bandeira de. Natureza jurídica do zoneamento – Efeitos. *Revista de Direito Público*, 61/39, 1982, p. 29.

[425] Ressalve-se, porém, que o valor econômico remanescente do terreno, embora não deva ser, em casos como o ora analisado, utilizado para identificar o caráter expropriatório da regulação, não pode ser ignorado na quantificação do valor indenizatório.

[426] *E.g.*: BAPTISTA, Patrícia. Limitação e Sacrifícios de Direito: O conteúdo e as Conseqüências dos Atos de Intervenção da Administração Pública sobre a Propriedade Privada. *Revista de Direito*, Rio de Janeiro, v. 7, p. 45-66, 2003; SUNDFELD, Carlos Ari. Condicionamentos e Sacrifícios – distinções. *Revista Trimestral de Direito Público*, v. 4, p. 79-83, 1993; e BINENBOJM, Gustavo. Regulações expropriatórias, *Revista Justiça e Cidadania*, n. 117, 2010. Disponível em: http://www.editorajc.com.br/2010/04/regulacoes-expropriatorias/. Acesso em: 29 ago. 2016.

capítulo[427] – também não pode ser ignorada no exame da privação do uso do bem.

Poder-se-ia argumentar que a expectativa que o proprietário possui quanto ao uso do bem é moldada pela destinação que, objetivamente, dele se espera. É verdade que, na maioria dos casos, tais aspectos estão entrelaçados. Porém, isso nem sempre é verdade. Para tornar mais explícito o que se quer dizer, tome-se, como exemplo, a situação narrada por Carlos Ari Sundfeld quando do exame do critério da funcionalidade: "A proibição de construir em terreno urbano, por impedir o uso viável, atinge a garantia constitucional e gera sacrifício".[428] *A contrario sensu*, poder-se-ia dizer que, em geral, é legítima a norma urbanística que proíbe o exercício de atividade agrícola ou pastoril em terreno urbano.

De fato, as propriedades localizadas no núcleo urbano destinam-se ao desenvolvimento de seu potencial construtivo,[429] sendo igualmente certo que aptidão social das propriedades insertas em áreas rurais é servir ao exercício da agropecuária. Contudo, é possível imaginar situações em que o governo promova uma política de fomento a determinado uso da propriedade que contraria a sua funcionalidade típica.

Por exemplo, suponha-se que determinado município passe a incentivar o exercício da agricultura orgânica, inclusive em terrenos urbanos, com o intuito de proteger a saúde das pessoas e promover, em alguma medida, a função social de propriedades não edificadas. Para tanto, alteram-se normas urbanísticas e são concedidas isenções fiscais. Suponha agora que Fernando, um empresário voltado a atividades socialmente sustentáveis, vislumbre no novo arcabouço regulatório a chance de desenvolver um projeto de vida capaz de promover, concomitantemente, seus dois maiores interesses: geração de riqueza e propagação do ideal do veganismo. Para tanto, ele adquire um terreno urbano vazio, investe em técnicas de agricultura orgânica e adquire todos os insumos necessários ao plantio. Antes da primeira colheita, porém, o governo "*muda de ideia*" e revoga todo o programa, reeditando o esquema regulatório anterior – que expressamente proíba o desenvolvimento de atividades agrícolas e pecuárias em todo o território municipal.

Nesse caso, a política urbanística infundiu no proprietário a expectativa de que poderia destinar uma propriedade localizada em pleno centro urbano ao uso agrícola. Com base nessa crença, desenvolvida

---
[427] Vide item 3.2.2.1.
[428] SUNDFELD, Carlos Ari. Condicionamentos e Sacrifícios – distinções. *Revista Trimestral de Direito Público*, v. 4, p. 82, 1993.
[429] Esse é, aliás, o fundamento valorativo do art. 182, §4º, da Constituição Federal.

com base em um comportamento do próprio ente federativo, Fernando realizou um investimento e passou a usar a propriedade para gerar riqueza e, ao mesmo tempo, concretizar valores existenciais. Assim, parece claro que a revogação do programa gerou, do ponto de vista do proprietário – construído, repise-se, com fundamento em política de fomento formulado pelo município – o esvaziamento da utilidade prática da propriedade. Portanto, *in casu*, a destinação tipicamente urbana da propriedade não poderia ser invocada para barrar o pleito expropriatório da *atividade econômica* desenvolvida por Fernando no bem, independentemente do valor econômico e das utilidades remanescentes da propriedade.

Além disso, o parâmetro da proteção da confiança legítima serve para frear as tentativas estatais de funcionalizar a propriedade privada a finalidades exclusivamente públicas sob alegações fluidas de "aptidão natural e social do bem". Imagine-se, por exemplo, que o ordenamento jurídico de determinado país permita a construção em certa área rural, condicionada, porém, ao cumprimento de uma série de restrições – como, por exemplo, manter o percentual mínimo de 20% da vegetação nativa.[430] Um grupo de empresários, diante do potencial lucrativo do negócio, une-se para construir, no local, um empreendimento hoteleiro, ao lado de vários outros *resorts* já existentes na região. Para tanto, adquire uma propriedade extensa, elabora um projeto sustentável, em observância às regras ambientais em vigor, e requer todos os licenciamentos legalmente exigidos. Porém, enquanto aguarda a tramitação dos processos administrativos, o governo altera a legislação ambiental incidente sobre a região, que passa a proibir a supressão de qualquer vegetação nativa sob o argumento de que "toda forma de vegetação nativa é bem de interesse comum do povo, exercendo-se os direitos de propriedade de acordo com tal destinação natural e social".[431] Como era de esperar, o Poder Público, com base na

---

[430] No Brasil, a Lei n° 12.651, de 25 de maio de 2012, determina, em seu artigo 12, que "todo imóvel rural deve manter área com cobertura de vegetação nativa, a título de Reserva Legal, sem prejuízo da aplicação das normas sobre as Áreas de Preservação Permanente, observados os seguintes percentuais mínimos em relação à área do imóvel, excetuados os casos previstos no art. 68 desta Lei: I – localizado na Amazônia Legal: a) 80% (oitenta por cento), no imóvel situado em área de florestas; b) 35% (trinta e cinco por cento), no imóvel situado em área de cerrado; c) 20% (vinte por cento), no imóvel situado em área de campos gerais; II – localizado nas demais regiões do País: 20% (vinte por cento)".

[431] Veja-se a redação do art. 2° da Lei n° 12.651/2012: "Art. 2°. As florestas existentes no território nacional e as demais formas de vegetação nativa, reconhecidas de utilidade às terras que revestem, são bens de interesse comum a todos os habitantes do País, exercendo-se os

nova lei, nega ao proprietário o direito de construir o empreendimento, deixando claro, ainda, que nada poderá ser erguido na propriedade.

À evidência, a vedação operada pela mudança legislativa frustrou as expectativas que os proprietários haviam depositado na preservação da norma que sempre deu abrigo a construções similares, operando, sob a sua ótica, a perda completa da funcionalidade do bem. Nesse caso, não seria legítimo invocar a *"destinação natural"* das propriedades que abrigam vegetação nativa para barrar a reivindicação expropriatória dos proprietários. O governo até pode decidir que as propriedades que abrigam vegetação nativa destinam-se naturalmente à sua preservação, mas há de fazê-lo de forma responsável, arcando com os custos de tal opção.

Repise-se que o parâmetro da proteção da confiança legítima será retomado e analisado em item separado. Por ora, cabe estabelecer que, além do valor econômico e da funcionalidade do bem, não é possível abstrair do exame do critério do esvaziamento econômico da propriedade considerações sobre as expectativas razoáveis do proprietário.

3.2.1.2.2 O "problema do denominador" e a pseudossolução da *parcel as a whole rule*

A regra categórica do aniquilamento econômico e prático da propriedade ainda enseja uma grande incerteza: como definir os limites da unidade da propriedade que será considerada para avaliar se houve um esvaziamento econômico total? A questão, comumente referida como *"problema do denominador"*,[432] foi reconhecida em *Lucas* pelo *Justice* Scalia:

> Lamentavelmente, a retórica força de nossa regra da 'privação de todo uso viável economicamente' é maior do que sua precisão, pois a regra não esclarece a 'participação proprietária' contra a qual a perda de valor deve ser medida. Quando, por exemplo, uma regulação requer a

---

direitos de propriedade com as limitações que a legislação em geral e especialmente esta Lei estabelecem".

[432] A Suprema Corte dos Estados Unidos costuma utilizar a expressão "denominador" para descrever a propriedade que será considerada a totalidade da parcela atingida pela regulação expropriatória. Cf., por exemplo, *Keystone Bituminous Coal Ass'n v. DeBenedictis*, 480 U.S 470, 497 (1987). O termo foi originalmente concebido por Frank Michelman. Para o autor, o Judiciário teria a tarefa de analisar o impacto econômico da regulação na propriedade considerando uma fração, em que o numerador seria o valor da redução patrimonial sofrida, e o denominador, o valor da propriedade antes da edição da regulação (MICHELMAN, Frank I. Property, Utility and Fairness: Comments on the Ethical Foundations of Just Compensation Law. *Harvard Law Review*, v. 80, n. 6, 1967, p. 1.192).

um empreendedor que deixe 90% da sua gleba rural intocada, não está claro se devemos analisar a situação como aquela na qual o proprietário foi privado de todo uso benéfico economicamente da sobrecarregada parcela da gleba, ou como aquela na qual o proprietário sofreu uma mera diminuição do valor da gleba como um todo.[433]

A dificuldade está diretamente relacionada ao problema teórico do direito de propriedade denominado *rompimento conceitual*.[434] A propriedade pode ser subdividida fisicamente em diferentes segmentos verticais, horizontais e temporais,[435] e, conceitualmente, em diferentes componentes funcionais.[436] Se cada um desses interesses for considerado uma propriedade em si, qualquer regulação que enseje o esvaziamento de qualquer um deles suscitará a aplicação do critério do esvaziamento econômico total da propriedade. A regra do esvaziamento total, nesse sentido, transformaria a cláusula expropriatória em uma regra de *"bolso fundo"*.[437] A questão, em verdade, dificulta a aplicação não só da regra categórica em apreço, mas também qualquer análise de intensidade do impacto econômico.

Em *Penn Central Transportation Co. v. New York City*, tentou-se solucionar o problema com o estabelecimento de uma regra geral, denominada de *parcel as a whole rule*, segundo a qual o denominador que serviria de base para se saber se a propriedade restou ou não esvaziada pela regulação deve corresponder à "propriedade como um todo". Contudo, se a propriedade comporta subdivisões e se cada componente dessa divisão puder ser considerado uma propriedade em si – ou seja, *um todo* –, a afirmação mostra-se pouco útil.

---

[433] No original, em inglês: *"Regrettably, the rhetorical force of our 'deprivation of all economically feasible use' rule is greater than its precision, since the rule does not make clear the 'property interest' against which the loss of value is to be measured. When, for example, a regulation requires a developer to leave 90% of a rural tract in its natural state, it is unclear whether we would analyze the situation as one in which the owner has been deprived of all economically beneficial use of the burdened portion of the tract, or as one in which the owner has suffered a mere diminution in value of the tract as a whole"* (505 U.S. 1016 (1992) n.7). Traduzido livremente.

[434] RADIN, Margaret Jane. The liberal conception of property: cross currents in the jurisprudence of takings, *Columbia Law Review*, v. 88, n. 8, dez. 1988, p. 1.667-1.676.

[435] No original, em inglês: *"Horizontal refers to land surface ('metes and bounds'); vertical to air space and subsurface rights; and temporal to past and future uses of land"* (SIEGAL, Daniel L. How the history and purpose of the regulatory takings doctrine help to define the parcel as a whole. *Vermont Law Review*, 36 Vt. L. Rev 603, 2011-2012, p. 604). Traduzido livremente.

[436] DANA, David A.; MERRILL, Thomas W. *Property Takings*. New York: Foundation Press, 2002. p. 82.

[437] A expressão é de FEE, John. The takings Clause as comparative right, 76 *Southern California Law Review*, 2003, p. 1.033.

O problema é potencializado se o direito de propriedade for compreendido como um *conjunto de direitos (bundle of rights)*. Nessa perspectiva, analisada no capítulo 1, o bem deixa de ser o elemento nuclear do direito de propriedade, que passa a ser constituído por uma multiplicidade de direitos (*sticks*) decorrentes das variadas relações jurídico-sociais estabelecidas entre sujeitos.

Fica fácil perceber, assim, como a regra da propriedade como um todo pode ser enfraquecida. Os proprietários que reivindicam a ocorrência de expropriação regulatória podem segmentar conceitualmente a propriedade a fim de que a parcela impactada seja considerada um *todo*. Em linhas gerais, a ruptura conceitual da propriedade pode acabar gerando o resultado extremo de que toda regulação que recaia sobre qualquer porção do bem constituiria uma expropriação dessa parcela específica, separadamente considerada.[438]

O comportamento estratégico dos litigantes para subverter a regra ficou evidente quando do julgamento do caso *Concrete Pipe & Products of Cal., Inc. v. Construction Laborers Pension Trust for Southern Cal.*[439] A demandante tentou estabelecer a tese de que uma lei federal que impunha a companhias a obrigação de pagar uma quantia pela retirada de valores de determinado fundo de pensão constituiria uma expropriação total da propriedade: "A propriedade da Concrete Pipe que é tomada é tomada em sua inteireza".[440] A Suprema Corte, no entanto, rechaçou as alegações da autora, tendo afirmado peremptoriamente que a aplicação do critério do impacto econômico requer uma análise dos prejuízos gerados pela regulação em toda a companhia:[441]

> (...) parte da propriedade de um reclamante não poderia ser dividida no que foi expropriado e no que foi deixado com a finalidade de demonstrar que a expropriação ainda seria completada e então compensável. Na medida em que qualquer parcela de propriedade é expropriada, essa parcela é sempre expropriada em sua totalidade; a pergunta relevante, no entanto, é se a propriedade expropriada é toda a – ou somente parte da – parcela em questão.[442]

---

[438] RADIN, Margaret Jane. The liberal conception of property: cross currents in the jurisprudence of takings, *Columbia Law Review*, v. 88, n. 8, dez. 1988, p. 1.667-1.676.

[439] *Concrete Pipe & Products of Cal., Inc. v. Construction Laborers Pension Trust for Southern Cal.*, 508 U.S. 602 (1993).

[440] *Id. at 643*.

[441] *Id. at 645*.

[442] No original, em inglês: "(...) *a claimant's parcel of property could not first be divided into what was taken and what was left for the purpose of demonstrating the taking of the former to be complete and hence compensable. To the extent that any portion of property is taken, that portion is always*

A questão pode se revelar ainda mais obscura diante de alegações expropriatórias por parte de empresa integrante de grupo econômico. Considerar-se-ia como unidade econômica o conjunto de empresas ou apenas a empresa sobre a qual a regulação impactou diretamente? Ou ainda: os impactos regulatórios sobre determinada atividade econômica desenvolvida secundariamente por uma empresa podem ser aferidos sem que se leve em conta as demais atividades desenvolvidas?

A regra também pode gerar prejuízos para o proprietário que, em questionamentos administrativos ou judiciais, erra ao indicar como unidade da propriedade uma extensão maior do que a "parcela relevante".[443] Em *Palazzolo v. Rhode Island*,[444] por exemplo, a Suprema Corte dos Estados Unidos afastou o caráter expropriatório do *Programa de Gerenciamento da Costa de Rhode Island*,[445] em razão exatamente de o proprietário ter deixado de veicular nas instâncias ordinárias o argumento de que as "áreas secas" contíguas à costa – igualmente de sua propriedade – seriam distintas da área costeira cujo desenvolvimento lhe fora negado pelo ato impugnado. Assim, partindo da premissa de que a parcela em questão agregava toda a extensão de terras do demandante, a Suprema Corte entendeu que as áreas distantes da costa retinham valor suficiente para resguardar o conteúdo econômico da propriedade considerada em sua integralidade.[446]

---

taken in its entirety; the relevant question, however, is whether the property taken at all, or only a portion of, the parcel in question" (Id. at 644). Traduzido livremente.

[443] *Twain Harte Associates, Ltd. v. County of Tuolumne*, 265, Cal, 737, 745 (1990).

[444] *Palazzolo v. Rhode Island*, 533 U.S. 606 (2001).

[445] O programa limitava o uso de propriedades costeiras ao desenvolvimento de atividades "voltadas ao interesse público" (*Palazzolo v. Rhode Island*, 533 U.S. 606 (2001)).

[446] No original, em inglês: *"The State Supreme Court did not err in finding that petitioner failed to establish a deprivation of all economic use, for it is undisputed that his parcel retains significant development value. Petitioner is correct that, assuming a taking is otherwise established, a State may not evade the duty to compensate on the premise that the landowner is left with a token interest. This is not the situation in this case, however. A regulation permitting a landowner to build a substantial residence on an 18-acre parcel does not leave the property 'economically idle.' Lucas, supra, at 1019. Petitioner attempts to revive this part of his claim by arguing, for the first time, that the upland parcel is distinct from the wetlands portions, so he should be permitted to assert a deprivation limited to the latter. The Court will not explore the point here. Petitioner did not press the argument in the state courts, and the issue was not presented in his certiorari petition. The case comes to the Court on the premise that petitioner's entire parcel serves as the basis for his takings claim, and, so framed, the total deprivation argument fails"* (*Palazzolo v. Rhode Island*, 533 U.S. 606, 631 (2001)). O trecho correspondente na tradução é: "A Suprema Corte do Estado não errou ao concluir que o reclamante falhou em demonstrar a privação de todo o uso econômico, pois é incontroverso que sua parcela reteve significativo valor de desenvolvimento. O reclamante está correto que, assumindo a ocorrência de uma desapropriação de outro modo, o Estado não pode escapar de seu dever de compensar na premissa de que o proprietário é deixado com uma participação simbólica. Entretanto, está não é a situação do caso. Uma regulação

Apesar dos constantes questionamentos à noção de propriedade como um todo,[447] em 2002, a Suprema Corte baseou sua decisão em *Tahoe-Sierra Preservation Council, Inc. v. Tahoe Regional Planning Agency*[448] fundamentalmente na *parcel as a whole rule*. No caso, a Corte aplicou a regra para afastar o caráter expropriatório de uma regulação com efeitos temporários, sustentando que a ideia de propriedade como um todo não apresentaria apenas uma dimensão geográfica, mas também uma dimensão temporal.[449] Assim, concluiu que a regulação que impedia o exercício do direito de construir por um período determinado não teria implicado sacrifício, eis que o bem reteria valor como resultado de seu potencial construtivo futuro.[450]

Embora a Suprema Corte tenha reafirmado a regra da propriedade como um todo, a questão permanece não resolvida: como se deve definir o denominador? O problema torna-se ainda mais complexo diante de propriedades contínuas. Sobre o ponto, é ilustrativo o exemplo de Daniel L. Siegal:[451] um proprietário de terras compra lotes contíguos, mas registrados em escrituras distintas. No caso de sobrevir uma regulação que impacte tão somente em um dos lotes, a unidade da propriedade considerada para fins de aplicação da regra categórica deve compreender todos os lotes juntos ou apenas o lote atingido pela alteração regulatória? E a resposta a essa pergunta muda se os lotes fossem escriturados no mesmo documento?[452] Inevitavelmente, a regulação torna-se mais suscetível à qualificação expropriatória à

---

permitindo um proprietário construir uma residência substancial em uma parcela de 18 acres não deixa a propriedade 'economicamente vazia'. [...] O reclamante tenta reutilizar parte de seu pedido argumentando, pela primeira vez, que a parcela de planalto é distinta da parcela pantanosa, assim, ele deveria ser permitido a alegar a privação do segundo. A Corte não vai explorar esse ponto aqui. O reclamante não alegou na corte estadual, e a questão não foi apresentada na petição inicial. O caso veio à Corte com a premissa de que a parcela inteira do proprietário serve de base para o seu pedido de expropriação, e, desse modo, o argumento de total privação falha".

[447] Em *Palazzolo v. Rhode Island*, por exemplo, a Suprema Corte, *in dicta*, sinalizou a sua abertura para revistar a regra: "*[the Court] at times expressed discomfort with the logic of the [parcel as a whole] rule*" (Palazzolo v. Rhode Island, 533 U.S. 606, 631 (2001)). O trecho correspondente na tradução é: "A Corte expressou diversas vezes desconforto com a lógica da regra da parcela como um todo".

[448] *Tahoe-Sierra Preservation Council, Inc. v. Tahoe Regional Planning Agency*, 535 U.S. 302 (2002).

[449] *Id. at 331-332*.

[450] *Id. at 332*.

[451] SIEGAL, Daniel L. How the history and purpose of the regulatory takings doctrine help to define the parcel as a whole. *Vermont Law Review*, 36 Vt.L. Rev 603, 2011-2012, p. 604.

[452] DANA, David A.; MERRILL, Thomas W. *Property Takings*. New York: Foundation Press, 2002. p. 105.

medida que se reduzem os limites da propriedade correspondente ao denominador da fração.

Litigantes norte-americanos estão contestando a regra da propriedade como um todo enquanto este trabalho é escrito: encontra-se pendente de julgado na Suprema Corte um caso que, por certo, ajudará a iluminar a questão. Em *Murr vs. Wisconsin*, o Judiciário foi instado a se pronunciar justamente sobre se o critério do completo esvaziamento econômico da regulação é afastado quando o proprietário possui terrenos adjacentes não atingidos pela medida.

O casal *Murr* havia adquirido um terreno (Lote F) no estado de Wisconsin, onde construíram uma cabana de campo. Três anos mais tarde, a família decidiu comprar um lote adjacente (Lote E) como investimento, sendo certo que nada foi erguido no novo terreno. Agora, os seis filhos do casal, já falecido, pretendem vender o lote vago visando à arrecadação de fundos para reformar a casa construída no lote adjacente. Contudo, o governo, embasado em normas posteriores à aquisição do legado da família, negou-lhes o direito não só de vender o lote separadamente, mas também de nele construir. Inconformados, os herdeiros impugnaram a decisão, primeiramente em âmbito administrativo e, posteriormente, em demanda judicial oposta contra o estado de Wisconsin.[453]

A questão jurídica posta é a seguinte: "[e]m um caso de expropriação regulatória, a 'propriedade como um todo' estabelece uma regra em que duas parcelas legalmente distintas, mas contíguas e do mesmo proprietário, devem ser combinadas para fins de análise de expropriação".[454] Como explica um dos *amicus curiae* do caso:

> Se, como o autor, você acredita que os lotes E e F são propriedades separadas e precisam ser consideradas dessa forma, então há um argumento mais forte no sentido de que as leis de zoneamento resultam em uma expropriação. Se, como o Município e o Estado, você acredita que o regulamento do município de St. Croix efetivamente fundiu os dois lotes em uma propriedade única quando se submeteram a uma mesma titularidade, então, provavelmente, não há expropriação, porque

---

[453] A Corte de Apelação do Estado de Wisconsin negou o caráter expropriatório da legislação em questão sobre a propriedade dos *Murr*, sob o fundamento de que os lotes haveriam de ser considerados uma única parcela. O acórdão está disponível em: https://www.wicourts.gov/ca/opinion/DisplayDocument.pdf?content=pdf&seqNo=132116. Acesso em: 31 ago. 2016.

[454] No original, em inglês: "[i]n a regulatory taking case, does the 'parcel as a whole' (...) establish a rule that two legally distinct, but commonly owned contiguous parcels, must be combined for takings analysis purposes?". Traduzido livremente.

o autor tem diversas opções de uso da propriedade que estariam em conformidade com as leis de zoneamento.[455]

É evidente, portanto, que a solução do conflito passará fundamentalmente pela análise do problema do denominador. O julgamento do caso pela Suprema Corte está previsto para outubro.[456]

O problema do denominador também atrai a atenção da doutrina norte-americana. Em seu seminal livro *Takings: Private Property and the power of Eminent Domain*, Richard Epstein advoga que, "quando o governo reduz os direitos do proprietário de qualquer maneira", há uma expropriação *prima facie*, "não importando quão pequena seja a alteração".[457] Sob essa perspectiva, o autor sustentou, em trabalho posterior, que a decisão proferida pela Suprema Corte em *Tahoe-Sierra* – no sentido de que a propriedade deveria ser considerada em sua integralidade temporal – geraria "consequências terríveis".[458]

A visão liberal apaixonada de propriedade de Epstein,[459] contudo, leva a um estreitamento exagerado de seus limites para fins de aplicação da *parcel as a whole rule* e, consequentemente, à expansão das regulações tidas como expropriatórias. O risco, aqui, é o engessamento da atividade

---

[455] No original, em inglês: "*If, like the petitioners, you believe that Lots E and F are separate properties and must be considered as such, then there is a stronger argument that the zoning laws result in a taking. If, like the County and the State, you believe that the St. Croix County ordinance effectively merged the two lots into a single property once they came under common ownership, then there probably is no taking, because the petitioners have several options for uses of the property that would conform to the zoning laws*". O trecho transcrito foi extraído do *site* do escritório de advocacia que representa um dos *amicus curiae* do caso. Disponível em: http://www.staffordlaw.com/blog/article/why-murr-v.-wisconsin-is-a-fascinating-takings-case-that-the-u.s.-supreme-c/. Acesso em: 18 ago. 2016. O trecho correspondente na tradução é: "Se, como os peticionários, você acredita que os lotes E e F são propriedades separadas e devem ser consideradas como tal, então há um argumento mais forte de que as leis de zoneamento resultam em uma expropriação. Se, como o Condado e o Estado, você acredita que o decreto do Condado de St. Croix efetivamente fundiu os dois lotes em uma única propriedade, uma vez que eles pertencem ao mesmo dono, então provavelmente não é expropriação, porque os peticionários têm várias opções para usos da propriedade que estariam de acordo com as leis de zoneamento".

[456] Conforme documento publicado em 13 de julho de 2016 no *site* oficial da Suprema Corte dos Estados Unidos. Disponível em: https://www.supremecourt.gov/orders/16grantednotedlist.pdf. Acesso em: 31 ago. 2016.

[457] EPSTEIN, Richard A. *Takings*: Private Property and the Power of Eminent Domain, 1985.

[458] No original, em inglês: "*Dire consequences*" (EPSTEIN, Richard A. *The Ebbs and Flow in Takings Law*: Reflection on the Lake Tahoe Case, 2002, CATO SUP. CT. REV.5, 10). Traduzido livremente.

[459] Como aduz, "(...) a cláusula expropriatória acaba sendo utilizada por alguns autores como veículo de promoção de um ideal, como o do libertarianismo". Nesse sentido, v. SIEGAL, Daniel L. How the history and purpose of the regulatory takings doctrine help to define the parcel as a whole. *Vermont Law Review*, 36 Vt.L. Rev 603, 2011-2012, p. 618.

estatal. Como ponderou o *Justice* Holmes em *Pennsylvania Coal Co. v. Mahon*,[460] "o governo dificilmente conseguiria continuar atuando se fosse obrigado a pagar por cada uma das mudanças na lei incidente sobre a propriedade".[461] Ademais, como já restou assentado pela Suprema Corte de Massachusetts, tal entendimento "perturbaria o equilíbrio entre a proteção do interesse público e os interesses do proprietário (...), fazendo estes sobressaírem em todas as circunstâncias".[462]

Não se podem descartar, por outro lado, os riscos envolvidos no estiramento do conceito de propriedade para a incidência da regra em análise. Sem dúvida, a ideia de propriedade como um todo também pode ser usada pelo governo para fugir da responsabilidade de reparar uma expropriação regulatória.[463] É o que Steven J. Eagle chama de "aglomeração conceitual": "Alega-se que parcelas separadas constituem a propriedade relevante, de modo que a perda patrimonial seja minimizada".[464]

O impasse igualmente repercute na aplicação do critério do impacto econômico da regulação. Afinal, só é possível aferir a intensidade da redução patrimonial em comparação com aquilo que se deixou de expropriar. Assim, o tema será novamente abordado no item relativo ao parâmetro referido, quando serão sugeridas algumas soluções para superar o "problema do denominador".

Na sequência, passa-se ao exame dos parâmetros concebidos na análise caso a caso pela Suprema Corte (método *ad hoc* de julgamento).

3.2.2 A inquirição *ad hoc*

Não obstante os esforços empreendidos pela Suprema Corte para estabelecer regras categóricas destinadas a oferecer soluções mais céleres e objetivas aos casos de regulações expropriatórias, observa-se que a

---

[460] 260 U.S. 393 (1922).
[461] No original, em inglês: *"[g]overnment hardly could go on if to some extend values incident to property could not be diminished without paying for every such change in general law"*. Traduzido livremente.
[462] *Blair v. Department of Conservation & Recreation*, 932, 267,275 (2010). Disponível em: http://masscases.com/cases/sjc/457/457mass634.html. Acesso em: 18 ago. 2016.
[463] Esse é o principal argumento dos Murr no caso citado acima. Neste sentido, v. peças do caso, que estão disponíveis em: http://www.scotusblog.com/case-files/cases/murr-v-wisconsin/. Acesso em: 31 ago. 2016.
[464] EAGLE, Steven J. Property tests, due process tests and regulatory takings jurisprudence. *Brigham Young University Law Review*, 2007, p. 38. Disponível em: http://papers.ssrn.com/sol3/papers.cfm?abstract_id=956119. Acesso em: 18 ago. 2016.

maior parte deles ainda é resolvida por meio da abordagem judicial *ad hoc*. Os defensores da análise específica sustentam que não seria possível prever regras absolutas, capazes de oferecer soluções seguras para todas as situações de regulações expropriatórias, uma vez que as diferentes circunstâncias fáticas de cada cenário são potencialmente relevantes para a sua resolução.[465] A resolução da questão expropriatória, nessa linha, não prescindiria do confronto factual e da formulação de parâmetros de particular significância para o caso concreto.

Pennsylvania Coal v. Mahon foi a primeira decisão a sustentar e aplicar a inquirição *ad hoc* para identificar quando uma regulação apresenta características próprias de uma expropriação. O *Justice* Oliver Wendell Holmes Jr., relator do caso, afirmou que esses poderes estatais por vezes se confundem de tal forma que a única maneira de distingui-los seria por meio de uma avaliação gradativa: "[identificar as regulações expropriatórias] é uma questão de grau – e, portanto, não pode analisada por preposições genéricas".[466]

Observa-se, porém, que, não obstante ter a Suprema Corte reiteradamente manifestado apoio à *análise multifatorial*,[467] as inquirições *ad hoc* realizadas em alguns precedentes acabaram ganhando *status* de verdadeiras fórmulas de julgamento.[468] Os parâmetros utilizados para

---

[465] Steven G. Medema, ao analisar o problema das regulações expropriatórias sob a perspectiva institucional, conclui que, mesmo nos casos que a Suprema Corte parte de parâmetros pré-estabelecidos, "o elemento seletivo acaba prevalecendo, e a natureza inerentemente *ad hoc* da resolução da questão expropriatória" (MEDEMA, Steven G. Making Choices and Making Law: an Institutional Perspective on the Taking Issue. *In*: MERCURO, Nicolas. *Taking Property and Just Compensations*: Law and Economics Perspectives of the Takings Issue. Kluwer Academic Publishers. Boston/Dordret/Londres: 1992, p. 49). Traduzido livremente.

[466] Segundo Nicholas Mercuro: "(...) com efeito, a abordagem de Holmes coloca o poder de polícia em um contínuo com o poder expropriatório – excedendo o primeiro, necessariamente resulta no exercício do último" (MERCURO, Nicholas. The Taking Issue: a continuing dilemma in law and economics, p. 4. *In*: MERCURO, Nicolas. *Taking Property and Just Compensations*: Law and Economics Perspectives of the Takings Issue. Kluwer Academic Publishers. Boston/Dordret/Londres: 1992).

[467] Como afirma Susan Rose-Ackerman: "*[t]he Supreme Court seems to be inordinately proud of the ad hoc nature of its takings opinions and has reiterated its support of case-by-case balancing in the current crop of opinions*" (ROSE-ACKERMAN, Susan. Regulatory Takings: Policy Analysis and Democratic Principles. *In*: MERCURO, Nicolas. *Taking Property and Just Compensations*: Law and Economics Perspectives of the Takings Issue. Kluwer Academic Publishers. Boston/Dordret/Londres: 1992. p. 27). O trecho correspondente na tradução é: "A Suprema Corte parece estar extremamente orgulhosa da natureza *ad hoc* de suas opiniões acerca de expropriações e reiterou seu suporte de um balanceamento casuístico atualmente quando opina". Traduzido livremente.

[468] Steven J. Eagle, nesse sentido, assinala que: "(...) *although the Supreme Court in Penn Central described its three factors it mentioned only as possessing 'particular significance', it has become conventional for courts to treat their enumeration as a comprehensive checklist. Thus, the U.S. Court of Appeals for the Federal Circuit recently noted: Penn Central considered and balanced three factors: (1) economic impact, (2) reasonable investment backed expectations, and (3) the character of the government action, In various cases, including one examined later in this Article,*

pautar o julgamento de *Pennsylvania Coal v. Mahon* (1922), por exemplo, embora tenham sido concebidos sob o manto da análise *ad hoc*, são, até os dias atuais, invocados pela jurisprudência norte-americana em casos de *regulatory takings*.[469] Em que pesem o pioneirismo e a importância do precedente, se atribui à decisão proferida em *Penn Central Transportation Co v. City of New York* a formulação *ad hoc* mais frequentemente utilizada como um verdadeiro teste de identificação de regulações expropriadoras,[470] sendo, inclusive, constantemente referida como *Penn Central review* ou *Penn Central test*.[471] Assim, na sequência, serão feitas breves considerações sobre cada um dos precedentes referidos.

Pennsylvania Coal v. Mahon é a primeira[472] e a mais citada decisão da Suprema Corte sobre regulações expropriatórias.[473] Com efeito, deve-se ao precedente o reconhecimento, no cenário norte-americano, da teoria das *regulatory takings*, segundo a qual as regulações que implicam

---

[469] *CCA Associates v. United States, the Court has declined to examine the extent to which other tests should be included in the balance how the three enumerated tests might be weighted, or how many tests the claimant has to satisfy, and by what standard"* (EAGLE, Steven J. *Economic Impact in Regulatory Takings Law*, p. 3. Disponível em: http://www.law.gmu.edu/assets/files/publications/working_papers/1315EconomicImpactinRegulatoryTakings.pdf. Acesso em: 18 ago. 2016). O trecho correspondente na tradução é: "(...) apesar de a Suprema Corte descrever em Penn Central seus três fatores, ela mencionou apenas como possuir 'significado particular', tem-se tornado convencional para as cortes tratar suas enumerações como uma '*checklist*' (lista de verificações) compreensiva. Assim, a Corte de Apelação dos Estados Unidos para o Circuito Federal recentemente notou: Penn Central considerou e ponderou três fatores: (1) impacto econômico, (2) razoabilidade da expectativa baseadas em investimentos, e (3) o caráter da ação governamental. Em vários casos, incluindo um examinado posteriormente neste artigo, *CCA Associates v. United States*, a Corte recusou de examinar na medida em que outros testes deveriam ser incluídos na ponderação de como os três testes enumerados deveriam ser sopesados, ou quantos testes o reclamante precisa satisfazer, e sob quais padrões". Traduzido livremente.

[469] Passados 70 anos de *Pennsylvania Coal*, o caso já havia sido citado mais de 100 mil vezes pelas cortes estaduais e federais nos Estados Unidos. MERCURO, Nicholas. The Taking Issue: a continuing dilemma in law and economics, p. 4. *In*: MERCURO, Nicolas. *Taking Property and Just Compensations*: Law and Economics Perspectives of the Takings Issue. Kluwer Academic Publishers. Boston/Dordret/Londres: 1992.

[470] DANA, David A.; MERRILL, Thomas W. *Property Takings*. New York: Foundation Press, 2002. p. 121.

[471] Por todos, v. CLAEYS, Eric R. *The Penn Central test and tensions in liberal property theory*. Disponível em: http://papers.ssrn.com/sol3/papers.cfm?abstract_id=923887. Acesso em: 18 ago. 2016.

[472] Eric R. Claeys contesta que o caso foi o primeiro em que uma regulação foi considerada expropriatória. Após realizar uma análise da jurisprudência norte-americana do século XIX, o autor conclui que: "(...) *we make [the problem of takings jurisprudence] worse by assuming that regulatory takings law is relatively recent invention*" (Id. Takings, Regulations, and Natural Property Rights, *Cornell Law Review*, v. 88, Issue 6, set. 2003, p. 1.552. Disponível em: http://scholarship.law.cornell.edu/clr/vol88/iss6/1. Acesso em: 18 ago. 2016). O trecho correspondente na tradução é: "Nós pioramos [o problema da jurisprudência sobre expropriação] ao assumir que a legislação de regulação expropriatória é uma invenção relativamente recente".

[473] FISCHEL, William A. *Regulatory takings*: Law, economics and politics. Cambridge: Harvard U. Press, 2014. p. 13.

CAPÍTULO 3
PARÂMETROS MATERIAIS DE IDENTIFICAÇÃO: EM BUSCA DO FIO DO NOVELO | 177

restrições muito severas ao direito de propriedade devem ser tratadas como verdadeiras expropriações. Para compreender os parâmetros concebidos no julgamento do caso, cumpre proceder a uma análise dos principais contornos fáticos da controvérsia.

A instabilidade no solo causada pela mineração de carvão em Scranton, Pennsylvania, estava causando o afundamento de residências e outras estruturas, muitas vezes com graves consequências. Em 1921, uma lei estadual – o chamado *Kohler Act* – passou a proscrever a extração de carvão que implicasse risco de subsidência (afundamento de terreno) em áreas construídas. O ato normativo, porém, veio de encontro aos interesses da Companhia de Carvão *Pennsylvania Coal*. Em 1878, a mineradora havia transferido ao Sr. H. J. Mahon o direito de superfície correspondente à área explorada, retendo expressamente, contudo, (i) o direito de exercer a atividade mineradora em seu subterrâneo e (ii) o chamado direito de suporte.[474]

A retenção do direito de suporte pelas mineradoras – o que era usual à época – retirava dos superficiários a possibilidade de receber qualquer reparação em razão de eventuais danos ocasionados pela atividade mineradora desenvolvida sob sua propriedade. Diante da resistência da companhia em cumprir o *Kohler Act*, a Sra. Mahon (filha e herdeira do Sr. Mahon, que residia na superfície da área explorada) buscou o reconhecimento judicial de que nenhuma atividade mineradora poderia ser realizada no subterrâneo de sua residência, independentemente dos termos do contrato celebrado com a mineradora.[475]

A questão posta em juízo se resumia a saber se o *Kohler Act* seria mero exercício de poder de polícia ou consubstanciaria exercício expropriatório travestido de regulação. Em primeira instância, o pleito foi negado, sob o fundamento de que a aplicação da lei ao caso concreto seria inconstitucional. Em seguida, a Suprema Corte Estadual reformou o julgado, atribuindo ao ato em apreço a natureza de exercício legítimo do poder de polícia. Contra essa decisão, a companhia interpôs um *writ of error*, levando o caso para julgamento perante a Suprema Corte, que deu razão à companhia de carvão.

---

[474] No original, em inglês: *"The right of surface support"*. Traduzido livremente. O direito de suporte foi reconhecido como um direito autônomo de propriedade pela primeira vez no julgamento do caso *Penman v. Jones*.

[475] No original, em inglês: *"(...) the plaintiffs say that whatever may have been the Coal's Company's right, they were taken away by an Act of Pennsylvania (...)"* (*Pennsylvania Coal Co. v. Mahon*, Page 260 U.S. 412). O trecho correspondente na tradução é: "Sustentam os demandantes que qualquer direito de mineração que haja sido titularizado pela companhia não mais existia ante a edição da lei".

O caso ficou famoso, em parte, em razão do *Justice* responsável pelo voto condutor do acórdão, Oliver Wendell Holmes Jr.,[476] um dos juristas mais conceituados na história norte-americana.[477] Na passagem mais famosa do voto, Holmes propôs uma regra geral (*the general rule*): "Embora a propriedade possa ser regulada até determinada extensão, a regulação que vai longe demais será reconhecida como uma expropriação".[478] Se, por um lado, Holmes sustentou que a regulação não poderia ir "longe demais", por outro, reconheceu que um alargamento desmedido da interpretação da cláusula expropriatória poderia levar à petrificação da atividade regulatória do Estado.

A grande questão suscitada pelo voto de Holmes gira em torno da ideia de que as regulações expropriatórias seriam aquelas que vão "longe demais". Afinal, quão longe é *longe demais*? A Suprema Corte não respondeu a essa pergunta, limitando-se a defender que a verificação do caráter expropriatório da medida deveria ser realizada a partir de uma análise específica e factual de cada caso.

Mas há algo essencial no voto de Holmes. Como explica John E. Fee:

> [A ideia fixada no procedente] claramente rejeita duas situações extremadas: uma em que ao governo é conferido um poder essencialmente ilimitado de restringir o direito de propriedade em benefício do interesse público sem que haja a incidência cláusula expropriatória, e outra em que o governo é obrigado a compensar os proprietários sempre que limitar qualquer uso legítimo da propriedade privada.[479]

---

[476] Em pese o destaque dado à decisão proferida em *Pennsylvania Coal*, é imperioso esclarecer que o voto dissidente do juiz Louis Dembitz Brandeis, embora solitário, é quase tão famoso quanto o voto majoritário de Holmes. Em um esforço de justificação louvável, Brandeis rechaçou o modo e aplicação de cada um dos critérios elaborados por Holmes, assim como o resultado final do julgamento. Em suma, para Brandeis, o *Kohler Act* não apresentaria conteúdo expropriatório, e a Sra. Mahon não seria credora de qualquer indenização.

[477] Segundo Fischel, o voto de Holmes chama ainda mais atenção porque o *Justice* sempre se opôs a usar a Constituição como um escudo contra regulações econômicas (FISCHEL, William A. *Regulatory takings*: Law, economics and politics. Cambridge: Harvard U. Press, 2014. p. 14).

[478] No original, em inglês: "*The general rule, at least, is that, if regulation goes too far, it will be recognized as a taking for which compensation must be paid. P. 260 U. S. 415*" (260 U.S. 393, Syllabus N. 2). Traduzido livremente.

[479] No original, em inglês: "*(...) it does clearly reject two possible rules: one that would allow the government essentially unlimited power to restrict the use of private property for the public benefit without implicating the Takings Clause, and another that would require the government to compensate owners whenever it restricted previously lawful uses of private property*" (FEE, John. The takings Clause as comparative right, 76 *Southern California Law Review*, 2003, p. 1.015). Traduzido livremente.

Porém, ao rejeitar esses dois extremos – que atribuiriam caráter absoluto, de um lado, ao direito de propriedade e, de outro, às razões de interesse público relacionadas ao exercício da função regulatória –, a Suprema Corte colocou a teoria das regulações expropriatórias em uma zona bastante nebulosa.

Note-se que, passados mais de 90 anos do julgamento de *Pennsylvania Coal*, a ideia de que uma doutrina das regulações expropriatórias adequada à ordem constitucional deveria se situar em algum lugar entre esses dois pontos do espectro jamais foi afastada pela jurisprudência[480] e pela maioria dos autores[481] nos Estados Unidos. Estabelecer parâmetros apropriados para desenhar a linha entre as regulações legítimas e as expropriatórias passou a ser, assim, uma imposição decorrente do compromisso firmado por Holmes entre a proteção da propriedade privada e o interesse público perseguido pela atividade regulatória.

Como se viu, em que pese o caráter *ad hoc* do julgamento realizado em *Pennsylvania Coal*, os parâmetros formulados pela Suprema Corte para confrontar as circunstâncias fáticas peculiares do caso acabaram sendo reiterados em outros julgados – dando a sensação de um certo *déjà vu* jurisprudencial.[482] É possível extrair do voto majoritário de Holmes três principais parâmetros concebidos para a identificação do caráter expropriatório da regulação em análise: (i) impacto econômico; (ii) propósito público; e (iii) vantagem recíproca proporcional.

---

[480] Como nota John E. Fee: "(...) *it is remarkable that (...) since Mahon was decided, no justice has suggested that the regulatory takings doctrine be reconsidered (or be limited to cases of physical occupation), nor has any justice suggested that the regulatory takings doctrine should encompass all new restrictions on the use of private property*" (FEE, John. The takings Clause as comparative right, 76 *Southern California Law Review*, 2003, p. 1.015). O trecho correspondente na tradução é: "(...) é memorável que desde que Mahon foi decidido, nenhuma justiça sugeriu que a doutrina de regulações expropriatórias fosse reconsiderada (ou limitada a casos de ocupação física) ou que a doutrina de regulações expropriatórias deveria acomodar todas as restrições do uso da propriedade privada".

[481] Duas exceções, porém, valem ser consideradas. Richard Epstein, em seu aclamado livro sobre as regulações expropriatórias, defende a ousada interpretação segundo a qual qualquer redução de valor patrimonial acarretada por regulações geraria alavancaria o dever do Estado de pagar indenização ao proprietário. EPSTEIN, Richard A. *Takings*: private property and the power of eminent domain, 1985. Do outro lado do espectro, Peter Byrne sustenta o poder irrestrito do Estado de regular a propriedade privada. Assim, ainda que todo conteúdo econômico e prático da propriedade fosse esvaziado pela regulação, esta jamais poderia ser considerada uma expropriação. Em suma, o autor sustenta a abolição da doutrina das regulações expropriatórias (BYRNE, Peter J. *Ten arguments for the abolition of the regulatory takings doctrine*. 22 Ecology L.Q. 89, 1995).

[482] MERCURO, Nicholas. The Taking Issue: a continuing dilemma in law and economics, p. 6. *In*: MERCURO, Nicolas. *Taking Property and Just Compensations*: Law and Economics Perspectives of the Takings Issue. Kluwer Academic Publishers. Boston/Dordret/Londres: 1992.

Em 1978, porém, a Suprema Corte estabeleceu, em *Penn Central Transportation Co. v. City of New York*,[483] [484] um teste *ad hoc* diferente, elaborado para analisar o alegado conteúdo expropriatório de determinada lei de preservação do patrimônio histórico-cultural (*Landmark Preservation Law*). Os critérios formulados no julgamento do caso acabaram sendo elevados à condição de um teste genérico de expropriabilidade. A própria Suprema Corte já reconheceu que os princípios fixados no precedente constituem a *"estrela polar"* de sua jurisprudência.[485]

O caso envolvia a aplicação da referida lei de proteção ao patrimônio histórico-cultural ao *Grand Central Terminal*, um dos prédios mais famosos da cidade. Inaugurado em 1913, o *Terminal* era considerado não só uma engenhosa solução para os problemas de mobilidade urbana, mas também um magnífico exemplo do estilo francês *Beaux-Arts*.[486] Considerando as suas características históricas, culturais e arquitetônicas, o *Terminal* foi designado pela comissão responsável pela preservação do patrimônio histórico-cultural (*Landmark Preservation Commission*) um

---

[483] 438 U.S. 104 (1978).
[484] A maioria da Corte – Potter Stewart, Byron Raymond White, Thurgood Marshall, Harry Andrew Blackmun, Lewis Franklin Powell Jr. – votou com o juiz William Joseph Brennan, Jr., enquanto a minoria – Warren Earl Burger e John Paul Stevens – seguiu o voto vencido de William Hubbs Rehnquist.
[485] *Palazzolo*, 533 U.S. at 633. Stevens J. Eagle, em artigo fortemente critico à jurisprudência formada a partir de Penn Central, rejeita a metáfora da estrela polar, propondo outra analogia astronômica: *"A more accurate astronomical analogy to Penn Central and its progeny is Ptolemy's geocentric cosmology. The planets display retrograde motions that seem inconsistent with a simple theory of their revolution around the Earth. Ptolemy noticed these motions and accounted for them by superimposing small circles, called 'epicycles,' on the larger orbits of the heavenly spheres. The reasoning by which Ptolemy justified his geocentric universe was literally convoluted. 'Over time, the epicycles had constantly to be redrawn to account for new and divergent data, but there was an enduring belief that the refinements represented a progressive approach to reality.' Likewise, in the 35 years since Penn Central was decided, courts have patched its flaws with increasingly complex tests"* (EAGLE, Steven J. The four-factor Penn Central Regulatory Taking Penn State, *Law Review*, v. 118, n. 3, 2014 Forthcoming George Mason Law & Economics Research Paper n. 13-67, 2013). O trecho correspondente na tradução é: "Uma analogia astronômica mais precisa para Penn Central e sua descendência é a cosmologia geocêntrica de Ptolomeu. Os planetas exibem movimentos retrógrados que parecem inconsistentes com a simples teoria de sua rotação em torno da Terra. Ptolomeu notou esses movimentos e os representou por meio da sobreposição de pequenos círculos, chamadas *'epicycles'* (epiciclos) nas órbitas maiores das esferas celestes. O raciocínio pelo qual Ptolomeu justificou o seu universo geocêntrico foi literalmente complicado. No decorrer do tempo, os epiciclos precisaram ser constantemente redesenhados para contabilizar dados novos e divergentes, mas houve uma crença duradoura de que os refinamentos representavam uma abordagem progressiva para a realidade. Da mesma forma, nos 35 anos desde que Penn Central foi decidida, cortes têm corrigido suas falhas com testes cada vez mais complexos".
[486] *Page 438 U. S. 115.*

marco da cidade.⁴⁸⁷ Desse modo, o prédio passou a estar sujeito a uma série de restrições, tais como a necessidade de autorização prévia da comissão para a realização de qualquer alteração de suas características arquitetônicas exteriores.

Em 1968, a companhia, buscando angariar recursos, decidiu vender o direito de construir um prédio comercial de vários andares no espaço aéreo do terminal. Embora a construção atendesse a todas as exigências decorrentes do zoneamento urbano, a comissão de preservação do patrimônio histórico-cultural vetou o projeto com base na legislação citada, aduzindo ainda que o prédio seria uma "piada estética".⁴⁸⁸ Inconformados, os proprietários do *Terminal* ingressaram em juízo, alegando que a regulação os teria privado de qualquer utilização lucrativa do espaço aéreo de sua propriedade, o que configuraria uma expropriação não indenizada e, portanto, uma afronta à Constituição.

Após tramitar pelas instâncias ordinárias, a demanda chegou à Suprema Corte. O responsável pelo voto condutor, o *Justice* William Joseph Brennan Jr., assim resumiu as questões jurídicas postas perante a Corte: (i) se as restrições impostas pela legislação aos proprietários do *Terminal* configurariam uma expropriação no sentido utilizado pela Quinta Emenda da Constituição e (ii) em se verificando afirmativa a primeira questão, se os direitos de desenvolvimento concedidos aos proprietários constituiriam uma justa compensação também nos termos constitucionais. Sobre esse segundo ponto, cumpre esclarecer que a legislação conferia aos proprietários dos prédios preservados que não tivessem construído em toda a extensão permitida pelas leis de zoneamento alienar ou exercer o seu potencial construtivo em uma área vizinha.⁴⁸⁹

---

⁴⁸⁷ No original, em inglês: *"The Commission's report stated: 'Grand Central Station, one of the great buildings of America, evokes a spirit that is unique in this City. It combines distinguished architecture with a brilliant engineering solution, wedded to one of the most fabulous railroad terminals of our time. Monumental in scale, this great building functions as well today as it did when built. In style, it represents the best of the French Beaux Arts'"* (Page 438 U. S. 116, footnote 16). O trecho correspondente na tradução é: "O relatório da comissão afirmou: Grand Central Station, uma das grandiosas construções da América, evoca o espírito que é único nessa cidade. Ela combina uma arquitetura notável com uma solução de engenharia brilhante, junto de um dos mais fabulosos terminais ferroviários do nosso tempo. Monumental em escala, essa grandiosa construção funciona tão bem hoje como quando foi construída. Em estilo, ela representa o melhor da Arte Francesa Beaux".

⁴⁸⁸ *Page 438 U. S.117-18.*

⁴⁸⁹ No direito brasileiro, a Transferência do Direito de Construir (TDC) permite ao proprietário de um lote a possibilidade de exercer o seu potencial construtivo em outro lote ou de vendê-lo a outro proprietário (artigo 35 da Lei nº 10.257/2001 – Estatuto da Cidade).

Inicialmente, Brennan reiterou a premissa fixada em *Pennsylvania Coal* de que o método de julgamento a ser aplicado aos casos de regulações expropriatórias deveria ser o *ad hoc*, pois parâmetros rígidos impediriam a análise das particularidades de cada caso concreto. Assim, diante das circunstâncias fáticas do caso, Brennan propôs um teste próprio à aferição do caráter expropriador do ato regulatório em relação ao *Grand Central Terminal*.[490] A Suprema Corte, então, formulou os seguintes parâmetros: (i) *o caráter da ação governamental*; (ii) *a intensidade do impacto econômico da regulação*; e (iii) *expectativa de retorno dos investimentos*.

A seguir, todos os parâmetros formulados em *Pennsylvania Coal* e *Penn Central* serão analisados, salvo o do *caráter da ação governamental*. Embora este fator tenha sido indicado como um dos componentes do teste triplo de *Penn Central*, a Suprema Corte não ofereceu uma explicação precisa de seu significado, não restando claro, assim, quais características da atuação do Poder Público seriam relevantes para os casos de *regulatory takings*. Em seu voto, Brennan apenas assinalou que a apropriação física seria um exemplo de característica relevante das ações estatais para fins de identificação de regulações expropriatórias. Como se vê, o exemplo oferecido pela corte é equivalente à regra categórica concebida em *Loretto*, já analisada acima.

---

[490] Apesar de defender o método *ad hoc* de julgamento, o juiz invocou precedentes da Suprema Corte para estabelecer os critérios relevantes para o julgamento do caso: "*In engaging in these essentially ad hoc, factual inquiries, the Court's decisions have identified several factors that have particular significance. The economic impact of the regulation on the claimant and, particularly, the extent to which the regulation has interfered with distinct investment-backed expectations are, of course, relevant considerations. So, too, is the character of the governmental action. A 'taking' may more readily be found when the interference with property can be characterized as a physical invasion by government, than when interference arises from some public program adjusting the benefits and burdens of economic life to promote the common good*" (438 U.S.124 (1978), omitidas as citações). O trecho correspondente na tradução é: "Ao engajar-se nessas investigações factuais essencialmente *ad hoc*, as decisões da corte identificaram alguns fatores que têm um significado particular. O impacto econômico da regulação sobre o reclamante e, particularmente, a extensão em que a regulação interferiu com distintas expectativas de investimentos são, é claro, considerações relevantes. Assim também é o caráter da ação governamental. Uma expropriação pode mais evidentemente ser encontrada quando a interferência na propriedade pode ser caracterizada como uma invasão física pelo governo, do que quando a interferência surge de um programa público ajustado os benefícios e os encargos da vida econômica para promover o bem comum".

3.2.2.1 A intensidade do impacto regulatório

Um dos fatores utilizados por Holmes para verificar a existência de expropriação foi a redução do valor econômico da propriedade acarretada pela regulação (*diminution in value*):

[u]m fator a ser levado em conta na determinação desses limites [ao poder de regular] é a diminuição do valor da propriedade. Quando atinge certa magnitude, na maioria, senão em todos os casos, ocorre o exercício do domínio eminente, sendo necessária compensação para dar suporte ao ato.[491]

Em *Pennsylvania Coal*, o impacto econômico da regulação sobre a propriedade da companhia de carvão, segundo Holmes, teria sido bastante significativo, já que a regulação reduzira a zero o valor comercial dos *pilares de carvão necessários ao suporte da superfície*.[492] Segundo Holmes, do ponto de vista constitucional e prático, a regulação proibitiva da atividade de mineração de carvão teria efeitos muito próximos à transferência forçada ou destruição do mineral.[493]

Veja-se que, embora Holmes tenha apresentado particularidades do caso para justificar a ocorrência da redução do valor da propriedade da companhia, ele não estabeleceu qualquer critério apto a mensurar a intensidade da restrição em casos similares. Assim, em razão de sua imprecisão e do caos jurisprudencial a que deu ensejo, o critério do impacto econômico foi alvo de severas críticas por parte da literatura.[494] Afinal, se o parâmetro recai no mesmo *problema de fronteira*[495] da teoria

---

[491] No original, em inglês: *"One fact for consideration in determining such limits is the extent of the diminution. When it reaches a certain magnitude, in most if not in all cases, there must be an exercise of eminent domain and compensation to sustain the act"* (260 U. S. 413). Traduzido livremente.

[492] O *Kohler Act* somente proibiu a extração de carvão que pudesse levar ao afundamento da superfície habitada, sendo viável, em tese, a extração das parcelas de carvão que não gerassem esse risco.

[493] 260 U. S. 414.

[494] Para algumas das muitas críticas, cf. BYRNE, Peter J. *Ten arguments for the abolition of the regulatory takings doctrine*. 22 Ecology L.Q. 89, 1995. Disponível em: http://scholarship.law.georgetown.edu/cgi/viewcontent.cgi?article=2587&context=facpub. Acesso em: 29 ago. 2016; EAGLE, Steven J. Property Tests, Due Process Tests and Regulatory Takings Jurisprudence. *Brigham Young University Law Review*, Forthcoming; George Mason Law & Economics Research Paper No. 07-01. Disponível em: http://ssrn.com/abstract=956119. Acesso em: 29 ago. 2016; EAGLE, Steven J. *Economic Impact in Regulatory Takings Law*, p. 3. Disponível em: http://www.law.gmu.edu/assets/files/publications/working_papers/1 315EconomicImpactinRegulatoryTakings.pdf. Acesso em: 18 ago. 2016.

[495] FEE, John. The takings Clause as comparative right, 76 *Southern California Law Review*, 2003, p. 1.010.

das regulações expropriatórias, este acabaria sendo pouco útil como indicador expropriatório.

Mais de um século depois, o critério da intensidade do impacto econômico da regulação foi resgatado pelo *Justice* Brennan e passou a compor o teste triplo de *Penn Central*. Dessa vez, porém, a Suprema Corte se valeu do referido parâmetro para afastar a alegada expropriação regulatória, argumentando, em primeiro lugar, que a lei não teria impedido os proprietários de receber um retorno financeiro razoável decorrente do então uso do *Terminal*. Em segundo lugar, a Corte sustentou que, diferentemente do que constava nas razões dos demandantes, a comissão de proteção do patrimônio histórico-cultural não teria banido o uso do espaço aéreo da propriedade, mas apenas negado o pedido específico de construção de um arranha-céu.[496]

É curioso notar que, no Brasil, embora a *intensidade* do impacto econômico da regulação seja frequentemente apontada como um novo critério a iluminar o tema das restrições ao direito de propriedade,[497] faltam estudos no país que aprofundem sua análise, especialmente para dotá-lo de maior consistência e racionalidade. Aliás, enquanto por aqui o critério é muitas vezes apresentado como determinante para a caracterização da expropriação regulatória,[498] nos Estados Unidos abundam trabalhos que o desqualificam por completo como solução da questão expropriatória. Daí porque, antes de se debruçar sobre os

---

[496] Com efeito, nada no relatório da comissão indicava que toda espécie de pedido de uso do espaço aéreo seria negado, tendo restando consignado apenas que eventuais futuros requerimentos seriam analisados considerando a adequação da escala, do material e das características arquitetônicas da construção com o *Terminal*. No original, em inglês: "*The Commission's report emphasized that whether any construction would be allowed depended upon whether the proposed addition 'would harmonize in scale, material, and character with [the Terminal].' Record 2251. Since appellants have not sought approval for the construction of a smaller structure, we do not know that appellants will be denied any use of any portion of the airspace above the Terminal*" (*Penn Central Transportation Co. v. New York City*, Page 438 U. S. 137). O trecho correspondente na tradução é: "O relatório da comissão enfatizou que a permissão de qualquer construção dependia se o aditamento proposto harmonizaria em escala, material e caráter com o [*Terminal*]. Já que os recorrentes não procuraram a aprovação para a construção de uma estrutura menor, não sabemos se os recorrentes serão negados para qualquer uso de qualquer parte do espaço aéreo sobre o terminal". Traduzido livremente.

[497] Neste sentido ver: BAPTISTA, Patrícia. *Limitação e Sacrifícios de Direito*: O conteúdo e as Consequências dos Atos de Intervenção da Administração Pública sobre a Propriedade Privada. *Revista de Direito*, Rio de Janeiro, v. 7, p. 45-66, 2003 e SUNDFELD, Carlos Ari. Condicionamentos e Sacrifícios – distinções. *Revista Trimestral de Direito Público*, v. 4, p. 79-83, 1993.

[498] Essa parece ser a posição de Carlos Ari Sundfeld, para quem "há (...) um ponto a partir do qual saber da generalidade ou não do ato deixa de ter interesse: quando importe onerosidade excessiva para o proprietário (...)" (SUNDFELD, Carlos Ari. Condicionamentos e Sacrifícios – distinções. *Revista Trimestral de Direito Público*, v. 4, p. 79-83, 1993, p. 81).

possíveis critérios de mensuração do impacto econômico, é preciso analisar se, de fato, o parâmetro apresenta vocação para identificar o conteúdo expropriador de atos normativos. Se o parâmetro é útil, ainda é cedo para dizer, mas uma coisa já se pode adiantar: sozinho, ele não faz milagre.

O trabalho de Steven J. Eagle é representativo do movimento contrário ao parâmetro da redução patrimonial. Segundo o autor, a mensuração do impacto econômico da regulação desviaria o foco da questão expropriatória. Diante da suspeita de expropriação regulatória, o intérprete deveria ater-se à análise qualitativa relativa à prévia existência e posterior extinção de um *direito de propriedade*. E, para tanto, qualquer juízo quantitativo seria irrelevante. Assim, a questão central suscitada pelo problema expropriatório seria: "Havia propriedade privada antes da regulação, e, em caso positivo, esta foi tomada pelo governo?".[499] Para ilustrar seu argumento, o autor utiliza interessante analogia:

> Como acontece na expropriação criminosa, o fato de a vítima de um furto possuir grande quantidade de dinheiro escondida em outro bolso não é fator relevante para a tipificação do crime.[500]

Com efeito, é forçoso reconhecer, a partir de um senso geral de lógica, que a aplicação do comando normativo inserto nas cláusulas expropriatórias deveria focar tão somente naquilo que o governo efetivamente tomou, e não no que deixou de tomar.[501] Na Constituição Federal do Brasil, por exemplo, o art. 5º, inciso XXIV, lido *a contrario sensu*, proíbe a tomada de propriedade pelo Estado fora dos limites impostos por sua redação. Assim, sem a observância dos requisitos procedimentais e da tríade do propósito público (utilidade/necessidade pública e interesse social), o que a Constituição veda é a tomada da propriedade. A Carta em nenhum momento autoriza a tomada da propriedade desde que o impacto econômico da desapropriação não seja maior do que determinado percentual do bem atingido.

---

[499] No original, em inglês: "*Was there private property, and did government take it?*" (EAGLE, Steven J. *Property Tests, Due Process Tests and Regulatory Takings Jurisprudence*. Brigham Young University Law Review, Forthcoming; George Mason Law & Economics Research Paper No. 07-01. p. 22. Disponível em: http://ssrn.com/abstract=956119. Acessado em: 29 ago. 2016). Traduzido livremente.

[500] EAGLE, Steven J. *Op. cit.*, nota 500, p. 12.

[501] WOFFINDEN, Keith. The Parcel as a Whole: A presumptive Structural Approach for Determining When the Government has gone too far. *BYU Law Review*, 623, 2008.

Ainda segundo Steven J. Eagle, a cláusula expropriatória deveria ser acionada independentemente da extensão e da importância da parcela da propriedade não sujeita à regulação e de considerações subjetivas acerca do dono do bem tomado pelo Estado. Assim, a quantidade total do patrimônio e o estado psíquico do indivíduo não teriam qualquer relevância para o desenvolvimento de parâmetros de indenizabilidade. Nessa perspectiva, a intensidade do impacto econômico operaria apenas como fator de quantificação do *quantum* devido pelo Estado.[502]

Embora sedutora, tal linha interpretativa encerra uma série de dificuldades. Primeiramente, cumpre reconhecer que, diferentemente do que argumentam seus defensores, não é possível estabelecer em abstrato uma *definição objetiva de propriedade*.[503] Conforme visto no capítulo 1,[504] o conceito de propriedade é, por essência, dinâmico e evolutivo, variando qualitativa e quantitativamente de acordo com contexto histórico, jurídico e social.[505] Assim, qualquer tentativa de enclausurar a propriedade em um conceito estático e inflexível tende a fracassar.

Tal visão não implica, porém, a insignificância do conceito de propriedade para fins de aferição do caráter expropriador da regulação. Ao contrário, a configuração da tomada de um direito de propriedade é fundamental na aferição do caráter expropriador das regulações. Assim, não é possível entender, como alguns sustentam, que a propriedade encerraria um rótulo praticamente vazio de significado,[506] sendo, portanto, irrelevante para aferir os direitos do proprietário[507] – tal como o direito à recomposição patrimonial em razão do exercício regulatório desmedido do Estado.

---

[502] Nesse sentido, FEE, John. The takings Clause as comparative right, 76 *Southern California Law Review*, 2003, p. 1.034.

[503] Essa é a pretensão de Steven E. Eagle, no original: *"What is needed [to solve the taking issue] is an objective definition of the property right"* (EAGLE, Steven J. *Property Tests, Due Process Tests and Regulatory Takings Jurisprudence*. Brigham Young University Law Review, Forthcoming; George Mason Law & Economics Research Paper No. 07-01. p. 38. Disponível em: http://ssrn.com/abstract=956119. Acesso em: 29 ago. 2016). Traduzido livremente.

[504] Vide item 1.1.2.1.

[505] Nesse sentido, cf. ARNOLD, Craig Anthony (Tony). The Reconstitution of Property: Property as a Web of Interests. *Harvard Environmental Law Review*, v. 26, n. 2, 2002, p. 281. Disponível em: http://ssrn.com/abstract=1024244. Acesso em: 29 ago. 2016; ALEXANDER, Gregory S. Property as a Fundamental Constitutional Right?: The German Example. (2003). *Cornell Law Faculty Working Papers*. Paper 4. Disponível em: http://scholarship.law.cornell.edu/clsops_papers/4. Acesso em: 29 ago. 2016; MENDES, Gilmar; BRANCO, Paulo. *Curso de Direito Constitucional*. 5. ed. São Paulo: Saraiva, 2010. p. 308.

[506] Nesse sentido, cf. RUBIN, Edward L. Due Process and the Administrative State, 72 *California Law Review*, 1044, 1086 (1984).

[507] WILLIAMS, Joan. The Rhetoric of Property, 83 *IOWA L. REV.* 277, 297 (1998).

Portanto, a abordagem da doutrina das regulações expropriatórias baseada no conceito de propriedade (*property-based approach*) tem o mérito de alertar quanto à importância do instituto como elemento central da análise das regulações sobre as quais recai a dúvida expropriatória. É preciso reconhecer, todavia, que tal entendimento, em vez de solucionar o problema das regulações expropriadoras em *"um passe de mágica"*, demanda do intérprete o mesmo extraordinário empenho que sempre se exigiu no tratamento da questão expropriatória. Afinal, definir propriedade é tão difícil quanto estabelecer o conceito de regulações expropriatórias.

Ademais, a ideia de que a cláusula expropriatória seria indiferente à intensidade do impacto econômico sobre a propriedade e sobre o seu titular ignora a moderna concepção de direito de propriedade como uma *rede de interesses* (*web of interests*), segundo a qual tal direito não pode se desconectar das relações constituídas entre os indivíduos e determinados objetos. Assim, a configuração do direito de propriedade passa necessariamente pela aferição da natureza do objeto sobre o qual incide (funcionalidade do bem) e de diferentes aspectos relacionados ao vínculo estabelecido entre o objeto e o indivíduo (concepção personalista de propriedade e concepção quanto às expectativas geradas pelo titular do domínio).[508] Disso resulta que perquirição do caráter expropriatório de dada regulação não pode se alienar do significado natural, cultural, social e pessoal do bem em questão. Somente assim será possível identificar um direito de propriedade prévio e a sua posterior expropriação pelo Estado.

Sob essa perspectiva, portanto, a ideia de que é a tomada da propriedade o ponto comum entre o exercício típico do poder de domínio eminente do Estado e as regulações expropriatórias não desprestigia outros parâmetros, inclusive o do impacto econômico da regulação e, conforme se verá a seguir, o da proteção da confiança legítima do proprietário. Na medida em que tais critérios são capazes de oferecer importantes informações sobre diferentes aspectos relacionados ao bem e ao vínculo estabelecido entre este e o indivíduo que o detém, a própria configuração do direito de propriedade passa a depender de sua aferição.

Pois bem: se o critério do impacto econômico constitui fator relevante de aferição da expropriabilidade da medida regulatória,

---

[508] ACOCELLA, Jéssica. *Uma releitura da desapropriação à luz da constituição de 1988 e suas principais repercussões sobre o regime jurídico vigente.* Rio de Janeiro: Dissertação de Mestrado em Direito Público, UERJ, 2013. Mimeografado.

é imperioso dotá-lo de densidade suficiente para justificar juízos formulados em seu nome, sob pena de transformá-lo em um conceito vazio e inútil. Desde logo, cumpre estabelecer que nem tudo que revela valor econômico se apresenta como um direito de propriedade. O impacto econômico da regulação deve afetar diretamente a propriedade. Como se viu, não se nega que a existência de um direito de propriedade constitui pressuposto de incidência da cláusula expropriatória. Nesse sentido, a Suprema Corte dos Estados Unidos já assentou que:

> [e]m primeiro lugar, como uma questão de limitação, a corte precisa determina se o reclamante estabeleceu os interesses da propriedade para as finalidades da Quinta Emenda Constitucional. (...) Em segundo lugar, após ter identificado um válido interesse da propriedade, a corte precisa decidir se a ação governamental em questão correspondeu a uma expropriação compensável desse interesse da propriedade.[509]

É claro que, como visto, não é fácil definir propriedade, por se tratar de instituto complexo e dinâmico. O problema se acentua se a propriedade for entendida como um *conjunto de direitos* (*bundle of rights*). Sob esse ângulo, a propriedade atrai para o seu campo de significado qualquer *stick* desenvolvido pelo proprietário em suas relações jurídico-sociais, acarretando o seu esvaziamento conceitual e, via de consequência, um alargamento desmedido da teoria das regulações expropriatórias. Essa é justamente a percepção de John Lewis, descrita em seu *Tratado sobre o domínio eminente*: "Se a propriedade, portanto, consiste (...) em variados direitos, quando uma pessoa é privada de qualquer um desses direitos, ela é privada de sua propriedade, e, assim, sofre uma expropriação no sentido constitucional".[510]

Essa visão, portanto, esbarra em um dos pressupostos para a aplicação da cláusula expropriatória à atividade regulatória do Estado: nem toda restrição a direitos ou redução de posição de vantagem pode ser considerada uma expropriação da propriedade, uma vez que o dever

---

[509] No original, em inglês: "*First, as a threshold matter, the court must determine whether the claimant has established a property interest for purposes of the Fifth Amendment. (...) Second, after having identified a valid property interest, the court must determine whether the governmental action at issue amounted to a compensable taking of that property interest*" (*Air Pegasus of D.C, Inc.* v. *U.S.*, 424 F.3d, 1212 (Federal Circuit 2005)). Traduzido livremente.
[510] LEWIS, John. A Treatise On The Law Of Eminent Domain in The United States, §56, 45 *apud* FEE, John. The takings Clause as comparative right, 76 *Southern California Law Review*, 2003, p. 1.014.

de compensar causaria uma *parada abrupta*[511] do agir estatal, fundamental para a concretização dos valores constitucionais. Com efeito, a cláusula expropriatória certamente não foi concebida para paralisar o Estado. Ademais, poucos estariam dispostos a pagar o preço dessa regra – afinal, quem arca com as indenizações é a sociedade. Sem se falar nas dificuldades práticas de se compensarem recorrentemente milhares de proprietários. Em termos econômicos, a concepção de propriedade como um conjunto de direitos é ineficiente, pois acabaria por deixar mais indivíduos em uma situação pior (*worse off*) do que se a propriedade fosse encarada sob uma perspectiva menos abrangente.

Mais apropriada, portanto, é uma concepção de propriedade que considera o bem o elemento central do direito de propriedade, sem ignorar, porém, aspectos relevantes relativos aos sujeitos que com ela se relacionam. Como desenvolvido no capítulo 1, adota-se, aqui, o conceito de propriedade de Arnold Craig Anthony, que vislumbra a propriedade como uma *rede de interesses (web of interests)*. A metáfora utilizada pelo autor procura dar conta da complexa cadeia de interconexões entre diferentes sujeitos, grupos e entidades, todas direcionadas ao mesmo alvo de interesse: um bem identificável e definitivo. Sendo possível, em tais termos, identificar um interesse de propriedade atingido pela regulação, a análise quanto ao grau do impacto econômico sobre tal interesse pode se iniciar.

Aqui, porém, enfrenta-se novamente o *problema do denominador*. São pertinentes, portanto, as considerações já traçadas sobre o tema no item 3.2.1.2.2. Com efeito, quanto maior a propriedade considerada na *fração expropriatória*, menor será a redução patrimonial gerada pela regulação. Mais uma vez, portanto, mostra-se imprescindível a delimitação do *todo*, eis que todo impacto é relativo à unidade considerada.

Talvez, o ponto de equilíbrio entre as diferentes interpretações a respeito da já analisada regra da propriedade como um todo – de um lado, muito estreitas e, de outro, excessivamente robustas – está na compreensão de que algo somente poderá ser um *todo* se o bem em questão apresentar ao menos um uso econômico ou prático viável e independente do restante do patrimônio do proprietário.[512]

---

[511] FEE, John. The takings Clause as comparative right, 76 *Southern California Law Review*, 2003, p. 1.017.
[512] A "viabilidade econômica independente" é proposta por John Fee para delimitar a unidade de propriedade considerada para fins de aplicação da cláusula expropriatória. A Suprema Corte da Califórnia igualmente já indicou que a questão do denominador pode ser equacionada se a unidade em apreço for "economicamente viável separadamente da parcela maior". Neste trabalho, ampliamos a noção para incluir também os usos práticos

Todavia, para iluminar a questão, mais uma vez, parecem indispensáveis considerações acerca (i) de aspectos relativos à aptidão natural e social – ou seja, o bem se destina a ser utilizado autonomamente? E (ii) de aspectos subjetivos relacionados às razoáveis expectativas do proprietário. Sob esse ângulo, merece registro o parâmetro do *tratamento como uma unidade autônoma (treated as a single unit)*, que busca analisar em que medida o proprietário considera a propriedade como um bem independente.[513] Como ressalta Keith Woffinden, essa perspectiva "foca mais no proprietário, e, portanto, está mais relacionada ao impacto equitativo na psique do indivíduo do que ao tamanho do interesse de propriedade que o governo proscreveu".[514]

Isso não significa, porém, que aspectos objetivos não possam auxiliar o intérprete a verificar a percepção do proprietário em relação à extensão do bem atingido pela regulação. Cite-se, por exemplo, o grau de continuidade da propriedade (em relação a propriedades corpóreas), as datas de aquisição, a existência de um ou mais títulos de propriedade, entre outros aspectos que podem surgir no caso concreto.

Para ilustrar, recorre-se ao caso já citado *Murr vs. Wisconsin*, ainda pendente de decisão definitiva. No caso, os Murr compraram, em datas diferentes, dois lotes contínuos de terras, registrados em duas escrituras diferentes. Tais circunstâncias objetivas indicam, a princípio, a separação dos lotes. Contudo, a legislação estabeleceu, posteriormente à compra, uma espécie de lote mínimo, o que inviabilizaria a venda de apenas um deles. Sob essa perspectiva, talvez, fosse possível argumentar que os lotes somente alcançariam sua destinação social se considerados em conjunto. No caso, contudo, sobressai um elemento determinante para que se considere apenas a unidade atingida pela regulação o denominador da *fração expropriatória*. É que, conforme restou comprovado nos autos, os Murr haviam comprado o segundo lote como um investimento econômico, mantendo-o inutilizado ao longo de anos. O primeiro lote, ao contrário, era destinado à residência de campo da família. Assim, parece evidente que (i) os lotes apresentam usos práticos

---

autônomos. (FEE, John. The takings Clause as comparative right, 76 *Southern California Law Review*, 2003. Twain Harte Associates, Ltd. v. County of Tuolumne, 265, Cal, 737, 745 [1990]).
[513] *Forest Props. Inc.* v. *United States*, 177 F.3d 1360, 1365 (Fed. Cir. 1999)
[514] No original, em inglês: "(...) *focuses on the clear expectations of the owner, and thus has more to do with the equitable impact on the owner's psyche than on the size of the property interest on the owner's psyche than on the size of the property interest the government has proscribed*" (WOFFINDEN, Keith. The Parcel as a Whole: A presumptive Structural Approach for Determining When the Government has gone too far. *BYU Law Review*, 623, 2008, p. 634). Traduzido livremente.

viáveis e independentes um do outro e (ii) as duas parcelas sempre foram tratadas de forma independente pelos proprietários.

A importância do parâmetro do *tratamento como uma unidade autônoma* repousa sobre três premissas delineadas por Frank Michelman:

(i) o proprietário pensa em si não como detentor de um total de riqueza, mas também de vários bens autônomos cujo destino ele controla; (ii) a privação de um desses bens mentalmente circunscritos constitui um evento extremamente doloroso ou desmoralizante, quando comparado com as reações experimentadas por quem sofre mero declínio de sua riqueza líquida; e (iii) em regra, tais eventos de sofrimento agudo são facilmente identificáveis.[515]

Mais uma vez, portanto, nota-se a tutela da confiança legítima como fator determinante para pautar a análise do impacto regulatório sobre a propriedade. Contudo, a investigação sobre como o indivíduo razoavelmente esperava usar, gozar e fruir de sua propriedade antes da iniciativa regulatória não apenas orienta a aplicação de tal critério. Em verdade, a importância dessa perspectiva é tamanha que as expectativas legítimas dos proprietários foram concebidas pelo *case law* das *regulatory takings* como um parâmetro autônomo, sobre o qual discorreremos no item 3.2.2.2. Assim, em linhas sumárias, a "parcela relevante" será considerada uma integralidade quando (i) apresentar "viabilidade prática ou econômica independente", tendo em vista a sua funcionalidade; e (ii) quando receber do proprietário "tratamento como uma unidade autônoma".

Portanto, a identificação de um direito de propriedade e do denominador da fração são etapas importantes da análise da intensidade do impacto da regulação. Contudo, é preciso estabelecer, ainda, uma metodologia geral para medir o impacto econômico da regulação e definir quando este será considerado acentuado o suficiente para corresponder à expropriação de um interesse de propriedade.

Assim, o primeiro passo para tal análise é a verificação quanto à existência de um direito de propriedade sobre o qual a regulação

---

[515] No original, em inglês: *"(1) that one thinks of himself not just as owning a total amount of wealth or income, but also as owning several discrete 'things' whose destinies he controls; (2) that deprivation of one of these mentally circumscribed things is an event attended by pain of a specially acute or demoralizing kind, as compared with what one experiences in response to the different kind of event consisting of a general decline in one's net worth; and (3) that events of the specially painful kind can usually be identified by compensation tribunals with relative ease"* (MICHELMAN, Frank I. Property, utility, and fairness: comments on the ethical foundations of "just compensation" law, *Harvard Law Review*, v. 80, n. 6, 1967, p. 1.234). Traduzido livremente.

incide. Em caso positivo, é preciso definir o denominador da fração expropriatória, nos termos já expostos. Somente após, é possível mensurar a intensidade do impacto da regulação.

Nessa etapa, cumpre analisar, de plano, a existência de alguma vantagem recíproca proporcional que possa atenuar ou neutralizar dano sofrido. Veja-se que tais vantagens podem, como sustentado no capítulo 2, configurar um arranjo compensatório prévio estabelecido de forma premeditada pelo regulador quando da concepção da medida. Se, por exemplo, o ato regulatório impuser uma perda patrimonial de cunho financeiro e facilmente quantificável, eventual isenção fiscal proporcional concedida ao proprietário pode assumir o papel compensatório, eliminando o impacto econômico regulatório e, portanto, esvaziando qualquer pleito baseado na cláusula expropriatória.

Se, porém, as vantagens estabelecidas não forem suficientes para aniquilar as perdas sofridas pelo proprietário, estas ainda podem ser relevantes como fator de mitigação do impacto econômico da regulação. Nessa hipótese, duas situações podem ocorrer: (i) a insuficiência da perda patrimonial líquida para que o dano seja considerado essencialmente equivalente a uma expropriação (isto é, quando as vantagens estabelecidas pela regulação bastam para afastar o conteúdo expropriatório do ato); ou (ii) a perda patrimonial líquida remanesce significativa, a ponto de ser tida como uma expropriação (nesse caso, as vantagens estabelecidas pela regulação apenas servirão para reduzir o *quantum* devido ao proprietário).

Embora as vantagens recíprocas estabelecidas pela regulação não possam ser ignoradas na análise do impacto regulatório, diante de seu evidente potencial mitigador do dano, o parâmetro costuma ser considerado pela jurisprudência e pela doutrina norte-americana um critério autônomo de expropriabilidade. Assim, dada a sua importância e também para não faltar com o dever de didática, o critério será examinado com maior profundidade no item 3.2.2.3.

Pois bem. Determinado o interesse de propriedade em questão, o denominador da fração expropriatória e a perda patrimonial líquida (perdas menos vantagens da regulação), é possível medir o impacto da regulação, em primeiro lugar, por meio de critério denominado *com e sem regulação* (*with and without approach*). Modo geral, tal método consiste em determinar o valor do impacto econômico por meio da análise comparativa do valor de mercado do bem antes e após os efeitos do ato estatal.[516] Tal análise, porém, enfatiza apenas o elemento econômico da propriedade. No sistema jurídico-constitucional brasileiro, porém, a propriedade também é tutelada em razão de uma perspectiva subjetiva. Nesse sentido, Gilmar Mendes considera que "essencial para a definição e qualificação [da propriedade] passa a ser a 'utilidade privada' (*Privatnutzigkeit*) do direito patrimonial para o indivíduo, isto é a relação desse direito patrimonial com o titular".[517]

Diante disso, a aferição do impacto regulatório não poderá cingir-se ao método comparativo do valor de mercado do bem. Um exemplo seria a análise de uma regulação proibitiva do direito de construir em determinada área majoritariamente destinada à produção agrícola, na qual, porém, um trabalhador da região, após anos de economia, teria adquirido um pequeno terreno para erguer sua primeira residência. Suponha-se que a perda patrimonial resultante da aplicação do método *with and without* tenha sido apenas de 30%, o que seria justificado pela demanda local por propriedades destinadas exclusivamente ao plantio. Contudo, na ótica do proprietário, a regulação configuraria obstáculo à *utilidade privada* da propriedade (consubstanciado no direito de moradia), ensejando, portanto, um sacrifício desproporcional. Se, porém, a mesma regulação tivesse previsto o reassentamento adequado do particular, tal vantagem recíproca proporcional seria suficiente para afastar o caráter expropriatório do ato.

Portanto, se, em geral, a proibição de construir em terrenos naturalmente destinados a atividades agrícolas dificilmente seria considerada um *taking*, no exemplo acima, as circunstâncias subjetivas pertinentes às expectativas do proprietário indicam que o ônus por ele sofrido foi severo o suficiente para engatilhar a aplicação da cláusula expropriatória. Além disso, se os interesses do proprietário afetados pela regulação revelarem fundamento axiológico especialmente significativo do ponto de vista constitucional, a avaliação do impacto econômico deve absorver, na medida do possível, essa perspectiva. Assim, se a propriedade, mais do que um bem econômico, constituir veículo de concretização de outros valores constitucionalmente importantes, o impacto da regulação deverá considerar também tal circunstância.

---

[516] John D. Echeverria é um defensor do método. ECHEVERRIA, John D. *Making Sense of Penn Central*, 39 ENVTL. L. REP. NEWS & ANALYSIS 10471, 10471–72 (2009).

[517] MENDES, Gilmar; BRANCO. *Curso de Direito Constitucional*. 5. ed. São Paulo: Saraiva, 2010. p. 519.

No exemplo dado acima, portanto, a pretensão do proprietário de construir no terreno a sua moradia faria a balança pender para o lado da expropriação.[518]

Quando, porém, a propriedade assume um papel *exclusivamente* instrumental à geração de riqueza, o impacto da regulação deverá ser aferido tão somente sob o ponto de vista econômico.[519] Isso não significa, de modo algum, que as regulações incidentes sobre propriedades relacionadas ao exercício atividades econômicas devam ser encaradas *prima facie* como não expropriatórias. Afinal, a proteção dos direitos dominiais é pressuposto funcional da economia, conforme preceitua o art. 170, inciso II, da Constituição Federal.[520]

Em relação às propriedades destinadas unicamente à maximização de riqueza, existem vários métodos de aferição do impacto econômico que devem ser, preferencialmente, utilizados em conjunto.

Sem dúvida, nessas hipóteses, a aplicação do método *with and without* pode revelar importante indício de expropriação regulatória. Contudo, o critério não constitui fator determinante para examinar a gravidade da regulação. Outro parâmetro importante para aferir a expropriabilidade normativa de atividades econômicas é a *possibilidade de transferência dos investimentos* realizados. É dizer: se os investimentos realizados pelo proprietário/empresário forem classificados como *sunk costs* ou *custos afundados*, o impacto econômico sofrido será tendencialmente alto[521] – o que, é claro, também variará de acordo com o valor dos custos não retornáveis. Se, porém, tais investimentos puderem ser reconvertidos ou utilizados em outros empreendimentos, tal fator operará reduzindo a perda patrimonial sofrida.[522]

---

[518] Em linha semelhante, porém sustentando a necessidade de avaliação do componente subjetivo na quantificação da indenização decorrente de desapropriação, Jéssica Acocella aduz que "a recomposição dos prejuízos decorrentes da supressão de um direito imposta pelo Estado pode ir, como dito, muito além do mero valor de mercado do bem" (ACOCELLA, Jéssica. *Uma releitura da desapropriação à luz da constituição de 1988 e suas principais repercussões sobre o regime jurídico vigente*. Rio de Janeiro: Dissertação de Mestrado em Direito Público, UERJ, 2013. Mimeografado).

[519] É claro que, se o exercício da atividade econômica também constituir importante meio de promoção da autonomia e da capacidade de autodesenvolvimento pessoal, tal aspecto não poderá ser desconsiderado.

[520] Vide capítulo 1, item 1.1.1.4.

[521] A partir da análise econômica do tema das regulações expropriatórias, assumem a existência de investimentos perdidos como pressuposto do caráter expropriador da medida (BLUME, Lawrence; RUBINFELD, Daniel L.; SHAPIRO, Perry. The taking of Land: When Should Compensation be paid? *71 Quarterly Journal of Economics*, 1984).

[522] Nessa mesma linha, cf. *Florida Rock Industries, Inc.*, Plaintiff-appellee, v. *the United States*, Defendant-appellant, 18 F.3d 1560 (Fed. Cir. 1994). No caso, a corte estabeleceu que: "[T]

Sob a perspectiva da análise econômica das regulações expropriatórias, Lawrence Blume, Daniel L. Rubinfeld e Perry Shapiro formularam um modelo econômico em que a utilização de tal parâmetro constitui variável determinante da eficiência regulatória. O problema é que, de acordo com esse modelo, o parâmetro geraria um incentivo nefasto à realização de custos irrecuperáveis acima do socialmente ótimo, de modo a afetar a probabilidade de edição de regulações expropriadoras da atividade desenvolvida. Os autores demonstraram que "os investidores privados serão encorajados a sobre-investir (...) suficientemente para desencorajar a realização do projeto regulatório".[523]

Para solucionar esse problema, caberá ao ente público analisar, sob a ótica da eficiência econômica, se os investimentos realizados eram necessários ou foram realizados justamente visando afetar a probabilidade da regulação. Trata-se da aplicação da chamada *ex ante rule*, concebida por Thomas J. Miceli e Kathleen, com o intuito justamente de evitar o excesso de investimento. Nessa linha, se o montante dos investimentos afundados realizados pelo proprietário for considerado necessário e eficiente, o parâmetro do *sunk cost* pode ser aplicado.[524]

Outra forma de medir o impacto econômico da regulação em atividades econômicas é mediante a verificação da perda de lucratividade que dela resulta. Com efeito, regulações que impõem ônus excessivos às empresas podem afetar diretamente sua capacidade lucrativa e, via de consequência, produzir um impacto essencialmente equivalente à expropriação da própria atividade econômica. A metodologia utilizada para a aplicação do parâmetro é descrita pelo acórdão proferido pela *Claim Court* no precedente *CCA Associates v. United States*:

> A abordagem é para comparar a perda de resultado líquido por conta da restrição (descontados para o valor presente na data em que a restrição foi imposta) com o rendimento total líquido sem as restrições durante

---

he court should consider, along with other relevant matters, the relationship of the owner's basis or investment, and the fair market value before the alleged taking to the fair market value after the alleged taking. In determining the severity of the economic impact, the owner's opportunity to recoup its investment or better, subject to the regulation, cannot be ignored". O trecho correspondente na tradução é: "A corte deveria considerar, junto de outros assuntos relevantes, a relação da base ou do investimento do proprietário e o valor justo de mercado antes da alegada expropriação com o valor de mercado justo depois da alegada expropriação. Ao determinar a gravidade do impacto econômico, a oportunidade do proprietário de recuperar seus investimentos ou lucrar, sujeitos à regulação, não pode ser ignorada". Traduzido livremente.

[523] BLUME, Lawrence; RUBINFELD, Daniel L.; SHAPIRO, Perry. The taking of Land: When Should Compensation be paid? 71 *Quarterly Journal of Economics*, 1984, p. 13.

[524] MICELI, Thomas J.; SEGERSON, Kathleen. *Regulatory Takings*: When should compensation be paid? *The Journal of Legal Studies*, v. 23, n. 2, jun. 1994, p. 756-758.

toda a vida útil da propriedade (novamente descontados para o valor presente).[525]

Exemplificativo da hipótese ora cogitada é o precedente firmado pelo STF no julgamento do RE n° 422.941.[526] Tratou-se de ação indenizatória proposta pela Destilaria Alto Alegre S/A com fundamento na fixação de preços realizada pelo Instituto do Açúcar e Álcool (IAA) entre os anos de 1986 e 1997. Em suma, a autora sustentou que o levantamento de preços realizado pela Fundação Getulio Vargas (FGV) a respeito do custo médio de produção foi desconsiderado pelo IAA, que, segundo alega, fixou um preço menor do que o custo médio da produção.

Note-se que o STF encarou a demanda como hipótese de responsabilidade civil do Estado, atraindo a incidência, portanto, do art. 37, §6°, da Constituição Federal. Nesse sentido, concluiu que:

> A fixação dos preços acabou realizada em valores inferiores [àqueles fixados pela FGV]. Essa conduta gerou danos patrimoniais ao agente econômico, vale dizer, à recorrente: obrigação de indenizar por parte do poder público. CF, art. 37, §6°.[527]

Contudo, parece perfeitamente possível sustentar o caráter expropriatório do ato, eis que a notória perda da lucratividade resultante da regulação estatal impactou severamente na atividade econômica desenvolvida – considerada, em si, um direito de propriedade incorpóreo.

Cumpre ainda considerar na avaliação do impacto regulatório sobre determinada atividade econômica se "as imposições regulatórias podem ou não ser absorvidas pela atividade empresarial",[528] por meio de mecanismos de reposição de custos e preservação das margens de lucro. Se for possível, por exemplo, repassar o impacto econômico para o preço cobrado do destinatário final, o pleito expropriatório não deve, em princípio, ser acolhido.[529] Se, porém, a regulação impuser um

---

[525] No original, em inglês: "[the] approach is to compare the lost of net income due to the restriction (discounted to present value at the date the restriction was imposed) with the total net income without the restriction over the entire useful life of property (again discounted to present value)" (CCA Associates v. United States, 91 Fed Cl. 580, 2010). Traduzido livremente.
[526] STF, RE n° 422.941, Segunda Turma, Relator(a): Min. Carlos Velloso. DJ: 06.12.2005.
[527] Trecho extraído da ementa. STF, RE n° 422.941, Segunda Turma, Relator(a): Min. Carlos Velloso. DJ: 06.12.2005.
[528] CYRINO, André Rodrigues. Regulações expropriatórias: apontamentos para uma teoria. Revista de Direito Administrativo, Rio de Janeiro, v. 267, p. 199-235, set./dez. 2014, p. 229.
[529] BINENBOJM, Gustavo. Regulações expropriatórias, Revista Justiça e Cidadania, n. 117, 2010. Disponível em: http://www.editorajc.com.br/2010/04/regulacoes-expropriatorias/. Acesso em: 29 ago. 2016.

custo elevado à atividade desenvolvida, e este não puder ser repassado ao consumidor ou, de outro modo, absorvido ou minimizado pela sociedade, haverá, tendencialmente, expropriação.

Exemplo interessante é o famoso *Caso Varig*, originado de demanda ajuizada pela empresa área em face da União, em decorrência do congelamento de tarifas efetivado por meio do *Plano Cruzado*. Segundo alegou a parte autora, a regulação de preço[530] teria resultado no desequilíbrio econômico financeiro do contrato de concessão celebrado com o então Departamento de Aviação Civil (DAC). O STF, ao apreciar o RE n° 571.969,[531] confirmou a decisão proferida pelo STJ, que reconhecera a insuficiência tarifária imposta pela política econômica, conferindo à autora o direito de ser indenizada no valor de R$2,3 bilhões.

A min. Carmen Lúcia, responsável pela relatoria do caso, asseverou que a medida governamental impedia qualquer resposta da concessionária, pois esta estava vinculada ao contrato administrativo de concessão. Assim, ressaltou que, embora a sociedade como um todo tivesse se submetido às medidas de congelamento de preço, a concessionária, diferentemente do restante dos particulares, não era livre para adotar providências que diminuíssem ou a esquivassem do dano, vez que continuava vinculada ao contrato administrativo de concessão.

Resta ainda mencionar o critério do *return on equity*, que mensura o impacto econômico por meio da comparação da taxa de retorno dos investimentos antes e depois da regulação.[532] Se a redução do percentual for significativa ou, no extremo, indicar a inviabilidade do investimento após os efeitos regulatórios, haverá expropriação. Se, por outro lado, a taxa de retorno permanecer atrativa, não caberá falar em expropriação.

Em *Penn Central Transportation Co v. New York*, parâmetro similar foi utilizado para aferir o impacto econômico da regulação. Na ocasião, a Suprema Corte entendeu que a regulação não teria afastado a capacidade do proprietário de receber um *retorno financeiro razoável*: "Nós precisamos considerar a lei da cidade de Nova Iorque como permitindo a Penn Central não somente a lucrar com o terminal mas também a obter um

---

[530] Sobre a regulação de preço, Gustavo Binenbojm afirma, categoricamente, que "(...) arbitrar preços não é tarefa trivial, traz consequências sérias e a experiência prática mostra que a interferência estatal nos mecanismos econômicos de formação de preços não gera bons resultados, na maioria dos casos" (BINENBOJM, Gustavo. *Poder de Polícia, ordenação, regulação*: transformações político-jurídicas, econômicas e institucionais do direito administrativo ordenador. Belo Horizonte: Fórum, 2016. p. 203).

[531] STF. RE n° 571.969/DF. Relatora: Min. Cármen Lúcia. Tribunal Pleno. DJE. 18.09.2014.

[532] O retorno sobre o patrimônio líquido é calculado dividindo-se o lucro obtido naquele ano pelo patrimônio líquido médio do mesmo ano.

razoável retorno de seu investimento".[533] Veja-se que a análise comparativa, aqui, é puramente objetiva, desprendendo-se de considerações sobre a expectativa do proprietário.

Chama atenção, portanto, quanto ao ponto, o forte conteúdo econômico dos parâmetros mencionados como idôneos para medir o impacto da regulação sobre a propriedade geradora de riqueza. Sem dúvida, como observou o *Justice* Rehnquist em *Penn Central*, tais critérios impõem dificuldades conceituais e práticas à atuação do Poder Judiciário como ator principal no equacionamento das regulações expropriatórias.[534] Segundo o economista William Wade, "a nota de rodapé [escrita por Rehnquist] parece alertar, educadamente, que a maioria [dos juízes] não teria conhecimento econômico sobre os parâmetros utilizados em seus votos".[535]

Com efeito, o reconhecimento do *déficit de expertise* do Poder Judiciário sobre os critérios econômicos de mensuração dos efeitos potencialmente expropriadores da regulação reforça os argumentos apresentados no capítulo anterior no sentido de que o processo regulatório expropriador não deve se efetivar no âmbito judicial, mas, sim, mediante procedimentos prévios desenvolvidos por entidades dotadas de conhecimento técnico sobre o setor regulado.

É preciso, antes que se encerre, fazer um importante esclarecimento. Cumpre prevenir-se contra o risco de supor que os métodos apresentados para a avaliação do impacto econômico da regulação possam proporcionar um limite ou percentual apriorístico a partir do qual a regulação será expropriatória. Essa definição em abstrato não seria possível, tampouco desejável. Há de se reconhecer, contudo, que o impacto regulatório, enquanto critério essencialmente quantitativo, somente indicará o caráter expropriador da regulação em circunstâncias extremas. Isso não impede, porém, que, à luz de perspectivas não econômicas relacionadas à configuração do direito de propriedade, o parâmetro seja impregnado por considerações qualitativas, acentuando, no caso concreto, a intensidade do impacto regulatório.

---

[533] No original, em inglês: *"We must regard the New York City law as permitting Penn Central not only to profit from the Terminal but also to obtain a 'reasonable return' on its investment"* (Penn Central Transportation Co. v. New York City, Page 438 U. S. 136). Traduzido livremente.

[534] *Penn Central Transportation Co. v. New York City*, U.S 104, 149, nota de rodapé n° 13.

[535] No original, em inglês: *"The footnote appears to point out politely that the majority was not schooled in the meanings of the economic terms used in their language"* (WADE, William W. *Sources of Regulation Takings Economic Confusion Subsequent to Penn Central*. Disponível em: http://www.inversecondemnation.com/files/41.10936.pdf. Acesso em: 29 ago. 2016). Traduzido livremente.

Por fim, insta esclarecer que os parâmetros do esvaziamento total e do impacto prático e econômico da regulação implicam uma avaliação muito próxima, senão idêntica. O que difere, porém, é a natureza da expropriação normativa identificada: se, da análise factual, for possível concluir pelo esvaziamento prático e/ou econômico da propriedade, a expropriação regulatória será considerada total. É o caso, por exemplo, de regulação que proíba o desenvolvimento construtivo em terreno localizado em condomínio urbano. A expropriação da utilidade do bem é inequívoca e total. Isso não impede, porém, que eventual valor remanescente do bem seja descontado da indenização paga pela Poder Público.

Se, porém, a interação regulatória com o direito de propriedade implicar um impacto muito severo, porém não equivalente à totalidade do interesse, será reconhecida a expropriação normativa parcial.[536] É o caso, por exemplo, de regulação que impacte sobre determinado setor econômico, causando redução drástica da lucratividade. Contudo, ainda assim, as empresas do setor conseguem manter um nível de retorno razoável, embora incomparável com o cenário anterior.

3.2.2.2 O propósito público da regulação: pressuposto ou parâmetro de expropriabilidade?

Talvez o parâmetro mais controvertido na literatura e na jurisprudência norte-americana seja aquele que busca analisar se a medida regulatória apresenta algum propósito público.[537] Para compreender o seu significado e suas implicações, é preciso, primeiramente, identificar a sua origem e o seu caminho de transformação na jurisprudência norte-americana.

Já em 1788, no julgamento do caso *Respublica v. Sparhawk*,[538] a chamada *exceção do uso nocivo* foi utilizada para justificar o confisco de

---

[536] Sobre as regulações expropriatórias parcial, v. GOODIN, Christopher T. *The role and content of the character of the governmental action factor in a partial regulatory analysis*. Disponível em: http://heinonline.org/HOL/LandingPage?handle=hein.journals/uhawlr29&div=20&id=&page=. Acesso em: 29 ago. 2016. Para uma abordagem crítica ao caráter parcial das regulações expropriatórias, cf. ECHEVERRIA, John D. *Partial Regulatory Takings live, but...* Disponível em: http://www.gelpi.org/gelpi/current_research/documents/RT_Pubs_Law_TahoeSierraAftermath.pdf. Acesso em: 29 ago. 2016.
[537] LUNNEY JR, Glynn S. A Critical Reexamination of the Takings Jurisprudence. *Michigan Law Review*, v. 90, 1992, p. 1.892. Disponível em: http://works.bepress.com/glynn_lunney/45/. Acesso em: 29 ago. 2016.
[538] *Respublica v. Sparhawk*.1 U.S. 357 (1788).

barris de farinha antes que o exército britânico pudesse tomá-los de seus proprietários. Para ilustrar a importância de normas expropriadoras voltadas à proteção do interesse público, a corte relatou o seguinte "memorável episódio de loucura":[539]

> (...) [c]onta-se que o Prefeito de Londres, em 1966, quando a cidade estava em chamas, não deu ordens para demolir quarenta casas de madeira, ou para remover as suas mobílias, etc. (...) por medo de ser responsabilizado; a consequência de sua conduta foi a destruição de metade daquela grande Cidade.[540]

O pitoresco acontecimento foi citado pela Suprema Corte para ilustrar que, para proteger a sociedade de certos perigos, o direito de propriedade poderia sofrer restrições sem que fosse devida qualquer compensação ao proprietário. Assentando que "a segurança das pessoas é uma lei acima de todas as demais",[541] concluiu-se que nenhuma indenização seria devida aos proprietários dos barris confiscados. A decisão é considerada um exemplo prematuro de invocação da exceção do uso nocivo da propriedade para afastar o pagamento de indenização ao proprietário lesado pela regulação.

A decisão que consolidou a exceção do uso nocivo, porém, foi proferida em 1887, no caso *Mugler v. Kansas*,[542] quando a Suprema Corte estabeleceu que regulações que impediam o proprietário de usar o seu bem de modo a prejudicar a saúde pública, a moral ou a segurança das pessoas não seriam expropriatórias. No caso, a corte amparou lei estadual que bania a produção e a venda de bebidas alcoólicas, considerando que seu propósito era a proteção da sociedade contra "os males do uso excessivo do álcool".[543]

---

[539] No original, em inglês: "(...) *a memorable instance of folly* (...)" (Page 1 U.S. 357, 363). Traduzido livremente.

[540] No original, em inglês: "(...) *that the Lord Mayor of London, in 1666, when that city was on fire, would not give directions for, or consent to, the pulling down forty wooden houses, or to the removing the furniture, &c. belonging to the Lawyers of the Temple, then on the Circuit, for fear he should be answerable for a trespass; and in consequence of this conduct half that great city was burnt*" (*Respublica v. Sparhawk*, Page 1 U.S. 357, 363). Traduzido livremente.

[541] No original, em inglês: "(...) *the safety of the people is a law above all others* (...)" (U.S. 357, 363). Traduzido livremente.

[542] 123 U.S. 623 (1887).

[543] No original, em inglês: "(...) *evils attending the excessive use of such liquors* (...)" (123 U.S. 662 (1887)). Traduzido livremente.

Posteriormente, em *Hadacheck v. Sebastian*[544] [545] – "o caso imortal"[546] – a Suprema Corte considerou legítima uma norma de zoneamento da cidade de Los Angeles que vedou o funcionamento de olarias em determinadas áreas residenciais. Aplicando o "teste do uso nocivo",[547] a Corte entendeu que a regulação buscava proteger a saúde das pessoas, sendo uma manifestação legítima do poder de polícia estatal. Nesse caso, a corte sugeriu que, se a regulação tivesse retirado todo valor econômico da propriedade da demandante – uma olaria –, haveria direito à compensação. No entanto, tal questão não restou enfrentada, eis que, ao final, a corte identificou algum valor remanescente na propriedade.[548]

No primeiro caso em que restou reconhecido o caráter expropriatório de uma regulação, *Pennsylvania Coal Co. v. Mahon*,[549] não houve consenso em relação à aplicação da exceção do uso nocivo. Prevaleceu, no entanto, a opinião do *Justice* Holmes, para quem o *Kohler Act* buscaria proteger interesses predominantemente privados.[550] Segundo o *Justice*, o interesse público protegido pela norma seria bastante limitado, eis que (i) não estavam contidas em seu espectro de incidência as propriedades em que os direitos de mineração e os direitos de superfície eram detidos

---

[544] 239 U.S. 394 (1915).

[545] Por unanimidade – Oliver Wendell Holmes Jr., William Rufus Day, Charles Evans Hughes, Willis Van Devanter, Joseph Rucker Lamar, Mahlon Pitney, Edward Douglass White –, a Corte votou com o juiz Joseph McKenna. Enquanto James Clark McReynolds se absteve de votar.

[546] No original, em inglês: *"The brickyard case is the undying classic"* (MICHELMAN, Frank I. Property, utility, and fairness: comments on the ethical foundations of "just compensation" law, *Harvard Law Review*, v. 80, n. 6, 1967, p. 1.237). Traduzido livremente.

[547] A expressão é de LINDFORS, Terri L. Property: Regulatory Takings and the Expansion of Burdens on Common Citizens. *William Mitchell Law Review*, v. 24, Issue 1 Article 4, 1998.

[548] No original, em inglês: *"The court expressed the view that the removal could be regulated, but that 'an absolute prohibition of such removal under the circumstances' could not be upheld. In the present case, there is no prohibition of the removal of the brick clay -- only a prohibition within the designated locality of its manufacture into bricks. And to this feature of the ordinance our opinion is addressed. Whether other questions would arise if the ordinance were broader, and opinion on such questions, we reserve"* (Page 239 U.S. 412). O trecho correspondente na tradução é: "A corte expressou o entendimento de que a remoção pode ser regulada, mas que 'uma absoluta proibição de tal remoção nestas circunstâncias' pode não ser respeitada. No presente caso, não existe proibição de remoção dos tijolos de argila – somente uma proibição dentro de determinada localidade do seu fabrico em tijolos. E é para essa função do regulamento nossa opinião é destinada. Outras questões surgiriam se a regulamentação fosse mais ampla, e opinião em tais questões". Traduzido livremente.

[549] 260 U.S. 393 (1922).

[550] Em sentido contrário, a minoria, liderada pelo juiz Louis Dembitz Brandeis, considerou a regulação legítima, sustentando que a norma proibia um uso considerado nocivo. Adicionalmente, os dissidentes negaram que a norma teria ensejado uma completa privação da propriedade. 260 U.S. 414 (1922).

pela mesma pessoa; e (ii) a exigência legal de notificação em tempo hábil antes do início das atividades de mineração já seria suficiente para garantir a segurança dos superficiários.[551]

A definição estreita da exceção do uso nocivo estabelecida em *Pennsylvania Coal* foi paulatinamente sendo abandonada pela Suprema Corte. Em 1928, em *Miller v. Schoene*,[552] houve uma significativa expansão do âmbito de incidência da exceção, quando a Corte enfrentou a questão sobre se os usos nocivos da propriedade apenas seriam decorrentes dos princípios do *common law* ou se poderiam ser estabelecidos pela legislação. O estado de Virgínia vivenciava um problema biológico:[553] as macieiras estavam sendo contaminadas por um fungo proveniente dos cedros vermelhos da região. O fungo não causava qualquer dano às folhas e frutos dos cedros, mas, levado pelo vento, acarretava a completa destruição de macieiras. Com o escopo de proteger as macieiras, foi editada uma lei estadual proibindo qualquer pessoa de "possuir, plantar ou manter"[554] [555] em sua propriedade qualquer cedro vermelho que fosse ou pudesse ser fonte de fungo. Assim, os cedros plantados a determinada distância de macieiras foram declarados nocivos pela legislação, obrigando os seus proprietários a providenciar a sua imediata destruição.

Como era de se esperar, os proprietários dos cedros, sentindo-se lesados pela legislação, ingressaram em juízo sob a alegação de que a determinação legal constituiria uma apropriação inconstitucional de suas respectivas propriedades. A Suprema Corte entendeu inexistir expropriação. Ainda que sem fundamento nos princípios do *common law*, a legislação poderia inovar e estabelecer que determinado uso da propriedade constitui um uso nocivo, pois essa seria uma noção intrinsicamente cambiante.

A ideia de que os usos nocivos da propriedade não poderiam ser determinados por regras estáticas, variando conforme o tempo, o espaço, a cultura de cada povo, etc., foi reiterada e mais bem explicitada

---

[551] 260 U.S. 414 (1922).
[552] *Miller v. Schoene* 276 U.S. 277 (1928).
[553] FISCHEL, William A. *Regulatory takings*: Law, economics and politics. Cambridge: Harvard U. Press, 2014. p. 151.
[554] No original, em inglês: "(...) own, plant or keep alive and standing (...)" (*Miller v. Schoene* 276 U.S. 277 (1928)). Traduzido livremente.
[555] Por unanimidade – William Howard Taft, Oliver Wendell Holmes Jr., Willis Van Devanter, James Clark McReynolds, Pierce Butler, Louis Dembitz Brandeis, George Sutherland, Edward Terry Sanford –, a Corte votou com o juiz Harlan Fiske Stone.

em *Goldblatt v. Town of Hempstead*,[556] quando a Suprema Corte entendeu que "não é de grande importância que o uso da propriedade proibido não reflita um princípio do *common law*". No caso, uma companhia de mineração havia escavado um terreno até alcançar o lençol freático em 1927. Em 1958, uma regulação proibiu que as escavações na região ultrapassassem dois pés acima do nível das águas subterrâneas. Considerando que a norma possuía o propósito de proteger a sociedade de danos causados pelo mau uso da propriedade e que o demandante não teria demonstrado que a proibição implicaria qualquer redução do valor do lote, a Suprema Corte negou o caráter expropriatório da indenização.

Com efeito, após *Miller* e *Goldblatt*, a jurisprudência norte-americana expandiu consistentemente a exceção do uso nocivo para as hipóteses não albergadas pelo *common law*. No já citado caso *Lucas*, porém, o *Justice* Scalia rejeitou essa concepção ampla da exceção, limitando a sua aplicação às hipóteses em que a regulação apenas refletiria a proteção contra usos nocivos *reconhecidos pelo common law antes da aquisição da propriedade*. A ideia subjacente a tal entendimento seria a de que os princípios do *common law* revelariam uma limitação inerente ao título de propriedade.

Interessante notar que a Suprema Corte, em *Lucas*, concebeu uma regra categórica positiva (perda completa do valor econômico da propriedade), mas, ao mesmo tempo, admitiu a sua sujeição à chamada *exceção do uso nocivo (the nuisance exception)*. Dessa forma, paralelamente à regra categórica da privação total da utilidade econômica, foi estabelecida uma regra categórica negativa:[557] as regulações que estivessem em conformidade com os princípios do *common law* nunca seriam consideradas expropriatórias, ainda que acarretassem o completo esvaziamento econômico do bem.

A ideia de que o Poder Público não teria o dever de indenizar o proprietário que viesse a sofrer os efeitos de uma regulação em conformidade com o *common law* foi alvo de críticas da literatura

---

[556] 369 U.S. 590 (1969).
[557] Como se viu, as regras categóricas servem para identificar os casos que se encontram em uma das extremidades do espectro. São hipóteses em que a presença de determinada circunstância fática é suficiente para definir se a regulação em análise é ou não expropriatória. Assim, ao lado das regras categóricas positivas, cuja aplicação aponta para uma regulação expropriatória *per se*, é possível vislumbras as regras categóricas negativas – ou seja, aquelas que definem as regulações não expropriatórias *per se*.

especializada.[558] Lynn E. Blais, por exemplo, sustenta que a incerteza gerada por *Lucas* seria enorme e que a decisão não deveria ter privilegiado os princípios do *common law*, em detrimento das leis, como limitações significativas ao título de propriedade.[559] De outra parte, David A. Dana e Thomas W. Merrill afirmam que o uso da exceção vinculada ao *common law* poderia, ironicamente, ensejar que os julgamentos baseados na regra categórica do esvaziamento econômico da propriedade fossem transformados em inquirições *ad hoc*.[560]

Como se vê, a confinação dos usos nocivos àqueles previstos pelo *common law* foi influenciada por outra importante noção, qual seja, a de conhecimento prévio (*prior notice*). Nessa linha de raciocínio, o proprietário não seria *pego de surpresa* pela regulação que apenas concretizasse limitações já existentes quando da aquisição do bem, pois estaria ciente (*on notice*) de que o gravame poderia ser instituído a qualquer tempo.

Posteriormente, em *Palazzolo v. Rhode Island*, a Suprema Corte rejeitou o argumento de que o título de propriedade seria limitado por normas – de qualquer espécie – anteriores a ele. Note-se bem: no caso, nem mesmo a anterioridade da regulação à aquisição do título foi suficiente para que a Suprema Corte negasse ao proprietário o direito de impugná-la judicialmente. Nesse ponto, observa-se uma nítida confluência entre o parâmetro do uso nocivo e a ideia de expectativa legítima, que constitui um dos fatores do teste *ad hoc* estabelecido em *Penn Central*. Assim, para preservar a coerência e didática deste estudo, os principais desdobramentos dessa relação serão analisados no item próprio ao parâmetro da expectativa legítima.

---

[558] Aliás, no julgamento do caso, o juiz Anthony M. Kennedy, embora tenha acompanhado a maioria, dissentiu em relação à ideia de que a exceção do uso nocivo seria restrita aos princípios do *common law*, assinalando que essa limitação seria "muito estreita para confinar o exercício do poder regulatório em uma sociedade complexa e interdependente" (505 U.S. 1035 (1992)). Traduzido livremente.

[559] BLAIS, Lynn E. Takings, Statutes and the Common Law: *Considering Inherent Limitations on Title*, 70 S. CAL. L. Rev. 1,2 (1996). Disponível em: http://heinonline.org/HOL/LandingPage?handle=hein.journals/scal70&div=10&id=&page=. Acesso em: 18 ago. 2016.

[560] No original, em inglês: "(...) *under any definition, the nuisance law of most states typically employs a broad reasonableness test that turns on an examination of the facts of each case. Ironically, this case-by-case inquiry would seem to mean, in practice, that what the categorical rule sought to define could be swallowed up by an essentially ad hoc exception*" (DANA, David A.; MERRILL, Thomas W. *Property Takings*. New York: Foundation Press, 2002. p. 109). O trecho correspondente na tradução é: "(...) sob qualquer definição, a lei de incômodo da maioria dos estados tipicamente emprega um amplo teste de razoabilidade que se transforma em um exame dos fatos de cada caso. Ironicamente, essa investigação casuística parece significar, na prática, que aquilo que a regra geral buscou definir poderia ser engolido por uma exceção essencialmente *ad hoc*". Traduzido livremente.

A exceção do uso nocivo envolve, ainda, uma multiplicidade de questões relevantes à compreensão do problema das regulações expropriatórias. Uma delas, por certo, diz respeito ao seu âmbito de abrangência: o parâmetro estaria restrito às regulações que visam à proteção da sociedade contra os usos danosos da propriedade ou também agregaria as regulações voltadas à promoção de interesses públicos consubstanciados em benefícios para a sociedade?

Com efeito, até o final da década de 1970, a aplicação da ideia de uso nocivo era limitada às normas reguladoras da propriedade privada destinadas a prevenir danos causados pelo seu mau uso. Essa noção foi sistematizada por Ernest Freund, quando, em 1904, influenciado pela jurisprudência da exceção do uso nocivo, estabeleceu como critério distintivo entre os *takings* e o exercício do poder de polícia a dicotomia entre danos e benefícios (*"harms and benefits"*). A tese do autor – que, por certo, ajudou a entranhar ainda mais no *case law* a exceção do uso nocivo – era a de que as iniciativas regulatórias justificadas pela necessidade de prevenção ou controle danos não seriam expropriatórias e, portanto, não renderiam qualquer pretensão indenizatória. A seu turno, as regulações que visavam à produção de um benefício para a sociedade veiculariam uma expropriação, da qual resultaria para o proprietário prejudicado o direito à recomposição patrimonial.[561]

Em *Penn Central Transportation Co. v. New York City*,[562] a Suprema Corte evoluiu para entender que o propósito público da regulação, como pressuposto negativo do reconhecimento de seu caráter expropriador, abrangeria qualquer espécie de interesse legítimo estatal. Abandonou-se, portanto, a antiga distinção entre os atos normativos que buscavam evitar danos – aos quais a caracterização expropriatória seria negada – e aqueles que visavam à promoção de benefícios – sendo estes presumidamente *takings*.

A partir daí, as decisões nos casos de *regulatory takings* passaram a não fazer distinção entre as regulações que visam à prevenção de danos e aquelas que têm o escopo de conferir benefícios. Seriam, portanto, legítimos – e não expropriatórios – os atos regulatórios que promovessem "a saúde, a segurança, a moral ou o bem-estar geral".[563] Por outro lado, como assentado em *Agins v. City of Tiburon*, a medida regulatória que não concretizasse interesses públicos legítimos (*"does

---

[561] FREUND, Ernst. *The police power, public police and constitutional rights*. Chicago: The University of Chicago Press, 1904.
[562] 438 U.S. 104 (1978).
[563] *Penn Central Transportation Co. v. New York City*, 438 U.S. 125, 131 (1978).

not substantially advance legitimate state interests") imporia ao Estado o dever de pagar indenização ao proprietário sacrificado.

Visto isso, na sequência, buscar-se-á verificar, em primeiro lugar, se a existência de um interesse público protegido pela regulação é critério idôneo a balizar o exame de expropriabilidade da norma. Em uma segunda etapa, voltar-se-á à análise da concepção mais estreita do parâmetro do propósito público. É dizer: haveria alguma espécie de interesse público capaz de afastar o caráter expropriatório da regulação – como, por exemplo, a proteção contra usos nocivos?

De plano, cumpre notar que há um equívoco fundamental na avaliação da presença de propósito público como parâmetro de definição da fronteira entre as regulações expropriatórias e as regulações legítimas. Veja-se que a *taking clause* autoriza que governo tome a propriedade apenas para o *uso público (public use)*. Reconduzindo a questão ao ordenamento constitucional brasileiro, tem-se que o art. 5º, inciso XXIV, da Constituição Federal igualmente condiciona o exercício da capacidade expropriatória à realização de um interesse estatal legítimo. Assim, a desapropriação há de estar amparada na tríade do propósito público (utilidade, necessidade e interesse social).

É dizer: a desapropriação constitucional pressupõe a realização de um interesse público legítimo. Assim, se o ente estatal não persegue nenhum valor constitucionalmente relevante, a desapropriação será nula de pleno direito, não sendo a compensação capaz de remediar a inconstitucionalidade do ato. A recomposição patrimonial, por certo, não foi desenhada para validar ações desapropriatórias sustentadas por fins estatais ilegítimos. De mais a mais, nas palavras de Lynda J. Oswald: "[u]m exercício inválido do poder de polícia não é necessariamente um exercício do poder de domínio eminente requerendo compensação; na verdade, ele pode ser uma regulação inválida".[564]

Disso resulta que a existência de propósito público não constitui parâmetro adequado à aferição do caráter desapropriador da medida, uma vez que a falta de interesse estatal legítimo constitui fato impeditivo à ação expropriatória, mesmo que acompanhada do pagamento de compensação. Desse modo, ausente o pressuposto em questão, o projeto normativo deve ser paralisado. Se, porém, o regulador falha na concepção da medida e a edita à revelia do texto constitucional, poderá

---

[564] No original, em inglês: "*An invalid exercise of the police power is not necessarily an exercise of the eminente domain power requiring compensation; rather, it may be an invalid regulation*" (OSWALD, Lynda J. *Cornering the quark*: investment-backed expectations, economically viable uses, and harm/benefit in taking analysis). Traduzido livremente.

"o expropriado recorrer ao Poder Judiciário, objetivando o controle, por este último, do ato inquinado de inconstitucionalidade".[565]

Ante essa constatação, tem-se que a afirmação de Holmes em *Pennsylvania Coal* – no sentido de que a regulação então analisada não buscava promover nenhum interesse público – é problemática, uma vez que, não identificado o valor constitucionalmente legítimo promovido pela norma expropriadora, a solução compensatória cede lugar à declaração de nulidade do ato.[566]

De igual modo, a mera presença de um interesse público justificador da regulação não é capaz, *per se*, de barrar eventuais reivindicações expropriatórias. Não se ignora, contudo, que a Constituição Brasileira, ao lado do conjunto de normas protetoras da propriedade individual, impõe o cumprimento da função social da propriedade (art. 5º, inciso XXIII, e art. 170, inciso III). Se, porém, os parâmetros pertinentes ao caso concreto indicarem o excesso regulatório, argumentos relacionados à função social da propriedade não bastarão para barrar o direito indenizatório do proprietário. Afinal, como já sustentou Gustavo Binenbojm, a propriedade, "apesar de possuir uma função social, não pode ser tomada para a realização de finalidades públicas que acabem por gerar seu extermínio ou sério comprometimento".[567]

Tal visão demonstra o acerto do julgado proferido pelo STF no RE nº 134.297 quando assinalou que:

> Incumbe ao Poder Público o dever constitucional de proteger a flora e de adotar as necessárias medidas que visem a coibir práticas lesivas ao equilíbrio ambiental. Esse encargo, contudo, não exonera o Estado da obrigação de indenizar os proprietários cujos imóveis venham a ser afetados, em sua potencialidade econômica, pelas limitações impostas pela Administração Pública. (...) 'A norma inscrita no art. 225, parágrafo 4º, da Constituição deve ser interpretada de modo harmonioso com o sistema jurídico consagrado pelo ordenamento fundamental, notadamente com a cláusula que (...) garante o direito de propriedade em todas as suas

---

[565] SALLES, José Carlos de Moraes. *A desapropriação à luz da doutrina e da jurisprudência*. 6. ed. São Paulo: Editora Revista dos Tribunais, 2009. p. 86.

[566] A propósito, é interessante notar que, no caso, a Suprema Corte, a despeito de ter assentado a ocorrência de expropriação, acabou entendendo pela invalidade da medida regulatória. Talvez, a decisão da Corte fosse diferente se a demanda tivesse sido intentada pela mineradora em face do Estado. Tendo em vista, contudo, que esta figurava como réu, a conclusão pela expropriação não indenizada – em afronta à Quinta Emenda, portanto – levou à solução da invalidade do ato.

[567] BINENBOJM, Gustavo. Regulações expropriatórias, *Revista Justiça e Cidadania*, n. 117, 2010. Disponível em: http://www.editorajc.com.br/2010/04/regulacoes-expropriatorias/. Acesso em: 29 ago. 2016.

projeções, *inclusive aquela concernente a compensação financeira devida pelo Poder Público ao proprietário atingido por atos imputáveis a atividade estatal*.[568] (Original não grifado)

Em outra oportunidade, porém, o STF manteve decisão proferida pelo Tribunal de Justiça do Estado do Rio Grande do Sul, sob o fundamento de divergir do acórdão recorrido quanto à modalidade de intervenção praticada pelo Estado na propriedade, "se limitação administrativa ou desapropriação indireta, exigiria o reexame da moldura fática constante (...) e análise das normas infraconstitucionais". O problema, no entanto, está na premissa estabelecida pelo acórdão proferido na instância estadual. Confira-se o seguinte trecho do acórdão: "[o] Poder Público Estadual, ao delimitar o poligonal da Mata Atlântica (...) nada mais fez do que assegurar à coletividade um meio ambiente ecologicamente equilibrado".[569]

É importante, quanto ao ponto, fazer um esclarecimento. Nos Estados Unidos, onde a compensação não é necessariamente prévia, o Judiciário pode conferir ao expropriado a indenização, e isto será suficiente para contornar os efeitos expropriadores da regulação. No contexto jurídico-constitucional brasileiro, porém, as soluções compensatórias precisam ser formuladas antes da edição do ato, sob pena de autorizar o proprietário a buscar judicialmente a declaração de invalidade e a indenização referente aos danos sofridos nesse ínterim. Ressalve-se, porém, que, no Brasil, a relevância do interesse público protegido pela regulação expropriatória pode fundamentar, em casos excepcionais, sua permanência no ordenamento jurídico mediante o pagamento de indenização, conforme sustentado no capítulo anterior.

Isso não significa, no entanto, que a especial natureza do interesse público justifique o afastamento do dever indenizatório pelo Estado quando a regulação ostenta características expropriatórias. Por mais relevante que seja o propósito público subjacente ao ato normativo expropriador, este não poderá ser concretizado senão pelo pagamento da justa compensação. Vê-se, portanto, que a fronteira entre as regulações expropriatórias e não expropriatórias não pode variar conforme o grau do interesse público tutelado.[570] Como explica John D. Echeverria:

---

[568] STF, RE nº 134.297/SP, Relator: Min. Celso de Mello, Primeira Turma, DJE. 22.09.1995.
[569] TJRS. Apelação nº 70027847979. Relator: Des. Ricardo Moreira Lins Pastl. 4ª Câmara Cível. Julgamento em 01.07.2009.
[570] John E. Fee, nesse sentido, assinala que *"[t]he fact that the public will benefit greatly by depriving an owner of property rights might be all the more reason to compensate the owner from public founds, rather than force one owner to bear that burden alone"* (FEE, John. The takings Clause as

(...) o valor ou importância do programa governamental não pode logicamente ser tido como uma consideração relevante em qualquer caso de regulação expropriatória. Em um caso de exercício típico do domínio eminente, o governo não pode se eximir da responsabilidade compensatória alegando que seu projeto serve a um importante propósito público, e o argumento parece igualmente ilógico em um caso regulação expropriatória.[571]

Entender que a mera invocação de um interesse estatal bastaria para frear pleitos expropriatórios significa a destruição da cláusula inserta no art. 5º, inciso XXIV, da Constituição Federal. Afinal, se toda expropriação pressupõe um propósito público relevante, como se poderia entender que o preenchimento de tal pressuposto também seria circunstância apta para afastar o caráter expropriatório da regulação? Tal entendimento, portanto, afronta o resultado equilibrado da ponderação realizada pelo constituinte, materializado na cláusula expropriatória.

Por outro lado, a posição contrária à aplicação do parâmetro do propósito público não implica impor ao Estado o dever indenizatório sempre que as iniciativas regulatórias gerem alguma desvantagem para o proprietário. Isso, como já se assinalou em passagens anteriores, significaria tolher excessivamente a atividade regulatória estatal, instrumental à promoção dos interesses fundamentais da sociedade. O que se está afirmando é que, diante de singular sacrifício promovido pela atividade regulatória, o expropriado deverá ser devidamente compensado pelos seus prejuízos, independentemente das razões de interesse público invocadas. Daí a importância de se buscarem parâmetros aptos a identificar tais situações peculiares.

Aqui, uma importante consideração. A compreensão do propósito público como parâmetro indicativo do conteúdo expropriatório da regulação, nos Estados Unidos, é usualmente confundida com a aplicação do princípio da proporcionalidade. Aliás, a similaridade metodológica empregada em alguns julgados de *regulatory takings* da Suprema Corte e o controle de atos estatais baseados no devido processo

---

comparative right, 76 *Southern California Law Review*, 2003, p. 36). O trecho correspondente na tradução é: "O fato de que o público se beneficiará muito ao privar um proprietário de direitos de propriedade pode ser mais uma razão para compensar o dono utilizando os cofres públicos, que seria melhor do que forçar um proprietário a suportar esse encargos sozinho". Traduzido livremente.

[571] ECHEVERRIA, John D. *Partial Regulatory Takings live, but...* p. 69. Disponível em: http://www.gelpi.org/gelpi/current_research/documents/RT_Pubs_Law_TahoeSierraAftermath.pdf. Acesso em: 29 ago. 2016.

substantivo[572] têm sido destacados por alguns autores norte-americanos. Em artigo dedicado ao tema, Steven J. Eagle observa que "as origens da jurisprudência da Suprema Corte sobre regulações expropriatórias têm base no devido processo substantivo".[573] David. A. Dana e Thomas W. Merrill igualmente observam que "definir o uso nocivo como interesse público relevante converte a análise das regulações expropriatórias em um teste de racionalidade do devido processo legal".[574] No mesmo sentido, John E. Fee conclui que, "atualmente, nossa doutrina de regulações expropriatórias funciona mais como um direito ao devido processo substantivo".[575]

No cenário jurídico brasileiro, o princípio da proporcionalidade também tem sido invocado como parâmetro hábil para apontar o conteúdo excessivo das regulações.[576] Tal enfoque, contudo, pode ser questionado sob dois pontos de vista. Primeiro, como já observou André Cyrino Rodrigues, "as abordagens focadas no exame da proporcionalidade, em regra, apenas reproduzem aquilo que já se estudava para os limites de atos normativos em geral".[577] Desse modo, conclui que "não parece ser suficiente que critérios tradicionais de proporcionalidade e vedação do excesso sejam as respostas gerais contra esse tipo de postura [refere-se às regulações expropriatórias]".[578] Mas não é só. Mais que insuficiente, a metodologia imposta pelo princípio da proporcionalidade

---

[572] Como explica Marcelo Novelino, "[o] devido processo legal substantivo se dirige, em primeiro momento ao legislador, que constituindo-se em um limite à sua atuação, que deverá pautar-se pelos critérios de justiça, razoabilidade e racionalidade. Como decorrência deste princípio surgem o postulado da proporcionalidade e algumas garantias constitucionais processuais, como o acesso à justiça, o juiz natural, a ampla defesa, o contraditório, a igualdade entre as partes e a exigência de imparcialidade do magistrado" (NOVELINO, Marcelo. *Direito Constitucional*. São Paulo: Editora Método, 2008. p. 332).

[573] EAGLE, Steven J. Property Tests, Due Process Tests and Regulatory Takings Jurisprudence. *Brigham Young University Law Review*, Forthcoming; George Mason Law & Economics Research Paper No. 07-01, p. 3. Disponível em: http://ssrn.com/abstract=956119. Acesso em: 29 ago. 2016.

[574] DANA, David A.; MERRILL, Thomas W. *Property Takings*. New York: Foundation Press, 2002. p. 150.

[575] FEE, John. The takings Clause as comparative right, 76 *Southern California Law Review*, 2003, p. 1.004.

[576] *E.g.*: SILVA, Virgílio Afonso da. O proporcional e o razoável. *Revista dos Tribunais*, v. 798, p. 23-50, 2002. 22. *E.g.*: MARQUES NETO, Floriano Azevedo. Limites à abrangência e à intensidade da regulação estatal. *Revista Eletrônica de Direito Administrativo Econômico*, n. 4, 2005. Disponível em: www.direitodoestado.com.br. Acesso em: 8 set. 2016.

[577] CYRINO, André Rodrigues. Regulações expropriatórias: apontamentos para uma teoria. *Revista de Direito Administrativo*, Rio de Janeiro, v. 267, p. 199-235, set./dez. 2014, p. 230.

[578] Ibid., p. 230.

não se revela adequada à identificação de regulações expropriatórias. Um exemplo é capaz de ilustrar tal perspectiva.

Imagine-se que determinada entidade de proteção ao meio ambiente venha estabelecendo um constante diálogo com a população local a respeito de proposta regulatória que pretenda instituir reserva ambiental em área costeira praticamente toda construída, com exceção de um terreno vazio. Suponha-se ainda que a área não construída fosse habitada pelos últimos representantes de determinada espécie animal rara, sendo esta a justificativa para a criação da reserva ambiental. O proprietário do terreno, chamado a manifestar-se, argumenta que a norma ensejaria a expropriação de sua propriedade.

Pois bem. Aplicando o princípio da proporcionalidade ao caso, a norma seria considerada proporcional-adequada, na medida em que a proibição do direito de construir é idônea à proteção do meio ambiente, o que, no caso, é reforçado pela necessidade de preservação da espécie. Demonstrada a inexistência de outros meios menos gravosos ao direito de propriedade, a medida também seria considerada proporcional-necessária (suponha-se que não houvesse outros *habitats* próximos e que a transferência dos animais para outras localidades mais distantes fosse mortal para eles). Por fim, pressupondo que eventual construção no terreno resultasse na extinção daquela espécie, poder-se-ia sustentar que as vantagens produzidas pela legislação seriam superiores aos custos suportados pelo proprietário.

Nesse sentido, a regulação hipotética seria proporcional. Não parece, porém, que a proporcionalidade da medida seja suficiente para afastar seu manifesto caráter expropriatório e, portanto, negar ao proprietário o direito ao recebimento da justa e prévia compensação. Por outro lado, considerada *desproporcional*, por exemplo, por não promover o fim a que se destina, ou por existirem outros meios menos gravosos ao direito de propriedade, ou ainda se as vantagens auferidas forem inferiores ao custos produzidos, a regulação deve ser declarada inconstitucional por violar o princípio da proporcionalidade, e não em razão de seu caráter expropriador. Nesse caso, nem mesmo o pagamento da indenização poderia afastar o caráter desproporcional do ato.

Não se nega, contudo, que as regulações expropriatórias promovidas sem o respeito à garantia compensatória sempre serão desproporcionais-desnecessárias, na medida em que o caminho constitucional da desapropriação constitui medida menos gravosa ao particular igualmente apta à promoção do fim público. Tal constatação, todavia, apenas reforça a incompatibilidade da regulação com a Constituição, que já incorre em vício de constitucionalidade por afrontar diretamente os pressupostos do art. 5°, inciso XXIV.

Para além desse papel fortalecedor do *status* de inconstitucionalidade das regulações expropriatórias editadas sem o respeito às garantias procedimentais da desapropriação, a utilização do princípio da proporcionalidade como método de aferição da expropriabilidade regulatória mais atrapalha do que ajuda. Com efeito, tal exame não auxilia a revelar nada sobre a natureza e a magnitude do sacrifício sofrido pelo particular.

Oportuna, aqui, a observação de John E. Fee:

> Diferente de outras doutrinas constitucionais que precisam ponderar o interesse público, o requerimento da cláusula de compensação justa (...) não é feito para proibir ações governamentais inválidas; ele se preocupa mais precisamente com quem deve suportar o custo da ação legítima do governo.[579]

Essa percepção, vale o registro, despontou no pensamento da autora desde o início da pesquisa sobre o tema. Pesquisando sobre o tema, porém, se surpreendeu ao perceber que a mesma linha de raciocínio já foi empregada pela jurisprudência norte-americana. Em *Lingle v. Chevron*, a Suprema Corte rechaçou peremptoriamente o chamado *teste de meios-finalidade* (*means-ends test*), tendo asseverado que, por se tratar de método derivado da aplicação do princípio do devido processo legal substantivo, seria inadequado para identificar regulações expropriatórias. Por elucidativo, transcreve-se o seguinte trecho do acórdão:

> A fórmula de "avanços substanciais" (*substantially advances*) não é um método válido de identificação de expropriações regulatórias compensáveis. Ela prescreve uma investigação na natureza de um teste de devido processo legal, o qual não tem um local próprio na jurisprudência de expropriações da Corte. A fórmula, sem dúvida, foi obtida a partir de precedentes de devido processo legal, já que Agins a defendia com citações a *Nectow v. Cambridge*, 277 U. S. 183, 185, e *Village of Euclid v. Ambler Realty Co.*, 272 U. S. 365, 395. Apesar da confiança de Agin nesses precedentes ser compreensível quando vista em um contexto

---

[579] No original, em inglês: "(...) *unlike many other constitutional doctrines that must balance the public interest, the just compensation clause requirement (...) is not design to prohibit invalid governmental action; it is more accurately concern with who should bear the cost of legitimate governmental action*" (FEE, John. The takings Clause as comparative right, 76 *Southern California Law Review*, 2003, p. 1.036). Traduzido livremente.

histórico, a linguagem que a Corte selecionou foi imprecisa. Ela sugere um teste de meios-fins (*means-ends*), questionando, essencialmente, se a regulação de propriedade privada é efetiva em atingir uma finalidade legitimamente pública. Tal indagação não é um método válido de discernir se uma propriedade privada foi expropriada para os fins da Quinta Emenda Constitucional.[580]

Assim, as regulações expropriatórias que afrontarem o princípio da proporcionalidade ou, sob outra perspectiva, avançarem sobre o núcleo essencial do direito de propriedade, expropriando aquilo que não é suscetível de expropriação, serão inconstitucionais por transgredirem o sistema de proteção constitucional do direito de propriedade, e não a cláusula expropriatória em si. Assim como é certo que o dinheiro não pode comprar tudo,[581] é igualmente induvidoso que o artigo 5º, inciso XXIV, da Constituição não permite a validação de qualquer expropriação.

Tem-se, destarte, que o ato regulatório expropriador despido de propósito público – leia-se: interesses constitucionalmente resguardados – será inconstitucional por inobservância do pressuposto do interesse público previsto no art. 5º, inciso XXIV, da Constituição Federal. Se, porém, o propósito público for evidente, tal circunstância, por si só, não será suficiente para afastar o caráter expropriatório da regulação. E, na hipótese de a regulação afrontar qualquer outra regra ou princípio constitucional – como o da proporcionalidade –, a análise quanto à sua constitucionalidade deve deslocar-se do art. 5º, inciso XXIV, para as normas explícitas ou implícitas pertinentes.

A despeito de tal conclusão, cumpre analisar, ainda, se a chamada exceção do uso nocivo poderia servir à fixação da fronteira entre os normativos expropriadores e aqueles despidos de tal característica. De plano, há de se questionar: se o parâmetro do propósito público – que, de forma ampla, daria conta de todas as espécies de interesses estatais

---

[580] No original, em inglês: *"The 'substantially advances' formula is not a valid method of identifying compensable regulatory takings. It prescribes an inquiry in the nature of a due process test, which has no proper place in the Court's takings jurisprudence. The formula unquestionably was derived from due process precedents, since Agins supported it with citations to Nectow v. Cambridge, 277 U. S. 183, 185, and Village of Euclid v. Ambler Realty Co., 272 U. S. 365, 395. Although Agins' reliance on those precedents is understandable when viewed in historical context, the language the Court selected was imprecise. It suggests a means-ends test, asking, in essence, whether a regulation of private property is effective in achieving some legitimate public purpose. Such an inquiry is not a valid method of discerning whether private property has been 'taken' for Fifth Amendment purposes"* (Lingle v. Chevron U. S. A. Inc. 544 U.S. 528 (2005)). Traduzido livremente.

[581] SANDEL, Michael J. *O que o dinheiro não compra*: os limites morais do mercado. Tradução de Clóvis Marques. Rio de Janeiro: Civilização Brasileira, 2012.

legítimos – não tem valia à resolução da questão expropriatória, por que a sua concepção mais acanhada haveria de ter? É preciso cautela para examinar a questão. O que se argumentou anteriormente é que o propósito público da regulação é pressuposto de qualquer atividade expropriadora, seja ela regulatória ou não. Assim, se o ato regulatório não atender a interesses legítimos do Estado, nenhum arranjo compensatório poderá evitar o destino da invalidação. Da mesma forma, há manifesto desacerto em sustentar que a mera presença de interesse estatal seria capaz de, aprioristicamente, indicar a expropriabilidade da medida, eis que toda expropriação legítima é promotora do interesse público. E o principal objetivo deste capítulo é formular parâmetros que possam servir à identificação prévia do conteúdo expropriador de propostas regulatórias para que estas possam ser legitimadas por soluções compensatórias prévias.

Porém, de tais articulações críticas ao parâmetro mais amplo do propósito público, não se pode extrair a necessária irrelevância de considerações sobre a natureza do interesse público específico e como este pode moldar o vínculo do proprietário para com o bem. Pressupondo que a proposta regulatória se volta ao atendimento de valores constitucionalmente legítimos, o exame em relação a algumas características do interesse público específico poderia contribuir para o equacionamento da questão.

Não, porém, por meio da difícil, senão impossível, distinção de regulações que *previnem danos* e *conferem benefícios*. Por exemplo, regulações ambientais podem ser compreendidas como normas que protegem a sociedade contra danos ao meio ambiente – que, ao fim e ao cabo, são prejudiciais ao bem-estar de todos – ou como normas que promovem o benefício do meio ambiente ecologicamente equilibrado. A classificação, portanto, pode ser manipulada para legitimar qualquer regulação expropriatória que proteja alguma espécie de interesse público. Como restou consignado pela Suprema Corte em *Lucas*, "o princípio do uso nocivo era meramente uma formulação inicial desta Corte de justificação do poder de polícia necessário para sustentar (sem compensação) qualquer diminuição de valor regulatória".[582]

Assim, (i) se a mera presença de um interesse público não conduz à afirmação apriorística do caráter expropriatório da regulação e (ii) se a

---

[582] No original, em inglês: "*The harmful or noxious use principle was merely this Court's early formulation of the police power justification necessary to sustain (without compensation) any regulatory diminution in value*" (Lucas v. South Carolina Coastal Council. 505 U.S. 1004 (1992)). Traduzido livremente.

teoria dos danos e benefícios também não constitui base segura para tal aferição, resta indagar: afinal, há algo de relevante em relação ao interesse público protegido pela norma no exame de sua expropriabilidade? Talvez um exemplo extremado possa aclarar a questão. Suponha que João viaje para uma ilha isolada e, lá, descubra uma planta com propriedades medicinais. Maravilhado com o seu potencial ansiolítico, ele resolve importar a erva. Como não havia, em seu país de origem, nenhuma condição legal para a comercialização de fitoterápicos, nem mesmo a necessidade de registro do medicamento, João resolve investir maciçamente no desenvolvimento da atividade de importação e distribuição da erva. Passados poucos mais de três anos, porém, a morte de algumas pessoas começa a ser relacionada com o uso contínuo da planta. Em pouco tempo, a totalidade de consumidores começa a apresentar graves complicações de saúde, que, sem exceção, levam ao falecimento do usuário. Comprovado por estudos científicos a relação causal entre o uso da erva e as mortes, o governo, imediatamente, edita lei proibindo o plantio, a importação e a comercialização da planta.

João, que havia feitos vultosos investimentos no negócio, tem, de uma hora para outra, sua expectativa de retorno completamente frustrada pela medida regulatória. O valor da atividade econômica por ele desenvolvida é reduzido a zero. Cabe indagar: há expropriação? E seria diferente se existissem regulamentos prévios exigindo o registro do medicamento fitoterápico e a comprovação de sua segurança, eficácia e qualidade?[583] Ou ainda: e se o governo, preocupado com o elevado nível de estresse dos cidadãos, tivesse formulado uma política de fomento à comercialização do produto?

Parece intuitivo que, na última hipótese, a solução correta seria entender que, diante dos claros incentivos do governo à atividade econômica, João faria jus à justa compensação. Já na hipótese intermediária, em que haveria regras prévias e claras quanto aos limites de comercialização de medicamentos fitoterápicos, a possibilidade de se antever o risco regulatório afastaria a reivindicação expropriatória. Aliás, reconhecer a expropriação, nesse caso, significaria conferir ao agente econômico um seguro em relação a um risco previsível e passível de

---

[583] No Brasil, os medicamentos fitoterápicos são regulamentados como medicamentos convencionais e têm que apresentar critérios similares de qualidade, segurança e eficácia requeridos pela Anvisa para todos os medicamentos. Para mais informações, basta acessar o portal da Anvisa. Disponível em: http://www.anvisa.gov.br/medicamentos/fitoterapicos/poster_fitoterapicos.pdf. Acesso em: 29 ago. 2016.

precificação ao desenvolvimento da atividade econômica, o que seria questionável do ponto de vista da eficiência econômica. Por certo, o *hard case* estaria no primeiro cenário. Se, por um lado, é inquestionável o prejuízo econômico sofrido pelo proprietário, por outro, o dramático grau de periculosidade do medicamento à saúde das pessoas gera certo desconforto quanto à solução expropriatória. A princípio, porém, seria possível argumentar, até mesmo em tal hipótese, que a ausência de regulação dos medicamentos fitoterápicos consistiria em base objetiva suficiente de incentivo à expectativa do particular quanto ao retorno de seus investimentos. O governo tinha a obrigação de regular a questão e, ao não fazê-lo, teria despertado no indivíduo a ideia de que o uso de fitoterápicos, diferentemente dos medicamentos tradicionais, não implicaria risco à saúde das pessoas. Mas, é claro, como todo caso difícil, a solução não é fácil: pesaria, por outro lado, o argumento de que a ação do agente econômico teria sido irresponsável, pois, tendo em vista o padrão médio de diligência de um empresário, ele teria o dever de realizar testes quanto à segurança do medicamento, ainda que tal medida não fosse exigível por lei. Acrescente-se que o direito à vida e à saúde, no caso, poderia ser vislumbrado como norma robusta o suficiente para colocar o empresário de *sobreaviso* quanto a tal dever de zelo com os consumidores.

Veja-se que, nos três casos, a regulação, ainda que pudesse ser considerada paternalista por libertários apaixonados,[584] dificilmente seria considerada inválida. Diante de evidências claras quanto ao elevado e comprovado grau de nocividade da planta medicinal, a medida seria adequada e indispensável à proteção da saúde e da vida das pessoas e vantajosa em relação aos custos produzidos. Pressupondo a proporcionalidade da norma, pode-se questionar: se, nos três exemplos alvitrados, a regulação destinava-se a proibir o mesmo uso comprovadamente

---

[584] Não convém adentrar na discussão quanto a possíveis alegações de paternalismo estatal em relação à regulação que proíbe o uso de substâncias nocivas à saúde. Para evitar cair nessa tormentosa questão é que se pressupôs existir comprovação científica de que o medicamento em questão teria um efeito altamente letal, que operaria em poucos anos. Diante de tais circunstâncias, seria razoável presumir a limitação cognitiva (irracionalidade) daqueles que escolhessem utilizar um medicamento letal. Analisar o tema demandaria aprofundar discussões sobre paternalismo e *behavioural economics*, o que foge ao escopo deste estudo. Sobre o tema, cf. SUSTEIN, Cass (Ed.) *Behavioral Law & Economics*. Cambridge: Cambridge University Press, 2000; SUSTEIN, Cass. *It's for your own good!*. The New York Review of Books: New York, 2013. Disponível em: http://www.nybooks.com/articles/2013/03/07/its-your-own-good/. Acesso em: 29 ago. 2016. Sobre paternalismo, v. ainda: DWORKIN, Gerald. Paternalism: some second thoughts. *In*: SARTORIUS, Rolf (ed.). *Paternalism*, 1987, p. 105-112; ATIENZA, Manuel. *Discutamos sobre paternalismo*. Doxa: Cuadernos de Filosofía del Derecho, n. 5, 1988, p. 203.

nocivo da propriedade – ou seja, promovia o mesmo interesse público –, havendo também identidade quanto aos prejuízos patrimoniais suportados pelo particular, o que, então, foi capaz de alterar o resultado final quanto à sua qualificação expropriatória?

À evidência, o exemplo formulado demonstra que a expectativa legítima pode operar modificando a posição que uma mesma regulação ocupa no *continuum* entre as regulações legítimas e as expropriatórias. De certa forma, salvo na hipótese da política estatal de fomento à comercialização do fitoterápico, pode-se presumir o conhecimento prévio do empresário quanto aos riscos inerentes a qualquer espécie de medicamento, fitoterápico ou não.

Talvez, portanto, mais importante que divagações sobre a especial natureza do interesse estatal protegido pela norma – que sempre ensejam o risco de despertar o já enterrado princípio da supremacia do interesse público[585] – seja verificar, no caso, se o interesse público resguardado pelo normativo já era, antes da realização dos investimentos, dotado de densidade suficiente para ter deixado o particular de *sobreaviso* quanto à possibilidade da limitação futura. Como se verá no 3.2.2.4, uma das formas de se aferir a razoabilidade das expectativas do proprietário é justamente por meio da verificação do conjunto de normas preexistentes à aquisição da propriedade ou à realização dos investimentos. Assim, se o interesse público protegido pela regulação em questão já havia sido suficientemente solidificado por normativos anteriores, o proprietário não poderá alegar surpresa quanto à novel limitação.

3.2.2.3 Vantagem recíproca proporcional: palavras mágicas ou realidade?

Conforme assinalado previamente, em *Pennsylvania Coal*, a Suprema Corte destacou a ausência de *vantagem recíproca proporcional* como elemento de reforço à qualificação expropriatória do *Kohler Act*. Do voto de Holmes, porém, não se depreende qualquer esforço de justificação sobre o ponto, sendo certo que o conceito também não foi esclarecido em julgados posteriores. Em verdade, a jurisprudência

---

[585] Sobre SARMENTO, Daniel (Org.). *Interesses Públicos versus Privados*: desconstruindo o princípio da supremacia do interesse público. Rio de Janeiro: Lumen Juris, 2010.

norte-americana obscureceu mais que aclarou o significado de tal parâmetro.[586]

A literatura temática norte-americana, por sua vez, não tem se debruçado sobre a questão com a profundidade que ela demanda, e os poucos trabalhos que o fizeram não foram capazes de, minimamente, uniformizar o tema. Antes o contrário: as visões defendidas são, em geral, discrepantes e, por vezes, até mesmo radicalmente opostas.[587] Assim, o parâmetro já foi interpretado de forma ampla,[588] estreita[589] e também tido como inútil para resolver os casos de regulações expropriatórias.[590] Afinal, as vantagens oferecidas pelas medidas regulatórias aos particulares sacrificados são capazes de suavizar ou mesmo afastar seu caráter expropriador?

Em princípio, as vantagens oferecidas pela regulação podem ostentar caráter pecuniário ou não pecuniário, certo, também, que ambas podem ser expressas ou implícitas. Os benefícios em questão podem, ainda, apresentar a mesma natureza das perdas decorrentes da regulação – *in-kind* – ou consistirem em vantagens de outra espécie.[591] Importa saber, então, se e em que extensão tais vantagens seriam efetivamente capazes de livrar a regulação da carga expropriatória.

É possível inferir da produção acadêmica e jurisprudencial norte-americana pelo menos quatro significados atribuídos ao parâmetro da vantagem recíproca proporcional, cujo critério distintivo é a amplitude conferida ao termo *"vantagem"*. A análise a seguir visa à elucidação de

---

[586] Para um resumo dos julgados mais importantes que se valeram do parâmetro da vantagem recíproca proporcional, cf. WADE, William W.; BUNTING, Robert L. *Average reciprocity of advantage*: Magic Words or Economic Reality – Lessons from Palazzolo. 9 Urb. Law. 319, 2007, p. 326-343.

[587] São representativos dos dois polos extremos da discussão os seguintes trabalhos: OSWALD, Lynda J. The Role of the 'Harm/Benefit' and 'Average Reciprocity of Advantage' Rules in a Comprehensive Takings Analysis, maio 1997. Disponível em: http://ssrn.com/abstract=10484. Acesso em: 29 ago. 2016; e SCHWARTZ, Andrew W. *Reciprocity od Advantage*: The Antidote to the Antidemocratic Trend in Regulatory Takings, 22 UCLA J. ENVTL. L & POLY 1, 2004.

[588] *E.g.*: Em Notes – Condemnations, Implicit Benefits, and Collective Losses: Achieving just compensation through 'Community'. *Harvard Law Review*, v. 107, n. 3, jan. 1994, p. 696-713.

[589] *E.g.*: LEE, Brian Angelo. Average Reciprocity of Advantage. *In*: PENNER, James; SMITH, Henry. *Philosophical Foundations of Property Law*. Oxford: Oxford University Press, 2013.

[590] *E.g.*: BERGER, Michael M. *Property, Democracy & The Constitution*. 12th Annual Brigham-Kanner Property Rights Conference, October 2, 2015, p. 140. Disponível em: https://law.wm.edu/academics/intellectuallife/conferencesandlectures/propertyrights/registration/Panel%201/Berger_Online%20Version.pdf. Acesso em: 29 ago. 2016.

[591] LEE, Brian Angelo. Average Reciprocity of Advantage. *In*: PENNER, James; SMITH, Henry. *Philosophical Foundations of Property Law*. Oxford: Oxford University Press, 2013. p. 2.

tais abordagens, com o intuito de verificar a relevância e o peso de cada uma delas para a solução da questão expropriatória.

A ideia de que a regulação pode assegurar vantagens que compensem os danos sofridos pelo proprietário pode ser estendida até que se conclua que "o benefício de se viver e fazer negócios em uma sociedade civilizada" é suficiente para neutralizar todas as limitações ao direito de propriedade, mesmo as mais restritivas. A expressão referida foi transcrita do voto minoritário do *Justice* Brandeis em *Pennsylvania Coal* e, embora sua colocação em tal sentido tenha sido por vezes considerada irônica,[592] foi reiteradamente invocada em casos subsequentes de regulação expropriatória como fator de resistência ao reconhecimento do caráter expropriador do ato.

Essa é a visão, por exemplo, de John D. Echeverria, para quem o conceito de vantagem de reciprocidade "explica por que as regulações que, consideradas isoladamente, aparentam causar graves restrições à propriedade do requerente podem, de fato, não ensejar qualquer efeito adverso".[593] Tal abordagem permite compreender a afirmativa de John E. Fee no sentido de que essa concepção, se levada a sério, poderia desafiar a própria existência da doutrina das regulações expropriatórias.[594]

Com efeito, uma vertente tão ampla da ideia de reciprocidade é capaz de legitimar regulações que obriguem proprietários determinados a suportar custos excessivos sob o fundamento de que estes mesmos particulares foram e continuarão sendo beneficiados por outras ações estatais. Assim, o cidadão que hoje sofre um prejuízo poderia usufruir de benefícios decorrentes de regulações que prejudicam outras pessoas, e, como resultado dessa equação otimista, todos, na média, estariam em posição de igualdade – ou, em termos econômicos, a solução seria eficiente no sentido de *Pareto*, uma vez que a situação de ninguém seria piorada para melhorar a de outrem.

O grande apelo da concepção ampla das vantagens recíprocas proporcionais é justificar a não indenizabilidade de um vasto número de regulações e, assim, facilitar a atividade estatal. Este, porém, também

---

[592] WADE, William W.; BUNTING, Robert L. *Average reciprocity of advantage*: Magic Words or Economic Reality – Lessons from Palazzolo. #9 Urb. Law. 319, 2007, p. 328.

[593] Traduzido livremente. No original, em inglês: "*[t]his concept helps explain why regulations that, considered in isolation, appear to seriously reduce the value of a claimant's property may not in fact have any net adverse effect at all*". John D. Echeverria é um defensor do método (ECHEVERRIA, John D. *Making Sense of Penn Central*, 39 ENVTL. L. REP. NEWS & ANALYSIS 10471, 10471-72 (2009), p. 72).

[594] FEE, John. The takings Clause as comparative right, 76 *Southern California Law Review*, 2003, p. 334.

é seu defeito fatal:[595] tal teoria, ao pretender estabelecer um parâmetro distintivo entre regulações legítimas e regulações expropriatórias, vai além e acaba por legitimar todo o universo das restrições regulatórias ao direito de propriedade. É dizer: com o intuito de servir à resolução da questão expropriatória, a concepção ampla de vantagem recíproca incorre no *problema da ladeira escorregadia*, até chegar ao ponto de exterminar a teoria das regulações expropriatórias.

Uma ressalva, porém, se faz necessária. O substrato teórico dessa abordagem é frequentemente utilizado como fundamento valorativo da cláusula expropriatória em si. Note-se bem: a desapropriação, mesmo que indenizada, representa, em geral, um ônus para o indivíduo. Isso porque a transferência forçada do bem priva o proprietário da oportunidade de precificá-lo de acordo com a sua avaliação subjetiva, que, por vezes, vai muito além do valor decorrente de avaliações baseadas nas trocas de mercado. Sob essa perspectiva, como explica Lee Anne Fennell, "as vantagens recíprocas proporcionais (...) seriam capazes de fechar [esse] vão compensatório suficientemente para justificar a existência do sistema expropriatório".[596] [597] Essa visão, embora razoável enquanto fundamento de legitimação da cláusula expropriatória, não pode ser utilizada para justificar desapropriações gratuitas.

Outra vertente do parâmetro da reciprocidade é a que associa as vantagens capazes de compensar o proprietário expropriado ao interesse público protegido pela regulação. Assim, o caráter expropriatório da regulação seria rechaçado quando os proprietários lesados fossem também beneficiados pela propagação dos efeitos benéficos do ato entre os membros da sociedade. A ideia central de tal argumento pode ser compreendida à luz da justificativa utilizada pela Suprema Corte em *Penn Central* para entender que a preservação do *Terminal Grand Central* garantiria ao proprietário vantagem recíproca suficiente para remover o rótulo expropriatório. O *Justice* Brennan, relator do caso, argumentou que o autor não teria sido exclusivamente prejudicado pela

---

[595] LEE, Brian Angelo. Average Reciprocity of Advantage. *In*: PENNER, James; SMITH, Henry. *Philosophical Foundations of Property Law*. Oxford: Oxford University Press, 2013. p. 23.

[596] FENNELL, Lee Anne. *Taking Eminent Domain Apart*. Michigan State Law Review 957 (2004), p. 962-966. Disponível em: http://chicagounbound.uchicago.edu/cgi/viewcontent.cgi?article=10525&context=journal_articles. Acesso em: 29 ago. 2016. Traduzido livremente.

[597] No mesmo sentido, cf. o seguinte trecho (sem autor especificado): "*[t]he sum of the fair market value and the general benefits derived from the taking presumptively equals the just compensation required by the Fifth Amendment*" (Notes – Condemnations, Implicit Benefits, and Collective Losses: Achieving just compensation through 'Community'. *Harvard Law Review*, v. 107, n. 3, jan. 1994). Traduzido livremente.

regulação, uma vez que a preservação de outros prédios relevantes para a proteção do patrimônio-histórico cultural de Nova Iorque constituiria um benefício para todos, inclusive para ele.[598] Assim, mesmo admitindo que "a regulação de proteção do patrimônio histórico cultural impacta mais severamente em alguns proprietários do que em outros",[599] o *Justice* assinalou que "[tal fato] em si não significa que a lei seria expropriatória".

Assim, considerando a proteção do patrimônio histórico-cultural um interesse de todos, passaria a ser possível entender que a norma que o concretiza produziria uma vantagem a contrabalancear os eventuais prejuízos oriundos dos atos que impõem tombamentos e outras medidas similares a certos proprietários. Tal compreensão – vale observar – não demandaria um perfeito equilíbrio entre os danos sofridos e as vantagens auferidas pelo proprietário.

Há, porém, algumas dificuldades quanto a esse raciocínio. Em primeiro lugar, como explica Brian E. Lee, tal abordagem fecha os olhos para o fato de que as vantagens gerais produzidas pela regulação não necessariamente serão consideradas pelo proprietário idôneas para assumir o papel compensatório. É possível, por exemplo, que o dono do *Terminal Grand Central* fosse indiferente à proteção do patrimônio histórico cultural, e, nessa hipótese, a reciprocidade alegada não seria uma presunção realista, senão um fundamento ilusório e vazio para a expropriação gratuita. Assim, o autor conclui que:

---

[598] No original, em inglês: "*In any event, appellants' repeated suggestions that they are solely burdened and unbenefited is factually inaccurate. This contention overlooks the fact that the New York City law applies to vast numbers of structures in the city in addition to the Terminal – all the structures contained in the 31 historic districts and over 400 individual landmarks, many of which are close to the Terminal. [Footnote 31] Unless we are to reject the judgment of the New York City Council that the preservation of landmarks benefits all New York citizens and all structures, both economically and by improving the quality of life in the city as a whole – which we are unwilling to do – we cannot conclude that the owners of the Terminal have in no sense been benefited by the Landmarks Law*". *Penn Central Transportation Co. v. New York City*, 438 U.S 134, 135 (1978). O trecho correspondente na tradução é: "De qualquer forma, sugestões repetidas pelos apelantes de que eles exclusivamente suportavam os encargos e não se beneficiavam são factualmente imprecisas. Esse argumento ignora o fato de que as leis da cidade de Nova Iorque são aplicadas a um vasto número de estruturas na cidade além do Terminal – todas as estruturas contidas nos 31 distritos históricos e mais de 400 patrimônios culturais individuais, muitos dos quais são próximos do Terminal. [Nota de Rodapé 31] A menos que nos rejeitemos o julgamento do Conselho da Cidade de Nova Iorque de que a preservação dos patrimônios culturais beneficiam todos os cidadãos de Nova Iorque e todas as estruturas, tanto economicamente como ao melhorar a qualidade de vida na cidade como um todo – que não estamos dispostos a fazer – nós não podemos concluir que os proprietários do Terminal não se beneficiarem em nenhum sentido da Lei de Proteção ao Patrimônio Cultural". Traduzido livremente.

[599] No original, em inglês: "*[i]t is, of course, true that the Landmarks Law has a more severe impact in some landowners than on others*" [but this fact] "*in it self, does not mean that the law effects a 'taking'*" (*Penn Central Transportation Co. v. New York City*, 438 U.S. 133 (1978)). Traduzido livremente.

(...) dada a diversidade de interesses humanos e as circunstâncias, qualquer suposição, de que restrições gerais de propriedade vão realmente trazer encargos aos donos de propriedades com benefícios específicos que igualam ou excedem as suas perdas específicas, é heroicamente otimista.[600]

Veja-se que, mesmo que fosse possível pressupor que os fins buscados pela atividade regulatória do Estado sempre produziriam vantagens para todos aqueles sujeitos ao seu âmbito de incidência, o impacto excessivo sobre alguns esvaziaria qualquer alegação de reciprocidade. Como se infere dos fatos subjacentes a *Penn Central*, enquanto alguns seriam exclusivamente beneficiados pela preservação de prédios históricos, outros, como o proprietário do *Terminal*, sujeitar-se-iam não só ao bônus, mas também aos severos encargos[601] oriundos da regulação. Nesse caso, a indenização serviria justamente para distribuir o dano

---

[600] No original, em inglês: "(...) *given the diversity of human interests and circumstances, any assumption that general restrictions on property will really provide burdened property owners with specific benefits that equal or exceed their specific losses is heroically optimistic (...)*" (LEE, Brian Angelo. Average Reciprocity of Advantage. In: PENNER, James; SMITH, Henry. *Philosophical Foundations of Property Law*, Oxford: Oxford University Press, 2013. p. 22). Traduzido livremente.

[601] Como explicou o *Justice* Rehnquist em seu voto dissidente: "(...) *[p]enn Central was in a precarious financial condition. In an effort to increase its sources of revenue, Penn Central had entered into a lease agreement with appellant UGP Properties, Inc., under which UGP would construct and operate a multistorey office building cantilevered above the Terminal building. During the period of construction, UGP would pay Penn Central $1 million per year. Upon completion, UGP would rent the building for 50 years, with an option for another 25 years, at a guaranteed minimum rental of $3 million per year. The record is clear that the proposed office building was in full compliance with all New York zoning laws and height limitations. Under the Landmarks Preservation Law, however, appellants could not construct the proposed office building unless appellee Landmarks Preservation Commission issued either a 'Certificate of No Exterior Effect' or a 'Certificate of Appropriateness'. Although appellants architectural plan would have preserved the facade of the Terminal, the Landmarks Preservation Commission has refused to approve the construction*" (Page 438 U. S. 141). O trecho correspondente na tradução é: "Penn Central estava em uma condição financeira precária. Em uma tentativa de aumentar sua fonte de renda, a estação entrou em um acordo de arrendamento (lease) com o apelante UGP Properties, Inc., sob o qual UGP iria construir e operar um edifício para diversos escritórios, feito a cima da construção do terminal. Durante o período de construção, a UGP pagaria à Penn Central $1 milhão por ano. Após a conclusão, a UGP alugaria a construção por 50 anos, com uma opção para outros 25 anos, com uma garantia mínima de aluguel de $3 milhões por ano. O registro é claro que o edifício de escritórios proposto estava em completa conformidade com todas as leis de zoneamento e as limitações de altura de Nova Iorque. Sob a lei de preservação de patrimônio cultural, no entanto, apelantes não poderiam construir o edifício de escritórios proposto a menos que o apelado – Comissão de Preservação de Patrimônios Culturais – emitisse ou um 'certificado de não efeito ao exterior' ou 'ou certificado de adequação'. Apesar do plano arquitetônico dos apelantes preservar a fachada do Terminal, a Comissão de Preservação de Patrimônios Culturais se recusou a aprovar a construção". Traduzido livremente

entre os indivíduos, reconduzindo-os, na medida do possível, ao *status quo* anterior.

Cumpre registrar, ainda, a leitura de Richard Epstein sobre o parâmetro da vantagem recíproca proporcional. Deve-se ao autor a propagação do termo "*compensação implícita da mesma natureza*",[602] que designaria uma compensação implícita apta a neutralizar o caráter expropriatório do ato normativo. Tal consistiria em um benefício da mesma natureza e quantidade do sacrifício sofrido pelo particular. Segundo o autor, tal benefício, mesmo que não expresso na regulação, revelaria verdadeira natureza compensatória, desde que fosse capaz de deixar o particular pelo menos na mesma situação (*as well off*) em que este se encontrava antes da edição da medida regulatória.

Dito de outra maneira, a regulação expropriatória, sob essa ótica, não ensejaria o dever indenizatório quando cada proprietário sobrecarregado fosse simultaneamente beneficiado pela equânime distribuição do mesmo encargo para outros proprietários. Nesse cenário, haveria um justo e perfeito equilíbrio entre os ônus e os bônus decorrentes da ação estatal. Nas palavras de Richard Epstein: "(...) cada pessoa cuja propriedade é expropriada pela regulação recebe benefícios implícitos das expropriações paralelas impostas aos outros".[603]

De acordo com o autor, tais arranjos regulatórios seriam mais frequentes em atos dotados de generalidade. Nesse sentido, as regulações destinadas à totalidade de pessoas que se encontrem em situação equivalente teriam o condão de prejudicar e beneficiar os seus destinatários na mesma proporção. Tal linha argumentativa poderia, assim, legitimar uma multiplicidade de leis que impõem encargos sobre as propriedades.

A clássica abordagem utilitarista de Frank Michelman sobre a questão expropriatória também sugere que as vantagens recíprocas decorrentes de legislações *gerais* poderiam pender a *calculadora utilitária* em favor da legitimidade do ato sob análise. Para tanto, a questão relevante seria:

> Está implícito na medida alguma reciprocidade de encargos junto de benefícios (como, por exemplo, em uma medida restringindo uma grande

---

[602] No original, em inglês: "*Implicit in-kind compensation*". Traduzido livremente.

[603] No original, em inglês: "*[e]ach person whose property is taken by the regulation receives implicit benefits from the parallel takings imposed upon others*" (EPSTEIN, Richard A. *Takings*: Private Property and the Power of Eminent Domain, 1985, p. 196). Traduzido livremente.

área para desenvolvimento residencial) ou ela direciona benefícios e encargos a pessoas diferentes?[604]

Essa linha de pensamento parece se alinhar ao chamado critério da generalidade-singularidade da medida restritiva da propriedade, bastante difundido na doutrina e na jurisprudência brasileiras. O parâmetro é usualmente apontando como fator de distinção entre as chamadas limitações administrativas – marcadas pela gratuidade – e os sacrifícios de direito, sempre indenizáveis. Por exemplo, de acordo com Celso Antônio Bandeira de Mello:

> Só é realmente limitação aquela que resulta de disposições gerais que apanham uma abstrata categoria de bens (...) é da essência das limitações administrativas o serem genéricas e provirem de lei. Toda vez que seja necessário um ato concreto especificador (...) não se estará perante uma limitação, mas diante de um sacrifício de direito.[605]

Sem dúvida, como assinala Carlos Ari Sundfeld, "em sua substância conceitual, o critério apont[a] o caminho correto". Não se nega a função ponderativa e compromissória das iniciativas regulatórias destinadas a definir, de forma genérica e abstrata, os contornos do direito de propriedade para que o conjunto de poderes de que o proprietário dispõe sobre a coisa possa conviver harmonicamente com o seu conteúdo finalístico, oriundo da concepção de função social. Idealmente, portanto, tais normativos limitar-se-ão a realizar o compromisso intermediário entre valores individuais e coletivos, distribuindo encargos e benefícios simultaneamente.

Entre esse ideal e a realidade, contudo, há significativa distância. Por vezes, a atividade regulatória, sob o manto da ponderação normativa, transbordará a função conformativa que lhe é própria e implicará verdadeira expropriação. Há de se ter cuidado, assim, com o discurso da *distribuição equitativa de encargos*, que não pode servir à legitimação de desapropriações travestidas de regulação. Se a expropriação é a solução adequada e necessária à realização da vontade constitucional, o regulador só pode realizá-la por meio do caminho constitucionalmente previsto, sob pena de forçar alguns a suportarem sozinhos um encargo que deveria ser distribuído por todos.

---

[604] No original, em inglês: "*There [is] implicit in the measure some reciprocity of burdens coupled with benefits (as, for example, in a measure restricting a large area to residential development) or does it channel benefits and burdens to different persons?*". Traduzido livremente.

[605] MELLO, Celso Antônio Bandeira de. *Tombamento e dever de indenizar*, p. 67-68.

Portanto, uma coisa é certa: atos dotados de generalidade podem implicar sacrifícios desmedidos à propriedade de alguns, hipótese em que o regulador não poderá se esquivar do trâmite desapropriatório. Essa também é a conclusão de Carlos Ari Sundfeld: "Há (...) um ponto a partir do qual a generalidade ou não do ato deixa de ter interesse: quando importe onerosidade excessiva para o proprietário ou – o que é o caso mais óbvio – elimine o conteúdo mínimo do direito".[606]

Não parece, porém, que, quando Richard Epstein associa a ideia de vantagens recíprocas às regulações genéricas, ele ignore que os gravames de incidência genérica podem revelar conteúdo expropriador. Ao contrário, sua posição pressupõe o caráter expropriatório da regulação, que, seria, porém, compensado pelo compartilhamento dos encargos entre todos os destinatários da norma. Assim, sob seu ponto de vista, a norma urbanística que impõe altura máxima de edificação em toda uma região seria expropriatória por natureza, eis que implicaria na tomada do direito de desenvolver a propriedade em sua plenitude. Contudo, cada proprietário expropriado seria igualmente compensado pelas vantagens decorrentes da observância da regra pelos demais. Desse modo, "ao proprietário que não pode erigir um letreiro grande em sua propriedade, garante-se que seu vizinho não poderá fazer o mesmo (...)".[607]

A visão do autor é adequada à sua concepção ampla do fenômeno da expropriabilidade. Para evitar, porém, os indiscutíveis custos de transação de se indenizarem todos os proprietários minimamente atingidos pela atividade estatal, ele defende a flexibilização da forma compensatória. E isso só é possível, insta ressaltar, por não ter a Constituição norte-americana determinado a natureza da indenização decorrente do exercício da capacidade desapropriadora do Estado. A compensação estabelecida no ordenamento constitucional brasileiro, a seu turno, ostenta caráter pecuniário.

Como se vê, em termos teóricos, a concepção de Richard Epstein não é compatível com o padrão constitucional-desapropriatório do Brasil. Talvez, porém, o resultado prático da teoria do autor não esteja tão distante da nossa realidade jurídica. Note-se bem. É possível empreender a seguinte leitura sobre a questão: a regulação que assegure a distribuição de encargos de forma que cada particular se beneficie na

---

[606] SUNDFELD, Carlos Ari. Condicionamentos e Sacrifícios – distinções. *Revista Trimestral de Direito Público*, v. 4, p. 79-83, 1993, p. 81.

[607] EPSTEIN, Richard A. *Takings*: Private Property and the Power of Eminent Domain, 1985, p. 196.

mesma proporção em que é atingido sequer seria expropriatória. Isso porque, como já se argumentou previamente, a avaliação do grau do impacto da medida passa, necessariamente, por um exame dos ônus e das vantagens efetivas – e não apenas ilusórias – da regulação.

Assim, no exemplo do letreiro, a vantagem de se viver em um bairro sem poluição visual talvez pudesse abrandar o gravame a ponto de sequer se cogitar a expropriabilidade da medida. Ressalve-se, porém, que tal hipótese me parece prescindir de tal avaliação, vez que, mesmo considerado individualmente, o gravame imposto por regra urbanística que impede a colocação de letreiros muito grandes ou chamativos não implicaria, em princípio, restrição severa ao direito de propriedade. Excetuam-se, é claro, situações específicas em que a norma implicasse impacto econômico intenso – seria o caso, por exemplo, de lei que proibisse a instalação de letreiros luminosos na cidade de Nova Iorque, desconsiderando a área de *Times Square*, visitada por milhões de turistas justamente em razão de tais painéis.

Talvez o aspecto mais complexo de tal abordagem seja avaliar em que medida as vantagens decorrentes da lei podem ser consideradas *genuínos benefícios* para cada particular. A esse problema já se fez referência acima, quando se expôs a posição de Brian A. Lee, para quem os benefícios da regulação só afastariam o seu caráter expropriatório se for possível demonstrar que representam inequívocas vantagens para os proprietários lesados.

Contudo, o autor não sustenta o dever do regulador de *bater de porta em porta* para indagar se a distribuição equânime dos encargos da proposta regulatória seria suficiente para mitigar os danos sofridos pelos proprietários. Seria preciso, ao revés, extrair a autêntica reciprocidade do próprio comando normativo. Para tanto, Lee propõe que a satisfação do parâmetro em análise somente ocorria quando se estivesse diante de "regulações destinadas a resolver um problema de coordenação".

Ilustra com precisão a posição do autor a regulação impugnada em *Plymouth Coal Co. v. Pennsylvania*,[608] um caso julgado pela Suprema Corte alguns anos antes do famigerado precedente estabelecido em *Pennsylvania Coal*. Na ocasião, a Corte acolheu o ato que havia determinado aos proprietários de minas de carvão adjacentes que deixassem os pilares de carvão localizados entre elas com largura suficiente para evitar o alagamento de uma delas caso a outra fosse abandonada.[609]

---

[608] *Plymouth Coal Co. v. Pennsylvania*, 232 U.S. 531 (1914).
[609] Id. 540.

O autor analisa o problema exclusivamente sob a ótica da reciprocidade:

(...) imagine que dois proprietários tenham um claro incentivo econômico de extrair a maior quantidade possível de carvão para maximizar seus lucros. Contudo, ambos sabem que a outra mineradora pode ser a primeira a exaurir a mina, quando esta será abandonada, e a chuva causará a sua inundação. Se a largura dos pilares de carvão remanescentes entre as minas for fina, estes não serão capazes de segurar a pressão da água decorrente da inundação da mina abandonada e, assim, a outra mina acabará sendo igualmente devastada pela inundação.[610]

Apesar de o autor não fazer tal associação, o problema claramente remete à função regulatória de correção de falhas de mercado relacionadas a problemas de coordenação.[611] Como se depreende do caso, o comportamento racional e autointeressado dos mineradores os posicionaria em situação pior do que se cooperassem. Contudo, considerando que os proprietários não teriam meios de antecipar o comportamento do outro,[612] se imporia a ação coordenada pela norma coercitiva.

Segundo essa leitura, os encargos e benefícios oriundos da regulação poderiam ser medidos em *quantidade de carvão*: as mineradoras perderiam um pequeno percentual do carvão relativo aos pilares não sujeitos à extração, mas ganhariam, ao longo do tempo, grandes quantidades de carvão que, sem a norma, poderiam ser destruídas em decorrência da inundação de minas vizinhas. E assim conclui o autor: "(...) o pagamento oferecido em *Plymouth Coal* não é apenas da mesma natureza – carvão extraído –, dos danos impostos pela regulação, mas é, também, um pagamento que podemos garantir que os destinatários

---

[610] No original, em inglês: "*Suppose that two owners of adjacent parcels are both engaged in mining coal. Both owners have a straightforward economic incentive to dig out as much coal as possible in order to maximize their profit. However, both owners also realize that the other owner may be the first to exhaust the mine on his property, at which point the abandoned mine may be flooded.37 If the amount of coal remaining between the two mines at that time is small, then it will not be able to withstand the pressure applied by the influx of water from a flood in a neighboring mine, and if that coal barrier gives way, the dry mine will be flooded as well*" (LEE, Brian Angelo. Average Reciprocity of Advantage. *In*: PENNER, James; SMITH, Henry. *Philosophical Foundations of Property Law*. Oxford: Oxford University Press, 2013. p. 13). Traduzido livremente.

[611] SUNSTEIN, Cass R. *After the rights revolution*: reconceiving the Regulatory State. Cambridge: Harvard University Press, 1993. p. 93.

[612] Essa é a mesma premissa sobre a qual se baseia o clássico *Dilema do prisioneiro*, explicado em VARIAN, Hal R. *Microeconomia*: princípios básicos – uma abordagem moderna. 7. ed. Editora Campus/Elsevier, 2006. p. 548-564.

valorizam".[613] Afinal, "companhias de carvão necessariamente se importam com a extração de mais carvão".[614]

A análise do autor é correta se adstrita à aplicabilidade do parâmetro da vantagem recíproca proporcional. Com efeito, o intérprete não pode invocar a reciprocidade para afastar o caráter indenizável da regulação com base em pressuposições fluidas quanto ao seu potencial benéfico para aquele que sofre a expropriação. Assim, tais benefícios não podem ser identificados no interesse coletivo perseguido pela norma sem que se corra o risco de legitimar expropriações frutos do arbítrio e do autoritarismo estatal. Se, porém, dela decorrer uma inequívoca e mensurável vantagem, esta deverá abrandar o impacto regulatório sobre a propriedade.

Isso não significa, porém, que o interesse público (coletivo ou individual) perseguido pela regulação não possa justificar sua existência. Embora já se tenha destacado essa questão anteriormente, diante de sua importância, é preciso resgatá-la: o interesse coletivo pode prevalecer no exercício ponderativo com o direito individual de propriedade, justificando, inclusive, a desapropriação. O que não é possível, porém, é entender que o caráter coletivo do fim perseguido pela norma constitui vantagem suficiente para neutralizar seu conteúdo expropriador. Portanto, o critério da reciprocidade somente servirá para salvaguardar regulações expropriadoras que gerem um benefício manifesto para o proprietário – como, por exemplo, a supervalorização da parcela da propriedade não sujeita ao ato.

Cumpre esclarecer, finalmente, que eventuais vantagens *expressas* conferidas pela regulação ao proprietário, como, por exemplo, benefícios fiscais, outorga de direitos sobre bens públicos, concessão de certificados de potencial adicional construtivo,[615] entre outros, são potencialmente aptas para reduzir ou afastar os impactos negativos decorrentes do

---

[613] LEE, Brian Angelo. Average Reciprocity of Advantage. *In*: PENNER, James; SMITH, Henry. *Philosophical Foundations of Property Law*. Oxford: Oxford University Press, 2013. p. 19.

[614] Ibid., p. 19.

[615] Aliás, a existência de norma local permitindo a transferência do direito de construir foi mencionada em *Penn Central* como argumento de reforço a não expropriabilidade do ato regulatório em análise. Assim, a Suprema Corte considerou que, ainda que os efeitos da regulatórios fossem severos, aniquilando qualquer possibilidade de erguer construções no espaço aéreo – o que foi cogitado apenas para argumentar –, não seria possível entender que o direito de construir acima do prédio teria sido expropriado, eis que a legislação urbanística permitia a venda ou o exercício do potencial construtivo em áreas vizinhas. Essa circunstância seria um fator que mitigaria "qualquer que fosse o ônus financeiro sofrido pelos proprietários e, por essa razão, deve[ria] ser levado em consideração na avaliação do impacto econômico da regulação" (*Page* 438 U. S. 124). Traduzido livremente.

ato. Nem se diga que a compensação em pecúnia, tal qual prevista na Constituição Federal, configuraria obstáculo a tal concepção. É que, como elaborado acima, tais benefícios não funcionariam exatamente como uma compensação repressiva do conteúdo expropriador da regulação, atuando, na verdade, como fator de prevenção ao próprio surgimento da expropriação.

Portanto, existirá reciprocidade quando for possível identificar externalidades positivas diretas e/ou vantagens expressas na regulação que possam beneficiar efetivamente o proprietário a ponto de neutralizar ou reduzir suficientemente as perdas experimentadas. Como sustenta William A. Wade e Robert L. Bunting, a análise empregada na aplicação do parâmetro deve ser calcada em elementos econômicos, relacionados à análise de custos e benefícios diretos e quantificáveis, capazes de genuinamente afastar o conteúdo expropriador do ato. Afinal, o parâmetro da vantagem recíproca não pode permitir "o triunfo de palavras mágicas sobre a realidade econômica".[616]

3.2.2.4 As expectativas legítimas do proprietário

Conforme se pode extrair de diversas passagens deste capítulo, as expectativas razoáveis do indivíduo em relação à sua propriedade podem revelar aspecto importante na aferição do caráter expropriatório da regulação. Porém, mais que um parâmetro, a noção de confiança legítima vem sendo alçada a fator determinante à própria configuração do direito de propriedade. Trata-se da concepção de propriedade baseada nas expectativas legítimas de seu titular (*expectations concepts of property*).

É possível apontar a origem de tal perspectiva sobre o direito de propriedade na teoria utilitarista de Jeremy Bentham. Para ele, a propriedade não seria nada, senão uma "base de expectativas",[617] e a aderência a tal posicionamento seria imprescindível à manutenção da produtividade econômica em níveis minimamente aceitáveis. O direito de propriedade, nessa ótica, é resultado da efetiva proteção das expectativas que os indivíduos teriam de extrair vantagens de um bem determinado. Sem essa garantia, os esforços voltados às atividades produtivas seriam desencorajados a tal ponto que não mais se poderia

---

[616] WADE, William W.; BUNTING, Robert L. *Average reciprocity of advantage*: Magic Words or Economic Reality – Lessons from Palazzolo. #9 Urb. Law. 319, 2007.

[617] BENTHAM, Jeremy. *The Theory of Legislation*, 1802. Disponível em: https://archive.org/stream/legislation00bentuoft/legislation00bentuoft_djvu.txt. Acesso em: 29 ago. 2016.

falar em direito de propriedade. Sem expectativa, pois, não haveria propriedade.

Deve-se a Frank Michelman a principal abordagem moderna sobre a relevância das expectativas na configuração do direito de propriedade e no exame da expropriabilidade da regulação. Na mesma linha que Jeremy Bentham, o autor compreende as expectativas em sua acepção puramente econômica: expectativas de retorno dos investimentos realizados pelo proprietário (*investment-backed expectations*). Em evidente alusão crítica ao critério da redução do valor fixado em *Pennsylvania Coal*, o autor sustentou que a pergunta a ser feita nos casos de regulações expropriatórias não deveria ser "quanto", e sim "sim ou não": "Se a medida em questão pode ou não pode ser facilmente compreendida como um ato que teria privado o requerente de alguma expectativa específica e cristalina".[618]

O conceito de *investment-backed expectations* de Frank Michelman foi incorporado à jurisprudência norte-americana pelo célebre voto do *Justice* Brennan em *Penn Central*. Considerando o critério especialmente relevante para a solução do caso, o *Justice* entendeu que a regulação em análise:

> "*Não interferiria com o que poderia ser considerada a expectativa primária concernente ao uso da propriedade*". Conforme sua linha de argumentação, a única expectativa do proprietário merecedora de proteção dizia respeito ao uso do bem como terminal ferroviário, pois seria esta a destinação que sempre fora dada à propriedade. E, mais importante – segundo sustentou –, "*o ato regulatório permitira o 'retorno razoável' dos investimentos*".[619]

É indiscutível a importância da proteção das expectativas do proprietário sob a perspectiva econômica. Sem dúvida, a previsibilidade decorrente da clara distribuição da titularidade dominial entre os diferentes agentes econômicos é fator de estímulo aos investimentos e, via de consequência, à maximização da riqueza. Aliás, é compreensível que tal aspecto seja enfocado por autores e juízes norte-americanos.

---

[618] No original, em inglês: "(...) *whether or not the measure in question can easily be seen to have practically deprived the claimant of some distinctly perceived, sharply crystallized, investment-backed expectation*" (MICHELMAN, Frank I. Property, utility, and fairness: comments on the ethical foundations of "just compensation" law. *Harvard Law Review*, v. 80, n. 6, 1967, p. 1.233). Traduzido livremente.

[619] No original, em inglês: "*So the law does not interfere with what must be regarded as Penn Central's primary expectation concerning the use of the parcel. More importantly, on this record, we must regard the New York City law as permitting Penn Central not only to profit from the Terminal but also to obtain a 'reasonable return' on its investment*". Traduzido livremente.

À luz do sistema jurídico estadunidense, o direito de propriedade assume prioritariamente um papel instrumental à geração de riqueza. Não obstante, a proteção à confiança legítima dos proprietários, embora indispensável ao bom funcionamento da economia, não se resume a essa função subordinada.

Como já se ressaltou em passagens prévias, a propriedade, em sua visão mais contemporânea – e compatível com o seu *status* de direito fundamental conferido pelo ordenamento constitucional brasileiro –, deve ser vislumbrada não apenas como mola propulsora da economia, mas também como garantia de realização de valores substantivos, inclusive os mais profundos e existenciais,[620] como a privacidade, a autonomia e o autodesenvolvimento pessoal proprietário (concepção personalista da propriedade).[621]

Assim, cumpre reconhecer que a proteção das expectativas legítimas, enquanto parâmetro de aferição do conteúdo expropriador da regulação, não pode ser compreendida em sua concepção mais estreita, como necessário a salvaguardar apenas as expectativas de retorno financeiro do proprietário. O exemplo a seguir, inspirado no trabalho de Lynda J. Oswald, pode ajudar a esclarecer o argumento.[622]

Pedro sonha em se aposentar e se mudar com toda a sua família para um sítio na região onde nasceu e até hoje moram seus familiares. Quando o tão esperado dia da aposentadoria chega, ele adquire um terreno desocupado da cidade, onde pretende construir uma casa espaçosa e confortável, estabelecer uma horta e viver em harmonia com os animais. Seguindo todos os trâmites legais, ele requer, na prefeitura, a licença para construir. Como toda a região é cercada de sítios similares e se sujeita a zoneamento residencial unifamiliar, o proprietário crê que não enfrentará qualquer resistência do governo local. A prefeitura, no entanto, ao se receber com o pedido, percebe que a área em questão seria ideal para a habitação popular de pessoas menos favorecidas. Sendo este um interesse social indiscutível, a prefeitura se depara com duas opções: (i) desapropriar o terreno de Pedro ou (ii) alterar o zoneamento para residencial multifamiliar. Na esperança de que a propriedade

---

[620] ACOCELLA, Jéssica. *Uma releitura da desapropriação à luz da constituição de 1988 e suas principais repercussões sobre o regime jurídico vigente*. Rio de Janeiro: Dissertação de Mestrado em Direito Público, UERJ, 2013. Mimeografado, p. 32.

[621] ARNOLD, Craig Anthony (Tony). The Reconstitution of Property: Property as a Web of Interests. *Harvard Environmental Law Review*, v. 26, n. 2, 2002, p. 322. Disponível em: http://ssrn.com/abstract=1024244. Acesso em: 29 ago. 2016.

[622] OSWALD, Lynda J. *Cornering the quark*: investment-backed expectations, economically viable uses, and harm/benefit in taking analysis, p. 24-25). Traduzido livremente.

seja vendida para uma construtora disposta a erguer as casas voltadas para a população de baixa renda, a prefeitura fica tentada a escolher a segunda opção, aparentemente mais fácil e econômica. Afinal, a inexistência de licença prévia para construir garantiria que a novel legislação não poderia ser impugnada com apoio nos limites clássicos do direito adquirido ou do ato jurídico perfeito.[623]

Pedro é, então, chamado a manifestar-se sobre a questão e sustenta que o rezoneamento reduziria o valor de sua propriedade em quase 80%, o que é comprovado por estudos técnicos realizados pelo ente público. Diante da irresignação do requerente, a prefeitura alega que, em vez de vender o terreno por um preço baixo, o proprietário poderia, ele próprio, desenvolver a propriedade e dar a ela a nova destinação legal, o que lhe garantiria um retorno financeiro razoável. Contudo, resta evidente que a expectativa de Pedro, ao comprar a propriedade, era construir uma casa para morar até o fim de seus dias ao lado de seus parentes mais próximos. Este era seu projeto de vida. Ele não adquiriu a propriedade, portanto, como um investimento financeiro, pelo que a expectativa de retorno dos investimentos não se revela um parâmetro, *in casu*, adequado para aferir se existe confiança legítima a ser protegida. Cabe destacar que a alternativa expropriatória satisfaz as expectativas de Pedro, pois, com o dinheiro da indenização, ele poderá comprar outro terreno na região não sujeito ao novo zoneamento e lá construir sua residência.

---

[623] Cumpre ressaltar que, no Brasil, prevalece o entendimento de que a mera expedição de licença para construir não é suficiente para impedir a retroatividade de novas regras de zoneamento que impeçam o desenvolvimento do projeto já licenciado, sendo necessário, ainda, o efetivo início das obras. Nas palavras de Mukai: "A questão mais aguda neste aspecto configura-se do seguinte modo: uma lei que venha a modificar o zoneamento existente pode encontrar alguém que, tendo obtido alvará de construção ao tempo da lei anterior, tenha iniciado a construção antes do advento da nova lei; supondo-se que a alteração promovida pela lei nova implique a mudança da zona, ainda assim, nessa hipótese, haverá direito adquirido do proprietário de levantar sua construção até o final (...). Contudo, ainda nessa mesma hipótese, se a obra ainda não tiver sido iniciada, quando do advento da nova lei, o alvará poderá ser cassado, indenizando-se as despesas efetivamente realizadas com o projeto da obra ou decorrentes da obtenção do alvará" (MUKAI, Toshio. *Direito urbano e ambiental*. 3. ed. Belo Horizonte: Editora Fórum, 2006. p. 346). Esta é a orientação do STF, *e.g.*: "Direito de construir – Mera faculdade do proprietário, cujo exercício depende de autorização do Estado – Inexistência de direito adquirido à edificação anteriormente licenciada, mas nem sequer iniciada, se supervenientemente foram editadas regras novas, de ordem pública, alterando o gabarito para construção no local. (...) a licença anteriormente concedida não está imune à superveniência de regras novas editadas no interesse público, alterando o gabarito para a construção no local" (STF. Agravo Regimental em Agravo de Instrumento 135.464-0/RJ. Relator: Ministro Ilmar Galvão. Julgamento: 05 de maio de 1992).

É, pois, sob a perspectiva personalista e substantiva que a propriedade e, consequentemente, as expectativas nela depositadas devem ser analisadas em casos como o acima descrito. Quando as restrições ao direito de propriedade implicam alterações substanciais no curso do vínculo existencial do indivíduo em relação a determinado bem, criando entraves à execução ao projeto de vida que este traçara para o seu *futuro imediato*,[624] tal circunstância não poderá ser desconsiderada no exame do caráter expropriatório da norma.

Ressalte-se que, em casos extremos – cuja análise foge ao escopo deste trabalho –, a importância subjetiva do bem e a confiança legítima depositada pelo particular na manutenção do regime regulatório poderão justificar o estabelecimento de medidas transitórias, a exclusão do indivíduo da incidência regulatória ou mesmo barrar o projeto regulatório. Com efeito, não é novidade que a expectativa legítima do cidadão pode limitar o exercício do poder normativo.[625] Se, contudo, por razões práticas ou diante da primazia concreta do interesse público, nenhuma dessas soluções – em geral mais benéficas ao particular – se revelar viável, as expectativas razoáveis poderão ser protegidas mediante o pagamento de indenização. E, caso o que esteja em jogo for a confiança legítima do particular na preservação de um direito de propriedade, severamente impactado pelo ato regulatório, o Poder Público haverá de preservá-la, impondo-se ao normativo o regime expropriador.

Em sentido semelhante, Patrícia Baptista entende que a outorga de compensação ao particular pode constituir meio legítimo de impedir a frustração das expectativas legítimas do particular. Em reforço ao seu argumento, a autora transcreve interessante trecho de precedente do Tribunal Supremo Espanhol relativo à alteração repentina de regime urbanístico. No caso, foi reconhecido o direito à indenização para os proprietários que, "confiando na subsistência durante um certo prazo de uma determinada ordenação urbanística, se fizerem inversões e

---

[624] Em *Penn Central*, o *Justice* Rehnquist, em seu voto dissidente, asseverou que "os usos que razoavelmente podem ser esperados no futuro imediato também podem dar origem à reivindicação expropriatória" (*Id. at 143*). Traduzido livremente.

[625] O princípio foi formulado pela jurisprudência alemã, em um primeiro momento, como limite à revisão dos atos administrativos concretos. Contudo, atualmente, a tutela da confiança pode igualmente ser oposta ao exercício do poder normativo. Nesse sentido, cf. BAPTISTA, Patrícia. *A tutela da confiança legítima como limite ao exercício do poder normativo da Administração Pública. A proteção das expectativas legítimas dos cidadãos como limite à retroatividade normativa.* p. 1-2. Disponível em: http://www.direitodoestado.com/revista/REDE-11-JULHO-2007-PATRICIA%20BATISTA.pdf. Acesso em: 29 ago. 2016.

gastos, incidirá, então, sim, o direito à indenização".[626] É sempre bom lembrar, porém, que a compensação é apenas um dos pressupostos da expropriação.

Não é fácil saber quando a confiança depositada pelo particular na estabilidade das regras concernentes ao direito de propriedade impõe ao Estado o dever de desapropriar. A principal dificuldade reside na distinção entre as expectativas que merecem proteção por meio do regime expropriatório (as chamadas expectativas legítimas ou razoáveis) e as expectativas que, ao revés, não devem ser consideradas no exame do caráter expropriatório da regulação (as chamadas expectativas unilaterais).[627]

Em termos simples, pode-se dizer que a confiança digna de atrair o regime expropriatório é aquela fundada em uma base objetiva capaz de despertar no particular a expectativa na manutenção do regime regulatório vigente – presumindo que tal expectativa poderia ser razoavelmente satisfeita com a concepção de uma solução compensatória. Essa necessidade de aferição objetiva das expectativas no exame do caráter expropriatório da norma foi destacada pela Suprema Corte em *Webb's Fabulous Pharmacies, Inc. v. Beckwith*, quando consignou que "uma expectativa meramente unilateral (...) não é um direito de propriedade merecedor de proteção".[628]

Com efeito, não se pode condicionar a restrição regulatória ao direito de propriedade à realização da expropriação com base em expectativas subjetivas e infundadas do proprietário. É a lição de Steven J. Eagle: "Enquanto expectativas pessoais e subjetivas, razoabilidade parece enraizada no contexto de interação social e objetiva".[629] Não é tarefa simples, todavia, estabelecer em quais hipóteses as expectativas dos proprietários são moldadas por fatores objetivos.

Veja-se, para ilustrar, o exemplo de Lynda J. Oswald. Suponha-se que um investidor tenha adquirido um prédio sujeito a zoneamento residencial por R$10.000,00. Para uso residencial, o prédio vale R$5.000,00, mas, para uso como apart-hotel, vale R$15.000,00. O novo proprietário

---

[626] Precedente citado por Patrícia Baptista. *A tutela da confiança legítima como limite ao exercício do poder normativo da Administração Pública. A proteção das expectativas legítimas dos cidadãos como limite à retroatividade normativa.* p. 21. Disponível em: http://www.direitodoestado.com/revista/REDE-11-JULHO-2007-PATRICIA%20BATISTA.pdf. Acesso em: 29 ago. 2016.

[627] *Webb's Fabulous Pharmacies, Inc v. Beckwith*, 449, U.S. 155, 162 (1980).

[628] *Webb's Fabulous Pharmacies, Inc. v. Beckwith*, 449 U.S. 161 (1980).

[629] No original, em inglês: "[w]hile 'expectations' personal and subjective, 'reasonableness' seems rooted in the context of societal interaction and objective" (EAGLE, Steven J. *The rise and rise of 'investment-backed expectation'*). Traduzido livremente.

espera conseguir o rezoneamento para incluir também o uso como apart-hotel e, por isso, aceitou pagar o dobro do preço de mercado. É induvidoso que a negativa da prefeitura interferirá com as expectativas de retorno da propriedade. Contudo, como conclui a autora, "seria absurdo argumentar que o investidor sofreu uma expropriação como resultado da recusa da municipalidade de alterar o atual zoneamento".[630]

O critério mais frequentemente referido pela literatura especializada é o caráter repentino e imprevisível da alteração regulatória incidente sobre o direito de propriedade.[631] É claro que a dinamicidade e complexidade da sociedade demandam um ordenamento jurídico que permanentemente seja alterado para se adequar à realidade que lhe é subjacente. E não cabe aos particulares alegarem desconhecer o caráter cambiante das regras legais e administrativas. Todavia, se é certo que não é dado ao indivíduo aspirar pela perpetuidade das normas jurídicas, é igualmente verdadeiro que ele pode, ao menos, esperar que eventuais alterações regulatórias não sejam abruptas.

Contudo, também não é fácil definir quando a alteração da regra será considerada inesperada. Certo é que a previsibilidade da norma deve ser aferida com base em um padrão médio de diligência, e não do ponto de vista subjetivo do proprietário.[632] Assentada essa premissa, parece possível estabelecer algumas *zonas de certeza* para facilitar a aplicação do critério. É induvidoso que se enquadraria em uma *zona de certeza positiva* do critério a situação em que a expectativa do proprietário houver sido despertada por condutas do próprio ente estatal.

No precedente BGH, III ZR 127/64, extraído da jurisprudência alemã, o Tribunal Constitucional Federal da Alemanha (*Bundesgerichtshof*) expressamente ressaltou a importância de tal aspecto no exame do caráter expropriatório da alteração regulatória. Tratava-se de demanda similar à desapropriação indireta proposta por um fabricante de alimentos. O requerente alegava que a Alemanha, por meio de um acordo internacional, teria aberto a economia, diminuindo os tributos de importação incidentes sobre aquele produto, que também era produzido fora do país. O fabricante se viu afetado pela superveniência de uma segunda

---

[630] OSWALD, Lynda J. *Cornering the quark*: investment-backed expectations, economically viable uses, and harm/benefit in taking analysis. p. 17). Traduzido livremente.

[631] Cf., por todos, SCHWARZE, Jürgen. *European Administrative Law*. London: Sweet and Maxwell, 1992. p. 1.134-1.135.

[632] BAPTISTA, Patrícia. *A tutela da confiança legítima como limite ao exercício do poder normativo da Administração Pública. A proteção das expectativas legítimas dos cidadãos como limite à retroatividade normativa*. p. 15. Disponível em: http://www.direitodoestado.com/revista/REDE-11-JULHO-2007-PATRICIA%20BATISTA.pdf. Acesso em: 29 ago. 2016.

regulação, que não garantia mais tal cenário comercial. O tribunal, porém, entendeu que não haveria de se falar em *consequências expropriatórias*, diante do caráter inerentemente dinâmico da regulação. Contudo, a corte ressalvou que, se o fabricante tivesse sido incentivado pelo governo a investir em determinado empreendimento – por exemplo, por meio de uma política de subsídios –, poder-se-ia entender configurada a expropriação.[633]

É possível vislumbrar, no outro extremo, uma *zona de certeza negativa*, consubstanciada nas situações em que a aquisição da propriedade seja posterior à alteração regulatória. Nessa hipótese, os proprietários descontentes não poderiam invocar a proteção da confiança para garantir a compensação expropriatória. No direito norte-americano, os debates sobre a previsibilidade em relação à regulação expropriatória deram ensejo à formulação da chamada *"on notice rule"*.[634] A *ciência prévia* seria presumida justamente diante do caráter preexistente da regulação.

A regra, no entanto, merece uma interpretação *cum grano salis*. Ao dizer que a ciência prévia despoja o proprietário de qualquer expectativa razoável de usar a sua propriedade em desconformidade com a regulação, tal regra causa a impressão de barrar qualquer pretensão expropriatória relativa à incidência da norma sobre a propriedade em questão. Isso, porém, não é necessariamente verdadeiro. Suponha-se, por exemplo, que um produtor rural, de uma hora para outra, tivesse o conteúdo econômico de suas terras esvaziado pela criação de uma reserva ambiental incidente sobre sua propriedade. Muito idoso e sem consciência sobre seus direitos, ele decide vender suas terras por um preço irrisório para um investidor, que a adquire na esperança de, um dia, a legislação ambiental ser revogada. Eventual pleito indenizatório do novo proprietário, por certo, seria negado com embasamento na regra da ciência prévia. Contudo, isso não pode impedir que o antigo proprietário sustente a expropriação e busque, em juízo, seus direitos.

Note-se bem. No momento em que os efeitos do ato expropriador são sentidos pelo proprietário, surge a pretensão expropriatória. Assim, o fato de o proprietário vender sua propriedade não impede que o antigo titular do domínio busque no Judiciário o reconhecimento

---

[633] BGH, 31.01.1966 – III ZR 127/64. Disponível em: https://dejure.org/dienste/vernetzung/rechtsprechung?Text=BGHZ%2045,%2083. Acesso em: 29 ago. 2016.
[634] A regra foi desenvolvida pela Suprema Corte no caso *Ruckelshaus v. Monsanto Co.*, quando a quebra de sigilo efetivada pelo governo referente a determinados dados de uma empresa de pesticida não foi considerada expropriatória, tendo em vista que o caráter prévio da regulação que autorizava o *disclosure* teria colocado a empresa "sob aviso".

da desapropriação. Do contrário, estar-se-ia permitindo ao Estado desapropriar sem pagar. É dizer: o governo seria agraciado por uma *"sorte inesperada"*[635] – um enriquecimento sem causa incompatível com a cláusula expropriatória. Assim, sob a perspectiva econômica, pode-se concluir que, embora tenha havido a precificação do impacto regulatório, houve custo associado à gratuidade da expropriação.[636]

Em artigo dedicado exclusivamente ao tema, Carol N. Brown sustenta a irrelevância do caráter preexistente da regulação na análise do direito compensatório decorrente de expropriação regulatória. Em suma, a autora defende que a pretensão expropriatória teria aderência à propriedade, sendo transferida a eventuais adquirentes do bem.[637] Ao que parece, ela confere à reivindicação expropriatória natureza próxima a dos direitos reais. A questão é desenvolvida com especial atenção por Lynda J. Oswald, que afirma que a regra da ciência prévia apresenta uma fragilidade facilmente ilustrada quando se assume que a titularidade não é alterada:

> Se a legislação passasse e todo desenvolvimento fosse proibido, o proprietário original certamente teria o direito à compensação pela perda de interesse da propriedade. A mudança de titularidade (...) não deveria resultar em um resultado diferente no que diz respeito à viabilidade de compensação porque a mudança de titularidade não destrói a existência de qualquer tipo de interesse da propriedade.[638]

Tal posicionamento, contudo, parece ignorar a possibilidade de precificação dos prejuízos decorrentes do ato expropriatório na transferência da titularidade. Veja-se que, nessa hipótese, a concessão de indenização ao novo proprietário ensejaria o seu enriquecimento

---

[635] Nesse sentido, v. BROWN. Carol N. Taking the takings claim: a policy and economic analysis of the survival of takings claims after property transfers. *36 Connecticut Law Review*, 7, 2003; FISCHEL, William A. *The Economic of Zoning Laws*, 1985.

[636] BLUME, Lawrence; RUBINFELD, Daniel L.; SHAPIRO, Perry. The taking of Land: When Should Compensation be paid? *71 Quarterly Journal of Economics*, 1984, p. 586.

[637] Nesse sentido, v. BROWN. Carol N. Taking the takings claim: a policy and economic analysis of the survival of takings claims after property transfers. *36 Connecticut Law Review*, 7, 2003; FISCHEL, William A. *The Economic of Zoning Laws*, 1985.

[638] No original, em inglês: *"[i]f the legislation were passed and all development forbidden, the original owner surely would be entitled to compensation for the loss of the property interest (...). The change in ownership (...) should not result in a different outcome regarding the availability of compensation because change in a different outcome regarding the availability of compensation because change in ownership does not defeat the existence of any type of property interest"* (OSWALD, Lynda J. *Cornering the quark*: investment-backed expectations, economically viable uses, and harm/benefit in taking analysis. p. 17). Traduzido livremente.

sem causa. Assim, essa concepção só pode ser compatibilizada com o parâmetro da expectativa legítima se for circunscrita às hipóteses em que o novo proprietário não desconta do preço pago pelo bem os prejuízos decorrentes da regulação – assumindo o risco de buscar em juízo a indenização correspondente – e também às situações em que a propriedade é adquirida por doação ou sucessão *causa mortis* (herança ou legado).[639] Sobre o ponto, Lynda J. Oswald é peremptória:

> [o] termo "expectativas de investimento" ("investment-backed") levanta a pergunta: ao usar este termo, a Corte pretende indicar que expectativas que fossem "expectativas de investimento" não serão protegidas se o proprietário as tiver recebido por meio de presentes, herança ou concepção? (...) Se considerado literalmente, a declaração é ridícula.

Contudo, há de se entender que o parâmetro da expectativa legítima possui força suficiente para impedir o pleito expropriatório em relação ao proprietário que, ciente quanto à restrição regulatória ao direito de propriedade, venha a adquirir o bem mediante desconto equivalente aos prejuízos decorrentes da regulação prévia. O reconhecimento desta última circunstância já foi, inclusive, utilizado pelo STJ para afastar o pleito indenizatório de propriedade de área sujeita à limitação administrativa preexistente à aquisição do imóvel. Na ocasião, foi consignado que os proprietários:

> Adquiriram o imóvel em 31.1.89, quando já havia sido criado o Parque Estadual da Serra do Mar, e certamente tinham conhecimento desse fato, tanto que no preço certo e ajustado, declarado para a venda e compra foi irrisório, dado o tamanho da gleba, podendo ser considerado simbólico.[640]

Se a aplicação da *on notice rule* é fácil em tais situações extremadas, em outras, porém, a verificação concreta do conhecimento prévio, ainda que calcada em elementos objetivos, pode demandar um esforço muito maior do intérprete. Basta pensar, por exemplo, se é possível considerar que o proprietário tinha conhecimento prévio da alteração normativa futura se, quando adquiriu a propriedade ou fez investimentos em

---

[639] Nessas hipóteses, a expectativa legítima há de ser avaliada sob a perspectiva do *proprietário originário*.
[640] STJ, STJ. Embargos de Divergência em Recurso Especial nº 209.297/SP. Relator: Min. Luiz Fux. Primeira Seção. Julgamento em 13.06.2007. DJ em 13.08.2007. Em igual sentido, v. STJ. Recurso Especial nº 1.168.632/SP. Relator: Min. Luiz Fux. 1ª Turma. Julgamento em 17.06.2010. DJ em 01.07.2010.

determinada atividade econômica, estava em curso debate público sobre o projeto regulatório em questão.[641] Por exemplo, imagine-se que a mídia comece a veicular notícia sobre debate travado no âmbito de uma agência reguladora a respeito do uso de amianto em qualquer produto, material ou artefato, tendo em vista o potencial danoso do mineral à saúde das pessoas. Ao tomar ciência da possível proibição, um investidor *risk neutral*, ciente da jurisprudência tendencialmente favorável às regulações expropriatórias em seu país, resolve investir na produção de fibrocimento, que contém a substância em questão. A linha de raciocínio do investidor é simples: se a regulação não for editada, o mercado indica que o negócio prosperará; se, por outro lado, a proibição vingar, ele receberá a devida compensação. Conforme visto no capítulo 1, este é um incentivo perverso gerado pela promessa compensatória – trata-se da apropriação do conceito econômico de *moral hazard* pela doutrina das regulações expropriatórias.

Com o intuito de barrar esse tipo de comportamento oportunista ou "manipulação cautelosa"[642] dos proprietários e investidores, é possível cogitar sistemas compensatórios projetados para limitar o excesso de confiança quanto à indenização. Thomas J. Miceli e Kathleen Segerson propõem, por exemplo, a associação do valor indenizatório ao nível de investimento considerado eficiente na ausência da expectativa compensatória.[643] No entanto, tendo em vista a provável dificuldade de se apurar administrativamente esse nível ótimo de eficiência dos investimentos, a posição de Susan Rose Ackerman parece mais realista: a autora propõe que somente se compensem os investimentos realizados até o momento em que tenha sido dada publicidade ao projeto regulatório.[644]

Frank Michelman, no mesmo sentido, sustentou a fragilidade do pleito compensatório que, no curso de debate público sobre a proibição do desenvolvimento de terras ao longo de uma rodovia, adquire um

---

[641] MANDELKER, Daniel R. *Investment-Backed Expectations*: Is There a Taking?, 31 Wash. U. J. Urb. & Contemp. L. 3 (1987). Disponível em: http://openscholarship.wustl.edu/cgi/viewcontent.cgi?article=1345&context=law_urbanlaw. Acesso em: 29 ago. 2016.

[642] A expressão é de Linda J. Oswald.

[643] Essa é a sugestão de MICELI, Thomas J.; SEGERSON, Kathleen. Regulatory Takings: When should compensation be paid? *The Journal of Legal Studies*, v. 23, n. 2, jun. 1994, p. 756-758.

[644] ROSE-ACKERMAN, Susan. Regulatory Takings: Policy Analysis and Democratic Principles. *In*: MERCURO, Nicolas. *Taking Property and Just Compensations*: Law and Economics Perspectives of the Takings Issue. Kluwer Academic Publishers. Boston/Dordret/Londres: 1992.

terreno na localidade.⁶⁴⁵ A *exceção do especulador*, porém, pode ser equacionada pela ideia já anteriormente exposta: se o preço pago pela propriedade refletir o risco regulatório, a regulação não será considerada expropriatória – pelo menos não em relação ao novo proprietário.

Sem dúvida, a maior dificuldade quanto à aplicação do parâmetro da proteção da confiança legítima diz respeito às situações em que a possibilidade de se antever a restrição é verificada em relação ao conjunto de normas preexistentes ao ato regulatório sobre o qual pende a suspeita expropriatória. Esse argumento, já abordado quando da análise do parâmetro do propósito público, é reiteradamente utilizado pela jurisprudência brasileira para julgar improcedentes demandas indenizatórias que impugnam limitações administrativas incidentes sobre o direito de propriedade.⁶⁴⁶

Mas em que medida os normativos prévios poderiam destituir o particular de qualquer expectativa legítima em relação a restrições futuras ao seu direito de propriedade? A Suprema Corte dos Estados Unidos, em *Lucas*, defendeu a inviabilidade de reivindicações expropriatórias em face de regulações que apenas tornariam "explícito aquilo que já seria inerente ao título em si".⁶⁴⁷ Tais limitações implícitas seriam, para a Corte, "restrições já efetivadas por princípios históricos do *common law* estadual".⁶⁴⁸

O problema de tal concepção é que, reconduzida ao cenário jurídico-brasileiro, pode resultar no entendimento de que os princípios constitucionais constituem base objetiva para aferição das expectativas legítimas do proprietário. Poder-se-ia argumentar, por exemplo, que nenhuma restrição ambiental ao direito de propriedade seria expropriatória, pois os proprietários, cientes da norma inserta no preceito do art. 225 da Constituição Federal, estariam "avisados" quanto à possibilidade de esvaziamento econômico da propriedade em prol da proteção ao meio ambiente. O parâmetro da confiança legítima,

---

[645] MICHELMAN, Frank I. Property, utility, and fairness: comments on the ethical foundations of "just compensation" law. *Harvard Law Review*, v. 80, n. 6, 1967, p. 1.238.

[646] *E.g.*: "(...) a criação do Parque Estadual da Serra do Mar, por intermédio do Decreto Estadual 10.251/77, do Estado de São Paulo, não acrescentou nenhuma limitação às previamente estabelecidas em outros atos normativos (Código Florestal, Lei do Parcelamento do Solo Urbano etc), os quais, à época da edição do referido decreto, já vedavam a utilização indiscriminada da propriedade" (AgRg no REsp 769405/SP. AGRAVO REGIMENTAL NO RECURSO ESPECIAL 2005/0124061-5).

[647] No original, em inglês: "*Explicit what already inheres in the title*" (*Lucas v. South Carolina Coastal Council*, 505 U.S. 1004 (1992)). Traduzido livremente.

[648] No original, em inglês: "*Restrictions that background principles of the State's law of property and nuisance already place upon land ownership*", 505 U.S. 1004 (1992). Traduzido livremente.

assim, acabaria correspondendo, na prática, ao já rechaçado critério do propósito público. Se todas as regulações expropriatórias legítimas destinam-se a promover valores constitucionais, há pouca ou nenhuma utilidade em voltar os olhos para os valores constitucionais abstratos que a regulação atacada pretende promover.

Aqui, é importante fazer uma ressalva. Não haverá confiança digna de proteção se a Constituição contiver *regra* dotada de densidade normativa suficiente para restringir diretamente o direito de propriedade. É o caso do art. 182, §4º, inciso I, da Constituição Federal, que prevê a possibilidade de lei municipal exigir do proprietário do solo urbano não edificado, subutilizado ou não utilizado, o parcelamento ou edificação compulsórios. O normativo constitucional resulta de ponderação realizada pelo próprio constituinte entre o direito de propriedade e o interesse público consubstanciado na função social da propriedade. À evidência, se determinado município, em atenção ao comando constitucional, editar lei exatamente nesse sentido, o proprietário de terreno subutilizado ou não edificado afetado pela regulação não poderá alegar o caráter expropriatório da mesma, tendo em vista a solução constitucional pré-concebida.

A utilização do conjunto de normativos prévios à regulação para verificar o grau de previsibilidade da regulação gera ainda uma perplexidade. Em primeiro lugar, conforme alerta Lynda J. Oswald, "se admitirmos a premissa de que uma norma prévia coloca o proprietário de 'sobreaviso' quanto à possibilidade do advento de regulações mais restritivas, nos encontramos diante de um *reductio ad absurdum*".[649] Além disso, o parâmetro poderia acabar aniquilando a doutrina das regulações expropriatórias, pois, nas palavras de David Hymas "(...) é difícil de imaginar quando [uma regulação] seria considerada expropriatória [sob a aplicação do critério da regulação prévia], já que nenhuma medida regulatória realmente surge tão repentinamente".[650] É preciso, assim, analisar em que medida o ambiente regulatório prévio pode

---

[649] No original, em inglês: "(...) *if we accept the premise that enactment o fone piece of legislation puts a property owner 'on notice' that more restrictive regulations might be enacted in the future as well, we find ourselves faced with a reduction ad absurdum*" (OSWALD, Lynda J. *Cornering the quark*: investment-backed expectations, economically viable uses, and harm/benefit in taking analysis. p. 16). Traduzido livremente.

[650] No original, em inglês: "*It is difficult to imagine when a permitting denial would ever lead to a regulatory taking since no regulation ever really comes out of the blue*" (HYMAS, David, *When Good Is Bad: Good v. United States and Reasonable Investment Backed Expectations*, 28 Ecology L.Q. (2001). Disponível em: http://scholarship.law.berkeley.edu/elq/vol28/iss2/10. Acesso em: 29 ago. 2016). Traduzido livremente.

depor contra reivindicações expropriatórias cunhadas na proteção da confiança legítima.

Sobre o tema, é paradigmático o caso *Good v. United States*,[651] julgado pela Corte de Apelação do Circuito Federal dos Estados Unidos em 1999. O requerente, Good – proprietário de terras no arquipélago de *Florida Keys*, adquiridas em 1973 – havia conseguido uma permissão inicial da Corporação de Engenheiros do Exército para construir um empreendimento em sua propriedade, sujeita, porém, à confirmação por outros órgãos estatais. Após um longo e conturbado processo administrativo, o pedido do proprietário foi finalmente negado, com fundamento nos potenciais impactos ambientais do empreendimento.[652] Em linhas sumárias, o Poder Público deixou claro que novas normas ambientais incidentes sobre as terras de Good impediriam a realização de qualquer construção no local.

O principal argumento utilizado por Good para embasar a ação judicial proposta era o de que todas as justificativas utilizadas pelo ente estatal para negar o seu requerimento eram embasadas em regulações ambientais editadas após a compra da propriedade. E, assim, à época da aquisição, ele não teria como prever a recusa estatal baseado em tais atos regulatórios. A Corte, embora tenha admitido que "a posição do apelante não [era] de todo desarrazoada", entendeu que o "ambiente regulatório" preexistente à compra da propriedade indicaria que "o proprietário não poderia ter tido a expectativa razoável de obter a permissão para construir em 10 acres de terras alagadiças".[653]

O "ambiente regulatório" a que a Corte fez referência seria formado por regulações prévias à data de compra da propriedade que denotariam "a crescente preocupação pública sobre questões ambientais".[654] Assim, ao comprar terras predominantemente alagadiças, usualmente protegidas por regras ambientais, o proprietário assumira o risco de prejuízo financeiro, não podendo sustentar que a aquisição

---

[651] *Good v. United States*. 189 F.3d 1355 (Fed. Cir. 1999). cert. denied, 529 U.S. 1053 (2000).

[652] Para um exame detalhado das circunstâncias fáticas e jurídicas do caso, v. HYMAS, David. *When Good Is Bad: Good v. United States and Reasonable Investment Backed Expectations*, 28 Ecology L.Q. (2001). Disponível em: http://scholarship.law.berkeley.edu/elq/vol28/iss2/10. Acesso em: 29 ago. 2016.

[653] *Id. at 1361-62*.

[654] No original, em inglês: "*The rising public concern over environmental matters*" (*Id at. 1363*). Traduzido livremente.

teria sido feita "em conformidade com a não existência da regulação contestada".[655] Com efeito, parece plausível sustentar que, em setores fortemente regulados, o aumento do rigor regulatório tende a não representar surpresa aos agentes regulados. Esse critério, enfatizado em alguns precedentes da jurisprudência norte-americana, contudo, não pode levar à conclusão de que os titulares de propriedades (inclusive atividades econômicas) sujeitas à intensa regulação nunca poderão se dizer surpresos diante de uma restrição regulatória, independentemente do grau da limitação. Ao contrário, é evidente que a nova restrição regulatória, em comparação com a intensidade das limitações prévias ao direito de propriedade, pode frustrar as expectativas legítimas dos regulados. Assim, por exemplo, em *Good*, o proprietário, ao comprar as terras alagadiças, poderia supor que enfrentaria resistência dos órgãos estatais para construir um *resort* ou empreendimento semelhante. Contudo, seria possível antever a edição de regulações ambientais que implicariam o banimento total de seu direito de construir?

Outro aspecto do caso merece destaque. Não é possível identificar nos fundamentos do acórdão proferido em *Good* qualquer menção a regulações prévias à aquisição da venda que pudessem ter colocado o proprietário de "sobreaviso" quanto à possibilidade de robustecimento futuro das restrições ambientais. Ao contrário, a Corte se ateve a invocar a "preocupação geral do público" com a proteção ao meio ambiente e "a consciência e sensibilidade crescente em direção a questões ambientais".[656] Nessa linha, o risco de expropriação passa a depender das exigências da sociedade, o que, sem dúvida, intensifica a incerteza já existente em relação aos limites das regulações expropriatórias. Isso porque, nos dias atuais, a pluralidade de demandas sociais dificulta a identificação das preocupações da sociedade que podem futuramente fundamentar regulações restritivas à propriedade, e essa incerteza torna tormentosa, senão impossível, a tarefa de prever e precificar os riscos expropriatórios.

Nesse sentido, David Hymas observa que o que se extrai do precedente firmado é que:

> Uma vez que um assunto/campo é considerado regulado, não só reclamantes precisam estar atentos à regulação dentro do campo/

---

[655] No original, em inglês: "*In reliance on the nonexistence of the challenged regulation*" (*Id.* at 136) (citando *Creppel v. United States*, 41 F.3d 627, 632 (Fed. Cir. 1994)). Traduzido livremente.
[656] *Good v. United States.* 189 F.3d 1355 (Fed. Cir. 1999). cert. denied, 529 U.S. 1053 (2000).

assunto e suas potenciais mudanças, mas também à possibilidade de que influências públicas externas podem imputar a eles o conhecimento de regulações futuras. Isso permanece verdadeiro mesmo que eles possam já ter feito seus investimentos e contabilizar novas informações em preços não seja mais possível. Dentro deste quadro, parece improvável que um reclamante jamais tivesse um real caso de expropriação regulatória. Proprietários terão de antecipar futuras regulações provenientes de vários ângulos.[657]

Portanto, não podem ser aceitas para rechaçar a expropriação regulatória afirmações genéricas em relação à *crescente preocupação social*, tendo em vista que tal argumento gera os mesmos riscos associados a invocações abstratas e obscuras de primazia do interesse público sobre o direito do proprietário. É preciso haver, ao contrário, fatores objetivos que indiquem a presumida consciência do proprietário quanto aos riscos expropriatórios assumidos.

Por exemplo, o mercado de cigarros sofre forte restrição por diversos ângulos – política de preços mínimos, tributação extrafiscal e regulação de informação. Sem dúvida, todo esse conjunto de restrições denota a estratégia do Estado de combate ao consumo do produto, que oferece riscos à saúde das pessoas. Considerando esse arcabouço regulatório, é razoável entender que os empresários do setor podem esperar o advento de novas restrições de grau semelhante àquelas já existentes. Contudo, um desvio abrupto nessa *onda regulatória* – como, por exemplo, o completo banimento da comercialização do produto ou medida equivalente – causaria inquestionável sobressalto ao setor.

Além disso, a ideia de que regulações progressivamente restritivas são capazes de advertir os proprietários em relação a restrições futuras pode acabar incentivando comportamentos estatais estratégicos e nefastos. Sob esse ângulo, o Estado poderia restringir a propriedade gradativamente, mediante a edição, em um primeiro momento, de ato dotado de baixo teor restritivo que abriria espaço, porém, para a edição futura de regulação drástica.

---

[657] No original, em inglês: *"[o]nce a field is considered regulated, not only must claimants be aware of regulation within the field and its potential changes, but also the possibility that external public influences could impute to them knowledge of future regulation. This remains true even though they may have already made their investment and factoring new information into the price is no longer possible. Within this framework, it seems unlikely that a claimant would ever have a realistic regulatory takings case. Landowners will have to anticipate future regulations coming from a number of angles"* (HYMAS, David. When Good Is Bad: Good v. United States and Reasonable Investment Backed Expectations, 28 Ecology L.Q. (2001), p. 451. Disponível em: http://scholarship.law.berkeley.edu/elq/vol28/iss2/10. Acesso em: 29 ago. 2016). Traduzido livremente.

Um exemplo condizente à realidade brasileira seria a legalização e posterior criminalização dos jogos de azar. Atualmente, tramita na Câmara dos Deputados o chamado *Marco Regulatório dos Jogos no Brasil*, que reúne 14 projetos de lei (Projeto de Lei nº 4.42/91 e apensados) que legalizam, em todo o território nacional, uma variedade de jogos de azar hoje proibidos – bingos, cassinos, jogo do bicho, jogos pela internet e caça-níqueis.[658] Imagine-se, então, que a referida regulação é aprovada, acompanhada de uma política fiscal de fomento ao exercício de tal atividade empresarial em todo o país. No entanto, suponha-se que, passados alguns anos, o legislador, cedendo à pressão exercida por camadas mais conservadoras da população, decida novamente proibir os jogos de azar no Brasil. Contudo, com receio de ser obrigado a enfrentar uma enxurrada de ações indenizatórias propostas pelas empresas do setor, o Poder Público resolve efetivar a proibição em *doses homeopáticas*.

Assim, em um primeiro momento, revogam-se os incentivos fiscais anteriormente concedidos. Passados mais alguns anos, altera-se o marco regulatório para tornar mais rígidos os condicionantes ao exercício da atividade privada. O setor, embora descontente com as medidas, resigna-se diante do remanescente potencial lucrativo da atividade. Porém, após algum tempo, outra regulação é editada, dessa vez impondo aos agentes econômicos do setor a obrigação de proibir a entrada nos estabelecimentos de *jogadores patológicos*. O fundamento valorativo da referida lei seria a dignidade humana como valor comunitário, eis que visaria à proteção do próprio indivíduo contra atos autorreferentes.[659] De certa forma, a referida regulação colocaria os agentes econômicos *on notice* em relação a possíveis regulações futuras mais restritivas calcadas na mesma base axiológica. Finalmente, depois de *preparar o terreno*, o Congresso, sob o argumento de que as empresas não teriam sido capazes de combater o problema do vício no jogo, decide criminalizar novamente os jogos de azar em todo o país.

Ressalvadas as possíveis alegações quanto à inconstitucionalidade dos fundamentos da tipificação da exploração dos jogos de azar[660] – que,

---

[658] Para mais informações, acesse: http://www2.camara.leg.br/atividade-legislativa/comissoes/comissoes-temporarias/especiais/55a-legislatura/pl-0442-91-marco-regulatorio-dos-jogos-no-brasil. Cumpre ressaltar que tramita no Senado projeto semelhante, porém mais restritivo (PLS nº 186/2016). Confira em: https://www25.senado.leg.br/web/atividade/materias/-/materia/117805.

[659] BARROSO, Luís Roberto. *A dignidade da pessoa humana no direito constitucional contemporâneo*: natureza jurídica, conteúdos mínimos e critérios de aplicação. Belo Horizonte: Fórum, 2012.

[660] Sobre o tema, cf. HENRIQUE, Juliana Mancini. A proibição de jogos de azar e cassinos no Brasil é compatível com o Estado Democrático de Direito?. *Migalhas*, 2008. Disponível em:

por certo, poderiam tornar inválida a proibição em si –, não se pode entender, no caso, que atuação regulatória progressiva do Estado bastaria para afastar as reivindicações expropriatórias dos empresários prejudicados pela proibição.[661] Se, primeiramente, o Poder Público sinaliza que a exploração dos jogos de azar vai ao encontro de objetivos legítimos do Estado (geração de empregos, arrecadação de impostos, crescimento do turismo, etc.), incentivando os particulares a investir no setor, não pode, depois, decidir proibir a atividade sem, ao menos, formular soluções compensatórias prévias que eliminem ou reduzam os prejuízos dos investidores. E tal conclusão não é alterada se a nova política estatal for paulatinamente implementada.

Talvez o fator que faça pender a balança para a expropriação no caso acima descrito seja a abertura do tema (criminalização dos jogos de azar) ao espaço decisório democrático. Com efeito, em relação a uma variedade de questões moralmente controvertidas, o legislador tem liberdade de conformação. É dizer: a regulação pode resultar de opção política, que, não obstante legítima, não seja constitucionalmente imposta. Nessas hipóteses, parece adequado entender que, se a escolha legislativa levar os agentes econômicos a investirem em determinadas atividades econômicas, o governo não poderá, de forma leviana, *mudar de ideia* sem que os prejuízos dos particulares sejam devidamente compensados. Afinal, os agentes econômicos não podem ficar à mercê das oscilações político-regulatórias.

A mesma conclusão resultaria de mudanças em relação ao modelo de intervenção estatal adotado na economia. A esse respeito, oportuno expor o entendimento de Claudio Pereira de Souza Neto e José Vicente Santos de Mendonça, no sentido de que a pluralidade de sentidos decorrentes dos termos abertos utilizados no capítulo da ordem econômica da Constituição evidenciaria a opção constitucional

---

http://www.migalhas.com.br/dePeso/16,MI56762,21048-A+proibicao+de+jogos+de+azar+e+cassinos+no+brasil+e+compativel+com+o. Acesso em: 29 ago. 2016.

[661] A proibição de jogos de azar foi instituída no governo de Eurico Gaspar Dutra através do Decreto-Lei nº 9.215/46. À época, existiam cerca de setenta cassinos no país e 40.000 trabalhadores na indústria de jogos. A proibição teve um forte efeito econômico em cidades que viviam principalmente do turismo ligado aos jogos, como Petrópolis, Poços de Caldas, Lambari, entre outras. Um dos maiores prejudicados com a proibição do jogo no Brasil foi o empresário Joaquim Rolla, que tinha um acordo firmado com o presidente Getúlio Vargas segundo o qual o governo brasileiro assumiria todas as indenizações trabalhistas dos cassinos que fossem eventualmente fechados pela proibição do jogo no Brasil, acordo este que não foi cumprido (MÁXIMO, João. A incrível história do homem que ganhou o Cassino da Urca no jogo. O Globo, 02 mar. 2012. Disponível em: http://oglobo.globo.com/cultura/a-incrivel-historia-do-homem-que-ganhou-cassino-da-urca-no-jogo-4119789. Acesso em: 29 ago. 2016).

de atribuir a escolha quanto à modalidade de intervenção estatal na economia ao processo político-decisório.[662] Assim, por exemplo, o Estado pode decidir retirar ou eliminar o controle governamental sobre determinando mercado a fim de fomentar a competição – por exemplo, eliminando barreiras de entrada anteriormente impostas. Contudo, se as *políticas desregulatórias* reduzirem excessivamente o valor da propriedade e se for possível identificar nas restrições regulatórias prévias uma base objetiva de confiabilidade e estímulo a investimentos afundados (*sunk costs*), o setor desregulado poderá alegar a ocorrência de desregulação expropriatória.

Pois bem. Se, por um lado, a mudança regulatória em relação a temas abertos ao espaço de conformação regulatória pode dar azo a pretensões expropriadoras, por outro, as regulações que apenas concretizem aquilo que já é constitucionalmente exigível tenderão a não receber a qualificação expropriatória. Aqui, parece pertinente a utilização do conceito de *consenso sobreposto* (*overlapping consensus*), formulado por John Rawls. Em linhas sumárias, tal noção corresponderia a um consenso mínimo possível de ser alcançado por doutrinas divergentes razoáveis, derivado do exercício da racionalidade humana em um ambiente livre e democrático.[663]

Assim, se a restrição ao direito de propriedade puder ser associada a essa pauta mínima de valores (morais e econômicos), refletindo tão somente aquilo que já é constitucionalmente exigível, será difícil sustentar a imprevisibilidade da norma e, por conseguinte, a necessidade de proteção da confiança como justificativa para o reconhecimento do conteúdo expropriatório da norma. Retomando o exemplo do medicamento fitoterápico,[664] poder-se-ia argumentar que o governo, diante do caráter indiscutivelmente letal da erva, não teria espaço para qualquer outra escolha senão a proibição do medicamento, sendo a regulação fruto de imposição constitucional decorrente do direito à vida e à saúde. Assim, há de se entender que o investidor, ao comercializar o medicamento sem realizar testes prévios de segurança, teria assumido o risco de, futuramente, ter a sua atividade econômica banida pela

---

[662] SOUZA NETO, Cláudio Pereira; MENDONÇA, Jose Vicente Santos de. Fundamentalização e Fundamentalismo na Interpretação do princípio constitucional da livre iniciativa. *In*: SOUZA NETO, Claudio Pereira de; SARMENTO, Daniel (Orgs.). *A constitucionalização do direito*: fundamentos teóricos e aplicações específicas. Rio de Janeiro: Lumen Juris, 2006. p. 720-737.

[663] RAWLS, John. *O liberalismo político*. Tradução de Álvaro de Vita. São Paulo: Martins Fontes, 2001. p. 157-203.

[664] Vide item 3.2.2.2.

legislação. Portanto, salvo na hipótese em que o próprio Poder Público houvesse fomentado a venda da droga, não há que se falar em confiança digna de proteção.

Nessa linha, Gustavo Binenbojm defende que o banimento do uso de "drogas cujos efeitos nocivos à saúde sejam devastadores, imediatos e virtualmente irreversíveis"[665] – como o medicamento fitoterápico do exemplo – é a única medida estatal apta à proteção da saúde individual,[666] ainda que seus efeitos se restrinjam ao próprio usuário. Diferente, porém, seria o caso de legalização do uso de drogas cujos efeitos nocivos à saúde não sejam tão severos quanto aqueles decorrentes do medicamento fitoterápico do exemplo anterior. Por exemplo, no Brasil, muito se discute a respeito da legalização do comércio da maconha. Embora o STF venha sinalizando que a criminalização do *uso* e do *cultivo para consumo pessoal* não seja medida apropriada para as drogas de menor potencial nocivo,[667] existe um *desacordo razoável* quanto à legalização do comércio da maconha. Portanto, se o Congresso decidisse legalizar a venda da maconha, com fundamento em estudos empíricos,[668] mas, anos depois, também com base em argumentos racionais, voltasse a criminalizar o comércio da droga, os pleitos expropriatórios dos investidores poderiam encontram apoio no parâmetro da proteção da confiança legítima.

---

[665] BINENBOJM, Gustavo. *Poder de Polícia, ordenação, regulação*: transformações político-jurídicas, econômicas e institucionais do direito administrativo ordenador. Belo Horizonte: Fórum, 2016. p. 214-215.

[666] Em entrevista concedida pelo min. Luis Roberto Barroso à BBC Brasil, ele igualmente disse crer que "(...) uma pessoa pode fumar maconha e viver feliz e produtivamente a sua vida, e aparentemente isso é impossível de acontecer com alguém viciado em crack. Por esta razão, eu acho que uma coisa não é rigorosamente igual à outra e, portanto, elas precisam ser estudadas separadamente". Disponível em: http://www.stf.jus.br/portal/cms/verNoticiaDetalhe.asp?idConteudo=299756. Acesso em: 29 ago. 2016.

[667] O art. 28 da Lei nº 11.343/06 tipifica as condutas de adquirir, guardar, ter em depósito, transportar ou trazer consigo, para consumo pessoal, drogas sem autorização ou em desacordo com determinação legal ou regulamentar (*caput*) e de semear, cultivar ou colher, para seu consumo pessoal, plantas destinadas à preparação de pequena quantidade de substância ou produto capaz de causar dependência física ou psíquica (§1º). No RE nº 635.659, o STF discute a inconstitucionalidade do referido normativo. Até o momento, são três votos, cujo ponto comum é o reconhecimento da inconstitucionalidade do dispositivo em relação à maconha. O julgamento foi, porém, interrompido por pedido de vista do ministro Teori Zavascki.

[668] Recentemente, a Consultoria Legislativa da Câmara dos Deputados divulgou estudo que apontou que, fosse legalizada no Brasil, a maconha movimentaria seis bilhões de reais por ano. *Revista Exame*. Disponível em: http://revistagalileu.globo.com/Sociedade/noticia/2016/06/brasil-arrecadaria-mais-de-r-5-bi-por-ano-com-legalizacao-da-maconha.html. Acesso em: 29 ago. 2016.

As considerações feitas neste item buscaram demonstram que há variados ângulos para a análise da legitimidade da confiança depositada pelos indivíduos na preservação de seus interesses de propriedade. Tal análise é indispensável na aferição do caráter expropriador da norma, uma vez que a quebra de expectativas razoáveis, além de provocar graves danos à economia, produz um efeito desmoralizador nos indivíduos, que não prescindem da propriedade para desenvolver seus projetos de vida.

3.3 Parâmetros materiais de identificação: uma proposta

Como se viu, a Suprema Corte dos Estados Unidos se vale ora do método categórico, ora do método *ad hoc* para equacionar as demandas sobre as regulações expropriatórias.

A avaliação categórica tem o mérito de imprimir clareza e previsibilidade em relação à forma de julgamento dos casos de regulação expropriatória. Assim, sua maior vantagem é promover a segurança e estabilidade que a matéria demanda.[669] Ressalte-se, porém, que a expansão gradativa da avaliação categórica como método de julgamento dos casos de regulações expropriatórias[670] não se deve apenas à consciência dos juízes a respeito dos riscos relacionados a um ambiente jurisprudencial de incerteza. Há ainda dois outros fatores relevantes: a uma, a avaliação categórica é uma metodologia de julgamento cuja utilização é naturalmente crescente, já que a acumulação de paradigmas aumenta a probabilidade do caso *sob judice* se ajustar a alguma regra categórica pré-concebida; a duas, a utilização da regra categórica confere rapidez aos julgamentos, pois reduz drasticamente a quantidade de informações a serem consideradas pela corte.[671]

---

[669] Como aduz Susan Rose-Ackerman: "O que a matéria das regulações expropriatórias precisa é de uma boa dose de formalização" (traduzido livremente). No original, em inglês: "(...) [w]hat takings law need is a good dose of formalization" (ROSE-ACKERMAN, Susan. Regulatory Takings: Policy Analysis and Democratic Principles. *In*: *Taking Property and Just Compensations*: Law and Economics Perspectives of the Takings Issue edited by Nicolas Mercuro. Kluwer Academic Publishers. Boston/Dordret/London 1992, p. 25). Oportuna, porém a ressalva de David A. Dana: "*[o]f course, categorical rules only reduce uncertainty if they are coheren/ coherent and predictable in their application*" (DANA, David A.; MERRILL, Thomas W. *Property Takings*. New York: Foundation Press, 2002. p. 92). O trecho correspondente na tradução é: "Claro, regras categóricas só reduzem a incerteza se elas são coerentes e previsíveis em sua aplicação".

[670] DANA, David A.; MERRILL, Thomas W. *Property Takings*. New York: Foundation Press, 2002. p. 88.

[671] Ibid., p. 88.

Em que pese a importância dos valores promovidos pelo método categórico – segurança e celeridade –, é imperioso preservar a correção das soluções concebidas para os casos de regulações expropriatórias. É dizer: o julgador não pode atropelar a justiça de suas decisões para atender às demandas de segurança e de celeridade. O risco da avaliação categórica é, nesse sentido, impor um método de julgamento apressado, que se atenha apenas a algumas circunstâncias do caso concreto, quando a justeza da solução da questão expropriatória pressupõe a análise ampla e atenta de todo o arcabouço fático do caso concreto.

David A. Dana e Thomas W. Merrill, com fulcro na premissa de que não seria possível prever categorias imperativas capazes de oferecer soluções seguras para todos os casos de regulações expropriatórias, mas atentos também aos riscos gerados pela imprevisibilidade método *ad hoc*, propõem a chamada *inquirição bifurcada*.[672] A metodologia reúne ambas as técnicas de julgamento, priorizando, na primeira etapa de julgamento, a aplicação de regras categóricas. Assim, se for possível enquadrar as circunstâncias fáticas nas molduras produzidas pelas regras categóricas, tem-se por solucionado o caso. Se, ao contrário, os fatos analisados permanecerem em uma zona nebulosa – isto é, se não puderem ser trazidos ao campo de nenhuma categoria pré-concebida –, estará formado o espaço propício à aplicação do método *ad hoc*.

O esforço conciliatório empreendido pelos autores na concepção do método bifurcado é, sem dúvida, admirável. No entanto, mais adequado parece pensar em uma solução que passe pela formulação de parâmetros objetivos, que componham, porém, uma fórmula flexível, capaz de confrontar-se com todas as peculiaridades fáticas do caso concreto. Para tanto, porém, ambos os métodos referidos fornecem elementos úteis – afinal, como lembra Steven E. Eagle, "os diferentes testes [de expropriabilidade regulatória] têm como ponto comum o escopo de identificar quando as ações regulatórias correspondem a uma desapropriação".[673]

Nessa linha, são propostos, a seguir, parâmetros materiais de identificação do conteúdo expropriatório da regulação, concebidos com base na análise crítica realizada neste capítulo. Tais critérios devem

---

[672] DANA, David A.; MERRILL, Thomas W. *Property Takings*. New York: Foundation Press, 2002. p. 87.

[673] EAGLE, Steven, E. *The four-factor Penn Central Regulatory taking test*. Disponível em: http://www.pennstatelawreview.org/118/3/3%20-%20Eagle%20(final)%20(PS%20version).pdf. Acesso em: 18 ago. 2016. No original, em inglês: "*Recently, the Supreme Court stated that the 'common touchstone' of its regulatory takings tests is that they 'aim to identify regulatory actions that are functionally equivalent' to a government appropriation and ouster*". Traduzido livremente.

orientar e dotar de racionalidade a atividade regulatória e judicial de busca de traços expropriatórios do projeto regulador e da regulação, respectivamente.

(i) Transferência patrimonial ou ocupação física
　　Talvez o traço expropriatório mais evidente da regulação seja a imposição de transferência patrimonial (para o domínio público ou para terceiros) ou a ocupação física permanente. Conforme visto, a incidência de tal critério enseja um sacrifício ao direito de propriedade qualitativamente grave. Não obstante, não poderão ser ignoradas considerações quantitativas acerca dos impactos da medida, uma vez que a ausência de prejuízo importará o afastamento do parâmetro. Assim, ainda que diante de uma inequívoca transferência patrimonial, o intérprete também deverá analisar os efeitos regulatórios sobre a propriedade sob o enfoque quantitativo.

　　É preciso atenção quanto a um aspecto da incidência do critério em questão. Se, por um lado, tal parâmetro serve perfeitamente à identificação de regulações com conteúdo expropriador, por outro, não pode ser invocado para afastar, de modo apriorístico, a caracterização expropriatória do normativo. Explica-se. Não se pode entender que só existe expropriação diante da transferência patrimonial ou da perda da posse exclusiva sobre o bem. Entendido dessa forma, o critério seria um verdadeiro desastre.[674] Como explica Carlos Ari Sundfeld, compreendido sob esse ângulo, o parâmetro "desconhece a circunstância de a expropriação nem sempre atingir bens corpóreos (...) e de nem sempre gerar aquisição de direitos pelo expropriante".[675]

　　Assim, afastadas as circunstâncias que engatilham a aplicação do parâmetro em análise, não poderá o intérprete concluir, apressadamente, pelo afastamento do caráter expropriatório do ato. Ao revés, ele deverá confrontar as peculiaridades do caso com os demais parâmetros de expropriabilidade.

(ii) Intensidade do impacto regulatório sobre a propriedade
　　Um dos aspectos elementares a serem considerados pelo intérprete ao analisar o potencial expropriatório da regulação é a gravidade do impacto regulatório sobre a propriedade. O principal método utilizado para medir a intensidade dos efeitos expropriatórios da regulação é o

---

[674] SUNDFELD, Carlos Ari. Condicionamentos e Sacrifícios de Direitos – Distinções. *Revista Trimestral de Direito Público*, v. 4, p. 80.
[675] Ibid., p. 80.

método comparativo de valor de mercado (with and withour approach). Em relação às propriedades voltadas à geração de riqueza, em especial as atividades empresariais, a comparação de valor de mercado deve ser conjugada com os seguintes critérios de mensuração de prejuízos: (ii) *existência e valor dos "custos afundados"*; (iii) *perda de lucratividade*; (iv) *possibilidade de absorção das imposições regulatórias pela atividade empresarial*; e (v) *taxa de retorno dos investimentos*.

Essa aferição quantitativa, porém, não pode se desprender de avaliações concretas quanto à funcionalidade do bem e às expectativas legítimas do titular, especialmente quando a propriedade se apresentar como instrumento de concretização de outros valores que não a mera geração de riqueza. Esses dois aspectos, integrantes da própria concepção de propriedade, podem proporcionar alterações significativas na intensidade dos efeitos expropriatórios da regulação.

O ideal é que a mensuração do impacto regulatório seja realizada por diferentes métodos e perspectivas, de modo a reforçar a certeza quanto à magnitude dos prejuízos sofridos pelo proprietário. Não é possível, contudo, fixar um percentual apriorístico a partir do qual a regulação será expropriatória. Tal medida seria irrealista e, por certo, geraria graves distorções e injustiças.

Mais importante que estabelecer um limite fixo de expropriabilidade é apresentar uma solução segura para o chamado *problema do denominador*. Assim, para identificar a *parcela relevante*, sugerem-se os seguintes critérios: (i) *viabilidade prática ou econômica independente*; e (ii) *tratamento como unidade autônoma*. Sem que se identifiquem adequadamente os limites da unidade da propriedade, a análise da intensidade do impacto regulatório poderá ser completamente distorcida, implicando, a depender do caso, *aglomeração* ou *rompimento conceitual* inadequado da propriedade.

A avaliação do impacto regulatório deve considerar, ainda, eventuais vantagens recíprocas previstas pela medida aptas a reduzir ou afastar os efeitos expropriatórios da regulação. No entanto, dada sua aptidão de afastar por completo o caráter expropriatório da regulação, mais adequado parece destacá-lo como parâmetro autônomo de expropriabilidade.

(iii) Vantagens recíprocas proporcionais

A avaliação da existência de vantagens recíprocas proporcionais decorrentes da regulação há de ser realizada com muita cautela, especialmente para que se afastem argumentos no sentido de que eventuais efeitos expropriatórios poderiam ser neutralizados pelos benefícios genéricos da atividade regulatória para a sociedade. O risco, aqui, é o mesmo gerado pela ideia nebulosa de propósito público: pôr fim à teoria das regulações expropriatórias, legitimando, em prol de um interesse coletivo fluido, uma gama de normativos manifestamente expropriadores.

Há de se estar diante de genuínos e inequívocos benefícios para os proprietários atingidos negativamente pela regulação. Nessa linha, serão aptas a demover o caráter expropriatório da norma as vantagens proporcionais (i) *expressas*, conferidas pelo regulador no processo de concepção da medida regulatória (benefícios fiscais, outorga de direitos sobre bens públicos, concessão de certificados de potencial adicional construtivo, indenizações em pecúnia pagas *ex ante*, entre outras medidas similares), e (ii) *implícitas*, porém manifestas e quantificáveis, como a supervalorização da parcela não sujeita à regulação, aumento de lucratividade de setor da atividade empresarial não atingido pela medida, etc.

(iv) As expectativas legítimas do proprietário

O exame de expropriabilidade deve considerar, como um parâmetro relevante, além dos já referidos, as expectativas legítimas do proprietário em relação ao bem sujeito à regulação. A proteção de tais expectativas, à luz da concepção de propriedade como uma rede de interesses, é essencial não só ao funcionamento adequado da economia, mas também, a depender do caso, à preservação de valores substantivos e, até mesmo, existenciais.

A confiança digna de atrair o regime expropriatório é aquela fundada em uma base objetiva. Nessa linha, o caráter repentino e imprevisível da alteração regulatória sugeriria a expropriação normativa. Para aferir esse grau de imprevisibilidade da medida, pode-se considerar: (i) em uma zona de certeza positiva do critério, os comportamentos estatais que possam ter despertado no proprietário a expectativa na manutenção do regime regulatório anterior; (ii) em uma zona de certeza negativa do critério, os casos de aquisição do bem posteriores à mudança regulatória, com o devido desconto dos prejuízos dela decorrentes.

A publicidade dada ao projeto regulatório também pode ser importante indicativo do conhecimento prévio do proprietário quanto à mudança normativa. Contudo, o elemento econômico se revela mais seguro para equacionar a questão. Assim, na hipótese de realização de investimentos ou aquisição da propriedade no curso de debates públicos, é possível, futuramente, verificar se houve ou não precificação do risco regulatório.

Em relação à previsibilidade decorrente de normas preexistentes, não se pode entender que princípios constitucionalmente previstos possam deixar os indivíduos *avisados* quanto a possíveis restrições drásticas ao direito de propriedade, justamente pelo grau de abstração que ostentam. Se, porém, a Constituição contiver regra expressa, fruto de ponderação realizada pelo próprio constituinte, o proprietário não poderá alegar surpresa diante da mudança regulatória.

Também há de se ter cuidado na verificação da legitimidade das expectativas com base nas regulações infraconstitucionais preexistentes. Cumpre examinar o ambiente regulatório prévio incidente sobre a propriedade ou setor econômico em questão para que se possa, a partir de uma análise comparativa, verificar em que medida o proprietário poderia prever e se resguardar em relação às alterações normativas. Ainda que as restrições regulatórias sejam feitas progressivamente, eventual desvio abrupto da onda regulatória, que culmine em medida drástica para o proprietário, poderá impor o regime expropriatório em proteção às expectativas do proprietário.

O grau de previsibilidade da regulação também pode ser aferido com base no conceito de *consenso sobreposto*. Se a medida puder ser associada a uma pauta mínima de valores, correspondente a um consenso mínimo possível entre doutrinas divergentes razoáveis, a expropriabilidade poderá ser afastada, desde que reste evidenciado que a norma apenas reflita aquilo que já seja constitucionalmente exigível.

CONCLUSÃO

A teoria das regulações expropriatórias revela o necessário equilíbrio entre o interesse privado e o interesse coletivo, uma vez que rejeita o poder ilimitado do Estado de restringir gratuitamente os bens dos indivíduos e, ao mesmo tempo, a incidência do regime da desapropriação a todas as situações normativas que impactem sobre a propriedade. Prefere-se, assim, o caminho do meio, capaz de promover a harmonia entre os interesses constitucionalmente consagrados.

Nessa linha, o presente trabalhou se apoiou na premissa de que a Constituição, ao se valer, no art. 5°, inciso XXIV, do termo "desapropriar", atraiu para o seu âmbito de incidência todos os sacrifícios ao direito de propriedade. Foi justamente a partir dessa concepção ampla do fenômeno da desapropriação que a teoria das regulações expropriatórias foi analisada. Não se pode afastar, assim, o regime expropriatório, concebido como garantia do direito de propriedade, com base em distinções quanto à via expropriatória. Na perspectiva do proprietário, pouco importa se a expropriação gerou ou não a aquisição da propriedade pelo Estado. Essa distinção é difícil de engolir se você é a vítima de uma expropriação normativa.[676]

Toda expropriação tem como elemento central a privação da propriedade. À luz do ordenamento jurídico constitucional brasileiro, esse instituto revela-se direito fundamental e princípio fundante da ordem econômica. Tendo isso em vista, a análise econômica do direito e o exame dos contornos do direito de propriedade passam a ser indispensáveis à compreensão da teoria das regulações expropriatórias.

---

[676] CALANDRILLO, Steve P. Eminent Domain Economics – Should 'Just Compensation' Be Abolished, and Would "Takings Insurance" Work Instead?. *64 Ohio State Law Journal*, 2003, p. 455.

Sob a ótica econômica, uma teoria adequada das regulações expropriatórias assegura a estabilidade necessária à realização de investimentos, alavancando a economia como um todo. Além disso, estimula a eficiência das decisões privadas e estatais, evitando distorções quanto às escolhas dos proprietários e à edição de regulações manifestamente violadoras da economicidade. Por outro lado, as consequências econômicas da chamada *regra compensatória zero* são passíveis de mitigação. O *perigo moral* pode ser atenuado a partir de sistemas compensatórios projetados para limitar o excesso de confiança quanto à indenização. Já os custos operacionais tributários e administrativos necessários à operação do sistema compensatório podem ser reduzidos por meio de medidas como a concentração de estruturas administrativas, aperfeiçoamento dos sistemas de gestão, etc.

Compreendido como uma complexa *rede de interesses*, o direito de propriedade também possui força valorativa suficiente para sustentar a teoria das regulações expropriatórias. Assim, o exame de expropriabilidade da regulação deve se voltar às características próprias do bem, bem como às múltiplas relações jurídico-sociais que se formam em sua direção. A partir dessa visão, várias concepções de propriedade emergem, destacando-se as seguintes: *natural, social, personalista* e *baseada nas expectativas de seu titular*.

Tem-se, assim, situada a teoria das regulações expropriatórias no ordenamento constitucional brasileiro. Nessa perspectiva, se a consequência mais evidente da aceitação da teoria das regulações expropriatórias é a imposição do regime da desapropriação aos atos normativos que *vão longe demais*, o regulador passa a ter o dever de observar todo o arcabouço de proteção ao expropriado estabelecido pela Constituição, inclusive o direito ao devido processo expropriatório prévio, por meio do qual possam ser concebidas soluções compensatórias justas aptas a neutralizar o caráter expropriador da proposta normativa.

Rejeitou-se, de plano, a aplicação subsidiária do Decreto-Lei n° 3.365/41. As razões para essa exclusão são tantas que sequer é possível cogitar dessa opção. Dentre elas, destacam-se a origem autoritária da lei, o desenho normativo voltado à aquisição da propriedade pelo Poder Público e o favorecimento da judicialização das desapropriações, deletéria em muitos aspectos. Conforme restou demonstrado, à luz do texto constitucional, a análise de impacto regulatório (AIR) se revela procedimento ideal para a concretização das regulações expropriatórias. A AIR oferece instrumentais adequados para promover importantes valores constitucionais, como a participação social, a transparência, a consensualidade e a eficiência.

Sem dúvida, os mecanismos de participação social, a coleta de informações e dados empíricos e o exercício ponderativo e racional empregado no curso da AIR contribuem para a identificação de conteúdos regulatórios expropriatórios. Porém, o regulador precisa ser capaz de valorar as informações e dados coletados, de modo que possa apartar as propostas regulatórias legítimas das desapropriatórias. Para tanto, é preciso enfrentar uma das questões mais complexas do direito contemporâneo.

A solução da *questão expropriatória* demanda a formulação de parâmetros materiais de identificação do conteúdo expropriatório das regulações. Com esse objetivo em vista, buscaram-se no direito norte-americano, campo fértil de desenvolvimento da teoria das regulações expropriatórias, as principais soluções concebidas para enfrentamento do problema. Na jurisprudência daquele país, foram identificados dois diferentes métodos de julgamento – a concepção de regras categóricas e a formulação de parâmetros casuísticos –, criados especificamente para a análise de cada caso concreto.

Após a análise crítica de cada uma das regras apriorísticas e parâmetros *ad hoc* identificados, foram propostos alguns parâmetros materiais de identificação, capazes de racionalizar e uniformizar tanto a atividade regulatória expropriadora quanto a atuação judicial nas demandas sobre o tema, quais sejam: (i) transferência patrimonial e ocupação física; (ii) intensidade do impacto econômico; (iii) vantagens recíprocas proporcionais; e (iv) expectativas legítimas do proprietário.

Esta dissertação não se pretende a última palavra sobre o assunto. O tema é complexo por demais para ser esgotado por um único autor. Assim, mais que um desfecho definitivo sobre a questão, o presente trabalho é um convite à reflexão; é um pequeno passo em direção à adequação das regulações expropriatórias ao ordenamento constitucional brasileiro.

REFERÊNCIAS

Doutrina

ACKERMAN, Bruce. *Private Property and The Constitution*. New Haven e Londres: Yale University Press, 1977.

ACOCELLA, Jéssica. *Uma releitura da desapropriação à luz da constituição de 1988 e suas principais repercussões sobre o regime jurídico vigente*. Rio de Janeiro: Dissertação de Mestrado em Direito Público, UERJ, 2013. Mimeografado.

AFUNG, Archon; WEIL, David; GRAHAM, Mary; FAGOTTO, Elena. *The political economy of transparency*: what makes disclosure policies effective. Ash Institute for Democratic Governance and Innovation, Kennedy School of Government. Harvard University, OPS-03-04, 2004. Disponível em: http://ash.harvard.edu/files/political_econ_transparency.pdf. Acesso em: 03 ago. 2016.

ALBUQUERQUE, Kélvia Frota de. *A retomada da reforma/melhora regulatória no Brasil*: um passo fundamental para o crescimento econômico sustentado. Disponível em: http://www.seae.fazenda.gov.br/central_documentos/documento_trabalho/2006-1?set_language=pt-br. Acesso em: 24 fev. 2010.

ALCANTARA, Christian Mendez. *Os Princípios Constitucionais da Eficiência e Eficácia da Administração Pública*: Estudo Comparativo Brasil e Espanha. Disponível em: http://www.abdconst.com.br/revista/revista1.pdf#page=238. Acesso em: 25 jul. 2016.

ALESSI, Louis de. Implications of Property Rights for government Investment Choices. *American Economic Review*, 1969.

ALEXANDER, Gregory S. Property as a Fundamental Constitutional Right?: The German Example. (2003). *Cornell Law Faculty Working Papers*. Paper 4. Disponível em: http://scholarship.law.cornell.edu/clsops_papers/4. Acesso em: 29 ago. 2016.

ALVES, Nardéli; PETRI, Luana Ramos Figueiredo; PETRI, Sergio Murilo. A proposta para simplificar as obrigações do contribuinte e as mudanças do sistema tributário vigente. *NAVUS – Revista de Gestão e Tecnologia*, 2012. Disponível em: http://navus.sc.senac.br/index.php/navus/article/view/41. Acesso em: 10 jun. 2016.

ARAGÃO, Alexandre Santos de. *Direito dos Serviços Públicos*. Rio de Janeiro: Forense, 2007.

ARAGÃO, Alexandre Santos de. Interpretação consequencialista e análise econômica do Direito Público à luz dos princípios constitucionais da eficiência e da economicidade. In: RAMALHO, Pedro Ivo Sebba (Org.). *Regulação e Agências Reguladoras*: governança e análise de impacto regulatório. Brasília: Anvisa, 2009. p. 29-52. Disponível em: http://www.anvisa.gov.br/divulga/public/Regulacao.pdf. Acesso em: 25 jul. 2016.

ARAGÃO, Alexandre Santos de. *O Princípio da Eficiência*. Disponível em: http://bibliotecadigital.fgv.br/ojs/index.php/rda/article/viewFile/44361/44784. Acesso em: 25 jul. 2016.

ARGUELHES, Diego Werneck; LEAL, Fernando. O argumento das "capacidades institucionais" entre a banalidade, a redundância e o absurdo. Disponível em: http://direitoestadosociedade.jur.puc-rio.br/media/01_Arguelhes_Leal.pdf. Acesso em: 09 maio 2016.

ARNOLD, Craig Anthony (Tony). The Reconstitution of Property: Property as a Web of Interests. *Harvard Environmental Law Review*, v. 26, n. 2, 2002. Disponível em: http://ssrn.com/abstract=1024244. Acesso em: 29 ago. 2016.

ARROW, K. *Essays in the theory of risk bearing*, 1971.

ATIENZA, Manuel. *Discutamos sobre paternalismo*. Doxa: Cuadernos de Filosofía del Derecho, n. 5, 1988.

BAKER, Tom. On the Genealogy of moral hazard. *Texas Law Review*, v. 75, 2, 1996.

BALDWIN, Robert. *Is better regulation smarter regulation?*. 2005, p. 3-9. Disponível em: http://antigo.enap.gov.br/index.php?option=com_docman&task=doc_view&gid=3239. Acesso em: 04 ago. 2016.

BAPTISTA, Patrícia. *A tutela da confiança legítima como limite ao exercício do poder normativo da Administração Pública*. A proteção das expectativas legítimas dos cidadãos como limite à retroatividade normativa. Disponível em: http://www.direitodoestado.com/revista/REDE-11-JULHO-2007-PATRICIA%20BATISTA.pdf. Acesso em: 29 ago. 2016.

BAPTISTA, Patrícia. *Consensualidade e justo preço nas desapropriações*: novos parâmetros à luz do Direito Administrativo Contemporâneo. No prelo. Disponível em: http://anape.org.br/site/wp-content/uploads/2014/01/TESE-20-AUTORA-PATR%C3%8DCIA-FERREIRA-BAPTISTA.pdf. Acesso em: 14 jul. 2016.

BAPTISTA, Patrícia. Limitação e Sacrifícios de Direito: O conteúdo e as Conseqüências dos Atos de Intervenção da Administração Pública sobre a Propriedade Privada. *Revista de Direito*, Rio de Janeiro, v. 7, p. 45-66, 2003.

BARCELLOS, Ana Paula Gonçalves Pereira de. *Direito Constitucional a um devido procedimento na elaboração normativa*: direito a justificativa. Tese (Professor Titular) – Universidade do Estado do Rio de Janeiro. Rio de Janeiro, 2015.

BARROSO, Luis Roberto. *A dignidade da pessoa humana no direito constitucional contemporâneo*: natureza jurídica, conteúdos mínimos e critérios de aplicação. Belo Horizonte: Fórum, 2012.

BARROSO, Luis Roberto. *Curso de Direito Constitucional Contemporâneo* – os conceitos fundamentais e a construção do novo modelo. 2. ed. Rio de Janeiro: Saraiva, 2010.

BAUMOL, William J.; WILLIG, Robert D. *Fixed Costs, Sunk Costs, Entry Barriers and Sustainability of Monopoly*, 96, Q.J Economy, 1981. Disponível em: http://www.jstor.org/discover/10.2307/1882680?uid=2&uid=4&sid=21106189702091.Acesso em: 01 maio 2016.

BENTHAM, Jeremy. *The Theory of Legislation*. 1802. Disponível em: https://archive.org/stream/legislation00bentuoft/legislation00bentuoft_djvu.txt. Acesso em: 29 ago. 2016.

BERGER, Michael M. *Property, Democracy & The Constitution*. 12th Annual Brigham-Kanner Property Rights Conference, October 2, 2015, p. 140. Disponível em: https://law.wm.edu/academics/intellectuallife/conferencesandlectures/propertyrights/registration/Panel%201/Berger_Online%20Version.pdf. Acesso em: 29 ago. 2016.

BERTOLUCCI, Aldo V.; NASCIMENTO, Diogo Toledo do. O custo de arrecadação de tributos federais. *Revista de Contabilidade e Finanças da Faculdade de Economia, Administração e Contabilidade da USP*, Edição comemorativa, 2006. Disponível em: http://www.revistas.usp.br/rcf/article/view/34194. Acesso em: 10 jun. 2016.

BERTOLUCCI, Aldo V.; NASCIMENTO, Diogo Toledo do. Quanto custa pagar tributos? Publicado pela revista de contabilidade e finanças da Faculdade de Economia, Administração e contabilidade da USP, n. 29, dez. 2001. Disponível em: http://www.revistas.usp.br/rcf/article/view/34074. Acesso em: 10 jun. 2016.

BINENBOJM, Gustavo. *Poder de Polícia, ordenação, regulação*: transformações político-jurídicas, econômicas e institucionais do direito administrativo ordenador. Belo Horizonte: Fórum, 2016.

BINENBOJM, Gustavo. Regulações expropriatórias, *Revista Justiça e Cidadania*, n. 117, 2010. Disponível em: http://www.editorajc.com.br/2010/04/regulacoes-expropriatorias/. Acesso em: 29 ago. 2016.

BINENBOJM, Gustavo. Regulações expropriatórias. *Revista Justiça e Cidadania*, n. 117, 2010. Disponível em: http://www.editorajc.com.br/2010/04/regulacoes-expropriatorias/. Acesso em: 29 ago. 2016.

BINENBOJM, Gustavo. *Uma teoria do Direito Administrativo*. 2. ed. Rio de Janeiro: Renovar, 2008.

BLACK, Julia. Critical Reflections on Regulation. *Australian Journal of Legal Philosophy*, Camberra, v. 27, 2002.

BLAIS, Lynn E. Takings, Statutes and the Common Law: Considering Inherent Limitations on Title, 70 *S. CAL. L. Rev.* 1,2 (1996). Disponível em: http://heinonline.org/HOL/LandingPage?handle=hein.journals/scal70&div=10&id=&page=. Acesso em: 18 ago. 2016.

BLAKE, Nelson M. *Water for the cities*: A History of the Urban Water Supply Problem in the United States. Syracuse: Syracuse University Press, 1956.

BLUME, Lawrence; RUBINFELD, Daniel L.; SHAPIRO, Perry. The taking of Land: When Should Compensation be paid?. *71 Quarterly Journal of Economics*, 1984.

BLUME, Lawrence; RUBINFELD, Daniel L. Compensation for takings: an economy analysis. *72 California Law Review*, 1984.

BOBBIO, Norberto. *Estado, governo e sociedade*. 4. ed. Rio de Janeiro: Paz e Terra, 1987.

BOBBIO, Norberto. *O futuro da democracia*: uma defesa das regras do jogo. Tradução Marco Aurélio Nogueira. Rio de Janeiro: Paz e Terra, 1986.

BRASIL. Lei nº 9.868, de 10 de novembro de 1999. Dispõe sobre o processo e julgamento da ação direta de inconstitucionalidade e da ação declaratória de constitucionalidade perante o Supremo Tribunal Federal. *Diário Oficial [da] República Federativa do Brasil*, DF, 11 nov. 1999.

BRODY, Todd D. Examining the Nuisance Exception to the Taking Clause: Is there Life for Environmental Regulations After Lucas. *Fordham Environmental Law Review*, v. 4, n. 2, 2011. Disponível em: http://ir.lawnet.fordham.edu/cgi/viewcontent.cgi?article=1346&context=elr. Acesso em: 24 fev. 2016.

BROWN, Carol N. Taking the takings claim: a policy and economic analysis of the survival of takings claims after property transfers. *36 Connecticut Law Review*, 7, 2003.

BUGARIN, Paulo Soares. *O Princípio Constitucional da Eficiência* – Um enfoque doutrinário multidisciplinar. Disponível em: http://revista.tcu.gov.br/ojs/index.php/RTCU/article/viewFile/919/984. Acesso em: 25 jul. 2016.

BYRNE, Peter J. *Ten arguments for the abolition of the regulatory takings doctrine*, 22 Ecology L.Q. 89, 1995.

CABEZA, Eliane Rocha De La Osa; CAL, Arianne Brito Rodrigues. *O risco de captura nas agências de regulação dos serviços públicos*: uma abordagem à luz da teoria econômica. Disponível em: http://www.workoutenergy.com.br/abar/cbr/Trab0204.pdf. Acesso em: 9 ago. 2016.

CALANDRILLO, Steve P. Eminent Domain Economics – Should "Just Compensation" Be Abolished, and Would "Takings Insurance" Work Instead?. *64 Ohio State Law Journal*, 2003.

CAMPOS, Humberto Alves de. *Falhas de mercado e falhas de governo*: uma revisão da literatura sobre regulação econômica. Disponível em: http://www.olibat.com.br/documentos/prismas-regulacao-economica.pdf. Acesso em: 9 ago. 2016.

CANOTILHO, J. J. Gomes. Constitucionalismo e geologia da *good governance*. In: *"Brancosos" e interconstitucionalidade*: itinerários dos discursos sobre a historicidade constitucional. Coimbra: Almedina, 2006.

CARPENTER, David; MOSS, David A. (Ed.). *Preventing regulatory capture*: special interest influence and how to limit it. New York: Cambridge University Press, 2014.

CASSAGNE, Juan Carlos. *La Intervención Administrativa*. 2. ed., atual. Buenos Aires: Abeledo-Perrot, 1994.

CASSESE, Sabino. La arena pública: nuevos paradigmas para el Estado. In: *La crisis del Estado*. Buenos Aires: Abeledo Perrot, 2003.

CAVALCANTI, Eugênia Giovanna Simões Inácio. A importância do processo administrativo no Estado Democrático de Direito. *Revista Brasileira de Direito Público*, Belo Horizonte, ano 8, n. 31, p. 201-218, out./dez. 2010.

CORDES, Joseph J.; WEISBROD, Burtun A. When Government Programs Create Inequities: A guide to compensation policies. *Journal of Policy Analysis and Management* 4, 178, 195, dez. 1984.

CYRINO, André Rodrigues. Regulações expropriatórias: apontamentos para uma teoria. *Revista de Direito Administrativo*, Rio de Janeiro, v. 267, p. 199-235, set./dez. 2014.

CLAEYS, Eric R. Takings, Regulations and Natural Property Rights. *Cornell Law Review*, v. 88, n. 6, set. 2003. Disponível em: http://scholarship.law.cornell.edu/clr/vol88/iss6/1. Acesso em: 18 ago. 2016.

CLAEYS, Eric R. *The Penn Central test and tensions in liberal property theory*. Disponível em: http://papers.ssrn.com/sol3/papers.cfm?abstract_id=923887. Acesso em: 18 ago. 2016.

COLEMAN, Jules. *Markets, Morals and the Law*. New York: Oxford University Press, 2003.

DANA, David A.; MERRILL, Thomas W. *Property Takings*. New York: Foundation Press, 2002.

DAVID, Tiago Bitencourt de. *Eficiência, Economicidade e Direitos Fundamentais*: Um Diálogo Necessário e Possível. Disponível em: http://www.amprs.org.br/arquivos/revista_artigo/arquivo_1303929957.pdf. Acesso em: 25 jul. 2016.

DI PIETRO, Maria Sylvia Zanella. *Curso de Direito Administrativo*.

DUARTE, David. *Procedimentalização, participação e fundamentalização*: para uma concretização do princípio da imparcialidade administrativa como parâmetro decisório. Coimbra: Almedina, 1996.

DUNHMAM, Allison. Griggs v. Allegheny County in Perspective: Thirty Years of Supreme Court Expropriation Law, *Supreme Court Review*, v. 1962, n. 1, Article 4. Disponível em: http://chicagounbound.uchicago.edu/supremecourtrev/vol1962/iss1/4. Acesso em: 29 ago. 2016.

DWORKIN, Gerald. Paternalism: some second thoughts. *In*: SARTORIUS, Rolf (Ed.). *Paternalism*, 1987.

EAGLE, Steven J. *Economic Impact in Regulatory Takings Law*. Disponível em: http://www.law.gmu.edu/assets/files/publications/working_papers/1315Economic ImpactinRegulatoryTakings.pdf. Acesso em: 18 ago. 2016.

EAGLE, Steven J. Property tests, due process tests and regulatory takings jurisprudence. *Brigham Young University Law Review*, 2007. Disponível em: http://papers.ssrn.com/sol3/papers.cfm?abstract_id=956119. Acesso em: 18 ago. 2016.

EAGLE, Steven J. *Regulatory Takings*. 4. ed. Lexis/Nexis, 2009.

EAGLE, Steven J. The four-factor Penn Central Regulatory Taking Penn State. *Law Review*, v. 118, n. 3, 2014 Forthcoming George Mason Law & Economics Research Paper n. 13-67, 2013. Disponível em: http://www.pennstatelawreview.org/118/3/3%20-%20Eagle%20(final)%20(PS%20version).pdf. Acesso em: 18 ago. 2016.

ECHEVERRIA, John D. Making Sense of Penn Central, *39 ENVTL. L. REP. NEWS & ANALYSIS* 10471, 10471-72, 2009.

ECHEVERRIA, John D. *Partial Regulatory Takings live, but...* Disponível em: http://www.gelpi.org/gelpi/current_research/documents/RT_Pubs_Law_TahoeSierraAftermath.pdf. Acesso em: 29 ago. 2016.

ENTERRÍA, Eduardo García de; FERNÁNDEZ, Tomás-Ramón. *Curso de Derecho Administrativo vol. II*. Madrid: Editorial Civitas, 1999.

EPSTEIN, Richard A. *Takings*: Private Property and the Power of Eminent Domain, 1985.

EPSTEIN, Richard A. *The Ebbs and Flow in Takings Law*: Reflection on the Lake Tahoe Case, 2002, CATO SUP. CT. REV.5, 10.

FISCHEL, William A. *Regulatory takings*: Law, economics and politics. Cambridge: Harvard U. Press, 2014.

FISCHEL, William A. *The economics of zoning laws*: a property rights approach to American land use controls, 1987.

FISCHEL, William A. *Takings and Public Choice*: The Persuasion of Price. Dartmouth Economics Working Paper n. 02/06. Disponível em: http://ssrn.com/abstract=317679 or http://dx.doi.org/10.2139/ssrn.317679. Acesso em: 26 jul. 2016.

FEE, John. The takings Clause as comparative right, 76 *Southern California Law Review*, 2003.

FENNELL, Lee Anne. *Taking Eminent Domain Apart*. Michigan State Law Review 957 (2004), p. 962-966. Disponível em: http://chicagounbound.uchicago.edu/cgi/viewcontent.cgi?article=10525&context=journal_articles. Acesso em: 29 ago. 2016.

FERRER, Juan de la Cruz. *Principios de regulación económica en la Unión Europea*. Madrid: Instituto de Estúdios Económicos, 2002.

FRAGA, Gabino. *Derecho Administrativo*. 14. ed. Editorial Porrua S/A, 1971.

FREUND, Ernst. *The police power, public police and constitutional rights*. Chicago: The University of Chicago Press, 1904.

GASPARINI, Diógenes. *Direito Administrativo*. 7. ed. São Paulo: Saraiva, 2002.

GOLDSCHMIDT, Fabio Brun. *O princípio do não-confisco no direito tributário*. São Paulo: Revista dos Tribunais, 2003.

GOMES, Estêvão. *A relação entre mercados e governos à luz da teoria das falhas de regulação*, 2016. No prelo.

GOODIN, Christopher T. *The role and content of the character of the governmental action factor in a partial regulatory analysis*. Disponível em: http://heinonline.org/HOL/LandingPage?handle=hein.journals/uhawlr29&div=20&id=&page=. Acesso em: 29 ago. 2016.

GUERRA, Sérgio. Transformações do Direito Administrativo e a (in)segurança jurídica. *Revista Eletrônica sobre a Reforma do Estado* (RERE), Salvador: Instituto Brasileiro de Direito Público, n. 17, mar./abr./maio 2009, p. 5. Disponível em: http://www.direitodoestado.com.br/rere.asp. Acesso em: 12 abr. 2016.

GUIMARÃES, Ana Carolina O. R. A transferência do direito de construir. *Migalhas*, ago. 2016. Disponível em: http://www.migalhas.com.br/dePeso/16,MI141263,101048-A+transferencia+do+direito+de+construir. Acesso em: 04 ago. 2016.

HAHN, Robert. W. Economic Analysis of Regulation: a response to the critics. *University of Chicago Law Review*, p. 1.021-1.054. Disponível em: http://chicagounbound.uchicago.edu/cgi/viewcontent.cgi?article=5279&context=uclrev.Acesso em: 04 ago. 2016.

HENRIQUE, Juliana Mancini. A proibição de jogos de azar e cassinos no Brasil é compatível com o Estado Democrático de Direito?. *Migalhas*, 2008. Disponível em: http://www.migalhas.com.br/dePeso/16,MI56762,21048-A+proibicao+de+jogos+de+azar+e+cassinos+no+brasil+e+compativel+com+o. Acesso em: 29 ago. 2016.

HERMALIN, Benjamin E. An Economic Analysis of Takings. *Journal of Law, Economics, & Organization*, v. 11, n. 1, abr. 1995.

HELLER, Michael A.; KRIER, James E. Deterrence and Distribution in the Law of takings, 112 *Harvard Law Review*, 1999.

HORBACH, Carlos Bastide. A nova roupa do direito constitucional: neo-constitucionalismo, pós-positivismo e outros modismos. *Revista dos Tribunais*, São Paulo, v. 96, n. 859, p. 81-91, maio 2007.

HYMAS, David. *When Good Is Bad: Good v. United States and Reasonable Investment Backed Expectations*, 28 Ecology L.Q. (2001). Disponível em: http://scholarship.law.berkeley.edu/elq/vol28/iss2/10. Acesso em: 29 ago. 2016.

JACOBS, Scott G. *Current Trends in the Process and Methods of Regulatory Impact Assessment*: Mainstreaming RIA into Policy Process, *op. cit.*, p. 30 *apud* OLIVEIRA, Rafael Carvalho de Oliveira. *Novo Perfil da Regulação Estatal*: Administração Pública de Resultados e Análise de Impacto Regulatório. Rio de Janeiro: Forense, 2015.

JUSTEN FILHO, Marçal. *Curso de Direito Administrativo*. 1. ed. São Paulo: Saraiva, 2005.

KALAOUN, Luiza Vereza Batista. Regulações Expropriatórias: algumas considerações. Trabalho de conclusão da disciplina "*Direito Público da Economia*". Faculdade de Direito da Universidade do Estado do Rio de Janeiro – UERJ. Trabalho entregue em novembro de 2014.

KANNER, Gideon. Condemnation Blight: Just how just is just compensation? *Notre Dame Lawyer*, 48. 1973.

KANNER, Gideon. The Lie That the Regulated Benefit, National L.J. April 29, 1996, A17.

KAPLOW, Louis. An economic Analysis of Legal Transitions, *99 Harvard Law Review*, 1986.

KRELL, Andreas J. Discricionariedade Administrativa, conceitos jurídicos indeterminados e controle judicial. *Revista ESMAFE*, Recife, n. 8, p. 177-224, dez. 2004.

KRIER, James E. *Takings from Freund to Fischel. Review of Regulatory Taking: Law, Economics, and Politics, by W. A. Fischel*. Disponível em: http://repository.law.umich.edu/cgi/viewcontent.cgi?article=1008&context=reviews. Acesso em: 05 jun. 2016.

LAENDER, Gabriel Boavista. *Características e oportunidades da desregulação*: a busca por um novo modelo de atuação estatal. Universidade de Brasília, 2009. Disponível em: http://webcache.googleusercontent.com/search?q=cache:rqP-joYuPZoJ:www.ndsr.org/SEER/index.php%3Fjournal%3Drdet%26page%3Darticle%26op%3Ddownload%26pa th%255B%255D%3D6%26path%255B%255D%3D6+&cd=2&hl=pt-BR&ct=clnk&gl=br. Acesso em: 12 fev. 2016.

LAFFONT, Jean-Jacques; TIROLE, Jean. The politics of government decision-making: a theory of regulatory capture. *The Quarterly Journal of Economics*, Cambridge, v. 106, n. 4, 1991.

LATHROP, Daniel; RUMA, Laurel. *Open Government*: transparency, collaboration, and participation in pratice. O'Reilly books, 2010.

LEAL, Fernando. *Propostas para uma abordagem teórico-metodológica do dever constitucional de eficiência*. Disponível em: http://www.direitodoestado.com/revista/REDAE-15-AGOSTO-2008-FERNANDO%20LEAL.pdf. Acesso em: 25 jun. 2016.

LEE, Brian Angelo. Average Reciprocity of Advantage. *In*: PENNER, James; SMITH, Henry. *Philosophical Foundations of Property Law*. Oxford: Oxford University Press, 2013.

LEITE, Diogo Lopes Barbosa. *Regulação Policêntrica*: a regulação não estatal como alternativa à regulação estatal. Rio de Janeiro: Dissertação de Mestrado em Direito Público, UERJ, 2013. Mimeografado.

LEWIS, John. A Treatise On The Law Of Eminent Domain in The United States, §56, 45 *apud* FEE, John. The takings Clause as comparative right, *76 S. Cal. L. Rev*, 2003, p. 1014.

LINDFORS, Terri L. Property: Regulatory Takings and the Expansion of Burdens on Common Citizens. *William Mitchell Law Review*, v. 24, n. 1, Article 4, 1998.

LOUREIRO, João Carlos Simões Gonçalves. O Procedimento Administrativo entre a Eficiência e a Garantia dos Particulares: algumas considerações. *In*: *Boletim da Faculdade de Direito de Coimbra*. Coimbra: Coimbra Editora, 1995.

LUNNEY JR., Glynn S. A Critical Reexamination of the Takings Jurisprudence. *Michigan Law Review*, v. 90, 1992, p. 1.892. Disponível em: http://works.bepress.com/glynn_lunney/45/. Acesso em: 29 ago. 2016.

MAFFINI, Rafael. Administração pública dialógica (proteção procedimental da confiança). Em torno da Súmula Vinculante nº 3, do Supremo Tribunal Federal. *Revista de Direito Administrativo*, Rio de Janeiro, n. 253, jan./abr. 2010.

MAGALHÃES, Roberto Barcellos de. *Teoria e prática da desapropriação no direito brasileiro*. Rio de Janeiro: José Kofino, 1968.

MAJONE, Giandomenico. Do Estado positivo ao Estado regulador: causas e consequências da mudança no modo de governança. In: MATTOS, Paulo Todescan L. (Coord.). *Regulação econômica e democracia*: o debate europeu. São Paulo: Singular, 2006.

MANDELKER, Daniel R. *Investment-Backed Expectations*: Is There a Taking?, 31 Wash. U. J. Urb. & Contemp. L. 3 (1987). Disponível em: http://openscholarship.wustl.edu/cgi/viewcontent.cgi?article=1345&context=law_urbanlaw. Acesso em: 29 ago. 2016.

MARQUES, Francisco Paes. *As Relações Jurídicas Administrativas Multipolares* – Contributo para a sua compreensão substantiva. Coimbra: Almedina, 2011.

MARQUES NETO, Floriano de Azevedo. *A nova regulamentação dos serviços públicos*. Disponível em https://moodle.unipampa.edu.br/pluginfile.php/145927/mod_resource/content/1/A%20nova%20regulamentação%20dos%20serviços%20públicos.pdf. Acesso em: 10 ago. 2016.

MARTINS JÚNIOR, Wallace Paiva. *Transparência administrativa*: publicidade motivação e participação popular. São Paulo: Saraiva, 2004.

MATTOS, Paulo Todescan Lessa. Regulação Econômica e Social e Participação Pública no Brasil. p. 4. Disponível em: http://www.ipea.gov.br/participacao/images/pdfs/participacao/mattos_regulacao%20economica%20.pdf. Acesso em: 25 jul. 2016.

MAURER, Hartmut. *Direito administrativo geral*. 14. ed. (Tradução de Luís Afonso Heck). Barueri: Manole, 2006.

MEDAUAR, Odete. *A Processualidade no Direito Administrativo*. São Paulo: Revista dos Tribunais, 1993.

MEDEIROS, Alice Bernardo Voronoff de. *Racionalidade e otimização regulatórias*: um estudo a partir da teoria das falhas de regulação. Rio de Janeiro: Dissertação de Mestrado em Direito Público, UERJ, 2012. Mimeografado.

MEDEMA, Steven G. Making Choices and Making Law: an Institutional Perspective on the Taking Issue. p. 46. In: MERCURO, Nicolas. *Taking Property and Just Compensations*: Law and Economics Perspectives of the Takings Issue. Kluwer Academic Publishers. Boston/Dordrecht/Londres: 1992.

MELLO, Celso Antônio Bandeira de. Natureza jurídica do zoneamento – Efeitos. *Revista de Direito Público*, 61/39, 1982.

MELLO, Celso Antônio Bandeira de. Tombamento e Dever de Indenizar. *Revista de Direito Público*, São Paulo: Malheiros Editores, n. 81, 1987.

MENDES, Gilmar; BRANCO, Paulo. *Curso de Direito Constitucional*. 5. ed. São Paulo: Saraiva, 2010.

MENDONÇA, José Vicente Santos de. Análise de Impacto Regulatório: o novo capítulo das agências reguladoras. *Revista JC*, n. 122, 2010.

MERCURO, Nicholas. The Taking Issue: a continuing dilemma in law and economics, p. 4. *In*: MERCURO, Nicolas. *Taking Property and Just Compensations*: Law and Economics Perspectives of the Takings Issue. Kluwer Academic Publishers. Boston/Dordrecht/Londres: 1992.

MICELI, Thomas J.; SEGERSON, Kathleen. Regulatory Takings: When should compensation be paid?. *The Journal of Legal Studies*, v. 23, n. 2, jun. 1994.

MICHELMAN, Frank I. Property, utility, and fairness: comments on the ethical foundations of "just compensation" law. *Harvard Law Review*, v. 80, n. 6, 1967.

MOREIRA, Egon Bockmann. *Processo Administrativo*: princípios constitucionais e a Lei 9.784/1999. 2. ed. São Paulo: Malheiros, 2010.

MOREIRA NETO, Diogo de Figueiredo. A globalização e o Direito Administrativo. *Revista de Direito Administrativo*. Disponível em: http://bibliotecadigital.fgv.br/ojs/index.php/rda/article/view/47246/44653. Acesso em: 26 jul. 2016.

MOREIRA NETO, Diogo de Figueiredo. *Mutações do direito administrativo*. Rio de Janeiro: Renovar, 2000.

MOREIRA NETO, Diogo de Figueiredo. *Mutações do Direito Administrativo* – Novas Considerações. Disponível em: http://www.direitodoestado.com/revista/RERE-2-JUNHO-2005-DIOGO%20FIGUEIREDO.pdf. Acesso em: 25 jul. 2016.

MOREIRA NETO, Diogo de Figueiredo. Novos Institutos Consensuais da Ação Administrativa. *Revista de Direito Administrativo*, v. 231. Rio de Janeiro: Renovar, jan./mar. 2003.

MOREIRA NETO, Diogo de Figueiredo. *Quatros Paradigmas do Direito Administrativo Pós-Moderno*: legitimidade, finalidade, eficiência, resultados. Belo Horizonte: Fórum, 2008.

MUKAI, Toshio. *Direito urbano e ambiental*. 3. ed. Belo Horizonte: Editora Fórum, 2006.

NEVES, Marcelo. *Transconstitucionalismo*. São Paulo: WMF Martins Fontes, 2009.

NEWCOMBE, Paul. *Andrew Paul Newcombe Regulatory Expropriation, Investment Protection and International Law*: When Is Government Regulation Expropriatory and When Should Compensation Be Paid?. Disponível em: http://www.italaw.com/documents/RegulatoryExpropriation.pdf. Acesso em: 05 set. 2015.

NICOLL, Carina Lellis. *Os diálogos sociais no STF*: As audiências públicas, o amicus curiae e a democratização da jurisdição constitucional brasileira. Rio de Janeiro: Dissertação de Mestrado em Direito Público, UERJ, 2014, Mimeografado.

Notes – Condemnations, Implicit Benefits, and Collective Losses: Achieving just compensation through 'Community'. *Harvard Law Review*, v. 107, n. 3, jan. 1994, p. 696-713.

OCDE. *The OECD report on regulatory reform*: synthesis. Paris, 1997. Disponível em: http://www.oecd.org/dataoecd/17/25/2391768.pdf. Acesso em: 09 jan. 2012.

OLIVEIRA, Gustavo Justino de; SCHWANKA, Cristiane. A Administração Consensual como a Nova Face da Administração Pública no Séc. XXI: Fundamentos Dogmáticos, Formas de Expressão e Instrumentos de Ação. *Revista da Faculdade de Direito da Universidade* de São Paulo, v. 104, p. 303-322, jan./dez. 2009. Disponível em: http://www.revistas.usp. br/rfdusp/article/view/67859/70467. Acesso em: 26 jul. 2016.

OLIVEIRA, Marcelo Andrade Cattoni de. *Devido Processo Legislativo*. Mandamentos, 2000.

OLIVEIRA, Rafael Carvalho Rezende. *Curso de Direito Administrativo*. 3. ed. São Paulo: Editora Método, 2015.

OLIVERA, Tomás Cobo. Indemnización derivada de responsabilidade patrimonial. In: OLIVERA, Tomás Cobo (Coord.). *Los procedimentos administrativos expropiatórios*: tutela frente a las actuaciones de la Administracion. Barcelona: Editorial Bosch, 2011.

OGUS, Anthony. *Regulation:* Legal Form and Economic Theory. Portland: Hart Publishing, 2004.

OSWALD, Lynda J. *Conferring the quark*: investment-backed expectations, economically viable uses, and harm/benefit in taking analysis.

OSWALD, Lynda J. *The Role of the 'Harm/Benefit' and 'Average Reciprocity of Advantage' Rules in a Comprehensive Takings Analysis*, maio 1997. Disponível em: http://ssrn.com/abstract=10484. Acesso em: 29 ago. 2016.

OTERO, Paulo. *Manual de Direito Administrativo*. v. I. Almedina: Coimbra, 2013. p. 421.

PABLO, Marcos M. Fernando; BUSTOS, Maria Ángeles Gonzáles. La expropiación forzosa. In: *Garantías Jurídico-Administrativas*. Cuadernos de Derecho Administrativo (II) Ratio Legis: Salamanca, 2011.

PELTZMAN, Sam. Toward a more general theory of regulation. *Journal of Law and Economic*, Chicago, v. 19, n. 2, 1976.

PESSOA, Patrícia Valente. *Análise de impacto regulatório*: uma ferramenta à disposição do Estado. Belo Horizonte: Fórum, 2013.

PETIAN, Angélica. *Regime Jurídico dos Processos Administrativos Ampliativos e Restritivos de Direito*. São Paulo: Malheiros, 2010.

PILON, R. Property rights, Takings, and a Free Society. In: GWARTNEY, James D.; WAGNER, Richard E. *Public Choice and Constitutional Economics*. Greenwich: JAI press Inc., 1988.

PLATÃO. O mito da caverna. In: *A República*. 6. ed. Editora Atena, 1956. Disponível em: https://sumateologica.files.wordpress.com/2009/10/platao_o_mito_da_caverna.pdf. Acesso em: 18 ago. 2016.

POGREBINSCHI, Thamy. *Pragmatismo*: teoria social e política. Rio de Janeiro: Relume Dumará, 2005.

PORTELA, Felipe Mêmolo. *Desapropriação amigável*: revisitando o tema à luz do direito administrativo contemporâneo. *ARGUMENTA* – UENP Jacarezinho, n. 21, 2014.

POSNER, Richard A. *Economic analysis of law*. New York: Wolters Kluwer Law & Business, 2014.

POSNER, R. The Decline of Law as an Autonomous Discipline: *100 Harvard law Review*, 1987.

RADAELLI, Claudio M. *Diffusion without convergence*: how political context shapes the adoption of the regulatory impact assessment. *Journal of European Public Policy*.

RADIN, Margareth Jane. Property and Personhood, *34 Stanford Law Review*, 1982, p. 957. Disponível em: http://cyber.law.harvard.edu/IPCoop/82radi.html. Acesso em: 05 set. 2016.

RADIN, Margareth Jane. *Reinterpreting Property*. Chicago: University of Chicago Press, 1993.

RADIN, Margareth Jane. The liberal conception of property: cross currents in the jurisprudence of takings. *Columbia Law Review*, v. 88, n. 8, dez. 1988.

RAMOS, Marcelo. Governança regulatória: experiências e contribuições para uma melhor qualidade regulatória. *In*: RAMALHO, Pedro Ivo S. R. (Org.). *Regulação e agências reguladoras*: governança e análise de impacto regulatório. Anvisa. Casa Civil da Presidência da República. Brasília, 2009.

RAWLS, John. *O liberalismo político*. Tradução de Álvaro de Vita. São Paulo: Martins Fontes, 2001.

REISDORFER, Guilherme Fredherico Dias. Desapropriação e devido processo legal. *Revista Interesse Público – IP*, Belo Horizonte, n. 61, p. 86, maio/jun. 2010.

REZENDE, Karina Munari. *O Princípio Constitucional da Eficiência Administrativa*. Disponível em: www.agu.gov.br/page/download/index/id/640109. Acesso em: 25 jul. 2016.

RODRIGUES, Vasco. *Análise econômica do direito*: uma introdução. Coimbra: Almedina, 2007.

ROSE-ACKERMAN, Susan. Regulatory Takings: Policy Analysis and Democratic Principles. *In*: MERCURO, Nicolas. *Taking Property and Just Compensations*: Law and Economics Perspectives of the Takings Issue. Kluwer Academic Publishers. Boston/Dordrecht/Londres: 1992.

ROSE, Carol M. *Property and persuasion*: essays on the history, theory, and rhetoric of ownership. Oxford: Westview Press, 1994.

RUBIN, Edward L. Due Process and the Administrative State, *72 California Law Review*, 1044, 1086 (1984). Disponível em: http://scholarship.law.berkeley.edu/californialawreview/vol72/iss6/1. Acesso em: 18 ago. 2016.

SALGADO, Lucia Helena; BORGES, Eduardo de Pinho Bizzo. *Análise de Impacto Regulatório*: uma abordagem explanatória. 2010. p. 15. Disponível em: http://www.ipea.gov.br/portal/images/stories/PDFs/TDs/td_1463.pdf. Acesso em: 03 ago. 2016.

SALLES, José Carlos de Moraes. *A desapropriação à luz da doutrina e da jurisprudência*. 6. ed. São Paulo: Editora Revista dos Tribunais, 2009.

SANDEL, Michael J. *O que o dinheiro não compra*: os limites morais do mercado. Tradução de Clóvis Marques. Rio de Janeiro: Civilização Brasileira, 2012.

SANDFORD, Cedric T.; GODWIN, Michael; HARDWICK, Peter. *Administrative and Compliance Costs of taxation*. Bath, RU: Fiscal Publications, 1989.

SANTOS, Fábio Anderson Batista. As Consequências da Desregulamentação Econômica na Indústria do Transporte Aéreo. *Journal of Transport Literature*, v. 3, n. 2.

SARMENTO, Daniel (Org.). *Interesses Públicos versus Privados*: desconstruindo o princípio da supremacia do interesse público. Rio de Janeiro: Lumen Juris, 2010.

SARMENTO, Daniel. Interpretação constitucional, pré-compreensão e capacidades institucionais do intérprete. *In*: SOUZA NETO, Cláudio Pereira de; SARMENTO, Daniel;

BINENBOJM, Gustavo (Coord.). *Vinte Anos da Constituição Federal de 1988*. Rio de Janeiro: Lumen Juris, 2009.

SCHWARZE, Jürgen. *European Administrative Law*. London: Sweet and Maxwell, 1992.

SCHWARTZ, Andrew W. Reciprocity od Advantage: The Antidote to the Antidemocratic Trend in Regulatory Takings, *22 UCLA J. ENVTL. L & POLY 1*, 2004. SHIRATO, Vitor Rhein. A participação dos cidadãos no processo administrativo brasileiro. *Boletim de Direito Administrativo – BDA*, São Paulo: NDJ, a. 27, n. 7, jul. 2011.

SIDAK, J. Gregory; SPULBER, Daniel F. *Deregulatory Takings and The Regulatory Contract*. Cambridge: Cambridge University Press, 1997.

SIEGAL, Daniel L. How the history and purpose of the regulatory takings doctrine help to define the parcel as a whole. *Vermont Law Review*, 36 Vt. L. ver. 603, 2011-2012.

SIEGAN, Bernard H. Editor's introduction: the anomaly of regulation under the taking clause. *In*: SIEGAN, Bernard H. *Planning without prices*. Lexington, Mass: DC heathe, 1977.

SILVA, Vasco Manuel Pascoal Dias Pereira da. *Em busca do acto administrativo perdido*. Coimbra: Almedina, 2003.

SILVA, Virgílio Afonso. *Direitos fundamentais*: conteúdo essencial, restrições e eficácia. São Paulo: Malheiros, 2011.

SODRÉ, Eurico. *A desapropriação*. 3. ed. *póstuma*. São Paulo: Saraiva, 1955.

SORRENTINO, Giancarlo. *Diritti e partecipazione nell'amministrazione di risultato*. Napoli: Editoriale Scientifica, 2003.

SOUZA NETO, Cláudio Pereira; MENDONÇA, Jose Vicente Santos de. Fundamentalização e Fundamentalismo na Interpretação do princípio constitucional da livre iniciativa. *In*: SOUZA NETO, Claudio Pereira de; SARMENTO, Daniel (Org.). *A constitucionalização do direito*: fundamentos teóricos e aplicações específicas. Rio de Janeiro: Lumen Juris, 2006.

STAROŇOVÁ, Katarina. Regulatory Impact Assessment: formal institutionalization and Practice. *Journal of Public Policy*, 2010.

STIGLER, George J. The theory of economic regulation. *Bell Journal of Economic and Management Science*, New York, v. 2, n. 1, 1971.

STIGLITZ, Joseph. *Regulation and Failures*. New perspectives on regulation, D. Moss y J. Cisternino, eds., Cambridge, The Tobin Project, 2009.

SUNDFELD, Carlos Ari. Condicionamentos e Sacrifícios – distinções. *Revista Trimestral de Direito Público*, v. 4, p. 79-83, 1993.

SUNDFELD, Carlos Ari. *O CADE e a competição nos serviços públicos*. Mimeografado. Disponível em: http://www.unifacs.br/revistajuridica/arquivo/edicao_abril2001/convidados/025.CADE-GAS.doc. Acesso em: 05 set. 2016.

SUNDFELD, Carlos Ari. Revisão da Desapropriação no Brasil. *Revista de Direito Administrativo*, Rio de Janeiro, n. 192, p. 38-48, abr./jun. 1993.

SUNSTEIN, Cass R. *After the rights revolution*: reconceiving the regulatory state. Cambridge, Mass: Harvard University Press, 1993.

SUNSTEIN, Cass R. (Ed.). *Behavioral Law & Economics*. Cambridge: Cambridge University Press, 2000.

SUNSTEIN, Cass R. *It's for your own good!*. The New York Review of Books: New York, 2013. Disponível em: http://www.nybooks.com/articles/2013/03/07/its-your-own-good/. Acesso em: 29 ago. 2016.

SUNSTEIN, Cass R. *Why Nudge? The Politics of Libertarian Paternalism*. New Haven: Yale University Press, 2014.

TRIBE, Laurence H. *American Constitutional Law*. 2. ed. New York: The Foundation Press, 1988.

TULLOCK, Gordon; SELDON, Arthur; BRADY, Gordon. *Government failure*: a primer in public choice. Washington, D.C.: Cato Institute, 2002.

ULEN, Thomas; COOTER, Robert. *Direito & Economia*. 5. ed. Porto Alegre: Bookman, 2010.

VARIAN, Hal R. *Microeconomia*: princípios básicos – uma abordagem moderna. 7. ed. Editora Campus/Elsevier, 2006.

VISHWANATH, Tara; KAUFMANN, Daniel. *Towards Transparency in Finance and Governance*. Draft: The World Bank, 1999. Disponível em: http://siteresources.worldbank.org/INTWBIGOVANTCOR/Resources/tarawish.pdf. Acesso em: 03 ago. 2016.

WADE, William W. *Sources of Regulation Takings Economic Confusion Subsequent to Penn Central*. Disponível em: http://www.inversecondemnation.com/files/41.10936.pdf. Acesso em: 29 ago. 2016.

WADE, William W.; BUNTING, Robert L. *Average reciprocity of advantage*: Magic Words or Economic Reality – Lessons from Palazzolo. #9 Urb. Law. 319, 2007.

WILLIAMS, Joan. The Rhetoric of Property, *83 IOWA L. REV.* 277, 297 (1998).

WOLF JR., Charles. *Markets or government*: choosing between imperfect alternatives. Santa Monica: The Rand Corporation, 1986.

WOFFINDEN, Keith. The Parcel as a Whole: A presumptive Structural Approach for Determining When the Government has gone too far. *BYU Law Review*, 623, 2008.

ZURN, Cristopher. A question of institutionalization: Habermas on justification of court-basedconstitutional review. *In*: UNGUREANU, Camil; GÜNTHER, Klaus; JOERGES, Christian (Eds.). *Jürgen Habermas' discourse of Theory of Law and Democracy*: from the Nation-State to Europeand postnational constellation. v. 1. Farnham: Ashgate Publishing, 2011. Disponível em: http://papers.ssrn.com/sol3/papers.cfm?abstract_id=1845872. Acesso em: 26 maio 2011.

Jurisprudência

Jurisprudência do Brasil

RIO DE JANEIRO (Estado). Tribunal de Justiça. Apelação Cível n° 0003839-43.2008.8.19.0068, da 7ª Câmara Cível. Rio de Janeiro, 27 de maio de 2015.

STF. Agravo Regimental em Agravo de Instrumento 135.464-0/RJ. Relator: Ministro Ilmar Galvão. Julgamento: 05 de maio de 1992.

STF. Agravo Regimental no Agravo de Instrumento n° 529698/SP. Relator Min. Sepúlveda Pertence. Primeira Turma. Dje. 18.04.2006.

STF. AI n° 529.698 AgR/SP. Relator Min. Sepúlveda Pertence. Primeira Turma. Dje. 12.05.2006.

STF. RE n° 134.297/SP. Relator: Min. Celso de Mello. Primeira Turma. DJE. 22.09.1995.

STF. RE n° 134297/SP. Relator Min. Celso de Mello. Primeira Turma. Dje. 22.09.1995.

STF. RE n° 422.941. Relator: Min. Carlos Velloso. Segunda Turma. DJ: 06.12.2005.

STF. RE n° 571.969/DF. Relatora: Min. Cármen Lúcia. Tribunal Pleno. DJE. 18.09.2014.

STJ. Agravo em REsp n° 156.7839/SC. Relator Min. Segunda Turma. Mauro Campbell. Dje. 10.03.2016.

STJ. Agravo em REsp n° 457.837/MG. Relator Min. Humberto Martins. Segunda Turma. Dje. 22.05.2014.

STJ. AgRg no Resp n° 1.361.025/MG. Relator Min. Humberto Martins. Segunda Turma. DJe. 29/04/2013.

STJ. AgRg no REsp n° 1.389.132/SC. Relator Min. Humberto Martins. Segunda Turma. DJe. 26/05/2015.

STJ. AgRg nos EDcl no AREsp n° 457.837/MG. Relator Min. Humberto Martins. Segunda Turma. DJe. 22/05/2014.

STJ. AgRg nos EDcl no Resp n° 1.417.632/MG. Relator Min. Mauro Campbell Marques. Segunda Turma. DJe. 11.02.2014.

STJ. AREsp n° 245.878. Relator Min. Napoleão Nunes Maia Filho. Segunda Turma. DJe. 11/02/2015.

STJ. Embargos de Divergência em REsp n° 209.297/SP. Relator: Min. Luiz Fux. Primeira Seção. Julgamento em 13.06.2007. DJ em 13.08.2007.

STJ. REsp n° 1.168.632/SP. Relator: Min. Luiz Fux. 1ª Turma. Julgamento em 17.06.2010. DJ em 01.07.2010.

STJ. REsp n° 122.114/SP. Relator Min. Paulo Galotti. Segunda Turma. DJe. 01/04/2002.

STJ. REsp n° 649.809/SP. Relator Min. Luiz Fux. Primeira Turma. DJe. 01/10/2007.

STJ. REsp n° 94.297/SP. Relator Min. Francisco Falcão. Primeira Turma. DJe 02/12/2002.

TJ-ES – AGT: 48089000490 ES 48089000490, Relator: MAURÍLIO ALMEIDA DE ABREU, data de julgamento: 29/07/2008, QUARTA CÂMARA CÍVEL, Data de Publicação: 22/09/2008.

TJRJ. Apelação Cível n° 0000394-46.2001.8.19.0073, da 20ª Câmara Cível. Rio de Janeiro, 23 de janeiro de 2015.

TJRS. Apelação n° 70027847979. Relator: Des. Ricardo Moreira Lins Pastl. 4ª Câmara Cível. Julgamento em 01.07.2009.

Jurisprudência estrangeira

Blair v. Department of Conservation & Recreation, 932, 267, 275 (2010).

Brown v. Legal Foundation Of Wash. 538 U.S. 216 (2003).

Goldblatt v. Town of Hempstead, 369 U.S. 590 (1962).

Hadacheck v. Sebastian, 239 U.S. 394 (1915).

Kaiser Aetna v. United States 444 U.S. 164 (1979).

Lingle v. Chevron U. S. A. Inc. 544 U.S. 528 (2005).

Lucas v. South Carolina Coastal Council 505 U.S. 1003 (1992).

Miller v. Schoene 276 U.S. 277 (1928).

Mugler v. Kansas, 123 U.S. 623 (1887).

Palazzolo v. Rhode Island 533 U.S. 606 (2001).

Penn Central Transportation Co. v. New York City, 438 U.S. 104 (1978).

Pennsylvania Coal Co. v. Mahon, 260 U.S. 393 (1922).

Plymouth Coal Co. v. Pennsylvania, 232 U.S. 531 (1914).

Respublica V. Sparhawk 1 U.S. 357 (1788).

San Diego Gas & Elec. Co. v. City of San Diego 450 U.S. 621 (1981).

Tahoe-Sierra Preservation Council, Inc. v. Tahoe Regional Planning Agency (535 U.S. 349 [2002]).

Twain Harte Associates, Ltd. v. County of Tuolumne (1990).

Webb's Fabulous Pharmacies, Inc. v. Beckwith, 449 U.S. 155 (1980).

BGH, 31.01.1966 – III ZR 127/64.

Esta obra foi composta em fonte Palatino Linotype, corpo 10
e impressa em papel Pólen Bold 70g (miolo) e Supremo 250g (capa)
pela Gráfica Paulinelli.